2018 年职业资格考试辅导丛书

公路水运工程试验检测专业技术人员考试模拟练习与题解

道 路 工 程

黄维蓉　陈　伟　主编

人民交通出版社股份有限公司
China Communications Press Co.,Ltd.

内 容 提 要

本书紧扣《公路水运工程试验检测专业技术人员职业资格考试大纲》(2018 年版),针对"道路工程"专业编写了大量模拟练习题,并有习题参考答案及解析。

本书适合作为公路工程试验检测专业技术人员职业资格考试的复习用书。

图书在版编目(CIP)数据

公路水运工程试验检测专业技术人员考试模拟练习与题解. 道路工程 / 黄维蓉, 陈伟主编. — 北京 : 人民交通出版社股份有限公司, 2018.9

ISBN 978-7-114-15007-4

Ⅰ. ①公… Ⅱ. ①黄… ②陈… Ⅲ. ①道路工程—试验—资格考试—题解②道路工程—检测—资格考试—题解③航道工程—试验—资格考试—题解④航道工程—检测—资格考试—题解 Ⅳ. ①U41-44②U61-44

中国版本图书馆 CIP 数据核字(2018)第 211328 号

2018 年职业资格考试辅导丛书

书　　名:公路水运工程试验检测专业技术人员考试模拟练习与题解　道路工程

著 作 者:黄维蓉　陈　伟

责任编辑:卢俊丽　任雪莲

责任校对:宿秀英

责任印制:张　凯

出版发行:人民交通出版社股份有限公司

地　　址:(100011)北京市朝阳区安定门外外馆斜街 3 号

网　　址:http://www.ccpress.com.cn

销售电话:(010)59757973

总 经 销:人民交通出版社股份有限公司发行部

经　　销:各地新华书店

印　　刷:北京印匠彩色印刷有限公司

开　　本:787×1092　1/16

印　　张:19

字　　数:452 千

版　　次:2018 年 9 月　第 1 版

印　　次:2018 年 9 月　第 1 次印刷

书　　号:ISBN 978-7-114-15007-4

定　　价:69.00 元

前　言

根据人力资源和社会保障部、交通运输部《关于印发〈公路水运工程试验检测专业技术人员职业资格制度规定〉和〈公路水运工程试验检测专业技术人员职业资格考试实施办法〉的通知》（人社部发〔2015〕59号），为加强公路水运工程试验检测专业技术人员队伍建设，提高试验检测专业技术人员素质，国家设立公路水运工程试验检测专业技术人员水平评价类职业资格制度，纳入全国专业技术人员职业证书制度统一规划，面向全社会提供公路水运工程试验检测专业技术人员能力水平评价服务。评价结果与工程系列相应级别职称有效衔接，为用人单位科学使用公路水运工程试验检测专业技术人才提供依据。

为满足试验检测行业发展要求，并为试验检测专业技术人员考试提供复习参考，更好地推进公路工程试验检测人员职业资格考试的顺利开展，不断提高试验检测从业人员的专业技术水平和整体素质，人民交通出版社股份有限公司组织编写了"公路水运工程试验检测专业技术人员考试模拟练习与题解"系列丛书。本书是其中一分册，主要针对"道路工程"专业科目。

2017年"道路工程"科目考试内容基本上是2014年的"公路"和"材料"两个专业科目的内容。2017年"道路工程"专业考试考生通过率不高，考生希望有更多的复习资料帮助其备考。本书根据2018年版"道路工程"科目考试大纲的要求和范围进行编写。习题内容包含公路工程质量检验评定、公路技术状况评定，土工、土工合成材料、集料、路面基层与底基层材料、水泥与水泥混凝土、沥青与沥青混合料、路基路面现场测试等试验检测领域所涉及的基本概念、试验原理和操作方法。书中习题涉及内容与交通行业最新规范保持一致。

为满足广大应考者的备考需要，本书分为模拟练习题和模拟考题两大部分，并针对试题给出了参考答案。特别强调的是，当本题集的内容和现行国家法律法规、标准规范相对应的内容不一致时，应以现行有效的法律法规、标准规范内容为准。本书在内容上以适度的基本理论知识为基础，注重实际操作和实际应用知识的训练，以提高应考者分析和解决工程实际问题的能力。相信本书能够有效地提高应考者的学习效率，促进试验检测从业人员的专业技术和整体素质的提升，以适应日益发展的公路工程建设的需求。

预祝各位考生取得好的考试成绩。

本书由重庆交通大学黄维蓉教授和重庆交通职业学院陈伟高级工程师担任主编,参与本书编写的还有重庆交通大学的黄伟、李科、宋鹏、任海生、杜疆等。

由于时间紧迫,书中难免有疏漏和错误之处,恳请专家和读者给予批评指正,以便在今后的修订中进一步完善,在此谨表衷心的感谢。

编　者

2018 年 7 月

目　录

第一章　考试说明

一、考试大纲

具体内容摘自《公路水运工程试验检测专业技术人员职业资格考试大纲》(2018年版)。

(一)试验检测师考试大纲

1.考试目的与要求

要求考生全面、系统地理解道路工程专业相关的基础知识;了解、熟悉、掌握相关的工程技术标准、工程质量检验评定标准、道路工程养护评定标准、相关试验检测标准和规范等;了解、熟悉、掌握道路工程原材料、混合料、现场检测相关的主要内容、原理和试验方法;具备编制工程试验检测方案、现场试验检测操作、试验数据分析、编制试验报告及得出结论或进行判断的综合能力。

2.主要考试内容

以下内容中,字体加粗者为2018年大纲中新增内容。

1)基础知识

了解:公路等级、路基路面结构、路基路面工程原材料。

熟悉:路基设计、路面设计、路基施工、路面施工。

2)公路工程质量检验评定

(1)工程质量评定方法

了解:《公路工程质量检验评定标准　第一册　土建工程》(JTG F80/1—2017)的适用范围;单位工程、分部工程、分项工程的划分。

熟悉:工程质量检验与评定内容。

(2)路基工程

了解:一般规定;土方路基、石方路基的基本要求;软土地基处置、土工合成材料处置层的基本要求和实测项目;管节预制、管节安装、检查(雨水)井砌筑、土沟、浆砌排水沟、盲沟、**排水泵站沉井、沉淀池**的基本要求和**外观质量规定**;**挡土墙、墙背填土、边坡锚固防护、土钉支护、砌体边坡防护、石笼防护、其他砌石构筑物及导流工程**的基本要求和**外观质量规定**。

熟悉:土方路基、石方路基的外观规定和实测项目;软土地基处置、土工合成材料处置层的实测关键项目;管节预制、管节安装、检查(雨水)井砌筑、土沟、浆砌排水沟、盲沟、**排水泵站沉井、沉淀池**的实测关键项目;挡土墙、墙背填土、**边坡防护、砌体坡面防护**的实测项目。

掌握:土方路基、石方路基的实测关键项目,挡土墙、墙背填土、**边坡锚固防护、砌体坡面防护**的关键实测项目、**评定标准及检测方法**。

(3)路面工程

了解：一般规定；沥青贯入式面层、沥青表面处置面层的基本要求、实测项目；基层和底基层的基本要求、外观质量规定；路缘石、路肩的基本要求、实测项目和外观质量规定。

熟悉：水泥混凝土面层、沥青混凝土面层、**沥青碎（砾）石面层**的基本要求和实测项目、外观质量规定；基层和底基层的实测项目。

掌握：水泥混凝土面层、沥青混凝土面层、**沥青碎（砾）石面层**的实测关键项目、**评定标准及检查要求**；基层和底基层的实测关键项目、**评定标准及检查要求**。

（4）**工程项目验收鉴定**

了解：交、竣工验收内容。

熟悉：工程质量鉴定总体要求、内业资料要求、外观质量要求。

掌握：工程质量鉴定的实体检测要求；工程质量等级评定。

3）公路技术状况评定

（1）公路技术状况评定标准

了解：《公路技术状况评定标准》（JTG H20—2007）的适用范围；公路技术状况评定体系。

熟悉：公路技术状况评价指标、公路技术状况分级标准。

（2）公路损坏类型

了解：桥隧构造物损坏类型、沿线设施损坏类型。

熟悉：路基损坏类型、路面损坏类型。

（3）公路使用性能评定

了解：检测与调查内容、检测与调查单元、检查与调查频率。

熟悉：人工调查和自动化检测试验方法。

掌握：公路技术状况评定方法。

4）土工

（1）基础知识

了解：粒度成分及其表示方法、司笃克斯定律、土的工程分类及命名。

熟悉：土的三相组成、土的物理性质指标及换算。

掌握：**土样的采集、运输和保管**；土样制备。

（2）颗粒级配

了解：土粒级配指标、土粒大小及粒组划分。

掌握：颗粒分析试验。

（3）界限含水率

熟悉：液限 w_L、塑限 w_P、缩限 w_s 及塑性指数 I_P、液性指数 I_L。

掌握：含水率试验、界限含水率试验。

（4）击实试验

了解：击实的工程意义。

掌握：击实试验；粗粒土、巨粒土最大干密度试验。

（5）天然稠度

了解：天然稠度含义及试验目的。

熟悉：天然稠度试验方法。

(6)土的压缩性与土的力学指标

了解：压缩试验原理、有效应力、三轴压缩试验、黄土湿陷试验、回弹模量试验。

熟悉：室内压缩试验与压缩性指标；先期固结压力 p_c 与土层天然固结状态判断；强度指标 c、φ 和 CBR。

掌握：固结试验、直接剪切试验、无侧限抗压强度试验、CBR 试验。

(7)土的化学性质试验与水理性质试验

了解：膨胀试验、收缩试验、毛细管水上升高度试验、渗透试验。

掌握：酸碱度试验、烧失量试验、有机质含量试验。

(8)土的物理性质

了解：密度试验的目的、砂土相对密度试验的意义。

熟悉：密度试验原理、不同密度试验方法的适用条件；砂土相对密度试验。

掌握：密度试验、相对密度试验。

(9)土工合成材料

了解：土工合成材料在道路工程中的用途；土工合成材料的分类、取样与试样制备。

熟悉：道路工程常用土工合成材料的性能指标及质量要求；耐静水压、有效孔径、直接剪切摩擦、拉拔摩擦试验。

掌握：土工织物厚度、单位面积质量、几何尺寸、垂直渗透性、孔径、拉伸强度、CBR 顶破强力、梯形撕破强力、刺破强力试验。

5)集料

(1)基本知识

了解：集料类型、标准筛。

熟悉：集料粗细粒径划分方法、集料最大粒径和公称最大粒径。

(2)粗集料物理性质

了解：粗集料的各种密度、密度和相对密度的关系；吸水性和耐候性、砂石材料孔隙率对耐候性的影响；针片状颗粒对工程性质的影响。

熟悉：针片状颗粒含义。

掌握：表干(相对)密度、毛体积(相对)密度试验方法；针片状颗粒含量试验。

(3)粗集料力学性质

了解：磨光值试验目的。

熟悉：压碎值试验目的及适用范围、磨耗试验目的及试验指标、磨光值试验、粗集料软弱颗粒含义。

掌握：压碎值试验、磨耗试验、软弱颗粒试验。

(4)粗集料化学性质

了解：碱活性试验目的、坚固性试验目的。

熟悉：碱活性试验、坚固性试验。

(5)细集料性质

了解：常用细集料类型、细集料中的有害成分。

熟悉：细集料筛分指标和计算方法、细集料洁净程度评价方法、棱角性试验。

掌握:细集料筛分试验、细度模数计算、砂当量试验、亚甲蓝试验、压碎指标试验。

(6)集料技术要求

熟悉:沥青混合料和水泥混凝土粗、细集料技术要求。

(7)矿粉性质

了解:矿粉技术性质。

掌握:矿粉筛分试验、密度试验。

6)路面基层与底基层材料

(1)基本知识

了解:基层、底基层材料的分类。

熟悉:基层、底基层原材料及混合料的技术要求。

掌握:不同层位材料的强度与压实度要求。

(2)石灰

了解:石灰分类及等级。

熟悉:半刚性基层材料对石灰的技术要求。

掌握:石灰中有效氧化钙和氧化镁含量的试验原理与方法。

(3)粉煤灰

了解:道路用粉煤灰的技术指标。

熟悉:细度试验方法。

掌握:烧失量测定方法。

(4)基层、底基层混合料配合比设计

了解:集料的分档与规格、碾压贫混凝土配合比指标。

熟悉:级配碎石配合比设计。

掌握:无机结合料稳定材料配合比设计方法与步骤。

(5)无机结合料稳定材料的最大干密度和最佳含水率

了解:击实试验方法和振动压实试验方法的适用条件。

熟悉:振动压实试验方法。

掌握:击实试验方法。

(6)无侧限抗压强度

了解:无侧限抗压强度试验目的。

熟悉:无侧限抗压强度试验数据处理与结果分析。

掌握:试件成型方法、标准养护方法、无侧限抗压强度试验方法。

(7)无机结合料稳定材料取样

熟悉:取样目的、方法和适用条件。

(8)水泥或石灰剂量

了解:水泥、石灰剂量测定目的。

熟悉:EDTA 滴定法的试验原理。

掌握:EDTA 滴定试验方法。

7)水泥与水泥混凝土

(1)水泥

①基本知识

了解:通用硅酸盐水泥的**生产工艺**、分类、特点。

熟悉:通用硅酸盐水泥熟料各矿物成分特性。

掌握:水泥的种类及其适应性。

②物理性质

了解:水泥净浆标准稠度、水泥标准稠度用水量的意义、通用硅酸盐水泥的凝结硬化、水泥安定性不良的原因。

熟悉:水泥密度测定原理、水泥细度对水泥性能的影响、水泥凝结时间对工程应用的影响、标准方法(维卡仪法)和代用法(试锥法)的试验原理、水泥安定性对工程质量的影响。

掌握:水泥密度试验方法;**水泥稠度用水量、凝结时间、安定性检验方法**;水泥胶砂流动度测定方法。

③力学性质

了解:水泥胶砂强度、强度试验用标准砂。

熟悉:影响水泥强度的主要因素。

掌握:水泥胶砂强度试验方法。

④化学性质

了解:水泥化学性质及其对性能的影响。

熟悉:游离氧化镁和氧化钙对水泥安定性的影响;**烧失量、氧化镁含量、三氧化硫含量、不溶物含量试验方法**。

掌握:碱含量、氯离子含量试验方法。

⑤水泥品质

熟悉:水泥品质判定指标。

掌握:水泥强度等级判定方法、合格品的判定**标准**。

(2)水泥混凝土

①基本知识

熟悉:混凝土材料组成。

掌握:影响混凝土性能的基本参数。

②新拌混凝土的性质

了解:维勃稠度试验方法、混凝土的凝结时间、含气量对混凝土性能的影响。

熟悉:混凝土工作性、影响混凝土工作性的因素、混凝土凝结时间测定方法、混凝土含气量含义。

掌握:混凝土坍落度试验方法、混凝土凝结时间对工程施工的影响、含气量测定方法。

③硬化混凝土的性质

了解:混凝土抗渗性、模量试验的意义。

熟悉:立方体、棱柱体混凝土试件制作、养护方法;混凝土强度等级确定、强度评定方法。

掌握:**抗压弹性模量试验方法**、抗压和抗弯拉强度试验方法、**抗渗性试验方法**。

④水泥混凝土配合比设计

熟悉:水泥混凝土组成材料性能要求、混凝土耐久性影响因素及控制指标。

掌握:配合比设计要求及设计方法。

⑤混凝土外加剂

了解:外加剂及常用类型。

熟悉:外加剂的主要功能、减水剂混凝土配合比设计、**外加剂细度试验方法**。

掌握:pH 值试验方法、氯离子含量试验方法、减水率试验方法、泌水率试验方法。

8)沥青与沥青混合料

(1)沥青

①基本知识

了解:沥青的分类;**针入度、黏度、PG 性能等主要沥青评价体系**。

掌握:**沥青混合料取样方法**、沥青标号。

②沥青主要技术性能

了解:沥青主要性能及指标。

熟悉:针入度、软化点、延度、针入度指数、黏附性、老化、密度、闪点、溶解度、蜡含量及试验影响因素。

掌握:针入度、软化点、延度、黏附性、老化、密度、**毛细管动力黏度**试验方法。

③改性沥青

了解:改性沥青的类型、性能及技术指标。

熟悉:弹性恢复试验、离析试验、**旋转黏度试验方法**。

④沥青技术要求

了解:沥青等级、不同等级的沥青适用性。

熟悉:道路石油沥青的技术要求。

掌握:**SBS 改性沥青技术**、不同标号沥青的适用性。

(2)纤维

了解:沥青混合料用纤维的主要类型。

熟悉:木质素纤维技术性质。

掌握:木质素纤维的吸油率、灰分试验方法。

(3)沥青混合料

①基本知识

了解:沥青混合料类型。

熟悉:沥青混合料的结构类型及其特点。

掌握:沥青混合料取样方法。

②马歇尔试验

了解:沥青混合料密度;沥青混合料物理力学指标、体积参数及计算。

熟悉:马歇尔试件制作、沥青混合料密度的试验方法及适用性、稳定度试验。

掌握:沥青混合料理论最大相对密度试验方法。

③沥青混合料路用性能

了解:沥青混合料高温稳定性、影响因素及评价指标;沥青混合料水稳性影响因素及评价指标。

熟悉：动稳定度含义、车辙试验条件、提高沥青混合料高温稳定性的技术措施、提高沥青混合料水稳性的技术措施。

掌握：车辙试验、浸水马歇尔试验、冻融劈裂试验、飞散试验、析漏试验。

④沥青含量测定方法

了解：影响离心法、燃烧法测定沥青含量准确性的因素。

熟悉：离心法、燃烧法测定沥青含量的试验方法。

⑤沥青混合料配合比设计

了解：气候分区、沥青混合料配合比设计三个阶段。

熟悉：沥青混合料原材料的技术要求、矿料组成设计和调整方法、马歇尔试验技术指标。

掌握：沥青混合料目标配合比设计方法、生产配合比设计方法。

9）路基路面现场检测

（1）现场取样方法

了解：钻芯取样方法的适用条件。

熟悉：测点、测区的选取方法。

掌握：钻芯取样的方法。

（2）几何尺寸

了解：路基路面几何尺寸测试项目、几何数据测试系统。

熟悉：雷达测试路面结构层厚度的方法、中线偏位测量方法。

掌握：挖坑和钻芯法检测路面结构厚度的方法，横坡、纵坡测量方法。

（3）压实度

了解：压实度基本测试方法；核子密度湿度仪、无核密度仪测定压实度的原理。

熟悉：挖坑灌砂法、环刀法、钻芯法、沉降差法测定压实度的适用范围。

掌握：挖坑灌砂法测定压实度试验方法、环刀法测定压实度试验方法、钻芯法测定沥青面层压实度试验方法、土石路堤或填石路堤沉降法测定压实程度方法。

（4）平整度

了解：不同平整度测试方法的原理及其指标、手推式断面仪测定平整度试验方法。

熟悉：车载式颠簸累积仪和激光平整度仪测定平整度的试验方法。

掌握：3m 直尺和连续式平整度仪测定平整度的试验方法。

（5）强度和模量

了解：承载板法和贝克曼梁法测试回弹模量的原理。

熟悉：落球仪法测定回弹模量试验方法。

掌握：承载板法测定回弹模量试验方法。

（6）弯沉

了解：弯沉基本测试方法、弯沉数据在设计中的应用。

熟悉：激光式高速路面弯沉仪测定弯沉的试验方法。

掌握：贝克曼梁、自动弯沉仪、落锤弯沉仪测定弯沉的试验方法。

（7）水泥混凝土路面强度

了解:水泥混凝土路面强度基本试验方法。

熟悉:取芯法测定水泥混凝土路面劈裂强度试验方法。

掌握:回弹仪法测定水泥混凝土路面强度试验方法、超声回弹法测定水泥混凝土路面抗弯强度试验方法。

(8)抗滑性能

了解:抗滑性能测试指标、影响因素及评价方法;电动铺砂仪测定构造深度方法;动态旋转式摩擦系数测试仪测定摩擦系数试验方法。

熟悉:单、双轮式横向力系数测试系统及车载式激光构造深度仪的测试原理、试验方法。

掌握:手工铺砂法测定构造深度的方法、数字式摆式仪测定摩擦系数方法、摆式仪测定摩擦系数的试验方法。

(9)渗水系数

掌握:沥青路面渗水系数测定方法。

(10)路基路面损坏

熟悉:弯沉仪测定路面脱空测试方法、探坑法检测路面结构损伤试验方法。

掌握:路面错台测试方法、车辙测试方法、路面损坏调查测试方法。

(11)施工控制

了解:近场、远场测定噪声试验方法。

熟悉:沥青混合料质量总量检验方法、层间黏结强度试验方法、基层芯样完整性试验方法。

掌握:热拌沥青混合料施工温度测试方法、沥青喷洒法施工沥青用量测试方法、透层油渗透深度测试方法。

(二)助理试验检测师考试大纲

1. 考试目的与要求

要求考生较为完整、系统地理解道路工程专业相关的基础知识;了解、熟悉、掌握相关的工程技术标准、工程质量检验评定标准、道路工程养护评定标准、相关试验检测标准和规范等;了解、熟悉、掌握道路工程原材料、混合料、现场检测相关的主要内容、试验方法;具备较强的试验检测操作能力。

2. 主要考试内容

1)基础知识

了解:公路等级、路基路面结构、路基路面工程原材料。

熟悉:路基施工试验、路面施工试验。

2)公路工程质量检验评定

(1)工程质量评定方法

了解:《公路工程质量检验评定标准　第一册　土建工程》(JTG F80/1—2017)适用范围;单位工程、分部工程、分项工程的划分;关键项目、规定值和极值等;工程质量等级的评定。

熟悉:工程质量检验内容。

(2)路基工程

了解:一般规定;土方路基、石方路基的基本要求;软土地基处置、土工合成材料处置层的基本要求和实测项目；管节预制、管节安装、检查(雨水)井砌筑、土沟、浆砌排水沟、盲沟、**排水泵站沉井、沉淀池的**基本要求**和外观质量规定；挡土墙、墙背填土、边坡锚固防护、土钉支护、砌体边坡防护、石笼防护、其他砌石构筑物及导流工程的基本要求和外观质量规定。**

熟悉：土方路基、石方路基的外观规定和实测项目；软土地基处置、土工合成材料处置层的关键实测项目；管节预制、管节安装、检查(雨水)井砌筑、土沟、浆砌排水沟、盲沟、**排水泵站沉井、沉淀池**的实测关键项目；挡土墙、墙背填土、**边坡防护、砌体坡面防护**的实测项目。

掌握：土方路基、石方路基、挡土墙、墙背填土、**边坡锚固防护、砌体坡面防护**的实测关键项目。

(3)路面工程

了解：一般规定；沥青贯入式面层、沥青表面处置面层的基本要求、实测项目；基层和底基层的基本要求、外观质量规定；路缘石、路肩的基本要求、实测项目和外观质量规定。

熟悉：水泥混凝土面层、沥青混凝土面层、沥青碎(砾)石面层的基本要求和实测项目、外观质量规定；基层和底基层的实测项目。

掌握：水泥混凝土面层、沥青混凝土面层、沥青碎(砾)石面层的实测关键项目；基层和底基层的实测关键项目。

(4)**工程项目验收鉴定**

了解：交、竣工验收内容；工程质量鉴定总体要求、内业资料要求、外观质量要求。

掌握：工程质量鉴定的实体检测的抽样要求、竣工验收的复测项目。

3)公路技术状况评定

(1)公路技术状况标准

了解：《公路技术状况评定标准》(JTG H20—2007)的适用范围；公路技术状况评定体系。

熟悉：公路技术状况评价指标**及其相关定义**、公路技术状况分级标准。

(2)公路损坏类型

了解：桥隧构造物损坏类型、沿线设施损坏类型。

熟悉：路基损坏类型、路面损坏类型**及计算标准**。

(3)公路使用性能评定

了解：检测与调查内容、检测与调查单元、检查与调查频率。

熟悉：人工调查**具体内容**，自动化检测试验方法及**关键步骤**。

4)土工

(1)基础知识

了解：粒度成分及其表示方法；土样的采集、运输和保管。

熟悉：土的三相组成及**相关参数计算方法**。

掌握：**土的工程分类及命名**、土样制备。

(2)颗粒级配

了解：土粒级配指标、土粒大小及粒组划分。

掌握：颗粒分析试验。

(3)界限含水率

熟悉：液限 w_L、塑限 w_p、缩限 w_s 及塑性指数 I_p、液性指数 I_L。

掌握：含水率试验**方法与关键步骤**、界限含水率试验的**方法与关键步骤**。

(4)击实试验

了解：击实的工程意义。

掌握：击实试验**关键步骤**；粗粒土、巨粒土最大干密度试验。

(5)天然稠度

了解：天然稠度含义及试验目的。

熟悉：天然稠度试验方法。

(6)土的压缩性与土的力学指标

了解：**固结试验的基本原理**、压缩试验的基本原理。

熟悉：CBR 试验。

掌握：无侧限抗压强度试验**与计算**。

(7)土的化学性质试验与水理性质试验

了解：**化学性质对土的性能影响**。

熟悉：酸碱度试验**步骤**、烧失量试验**步骤**、有机质含量试验**步骤**。

(8)土的物理性质

了解：砂土相对密度试验意义。

熟悉：砂土相对密度试验方法。

(9)土工合成材料

了解：土工合成材料的分类、**取样与试样制备**。

熟悉：**耐静水压、有效孔径、直接剪切摩擦、拉拔摩擦试验**。

掌握：土工织物厚度、单位面积质量、**几何尺寸**、**垂直**渗透性、孔径、拉伸强度、**CBR 顶破强力**、梯形撕破强力、刺破强力等**基本试验方法**。

5)集料

(1)基本知识

了解：集料类型、标准筛。

熟悉：集料粗细粒径划分方法、集料最大粒径和公称最大粒径。

(2)粗集料物理性质

了解：粗集料的各种密度**定义的理论依据**、密度和相对密度的关系；吸水性和耐候性、**级配**；针片状颗粒对工程性质的影响。

熟悉：级配类型和特点。

掌握：表干(相对)密度、毛体积(相对)密度试验方法；**针片状颗粒含义**、针片状颗粒含量试验；**集料吸水率试验步骤；级配曲线的基本绘制方法、图解法集料组成设计**。

(3)粗集料力学性质

了解：**磨耗试验目的及试验指标**、磨光值试验目的。

熟悉：压碎值试验目的及适用范围、压力机操作要点、磨光试验方法、粗集料软弱颗粒含义。

掌握：压碎值试验**要点**、洛杉矶磨耗试验试验**要点**、软弱颗粒试验**要点**。

(4)粗集料化学性质

了解:粗集料化学组成与集料酸碱性之间的关系。

熟悉:坚固性试验目的。

掌握:坚固性试验要点。

(5)细集料性质

了解:常用细集料类型、细集料中的有害成分。

熟悉:筛分指标的计算、细集料含泥量试验。

掌握:细集料筛分试验**关键步骤、筛分结果计算;砂当量试验;亚甲蓝试验及结果判定**。

(6)集料技术要求

熟悉:沥青混合料和水泥混凝土粗、细集料技术要求。

(7)**矿粉性质**

了解:矿粉技术性质。

掌握:矿粉筛分试验、密度试验。

6)路面基层与底基层材料

(1)基本知识

了解:基层、底基层材料的分类。

熟悉:基层、底基层原材料及混合料的技术要求;不同层位材料的强度与压实度**基本要求**。

(2)石灰

了解:石灰分类及等级划分**标准**。

熟悉:半刚性基层材料对石灰的技术要求。

掌握:石灰中有效氧化钙和氧化镁含量试验的原理与方法。

(3)粉煤灰

了解:道路用粉煤灰的技术指标。

熟悉:细度试验方法。

掌握:烧失量试验方法**关键步骤**。

(4)基层、底基层混合料配合比设计

了解:集料的分档与规格、碾压贫混凝土配合比指标。

熟悉:级配碎石配合比设计。

掌握:无机结合料稳定材料配合比设计方法与步骤。

(5)无机结合料稳定材料的最大干密度和最佳含水率

了解:击实试验方法和振动压实试验方法的适用条件。

熟悉:振动压实试验方法的**基本步骤**。

掌握:击实试验方法**关键步骤**。

(6)无侧限抗压强度

了解:无侧限抗压强度试验目的。

熟悉:影响无侧限抗压强度试验结果的因素。

掌握:试件成型方法、标准养护方法、无侧限抗压强度试验方法。

(7)无机结合料稳定材料取样

熟悉:取样目的、方法和适用条件。

(8)水泥或石灰剂量

了解:测定水泥和石灰剂量的目的。

掌握:EDTA 滴定试验方法。

7)水泥与水泥混凝土

(1)水泥

①基本知识

了解:通用硅酸盐水泥的生产工艺、分类、特点。

熟悉:通用硅酸盐水泥熟料各矿物成分特性。

②物理性质

了解:水泥密度测定原理、水泥细度对水泥性能的影响、水泥标准稠度试验方法、通用硅酸盐水泥的凝结硬化。

熟悉:水泥凝结时间对工程应用的影响、水泥安定性对工程质量的影响。

掌握:水泥密度试验方法、细度负压筛试验方法、比表面积试验方法、凝结时间测定方法、安定性测定方法、水泥胶砂流动度试验方法。

③力学性质

了解:水泥胶砂强度、强度试验用标准砂。

熟悉:影响水泥强度的主要因素。

掌握:水泥胶砂强度试验方法的关键步骤。

④化学性质

了解:化学性质及对水泥性能的影响。

熟悉:**烧失量、氧化镁含量、三氧化硫含量、不溶物含量试验方法。**

掌握:碱含量、氯离子含量试验方法。

⑤水泥品质

熟悉:水泥品质判定指标。

掌握:水泥强度等级判定方法、合格品的判定标准。

(2)水泥混凝土

①基本知识

了解:混凝土材料组成。

熟悉:影响混凝土性能的基本参数。

②新拌混凝土性质

了解:维勃稠度试验方法、**混凝土扩展度及扩展度经时损失试验方法、电通量试验方法;氯离子扩散系数试验方法。**

熟悉:混凝土工作性、混凝土凝结时间测定方法、混凝土含气量对混凝土性能的影响。

掌握:坍落度试验方法及适用范围、含气量测定方法。

③硬化混凝土性质

了解:混凝土强度等级确定、影响混凝土强度的因素。

熟悉:立方体、棱柱体混凝土试件制作、养护方法;抗渗试验方法。

掌握:抗压弹性模量试验方法、抗压和抗弯拉强度试验方法。

④水泥混凝土配合比设计

熟悉:水泥混凝土组成材料性能要求。

掌握:配合比设计**的主要步骤**。

⑤混凝土外加剂

了解:外加剂及常用类型。

熟悉:外加剂的主要功能、**外加剂细度试验方法**、pH 值试验方法、氯离子含量试验方法、减水率试验方法、泌水率试验方法。

8)沥青与沥青混合料

(1)沥青

①基本知识

了解:沥青的分类。

掌握:**沥青混合料取样方法**、沥青标号。

②沥青主要技术性能

了解:沥青主要性能及指标。

熟悉:针入度、软化点、延度、针入度指数、黏附性、老化试验的影响因素。

掌握:针入度、软化点、延度、黏附性、老化、密度、**毛细管动力黏度**试验方法。

③改性沥青

了解:改性沥青的类型、性能及技术指标。

熟悉:弹性恢复和离析试验、**旋转黏度试验方法关键步骤。**

④沥青技术要求

了解:沥青等级,不同等级沥青的适用性。

熟悉:道路石油沥青的技术要求。

掌握:**SBS 改性沥青技术**、不同标号沥青的适用性。

(2)**纤维**

了解:沥青混合料用纤维主要类型。

熟悉:木质素纤维技术性质。

掌握:木质素纤维的吸油率、灰分试验方法。

(3)沥青混合料

①基本知识

了解:沥青混合料类型。

掌握:沥青混合料取样方法及注意事项。

②马歇尔试验

了解:沥青混合料密度;沥青混合料物理力学指标、体积参数及计算。

熟悉:沥青混合料密度的试验方法及适用性。

掌握:沥青用量表示方法、马歇尔试件制作方法、稳定度试验方法、毛体积密度和表观相对密度试验方法、沥青混合料理论最大相对密度试验方法。

③沥青混合料路用性能

了解:沥青混合料高温稳定性和水稳性及其影响。

熟悉：提高沥青混合料高温稳定性和水稳性的技术措施。

掌握：车辙试验关键步骤、飞散试验关键步骤、析漏试验关键步骤。

④沥青含量测定方法

了解：沥青含量测定方法的种类。

熟悉：离心法和燃烧法测定沥青含量的试验方法关键步骤及注意事项。

⑤沥青混合料配合比设计

了解：气候分区、沥青混合料配合比设计三个阶段。

熟悉：沥青混合料原材料的技术要求、矿料组成设计和调整方法、马歇尔试验技术指标。

掌握：沥青混合料目标配合比设计方法的基本步骤。

9)路基路面现场检测

(1)现场取样方法

了解：钻芯取样方法的适用条件。

熟悉：测点、测区的选取方法。

掌握：钻芯取样的方法。

(2)几何尺寸

了解：路基路面几何尺寸测试项目。

熟悉：雷达测试路面结构层厚度的方法。

掌握：挖坑和钻芯法检测路面结构厚度的方法；横坡、纵坡测量方法。

(3)压实度

了解：核子密度湿度仪、无核密度仪测定压实度的原理。

熟悉：灌砂法、环刀法、钻芯法、沉降差法测定压实度的适用范围。

掌握：挖坑灌砂法测定压实度试验方法、环刀法测定压实度试验方法、钻芯法测定沥青面层压实度试验方法。

(4)平整度

了解：平整度基本测试方法、不同平整度测试方法的原理及其指标。

熟悉：车载式颠簸累积仪和激光平整度仪测定平整度的试验方法。

掌握：3m 直尺和连续式平整度仪测定平整度的试验方法。

(5)强度和模量

了解：回弹模量基本测试方法。

熟悉：落球仪法测定回弹模量试验方法。

掌握：承载板法测定回弹模量试验方法。

(6)弯沉

了解：弯沉基本测试方法、激光式高速路面弯沉仪测定弯沉的试验方法。

熟悉：落锤弯沉仪测定弯沉的试验方法。

掌握：贝克曼梁、自动弯沉仪测定弯沉的试验方法。

(7)水泥混凝土路面强度

了解：水泥混凝土路面强度基本试验方法。

熟悉：取芯法测定水泥混凝土路面劈裂强度试验方法。

掌握：回弹仪测定水泥混凝土路面强度试验方法关键步骤及数据修正、超声回弹法测定水泥混凝土抗弯强度试验方法。

(8)抗滑性能

了解：电动铺砂仪测定构造深度方法、动态旋转式摩擦系数测试仪测定摩擦系数试验方法。

熟悉：单、双轮式横向力系数测试系统及车载式激光构造深度仪的测试原理、试验方法。

掌握：手工铺砂法测定构造深度的方法、数字式摆式仪测定摩擦系数方法、摆式仪测定摩擦系数的试验方法。

(9)渗水系数

掌握：沥青路面渗水系数测定方法关键步骤及数据处理。

(10)路基路面损坏

熟悉：弯沉法测定路面脱空测试方法、探坑法检测路面结构损伤试验方法。

掌握：路面错台测试方法、车辙测试方法、路面损坏调查测试方法。

(11)施工控制、噪声及其他

了解：近场、远场测试噪声试验方法；沥青混合料质量总量检验方法；层间黏结强度试验方法。

掌握：芯样完整性试验、热拌沥青混合料施工温度测试方法、沥青喷洒法施工沥青用量测试方法、透层油渗透深度测试方法。

二、考试题型

“道路工程”专业考试题型共有4种：单选题、判断题、多选题、综合题。

(1)单选题：每道题目有4个备选项，要求考生通过对题干的审查理解，从4个备选项中选出唯一的正确答案。每题1分。

(2)判断题：每道题目列出一个可能的事实，通过审题给出该事实是正确还是错误的判断。每题1分。

(3)多选题：每道题目所列备选项中，有2个或2个以上正确答案，每题2分。选项全部正确得满分，选项部分正确按比例得分，出现错误选项该题不得分。

(4)综合题：5大道25小题，内容包括试验检测原理、试验操作、案例分析及计算等。每小题有4个备选项，要求考生从中选出1个或1个以上正确答案，每小题2分。选项部分正确按比例得分，出现错误选项该题不得分。

三、科目设置

“道路工程”专业每套试卷设置单选题30道、判断题30道、多选题20道、综合题5道(含25道小题)，总计150分，90分为合格，考试时间为150分钟。

四、考试内容比例

基础知识占5%，工程质量与技术状况评定占15%，路基路面工程原材料及混合料占55%，现场检测占25%。

五、主要参考书目

[1] 中华人民共和国行业标准. JTG F80/1—2017　公路工程质量检验评定标准　第一册　土建工程. 北京:人民交通出版社股份有限公司,2018.

[2] 中华人民共和国行业标准. JTG H20—2007　公路技术状况评定标准[S]. 北京:人民交通出版社,2007.

[3] 中华人民共和国行业标准. JTG/T E61—2014　公路路面技术状况自动化检测规程. 北京:人民交通出版社股份有限公司,2014.

[4] 公路工程竣(交)工验收办法交通部令 2004 年第 3 号.

[5] 公路工程竣(交)工验收办法实施细则交公路发〔2010〕65 号.

[6] 中华人民共和国行业标准. JTG E40—2007　公路土工试验规程[S]. 北京:人民交通出版社,2007.

[7] 中华人民共和国行业标准. JTG F10—2006　公路路基施工技术规范[S]. 北京:人民交通出版社,2006.

[8] 中华人民共和国行业标准. JTG E50—2006　公路工程土工合成材料试验规程[S]. 北京:人民交通出版社,2006.

[9] 中华人民共和国行业标准. JTG/T D32—2012　公路工程土工合成材料应用技术规范[S]. 北京:人民交通出版社,2012.

[10] 中华人民共和国行业标准. JTG E42—2005　公路工程集料试验规程[S]. 北京:人民交通出版社,2005.

[11] 中华人民共和国行业标准. JTG E51—2009　公路工程无机结合料稳定材料试验规程[S]. 北京:人民交通出版社,2009.

[12] 中华人民共和国行业标准. JTG/T F20—2015　公路路面基层施工技术细则[S]. 北京:人民交通出版社股份有限公司,2015.

[13] 中华人民共和国行业标准. JTG E30—2005　公路工程水泥及水泥混凝土试验规程[S]. 北京:人民交通出版社,2005.

[14] 中华人民共和国国家标准. GB 175—2007　通用硅酸盐水泥[S]. 北京:中国标准出版社,2007.

[15] 中华人民共和国行业标准. JTG/T F30—2014　公路水泥混凝土路面施工技术细则[S]. 北京:人民交通出版社股份有限公司,2014.

[16] 中华人民共和国行业标准. JTG D40—2011　公路水泥混凝土路面设计规范[S]. 北京:人民交通出版社,2011.

[17] 中华人民共和国行业标准. JGJ 55—2011　普通混凝土配合比设计规程[S]. 北京:中国建筑工业出版社,2011.

[18] 中华人民共和国国家标准. GB 8076—2008　混凝土外加剂[S]. 北京:中国标准出版社,2008.

[19] 中华人民共和国国家标准. GB 50119—2013　混凝土外加剂应用技术规范[S]. 北京:中国标准出版社,2013.

[20] 中华人民共和国行业标准. JTG/T F50—2011 公路桥涵施工技术规范[S]. 北京:人民交通出版社,2011.

[21] 中华人民共和国国家标准. GB/T 8074—2008. 水泥比表面积测定方法[S]. 北京:中国标准出版社,2008.

[22] 中华人民共和国国家标准. GB/T 208—2014. 水泥密度测定方法[S]. 北京:中国标准出版社,2014.

[23] 中华人民共和国国家标准. (GB/T 176—2008). 水泥化学分析方法[S]. 北京:中国标准出版社,2008.

[24] 中华人民共和国行业标准. JTG E20—2011 公路工程沥青及沥青混合料试验规程[S]. 北京:人民交通出版社,2011.

[25] 中华人民共和国行业标准. JTG F40—2004 公路沥青路面施工技术规范[S]. 北京:人民交通出版社,2004.

[26] 中华人民共和国行业标准. JTG D50—2017 公路沥青路面设计规范[S]. 北京:人民交通出版社股份有限公司,2017.

[27] 中华人民共和国行业标准. JTG E60—2008 公路路基路面现场测试规程[S]. 北京:人民交通出版社,2008.

[28] 中华人民共和国国家标准. GB 50026—2007 工程测量规范[S]. 北京:中国计划出版社,2007.

[29] 中国工程建设标准化协会标准. CECS 02:2005 超声回弹综合法检测混凝土强度技术规程[S]. 北京:中国计划出版社,2005.

[30] 交通运输部安全与质量监督管理司,交通运输部职业资格中心 公路水运工程试验检测专业技术人员职业资格考试用书道路工程(2018 年版)[M]. 北京:人民交通出版社股份有限公司,2018.

第二章　公路工程质量与技术评定

【复习提示】

本部分内容的主要知识点包括：基础知识，工程质量评定方法，路基工程、路面工程质量检验评定，工程项目验收鉴定，公路技术状况标准，公路损坏类型，公路使用性能评定等。

本部分内容的复习重点包括：路基路面设计与施工基本知识；公路工程关键项目和一般项目评定方法；分项工程质量检验评定方法；土方路基、石方路基的实测关键项目、评定标准及检测方法；挡土墙、墙背填土、边坡锚固防护、砌体坡面防护的实测关键项目、评定标准及检测方法；水泥混凝土面层、沥青混凝土面层、沥青碎（砾）石面层的实测关键项目、评定标准及检查要求；基层和底基层的实测关键项目、评定标准及检查要求；工程质量鉴定的实体检测要求；工程质量等级评定；公路技术状况评定方法等。

本部分内容涉及的规范包括：

《公路工程质量检验评定标准　第一册　土建工程》（JTG F80/1—2017），适用于各等级公路新建与改扩建工程施工质量的检验评定。

《公路技术状况评定标准》（JTG H20—2007），适用于各等级公路的技术状况检测和评定工作。

一、单项选择题

1.《公路工程质量检验评定标准　第一册　土建工程》（JTG F80/1—2017）适用于（　　）新建与改扩建工程施工质量的检验评定。

A. 高速公路　　B. 一级公路

C. 二级及以下公路　　D. 各等级公路

2. 分项工程质量检验内容中，（　　）对施工质量具有关键作用，经检查不符合要求时不得进行工程质量的检验和评定。

A. 基本要求　　B. 外观质量

C. 几何尺寸　　D. 压实度或强度

3. 对检查项目按规定的检查方法和频率进行随机抽样检验并计算（　　）。

A. 评分值　　B. 合格率　　C. 不合格数量　　D. 得分值

4. 涉及结构的安全和使用性能的重要实测项目为关键项目，其合格率不得低于（　　）。

A. 85%　　B. 90%　　C. 95%　　D. 100%

5. 土方路基压实度要求值按（　　）设定。

A. ①高速公路、②一级公路、③其他公路（指二级及二级以下）三档

B. ①高速公路、②一级公路及以下公路两档

C. ①高速、一级公路、②二级公路、③三、四级公路三档

D. ①高速公路、②二、三级公路、③四级公路三档

6. 水泥混凝土上加铺沥青面层的复合式路面，两种结构层均需要进行相关参数检查评定。检查要求为(　　)。

A. 水泥混凝土路面结构不检查平整度，沥青路面不检查构造深度

B. 水泥混凝土路面结构不检查弯沉，沥青路面不检查平整度

C. 水泥混凝土路面结构不检查构造深度，沥青路面不检查弯沉

D. 水泥混凝土路面结构不检查构造深度，沥青路面不检查宽度

7. 水泥稳定碎石基层实测关键项目是(　　)。

A. 弯沉　　B. 平整度　　C. 纵断高程　　D. 厚度

8. 服务区停车场、收费广场的土方工程压实标准可按(　　)。

A. 土方路基要求酌情降低　　B. 土方路基要求加以控制

C. 降低一个公路等级的标准执行　　D. 提高一个公路等级的标准执行

9. 土质路肩工程可作为(　　)的一个分项工程进行检验评定。

A. 路基工程　　B. 附属工程

C. 排水工程　　D. 路面工程

10. 填隙碎石基层或底基层实测关键项目有(　　)。

A. 弯沉值　　B. 纵断高程

C. 固体体积率　　D. 平整度

11. 根据公路工程质量检验评定的需要，建设项目应在(　　)划分为单位工程、分部工程和分项工程。

A. 竣工验收阶段　　B. 交工检测阶段

C. 施工阶段　　D. 施工准备阶段

12. 水泥混凝土面层的实测关键项目有(　　)。

A. 平整度　　B. 板厚度

C. 混凝土抗压强度　　D. 路面宽度

13. 压实度评定时，压实度代表值是指(　　)。

A. 平均值　　B. 平均值的置信下限

C. 平均值的置信上限　　D. 最小值

14. 砌体坡面防护质量评定实测项目中的关键项目有(　　)。

A. 坡度　　B. 断面尺寸　　C. 表面平整度　　D. 顶面高程

15. 下列检测项目中(　　)不属于二灰碎石基层的检测项目。

A. 压实度　　B. 弯沉　　C. 平整度　　D. 厚度

16. 分项工程质量检验内容中，具有质量否决权的是(　　)。

A. 外观质量　　B. 质量保证资料　　C. 基本要求　　D. 实测项目

17. 挡土墙平均墙高超过(　　)且墙身面积不小于1200m^2时，作为大型挡土墙评定。

A. 4m　　B. 5m　　C. 6m　　D. 7m

18. 管节预制实测项目中的关键项目是(　　)。

A. 内径　　B. 顺直度　　C. 壁厚　　D. 混凝土强度

19. 下列检测项目中不属于级配碎(砾)石基层和底基层检测项目的是(　　)。

A. 压实度　B. 抗压强度　C. 平整度　D. 厚度

20. 土方路基和填石路基实测项目技术指标的规定值或允许偏差按(　　)两档设定。

A. 一级公路,二级公路　B. 高速公路,其他公路

C. 一级公路,其他公路　D. 高速公路与一级公路,其他公路

21. 有关工程质量评定的正确描述是(　　)。

A. 以分部工程为单元

B. 分项工程评定采用算术平均法计算合格率

C. 分部工程根据评分值评定质量等级

D. 所属各分部工程全部合格,则该单位工程评为合格

22. 路面工程的实测项目规定值或允许偏差根据公路等级设定了(　　)档。

A. 2　B. 3　C. 4　D. 5

23. 土方路基实测项目中压实度检测频率为(　　)。

A. 每 200m 每压实层测 2 处　B. 每 100m 每压实层测 2 处

C. 每 200m 每压实层测 4 处　D. 每 100m 每压实层测 4 处

24. 加筋土挡土墙应作为(　　)进行质量评定。

A. 分部工程　B. 支挡工程　C. 附属工程　D. 分项工程

25. 下列工程属于分部工程的是(　　)。

A. 路肩　B. 排水工程　C. 填石路基　D. 路缘石

26. 关键项目是否合格,必须满足的条件是(　　)。

A. 关键项目合格率大于 80%

B. 检测值小于规定极值

C. 关键项目合格率不低于 95%,且检测值不得超过规定极值

D. 关键项目合格率不低于 80%,且检测值不得超过规定极值

27. 工程质量评定等级分为(　　)。

A. 合格和不合格　B. 优、良、合格和不合格

C. 优、合格和不合格　D. 良好和不合格

28. 工程质量评定按(　　)顺序逐级进行。

A. 单位工程、分部工程、分项工程　B. 分部工程、分项工程、单位工程

C. 分项工程、分部工程、单位工程　D. 单位工程、分项工程、分部工程

29. 公路底基层可作为(　　)的一个分项工程进行检查评定。

A. 路基工程　B. 桥涵工程　C. 路面工程　D. 附属工程

30. 砂垫层应适当洒水,分层压实,砂垫层宽度应宽出路基边脚(　　)。

A. 0.3 ~ 0.5m　B. 0.5 ~ 1m　C. 1 ~ 1.5m　D. 1.5 ~ 2m

31. 反压护道的填筑材料、护道高度、宽度应符合实际要求,压实度不低于(　　)。

A. 80%　B. 85%　C. 90%　D. 95%

32. 下列关于土工合成材料处置层的说法,错误的是(　　)。

A. 土工合成材料应无老化,外观应无破损、污染

B. 土工合成材料应紧贴下承层,按设计和施工要求铺设、张拉、固定

C. 土工合成材料的接缝搭接、黏结强度和长度应符合设计要求

D. 上下层土工合成材料搭接缝应对齐

33. 在进行填石路基外观质量检查时，路基边线与边坡不得出现单向累计长度超过（　　）的弯折。

A. 30m　　B. 50m　　C. 100m　　D. 200m

34. 下列选项中，不属于砂垫层实测项目的是（　　）。

A. 反滤层设置　　B. 压实度　　C. 砂垫层厚度　　D. 竖直度

35. 水泥粉煤灰碎石桩实测项目中的关键项目是桩长和（　　）。

A. 桩距　　B. 桩径　　C. 强度　　D. 复合地基承载力

36. 在排水工程的管节预制中，发现有蜂窝时，深度超过（　　）的必须处理。

A. 5mm　　B. 10mm　　C. 15mm　　D. 20mm

37. 在进行排水管安装外观质量检查时，管口缝带圈不得开裂脱皮，管口内缝砂浆不得有空鼓，基础混凝土蜂窝的总面积不得超过所在面面积的 2%，深度不得超过（　　）。

A. 5mm　　B. 10mm　　C. 15mm　　D. 20mm

38. 下列说法中，不属于浆砌水沟的基本要求的是（　　）。

A. 砌体砂浆配合比准确，砌缝内砂浆均匀饱满，勾缝密实

B. 浆砌片（块）石、混凝土预制块的质量和规格，应满足设计要求

C. 基础缩缝应与墙体缩缝对齐

D. 砌体抹面不得有空鼓

39. 下列有关砌体挡土墙的基本要求的说法中，错误的是（　　）。

A. 勾缝砂浆的强度不得小于砌筑砂浆强度

B. 地基承载力、基础埋置深度应满足设计要求

C. 砌筑不应分层错缝，浆砌时应坐浆挤紧

D. 沉降缝、泄水孔、泄水孔的位置、尺寸和数量应满足设计要求

40. 填石路基和土方路基的实测项目相比较，项目相同但检测方法和频率不同的是（　　）。

A. 压实　　B. 平整度　　C. 中线偏位　　D. 横坡

41. 填石路基实测项目中的关键项目是（　　）。

A. 压实　　B. 纵断高程　　C. 中线偏位　　D. 平整度

42. 下列选项中，不属于管节预制实测项目的是（　　）。

A. 混凝土强度　　B. 内径　　C. 基础厚度　　D. 顺直度

43. 排水工程的排水管安装实测项目中，抹带的宽度及厚度检查的频率为（　　）。

A. 2%　　B. 5%　　C. 10%　　D. 15%

44. 下列选项中，不属于排水管安装实测项目的是（　　）。

A. 混凝土抗压强度　B. 管轴线偏位　　C. 内径　　D. 基础厚度

45. 下列选项中，不属于检查井砌筑实测项目的是（　　）。

A. 砂浆强度　　B. 壁厚　　C. 沟底高程　　D. 井盖与相邻路面高差

46. 下列选项中，不属于土沟实测项目的是（　　）。

A. 边坡坡度　B. 边棱直顺度　C. 轴线偏位　D. 沟底高程

47. 土沟沟底高程的检查频率是(　　)。

A. 每200m 测2点,且不少于5点　B. 每200m 测4点,且不少于5点

C. 每200m 测2点,且不少于4点　D. 每200m 测3点,且不少于4点

48. 下列选项中,不属于浆砌水沟实测项目的是(　　)。

A. 边坡坡度　B. 沟底高程　C. 断面尺寸　D. 轴线偏位

49. 下列选项中,属于盲沟实测项目的是(　　)。

A. 砂浆强度　B. 轴线偏位　C. 沟底高程　D. 边坡坡度

50. 墙背填土的墙身强度达到设计强度的(　　)以上时方可开始填土。

A. 70%　B. 75%　C. 80%　D. 90%

51. 下列选项中,不属于浆砌挡土墙实测项目的是(　　)。

A. 砂浆强度　B. 平面位置　C. 顶面高程　D. 混凝土强度

52. 下列选项中,不属于悬臂式挡土墙实测项目的是(　　)。

A. 厚度　B. 平面位置　C. 断面尺寸　D. 混凝土强度

53. 下列选项中,不属于其他砌石构筑物实测项目的是(　　)。

A. 压实度　B. 砂浆强度　C. 顶面高程　D. 断面尺寸

54. 顶面高程是砌体的实测项目之一,下列选项中属于顶面高程检查方法的是(　　)。

A. 吊垂线　B. 尺量　C. 水准仪　D. 2m 直尺

55. 边坡锚固防护实测项目中不是锚杆、锚索关键项目的是(　　)。

A. 注浆强度　B. 抗拔力　C. 张拉力　D. 锚杆长度

56. 下列选项中,属于管节预制实测项目中关键项目的是(　　)。

A. 混凝土强度　B. 内径　C. 壁厚　D. 顺直度

57. 下列选项中,属于管道基础和管节安装的实测项目中关键项目的是(　　)。

A. 混凝土抗压强度或砂浆强度　B. 管轴线偏位

C. 管内底高程　D. 基础的厚度

58. 下列选项中,属于检查井砌筑的实测项目中关键项目的是(　　)。

A. 井盖与相邻路面高差　B. 井底高程

C. 轴线偏位　D. 砂浆强度

59. 下列选项中,不属于土沟实测项目的是(　　)。

A. 沟底高程　B. 断面尺寸　C. 轴线偏位　D. 边坡坡度

60. 在盲沟实测项目中,沟底高程的检查方法和频率是(　　)。

A. 尺量,每20m 测1点　B. 尺量,每10m 测1点

C. 水准仪,每10m 测1点　D. 水准仪,每20m 测1点

61. 墙背填土距面板1m 范围内压实度的检查频率是(　　)。

A. 每20m 每压实层测1处

B. 每50m 每压实层测1处,并不得少于1处

C. 每100m 每压实层测1处,并不得少于1处

D. 每200m 每压实层测1处

62. 锚杆、锚定板和加筋挡土墙墙背填土的实测项目的关键项目是(　　)。
A. 锚杆间距　B. 锚杆长度　C. 压实度　D. 混凝土强度

63. 在墙背填土的实测项目中,距面板 1m 范围以内压实度的规范值是(　　)。
A. 85%　B. 80%　C. 90%　D. 95%

64. 沥青混凝土面层裂缝、松散、泛油、离析等的累计长度不得超过(　　)。
A. 10m　B. 50m　C. 100m　D. 200m

65. 下列有关稳定粒料基层的说法,错误的是(　　)。
A. 矿渣应分解稳定,未分解矿渣应予剔除
B. 碾压检查合格后立即覆盖或洒水养护,养护龄期应符合规范规定
C. 路拌深度要达到层底
D. 混合料加水拌和到碾压终了的时间应大于水泥的终凝时间

66. 下列有关路缘石铺设的基本要求的说法,错误的是(　　)。
A. 水泥混凝土强度应满足设计要求
B. 安装应砌筑稳固,顶面平整,缝宽均匀,勾缝密实,线条直顺
C. 后背填料无须夯打密实
D. 槽底基础应夯打密实

67. 下列选项中,不属于路肩实测项目的是(　　)。
A. 平整度　B. 横坡　C. 强度　D. 压实度

68. 下列选项中,不属于沥青混凝土面层实测项目的是(　　)。
A. 沥青用量　B. 平整度　C. 弯沉值　D. 压实度

69. 下列选项中,不属于稳定土基层实测项目的是(　　)。
A. 压实度　B. 平整度　C. 纵断高程　D. 弯沉值

70. 下列 4 个选项中,属于水泥混凝土面层的关键实测项目的是(　　)。
A. 弯拉强度　B. 平整度　C. 抗滑构造深度　D. 相邻板高差

71. 根据《公路工程质量检验评定标准　第一册　土建工程》(JTG F80/1—2017)中的规定,高速公路沥青混凝土面层的实测项目中的关键项目为(　　)。
A. 压实度　B. 平整度　C. 厚度　D. A 和 C 选项

72. (　　)是级配碎石基层的关键实测项目。
A. 压实度　B. 平整度　C. 宽度　D. 弯沉值

73. 水泥稳定碎石基层厚度的检测频率是(　　)。
A. 每 100m 每车道 1 点　B. 每 150m 每车道 1 点
C. 每 200m 每车道 1 点　D. 每 250m 每车道 1 点

74. 下列选项中,不属于水泥稳定碎石需检测的项目的是(　　)。
A. 弯沉值　B. 压实度　C. 平整度　D. 强度

75. 水泥混凝土面层、沥青混凝土面层、二灰稳定碎石基层实测项目中,都需检测的关键项目有(　　)。
A. 弯沉值　B. 压实度　C. 平整度　D. 厚度

76. 为保证混凝土的强度,选用粗集料的最大粒径不得大于结构截面最小尺寸的 1/4,且

不得超过钢筋间最小间距的(　　)。

A. 1/4　　B. 1/3　　C. 1/2　　D. 3/4

77. 进行普通混凝土凝结时间的测定时，应从加水拌和时算起，3h 后开始测定凝结时间，每次间隔为(　　)。

A. 3h　　B. 2h　　C. 1h　　D. 0.5h

78. 公路技术状况检测以(　　)路段为基本检测或调查单元。

A. 1000m　　B. 500m　　C. 100m　　D. 10km

79. 水泥混凝土板边角剥落是指(　　)。

A. 沿接缝方向的板边碎裂和脱落，裂缝面与板面成一定角度

B. 缝料老化、剥落

C. 裂缝与纵横接缝相交，且交点距板角小于或等于板边长度一半的损坏

D. 板块表面细集料散失、粗集料暴露或表层松疏剥落

80. 水泥混凝土面层的实测关键项目有(　　)。

A. 平整度　　B. 板厚度

C. 混凝土抗压强度　　D. 路面宽度

81. 水泥混凝土面层施工质量检查验收的弯拉强度试验方法可采用(　　)。

A. 现场切割小梁法　　B. 钻芯劈裂法

C. 室内圆柱试件法　　D. 室内立方体试件法

二、判断题

1. 评定为不合格分项工程，经加固、补强或返工、调测，满足设计要求后，可以重新评定其质量等级，但计算分部工程评分值时按其复评分值的 90% 计算，而且不能评为优良工程。(　　)

2. 路面拦水带应纳入路缘石分项工程进行评定。(　　)

3. 实测项目的规定极值是指任一单个检测值都不能突破的极限值，不符合要求时该实测项目为不合格。(　　)

4. 土方路基压实度按高速公路和一级公路、二级及二级以下公路两档设定。(　　)

5. 砌体挡土墙平均墙高超过 6m 或者墙身面积不小于 1200m^2 时，作为大型挡土墙评定，属于分部工程。(　　)

6. 工程施工过程中，施工单位可以根据施工质量管理需要调整建设项目的工程项目划分。(　　)

7. 施工单位应对各分项工程按《公路工程质量检验评定标准　第一册　土建工程》(JTG F80/1—2017)所列基本要求、实测项目进行自检。(　　)

8. 压实度是水泥稳定碎石基层的关键实测项目之一。(　　)

9. 若外观质量检查发现边坡、护坡道有深度不超过 100mm 的冲沟时，可以进行评定，但须按处减分。(　　)

10. 浆砌砌体表面不得有空鼓现象。(　　)

11. 水泥混凝土路面加铺沥青面层的复合式路面，两种结构均应进行检查评定。(　　)

12. 所属各分项工程全部合格，则该分部工程评为合格；所属任一分项工程不合格，则该分部工程为不合格。（　　）

13. 工程质量评定工程中，基本要求具有否决权，基本要求不符合规定要求，不得进行质量检验和评定。（　　）

14. 对于某合同段内的路面工程，应作为一个分项工程进行评定。（　　）

15. 在公路工程质量评定时，不符合实测项目的规定极值要求时，该实测项目为不合格。（　　）

16. 路肩工程应作为路面工程的一个分部工程进行检查评定。（　　）

17. 在分项工程评定资料检查中，若发现缺少部分最基本的图表数据，应不予检验和评定。（　　）

18. 应对混凝土路面的干缩和温缩产生的裂缝进行处理。（　　）

19. 平整度、抗滑性能是沥青混凝土面层的关键实测项目。（　　）

20. 浆砌水沟评定检查中发现砌体出现裂缝或空鼓，应要求处理后再评定。（　　）

21. 当路面厚度计算以设计弯沉值为控制指标时，竣工验收弯沉值应不大于设计弯沉值。（　　）

22. 对于沥青面层，测定弯沉值时，应考虑湿度和温度影响系数。（　　）

23. 水泥混凝土上加铺沥青面层的复合式路面，对沥青面层不必检查弯沉。（　　）

24. 两台弯沉仪同时进行左右轮弯沉值测定时，可用左右两轮的平均值作为计算弯沉。（　　）

25. 水泥混凝土路面芯样外观检查应详细描述有无裂缝、接缝、分层、麻面或离析等情况。（　　）

26. 水泥混凝土路面强度的控制指标是弯拉或抗压强度。（　　）

27. 水泥混凝土快速无破损检测方法可代替试验室标准条件下的弯拉强度，但不适宜作为仲裁试验或工程验收的最终依据。（　　）

28. 路面抗滑性能的测试方法有摆式仪法、构造深度测试法、单轮式横向力系数测试系统等。（　　）

29. 用摆式仪测定路面的抗滑性能时，滑动长度越大，摆值就越小。（　　）

30. 横向力系数是测试轮侧面测得的横向力与测试车重量之比。（　　）

31. 摩擦系数测定车适用于测定沥青路面和水泥混凝土路面的横向力系数，可作为竣工验收或使用期评定路面抗滑能力使用。（　　）

32. 路表构造深度体现的是当道路表面有水存在时，路面防止车辆低速行驶情况下摩擦系数下降的能力。（　　）

33. 路面的抗滑摆值是指用标准的手提式摩擦系数测定仪测定的路面在干燥状态下对摆的摩擦阻力。（　　）

34. 分项工程应按基本要求、实测项目、外观质量和质量保证资料等检验项目分别检查。（　　）

35. 关键项目是指分部工程中涉及结构安全和使用性能的实测项目。（　　）

36. 进行分部工程和单位工程评分时,采用加权平均值计算法确定相应的评分值。（　）

37. 水泥混凝土面层应按分部工程进行质量评定。（　）

38. 工程质量评定按照单位工程、分项工程、分部工程、合同段和建设项目逐级评定。（　）

39. 公路面层可作为路基工程的一个分项工程进行检查评定。（　）

40. 进行填石路基外观质量检查时,上边坡不得有危石。（　）

41. 砂垫层的实测项目包括砂垫层厚度、砂垫层宽度、反滤层设置、压实度。（　）

42. 土工合成材料受到少量污染之后,仍可以正常使用。（　）

43. 井基混凝土强度达到5MPa,方可砌筑井体。（　）

44. 土沟边坡应平整、密实、稳定,沟内不得有杂物,无排水不畅。（　）

45. 若浆砌水沟的砌体内侧及沟底不平顺,进行外观质量检查时,应评为不合格。（　）

46. 盲沟的设置应符合设计要求和施工规范规定,排水层应用筛选过的中砂、粗砂、砾石等渗水性材料分层填筑。（　）

47. 悬臂式和扶壁式挡土墙混凝土表面出现非受力裂缝,若设计未规定时,缝宽超过0.15mm必须处理。（　）

48. 砌体工程施工时,砌块应错缝砌筑,相互咬紧,嵌缝后应无空洞现象。（　）

49. 路基所有检查项目均可在路基顶面进行检查测定。（　）

50. 路肩工程可作为路面工程的一个分部工程进行检查评定。（　）

51. 土方路基实测项目中的关键项目有压实度。（　）

52. 土方路基的实测项目包括压实度、弯沉、平整度、纵断高程、中线偏位、宽度和横坡,共7项。（　）

53. 填石路基进行压实项目的检测方法是灌砂法。（　）

54. 填石路基实测项目的关键项目是平整度。（　）

55. 黏结力是防裂工程土工合成材料的实测项目。（　）

56. 管节预制实测项目中壁厚为一般项目。（　）

57. 排水工程的管道基础及管节安装实测项目中,管座肩宽采用尺量的检查方法,每两井间测3处。（　）

58. 砂浆强度、轴线偏位、井底高程均是井砌筑的实测项目。（　）

59. 土方路基的压实度每200m每压实层测4处。（　）

60. 土方路基的平整度采用3m直尺检查,每200m测2处×5尺。（　）

61. 浆砌排水沟的沟底高程规定值的原则是只低不高。（　）

62. 墙背填土的墙身强度达到设计强度的70%以上时便可开始填土。（　）

63. 墙背填土不应含有有机物、草皮等杂物,可以采用膨胀土或高液限黏土。（　）

64. 悬臂式挡土墙的泄水孔坡度应向内,且无堵塞现象。（　）

65. 砌体挡土墙的实测项目的关键项目只有断面尺寸。（　）

66. 顶面高程、厚度、断面尺寸是干砌片石的实测项目。（　）

67. 按《公路工程质量检验评定标准　第一册　土建工程》(JTG F80/1—2017)规定,某等

级公路土基压实度标准为95%，当某测点的压实度为92.5%时，判定该测点不合格并返工。（　）

68. 弯沉代表值大于设计要求的弯沉值时相应分项工程为不合格。（　）

69. 管节预制实测项目中的关键项目为混凝土强度和内径。（　）

70. 土沟的实测项目中，没有关键项目。（　）

71. 浆砌排水沟实测项目中，沟底高程的允许偏差为±50mm。（　）

72. 砂浆强度和断面尺寸是浆砌排水沟实测项目中的关键项目。（　）

73. 在盲沟实测项目中，断面尺寸的检查方法和频率是尺量，每20m测1处。（　）

74. 在盲沟实测项目中，沟底高程的规定值不小于设计值。（　）

75. 悬臂式挡土墙实测项目中的关键项目有混凝土强度和断面尺寸两个。（　）

76. 干砌挡土墙的断面尺寸应不小于设计值，检查时每20m检查3处。（　）

77. 水泥稳定土基层的实测项目中，强度是关键项目。（　）

78. 水泥稳定土基层若表面不平整，出现坑洼等现象时，外观质量应判为不合格。（　）

79. 各类基层和底基层单点压实度不得小于规定代表值。（　）

80. 水泥混凝土面层平整度的检查测定以自动或半自动的平整度仪为主，全线每车道连续检测，每150m计算标准差和平整度指数。（　）

81. 水泥混凝土上加铺沥青面层的复合式路面，对沥青面层应检测路表弯沉。（　）

82. 高速公路和一级公路水泥混凝土面层的断板率要求不大于0.2%。（　）

83. 高速公路的沥青混凝土面层需检测抗滑和渗水系数，其他等级公路无须检测。（　）

84. 沥青混凝土面层实测项目有压实度、平整度、弯沉值、渗水系数、摩擦系数、构造深度、厚度、中线平面偏位、纵断高程、宽度、横坡、矿料级配、沥青含量、马歇尔稳定度14个项目。（　）

85. 压实度、弯沉值、厚度是沥青混凝土面层实测项目中的关键项目。（　）

86. 水泥混凝土面层的实测关键项目只有弯拉强度。（　）

87. 水泥混凝土路面抗滑性能既可用摩擦系数表示，也可用构造深度表示。（　）

88. 沥青面层一般按沥青铺筑层总厚度进行评定，无须检查沥青上面层的厚度。（　）

89. 水泥稳定碎石基层与级配碎石基层交工验收时，都需检测的项目只有压实度。（　）

90. 固体体积率与压实质量有关，而与集料的级配无关。（　）

91. 稳定粒料基层的压实度以2～4km长的路段为检验评定单元。（　）

92. 细粒土现场压实度检查可以采用灌砂法、水袋法或钻芯取样法。（　）

93. 无机结合料稳定类基层无侧限抗压强度试验时，应按最大干密度成型试件。（　）

94. 基层厚度代表值为厚度的算数平均值的上置信界限值。（　）

95. 填隙碎石(矿渣)基层和底基层实测项目中检查的关键项目是固体体积率、弯沉值和厚度。（　）

96. 路肩的压实度是关键项目，每200m测1点。（　）

97. 纵向裂缝是与行车方向基本平行的裂缝。（　）

98. 沥青路面车辙按深度分为轻和重两种损坏程度。（　）

99. 水泥混凝土路面错台通常采用水准仪测量。（　）

100. 中、轻交通荷载等级公路面层水泥混凝土可使用再生粗集料。（　）

101. 混凝土板的断裂块数，高速公路和一级公路不得超过评定路段混凝土板总块数的0.2%，其他公路不得超过0.4%。（　）

三、多项选择题

1. 级配碎石基层分项工程实测项目包括（　）。

A. 压实度　B. 平整度

C. 弯沉　D. 无侧限抗压强度

2. 关于分项工程“关键项目”，说法正确的有（　）。

A. 涉及使用功能的重要实测项目为关键项目

B. 涉及结构安全的实测项目为关键项目

C. 关键项目合格率不得低于95%

D. 关键项目检测值不得超过规定值

3. 沥青表面处置面层的实测项目有（　）。

A. 平整度　B. 压实度

C. 弯沉值　D. 沥青总用量

4. 按照数理统计法计分与评定的指标有（　）。

A. 半刚性基层无侧限抗压强度　B. 水泥混凝土抗压强度

C. 砂浆强度　D. 结构层厚度

5. 土方路基的实测关键项目包括（　）

A. 中线偏位　B. 宽度　C. 弯沉　D. 压实度

6. 关于水泥混凝土面层的基本要求，说法正确的有（　）。

A. 基层质量必须符合规定要求并应进行弯沉测定，验算的基层整体模量应满足设计要求

B. 面层与其他构造物相接应平顺，检查井井盖顶面高程应高于周边路面1～3mm

C. 雨水口高程按设计比路面低5～8mm，路面边缘无积水现象

D. 混凝土路面铺筑后按施工规范要求养护

7. 砌体挡土墙质量评定中实测项目包括（　）。

A. 砂浆强度　B. 表面平整度

C. 断面尺寸　D. 反滤层设置

8. 工程质量评定中的质量保证资料有（　）。

A. 原材料质量检验结果　B. 大桥施工监控资料

C. 水泥混凝土配合比试验数据　D. 工程计量支付证书

9. 排水工程中，可以按照浆砌排水沟检查评定的有（　）。

A. 截水沟　B. 急流槽　C. 跌水　D. 拦水带

10. 施工单位应有完整的（　）等质量保证资料，并进行整理分析，负责提交齐全、真实和系统的施工资料和图表。

A. 施工原始记录　　B. 试验数据

C. 分项工程自查数据　　D. 外观检定

11. 在单位工程中,应按(　　)划分为若干个分部工程。

A. 结构部位　　B. 施工任务　　C. 施工方法　　D. 路段长度及施工特点

12. 水泥混凝土面层、沥青混凝土面层、二灰稳定碎石基层都需检测的实测项目有(　　)。

A. 弯沉　　B. 压实度　　C. 平整度　　D. 厚度

13. 半刚性基层的(　　)项目应按数理统计方法评定。

A. 压实度　　B. 平整度　　C. 厚度　　D. 强度

14. 在水泥混凝土路面检验评定中,实测关键项目是(　　)。

A. 压实度　　B. 弯拉强度　　C. 板厚　　D. 构造深度

15. 二灰碎石基层交工验收时,需要检测的项目有(　　)。

A. 压实度　　B. 强度　　C. 厚度　　D. 弯沉

16. 水泥稳定基层质量评定实测项目中的关键项目有(　　)。

A. 压实度　　B. 平整度　　C. 厚度　　D. 强度

17. (　　)为路基工程的分部工程。

A. 排水工程　　B. 防护支挡工程　　C. 小桥　　D. 土方路基

18. 下列选项中,属于水泥混凝土面层实测项目的是(　　)。

A. 弯拉强度　　B. 板厚度　　C. 平整度　　D. 横向力系数

19. 下列 4 个选项中,属于水泥混凝土面层实测关键项目的是(　　)。

A. 平整度　　B. 弯拉强度　　C. 板厚度　　D. 横向力系数

20. 级配碎石基层交工验收时,需检测的项目包括(　　)等。

A. 压实度　　B. 弯沉　　C. 平整度　　D. 厚度

21. 下列选项中,属于沥青面层实测项目的是(　　)。

A. 压实度　　B. 平整度　　C. 弯沉值　　D. 沥青总用量

22. (　　)属于沥青混凝土面层的实测关键项目。

A. 平整度　　B. 压实度　　C. 厚度　　D. 沥青含量

23. 下列关于分层铺筑的高速公路沥青面层的说法,正确的是(　　)。

A. 只需检查沥青设计总厚度

B. 规定沥青面层厚度仅允许出现负偏差

C. 压实度和厚度是沥青混凝土面层实测项目中的关键项目之一

D. 沥青混凝土面层实测关键项目的合格率应不小于 90%

24. 下列水泥混凝土面层厚度的说法,正确的是(　　)。

A. 板厚度是沥青混凝土面层实测关键项目

B. 仅允许出现负偏差

C. 水泥混凝土板厚度的检查频率为每 100m 每车道 2 点

D. 评定路段内,水泥混凝土面层厚度应该按代表值和单个合格值的允许偏差进行评定

25. 下列有关水泥混凝土面层厚度的检查方法的说法,正确的是(　　)。

A. 评定路段内,水泥混凝土面层厚度应该按代表值和单个合格值的允许偏差进行评定

B. 厚度代表值为厚度的算术平均值的上置信界限

C. 厚度代表值小于设计厚度减去允许偏差时,检测结果为不合格

D. 厚度代表值大于或等于设计厚度减去代表值允许偏差时,则按单个检查值的偏差不超过单点合格值来计算合格率

26. 有关水泥混凝土面层抗滑性能检查方法的说法,正确的是(　　)。

A. 水泥混凝土面层的抗滑性能的检测方法可用铺砂法测试

B. 水泥混凝土路面抗滑性能只用构造深度表示,不用摩擦系数表示

C. 水泥混凝土面层的抗滑构造深度的检测频率为每 200m 测 1 处

D. 水泥混凝土路面抗滑性能可用横向力系数表示

27. 一般来说测定沥青面层压实度的方法有(　　)。

A. 灌砂法　　B. 环刀法

C. 核子密度湿度仪法　　D. 钻芯取样法

28. 下列有关沥青混凝土路面压实度的说法,正确的是(　　)。

A. 沥青混凝土路面压实度的检验评定单元为长 1 ~ 3km 的路段

B. 测定沥青面层压实度的方法有灌砂法、水袋法、钻芯取样法

C. 使用核子密度湿度仪进行压实度检测时,需经对比试验检验,确认其可靠性

D. 当代表值小于设计要求值时,评定路段的压实度为不合格

29. 下列有关沥青路面面层厚度的说法,正确的是(　　)。

A. 沥青路面结构层厚度按代表值和单个合格值的允许偏差进行评定

B. 按规定频率,采用挖验或钻取芯样测定厚度

C. 路面结构层厚度测定可以与压实度一起进行

D. 高速公路和一级公路除检查沥青铺筑层总厚度外,还应检查上面层厚度

30. 路基地面排水设施有(　　)。

A. 边沟　　B. 盲沟　　C. 排水沟　　D. 油水分离池

31. 坡面防护按照材料组成和环境效应分为(　　)大类。

A. 植物防护　　B. 骨架植物防护　　C. 工程防护　　D. 浆砌片石防护

32. 下面几种基层中,压实度作为实测关键项目的是(　　)。

A. 石灰土基层　　B. 水泥稳定粒料基层

C. 水泥土基层　　D. 填隙碎石基层

33. (　　)为填隙碎石基层交工验收时需检测的项目。

A. 固体体积率　　B. 弯沉　　C. 平整度　　D. 中线偏位

34. 公路技术状况评价包括(　　)部分内容。

A. 路面 PQI　　B. 路基 SCI

C. 桥隧构造物 BCI　　D. 沿线设施 TCI

35. 路面使用性能评价指标有(　　)

A. 路面损坏　　B. 平整度　　C. 车辙　　D. 厚度

36. 沥青路面工程竣工验收前,应对(　　)抽查项目进行复测。

A. 路面压实度　　B. 平整度　　C. 车辙　　D. 厚度

37. 水泥混凝土路面工程竣工验收前,应对(　　)抽查项目进行复测。

A. 路面强度　　B. 平整度　　C. 抗滑性能　　D. 厚度

四、综合题

1. 结合有关工程质量鉴定内容、等级评定内容,回答下列有关问题。

(1)根据《公路工程质量检验评定标准　第一册　土建工程》(JTG F80/1—2017)的划分,(　　)为分部工程。

A. 基层　　B. 小桥　　C. 大型挡土墙　　D. 软土地基

(2)下列工程中可为单位工程的是(　　)。

A. 一座中桥　　B. 一条公路

C. 一个合同段的所有小桥　　D. 一个合同段的交通安全设施

(3)分项工程质量检测的内容有(　　)。

A. 基本要求　　B. 质量保证资料

C. 实测项目　　D. 外观质量

(4)在分部工程中,按(　　)及路段长度和工序等划分为若干个分项工程。

A. 施工方法　　B. 施工特点　　C. 结构部位　　D. 材料

(5)根据设计任务、施工管理和质量检测评定的需要,应在(　　)将建设项目划分为单位工程、分部工程和分项工程。

A. 施工准备阶段　　B. 施工阶段

C. 质量检验评定阶段　　D. 竣工验收阶段

2. 结合有关土方路基的实测关键项目内容,回答下列有关问题。

(1)土方路基平整度常用(　　)测定。

A. 水准仪法　　B. 3m 直尺法

C. 连续平整度仪法　　D. 颠簸累积仪法

(2)关于土基压实度评定的下列说法中,正确的有(　　)。

A. 用压实度代表值控制路段的总体压实水平

B. 压实度的合格率应大于或等于 95%

C. 分层检测压实度,但只按上路床的检测值进行评定

D. 单点压实度不得小于极值标准

(3)土方路基交工验收时需要检测的项目包括(　　)等。

A. 弯沉　　B. 中线偏位　　C. 压实度　　D. 平整度

(4)土方路基实测项目包括(　　)等。

A. 弯沉　　B. 压实度　　C. 平整度　　D. 强度

(5)关于土方路基的基本要求不正确的有(　　)。

A. 在路基用地和取土坑范围内,按规范和设计要求直接对基底进行压实

B. 路基填料应符合规范和设计的规定,经认真调查、试验后合理选用

C. 施工临时排水系统应与设计排水系统结合,避免冲刷边坡,勿使路基附近积水

D. 在设定取土区内合理取土,不得滥开滥挖

3. 结合有关填石路基的实测项目内容,回答下列有关问题。

(1)填石路基采用振动压路机分层碾压,压至填筑层顶面石块稳定,(　　)至沉降差小于要求值。

A. 10t 以上压路机振压　　B. 15t 以上压路机振压

C. 20t 以上压路机振压　　D. 25t 以上压路机振压

(2)高速公路、一级公路填石路基平整度的规定值是(　　)

A. 10mm　　B. 20mm　　C. 30mm　　D. 40mm

(3)填石路基实测项目包括(　　)等。

A. 平整度　　B. 压实　　C. 强度　　D. 弯沉

(4)用全站仪测公路中线偏位时,设缓和曲线的弯道要增加(　　)两点。

A. ZH　　B. HY　　C. YH　　D. HZ

(5)填石路基进行压实项目的评价指标为(　　)。

A. 压实度　　B. 孔隙率　　C. 沉降差　　D,查施工记录

4. 结合有关挡土墙的实测项目内容,回答下列有关问题。

(1)对砌体挡土墙,当平均墙高达到或超过(　　)且墙身面积大于或等于(　　)时为大型挡土墙,每处应作为分部工程进行评定。

A. 6m,1000m^2　　B. 8m,1000m^2　　C. 6m,1200m^2　　D. 8m,1200m^2

(2)有关砌体挡土墙的基本要求描述正确的有(　　)。

A. 勾缝砂浆强度不得小于砌筑砂浆强度

B. 地基承载力、基础埋置深度应满足设计要求

C. 沉降缝、伸缩缝、泄水孔的位置、尺寸和数量应符合设计要求

D. 砌筑应分层错缝

(3)悬臂式和扶壁式挡土墙实测项目中,关键项目有(　　)。

A. 断面尺寸　　B. 坡度　　C. 混凝土强度　　D. 表面平整度

(4)(　　)作为分部工程进行评定。

A. 扶壁式挡土墙　　B. 砌体挡土墙

C. 桩板式挡土墙　　D. 加筋土挡土墙

(5)悬臂式和扶壁式挡土墙的外观质量描述不正确的有(　　)。

A. 蜂窝、麻面面积不得超过该面面积的 0.5%,深度超过 15mm 的必须处理

B. 裂缝宽度超过设计规定或设计未规定时超过 0.15mm 必须处理

C. 泄水孔坡度向内,无堵塞现象

D. 墙体不得出现外鼓变形

5. 结合有关沥青混凝土面层的实测关键项目内容,回答下列有关问题。

(1)公路沥青混凝土面层的压实度的规定值或允许偏差为试验段密度的(　　),最大理论密度的(　　),试验室标准密度的(　　)。

A. 92%,96%,98%　　B. 98%,96%,92%

C. 92%,98%,96% D. 98%,92%,96%

(2)渗水试验仪测定公路沥青混凝土面层的渗水系数是每( )测一处。

A. 50m B. 100m C. 150m D. 200m

(3)有关沥青混凝土面层的外观质量要求描述正确的有( )。

A. 接缝填注不得漏填、松脱,不应污染路面

B. 表面裂缝、松散、推挤、碾压轮迹、油丁、泛油、离析的累计长度不得超过50m

C. 搭接处烫缝应无枯焦

D. 路面应无积水

(4)对于高速公路和一级公路,实测关键项目有( )。

A. 压实度 B. 弯沉值 C. 渗水系数 D. 厚度

(5)沥青混凝土面层的摩擦系数采用( )测试。

A. 铺砂法 B. 激光构造深度法 C. 摆式仪法 D. 横向力系数测试车法

6. 结合有关基层的实测项目内容,回答下列有关问题。

(1)水泥稳定类基层和底基层基本要求中,混合料处于最佳含水率状况下,用重型压路机碾压至要求的压实度。但是要注意从加水拌和到碾压终了的时间不应超过( )。

A. 3 ~4h B. 终凝时间 C. 初凝时间 D. 4 ~5h

(2)水泥稳定粒料类基层和底基层的实测项目中,高速公路和一级公路基层的压实度的规定值或允许偏差的代表值与极值分别为( )。

A. 95%,91% B. 96%,92% C. 98%,94% D. 97%,93%

(3)对石灰稳定土基层,下列说法正确的是( )。

A. 石灰应经充分消解

B. 碾压检查合格后立即覆盖或洒水养护,养护期应符合规范规定

C. 表面用无松散、无坑洼、无碾压轮迹

D. 所检测的强度是指7d无侧限抗压强度

(4)水泥稳定粒料(碎石、砂砾或矿渣等)基层和底基层实测项目中,高速公路和一级公路基层的平整度的规定值为( )。

A. 5mm B. 8mm C. 12mm D. 15mm

(5)二级公路稳定土底基层的实测项目中,厚度的代表值与合格值分别为( )。

A. -5mm,-10mm B. -10mm,-20mm

C. -12mm,-35mm D. -15mm,-35mm

7. 水泥混凝土面层作为路面工程的主要分项工程,在原材料的检验、混凝土的强度检验与评定、工程质量的检查验收时要严格遵守《公路水泥混凝土路面施工技术细则》(JTG/T F30)与《公路工程质量检验评定标准 第一册 土建工程》(JTG F80/1)等相关规范与规程的规定。针对水泥混凝土试验与评定,请回答以下问题。

(1)水泥混凝土弯拉强度试验时,采用150mm×150mm×550mm的试件,三分点处双点加载,试验时,断裂面都发生在两个加荷点之间,破坏极限荷载分别为38475N、41250N、48600N,则该组试件的弯拉强度为( )。

A. 5.7MPa B. 5.5MPa C. 5.32MPa D. 5.99MPa

(2)某段高速公路设计弯拉强度标准值为5.0MPa,现测得11组试件的弯拉强度结果为(单位:MPa):5.52、4.24、5.54、5.62、5.08、6.02、5.89、6.10、6.24、5.93、6.08。已知合格判断系数为0.75,则该段弯拉强度的评定结果为(　　)。

A. 混凝土弯拉强度不合格,但该分项工程合格

B. 不能确定该段混凝土弯拉强度合格与否

C. 混凝土弯拉强度评定合格,相应分项工程合格

D. 混凝土弯拉强度评定为合格,相应分项工程为不合格

(3)关于水泥混凝土路面分项工程,说法不正确的是(　　)。

A. 混凝土路面铺筑后按施工规范要求养护

B. 面层与其他构造物相接应平顺,检查井井盖顶面高程应高于周边路面

C. 雨水口高程按设计比路面高,路面应无积水

D. 基层质量应符合规范规定并满足设计要求,表面清洁、无浮土

(4)水泥混凝土面层实测项目包括(　　)。

A. 纵、横缝顺直度　　B. 相邻板高差

C. 混凝土弯拉强度　　D. 混凝土抗压强度

(5)水泥混凝土面层的关键实测项目有(　　)。

A. 混凝土弯拉强度　　B. 板厚度

C. 混凝土抗压强度　　D. 路面宽度

8. 在对沥青混凝土面层检验与评定时,对沥青路面原材料、施工质量控制的原始数据等环节有严格的规定,应满足"基本要求"。就沥青混凝土面层分项工程的检验与评定,结合《公路工质量检验评定标准　第一册　土建工程》(JTG F80/1—2017),请回答以下问题。

(1)关于沥青混凝土面层分项工程评定时的正确说法是(　　)。

A. 基层质量应符合规范规定并满足设计要求,表面清洁、无浮土

B. 严格控制沥青混合料拌和的加热温度

C. 路面应无积水

D. 矿料级配、沥青含量、马歇尔稳定度等试验结果的合格率应不小于95%

(2)沥青混凝土面层关键实测项目包括(　　)。

A. 厚度　　B. 平整度　　C. 弯沉值　　D. 压实度

(3)关于沥青路面的渗水系数,说法正确的有(　　)。

A. 渗水系数宜在路面成形一段时间后测定。

B. SMA路面的要求值为200mL/min,其他沥青路面规定值为300mL/min

C. SMA路面的要求值为120mL/min,其他沥青路面规定值为200mL/min

D. 高速公路、一级公路和其他等级公路均需测定

(4)关于沥青路面厚度测试,下列说法正确的有(　　)。

A. 高速公路、一级公路应检验沥青路面总厚度

B. 高速公路、一级公路应检验沥青路面总厚度和上面层厚度

C. 其他等级公路应检验沥青路面总厚度

D. 其他等级公路应检验沥青路面总厚度和上面层厚度

(5)高速公路、一级公路路面表层平整度检测验收时可采用(　　)指标。

A. 颠簸累计值 VBI　　B. 国际平整度指数 IRI

C. 标准差 σ　　D. 最大间隙 h

9. 已知某高速公路评定段的沥青路面设计要求的弯沉值为30(0.01mm),沥青面层与要求保证率有关的系数 $Z_a=1.645$,评定段(1km)沥青面层弯沉检测整理结果如下:回弹弯沉平均值 $\bar{l}=26$(0.01mm),标准差 $S=4.2$(0.01mm)。根据以上资料,试对该评定段沥青面层弯沉值评定,回答下列问题。

(1)按每一双车道评定路段检查80~100个点,六车道公路每评定段弯沉测点有(　　)个。

A. 480~600　　B. 240~300　　C. 160~200　　D. 80~100

(2)可以采用(　　)检测沥青面层弯沉值。

A. 路面雷达　　B. 承载板　　C. 自动弯沉仪　　D. 贝克曼梁

(3)如果采用全部测点弯沉值计算的代表弯沉值不符合要求时,可以(　　)。

A. 用重新计算的代表弯沉值评定　　B. 重新计算平均值和标准差

C. 舍弃超出 $\bar{l}\pm(2\sim3)S$ 的弯沉特异值　　D. 直接评定为不合格

(4)该路段弯沉代表值为(　　)(0.01mm)。

A. 33　　B. 30　　C. 26　　D. 19

(5)该路段评定结论为(　　)。

A. 弯沉代表值小于设计要求的弯沉值,所以合格

B. 弯沉代表值小于设计要求的弯沉值,所以不合格

C. 弯沉代表值大于设计要求的弯沉值,所以合格

D. 弯沉代表值大于设计要求的弯沉值,所以不合格

习题参考答案及解析

一、单项选择题

1. D

【解析】《公路工程质量检验评定标准　第一册　土建工程》(JTG F80/1—2017)中总则1.0.2条。本标准适用于各等级公路新建与改扩建工程施工质量的检验评定。

2. A

【解析】 基本要求具有质量否决权,经检查基本要求不符合规定时,不得进行工程质量的检验评定。

3. B

【解析】《公路工程质量检验评定标准　第一册　土建工程》(JTG F80/1—2017)取消了评分方法,其中3.2.3实测项目检验与合格率计算规定,对规定的实测项目应按照随机抽样方法(有规定的除外)、检查方法和规定的频率进行检测,计算合格率。

4. C

【解析】《公路工程质量检验评定标准　第一册　土建工程》(JTG F80/1—2017)中

3.2.5检查项目合格判定应符合下列规定：关键项目的合格率不得低于95%（机电工程为100%），否则该检查项目为不合格。

5. C

【解析】土方路基和石方路基的实测项目技术指标的规定值或允许偏差按高速公路，一级公路和其他公路（指二级及以下公路）两档设定，其中土方路基压实度按高速公路和一级公路、二级公路、三四级公路三档设定。

6. C

【解析】水泥混凝土上加铺沥青面层的复合式路面，两种结构均需要进行检查评定。其中，水泥混凝土路面结构不检查抗滑构造，平整度可按相应等级公路的标准；沥青面层不检查弯沉。

7. D

【解析】水泥稳定粒料基层和底基层实测关键项目是压实度、厚度和强度。

8. B

【解析】《公路工程质量检验评定标准　第一册　土建工程》（JTG F80/1—2017）中4.1.4条，收费广场及服务区道路、停车场的土方工程压实标准可按土方路基要求进行检验。

9. D

【解析】路面工程划分为底基层、基层、面层、垫层、联结层、路缘石、人行道、路肩、路面边缘排水系统等。

10. C

【解析】填隙碎石（矿渣）基层或底基层实测关键项目有固体体积率和厚度。

11. D

【解析】根据建设任务，施工管理和公路工程质量检验评定的需要，建设单位在施工准备阶段组织施工单位和监理单位，将建设项目划分为单位工程、分部工程和分项工程。

12. B

【解析】水泥混凝土面层的关键实测项目包括弯拉强度和板厚度。

13. B

【解析】检验评定段的压实度代表值K（算术平均值的下置信界限）。

14. B

【解析】砌体坡面防护质量评定实测项目中的关键项目有砂浆强度和断面尺寸。

15. B

【解析】二灰碎石基层的检测项目包括：压实度、平整度、纵断高程、宽度、厚度、横坡、强度。

16. C

【解析】分项工程所列基本要求，对施工质量优劣具有关键作用，应按照基本要求对工程进行认真检查。经检查不符合基本要求规定时，不得进行工程质量的检验和评定。

17. C

【解析】挡土墙平均墙高超过6m且墙身面积不小于1200m^2时，作为大型挡土墙评定。

18. D

【解析】管节预制实测项目中的关键项目是混凝土强度。

19. B

【解析】级配碎(砾)石基层和底基层检测项目包括:压实度、弯沉值、平整度、纵断高程、宽度、厚度、横坡。

20. D

【解析】土方路基和石方路基的实测项目技术指标的规定值或允许偏差按高速公路,一级公路和其他公路(指二级及以下公路)两档设定,其中土方路基压实度按高速公路和一级公路、二级公路、三四级公路三档设定。

21. D

【解析】工程质量检验评分以分项工程为单元,分项工程评分按实测项目的得分采用加权平均法计算;所属各分项工程全部合格,则该分部工程评为合格;所属任一分项工程不合格,则该分部工程为不合格。

22. A

【解析】路面工程的实测项目规定值或允许偏差按高速公路,一级公路和其他公路(指二级及以下公路)两档设定。

23. A

【解析】土方路基实测项目中压实度使用密度法:每200m每压实层测2处。

24. D

【解析】挡土墙一般作为分项工程,只有大型挡土墙和组合式挡土墙作为分部工程。

25. B

【解析】排水工程属于分部工程,其他选项属于分项工程。

26. C

【解析】关键项目合格率不低于95%,且检测值不得超过规定极值,否则必须处理。

27. A

【解析】评定方法,工程质量评定等级分为合格和不合格。

28. C

【解析】公路工程质量评定按分项工程、分部工程、单位工程、合同段和建设项目逐级评定。

29. C

【解析】路面分部工程包括的分项工程有:面层、底基层、基层、垫层、路缘石、联结层、人行道、路肩和路面边缘排水系统等。

30. B

【解析】砂垫层宽度应宽出路基边脚0.5~1m,两侧端以片石护砌。

31. C

【解析】反压护道的压实度不是关键项目,要求不低于90%。

32. D

【解析】土工合成材料的接缝搭接、黏结强度和长度应符合设计要求,上、下层土工合成材料搭接缝应交替错开。

33. B

【解析】填石路基外观质量应符合下列规定,路基边线与边坡不得出现单向累计长度超过50m的弯折。

34. D

【解析】砂垫层实测项目包括反滤层设置、压实度、砂垫层厚度、砂垫层宽度。

35. C

【解析】粉喷桩实测项目中包括桩距、桩径、桩长、强度、复合地基承载力,其中桩长和强度是关键项目。

36. B

【解析】排水工程的管节预制件属于小型预制构件,其蜂窝总面积不得超过所在面面积的1%,或深度超过1cm的蜂窝。

37. C

【解析】管道基础混凝土蜂窝的总面积不得超过所在面面积的2%,深度不得超过15mm,否则应进行返工处理。

38. D

【解析】基本要求共3条,分别为:浆砌片(块)石、混凝土预制块的质量和规格,应符合国家和行业强制性标准以及合同约定的其他标准的规定,并满足设计要求;砌体砂浆配合比准确,砌缝内砂浆均匀饱满,勾缝密实;基础缩缝应与墙体缩缝对齐。“D砌体抹面不得有空鼓”属于外观质量的要求。

39. C

【解析】砌体挡土墙的砌筑应分层错缝,浆砌时应坐浆挤紧。

40. A

【解析】土方路基压实度采用灌砂法等标准方法进行,填石路基压实则是以施工时孔隙率和沉降差来控制。

41. A

【解析】填石路基实测项目包括:压实、弯沉、纵断高程、中线偏位、宽度、平整度、横坡和边坡坡度,其中,压实、弯沉是关键项目。

42. C

【解析】管节预制实测项目包括混凝土强度、内径、壁厚、顺直度和长度。

43. C

【解析】抹带的宽度及厚度检查的频率为:按10%抽查。

44. C

【解析】排水管安装实测项目包括混凝土抗压强度或砂浆强度、管轴线偏位、流水面高程、基础厚度、管座肩宽和肩高、抹带宽度和厚度。

45. C

【解析】沟底高程是土沟的实测项目。

46. C

【解析】土沟实测项目包括沟底高程、断面尺寸、边坡坡度和边棱直顺度。

47. B

【解析】土沟沟底高程采用水准仪检测，每 200m 测 4 点，且不少于 5 点。

48. A

【解析】边坡坡度是土沟的实测项目。

49. C

【解析】盲沟的实测项目是沟底高程和断面尺寸。

50. B

【解析】墙背填土的墙身强度达到设计强度的 75% 以上时方可开始填土。

51. D

【解析】实测项目包括砂浆强度、平面位置、墙面坡度、断面尺寸、顶面高程、表面平整度。

52. A

【解析】悬臂式挡土墙实测项目有混凝土强度、平面位置、墙面坡度、断面尺寸、顶面高程、表面平整度。

53. A

【解析】其他砌石构筑物实测项目有：砂浆强度、顶面高程、坡度、断面尺寸、表面平整度。

54. C

【解析】采用水准仪进行顶面高程检测。

55. D

【解析】关键项目是注浆强度、抗拔力、张拉力三个。

56. A

【解析】混凝土强度、内径、壁厚和顺直度均是实测项目，其中，混凝土强度是关键项目。

57. A

【解析】混凝土抗压强度或砂浆强度是管道基础和管节安装的实测项目中的关键项目。

58. D

【解析】砂浆强度是井砌筑的实测项目中的关键项目。

59. C

【解析】土沟的实测项目包括：沟底高程、断面尺寸、边坡坡度和边棱直顺度。

60. D

【解析】盲沟沟底高程的检查方法和频率为水准仪，每 20m 测 1 点，断面尺寸检查方法和频率是尺量，每 20m 测 1 点。

61. B

【解析】距面板 1m 范围内压实度的检查频率是每 50m 每压实层测 1 处，并不得少于 1 处。

62. C

【解析】墙背填土的实测项目的关键项目是距面板1m范围内压实度。

63. C

【解析】距面板1m范围以内压实度是墙背填土实测项目中的关键项目，其规范值为90%。

64. B

【解析】沥青混凝土面层外观质量规定：裂缝、松散、泛油、离析等的累计长度不得超过50m。

65. D

【解析】混合料加水拌和到碾压终了的时间不应超过水泥的终凝时间。

66. C

【解析】槽底基础和后背填料应夯打密实。

67. C

【解析】路肩实测项目包括平整度、横坡、压实度和宽度。

68. A

【解析】沥青用量是沥青表面处置面层的实测项目。

69. D

【解析】稳定土的实测项目包括压实度、平整度、纵断高程、宽度、厚度、横坡和强度。

70. A

【解析】水泥混凝土面层实测关键项目包括弯拉强度和板厚度。

71. D

【解析】压实度和厚度是沥青混凝土面层实测项目中的关键项目。

72. A

【解析】压实度、厚度是级配碎石基层的实测关键项目。

73. C

【解析】水泥稳定碎石基层厚度的检测频率为双车道每200m测2点。

74. A

【解析】水泥稳定碎石需检测压实度、平整度、纵断高程、宽度、厚度、横坡和强度。

75. D

【解析】水泥混凝土面层无须检测板弯沉和压实度，二灰稳定碎石基层无须检测弯沉，沥青混凝土面层无须检查弯沉。平整度和厚度是均需检测的，但平整度不属于关键项目。

76. D

【解析】混凝土用粗集料的最大粒径不得超过结构截面最小尺寸的1/4，不超过钢筋最小净距的3/4。

77. D

【解析】从加水拌和时算起，常温下普通混凝土3h后开始测定凝结时间隔为0.5h。

78. A

【解析】根据《公路技术状况评定标准》(JTG H20—2007)的规定，公路技术状况检测以1000m路段为基本检测或调查单元。

79. A

【解析】板角剥落含义:沿接缝方向的板边碎裂和脱落,裂缝面与板面成一定角度。

80. B

【解析】《公路工程质量检验评定标准　第一册　土建工程》(JTG F80/1—2017)第7章路面工程规定面层的实测关键项目包括弯拉强度和板厚度。

81. B

【解析】《公路工程质量检验评定标准　第一册　土建工程》(JTG F80/1—2017)规定混凝土弯拉强度试验方法应使用标准小梁法或钻芯劈裂法。

二、判断题

1. ×

【解析】由于《公路工程质量检验评定标准　第一册　土建工程》(JTG F80/1—2017)取消了评分方法,故重新评定其质量等级,不计算分部工程评分值。

2. √

【解析】《公路工程质量检验评定标准　第一册　土建工程》(JTG F80/1—2017)的5排水工程的一般规定5.1.4条,路面拦水带纳入路缘石分项工程,排水基层可按照路面工程的要求进行检验。

3. √

【解析】实测项目的规定极值是指任一单个检测值都不能突破的极限值,不符合要求时该实测项目为不合格。

4. ×

【解析】土方路基和石方路基的实测项目技术指标的规定值或允许偏差按高速公路、一级公路和其他公路(指二级及以下公路)两档设定,其中土方路基压实度按高速公路和一级公路、二级公路、三四级公路三档设定。

5. ×

【解析】对砌体挡土墙,当平均墙高达到或超过6m且墙身面积不小于1200m^{2}时,为大型挡土墙,每处应作为分部工程进行评定。平均墙高等于或超过6m、墙身面积不小于1200m^{2}时,两个条件需同时满足才属于大型挡土墙,每处作为分部工程进行检验。

6. ×

【解析】根据建设任务,施工管理和公路工程质量检验评定的需要,建设单位在施工准备阶段组织施工单位和监理单位,将建设项目划分为单位工程、分部工程和分项工程。施工单位,工程监理单位和建设单位应按相同的工程项目划分进行工程质量的监控和管理。

7. ×

【解析】施工单位应对各分项工程按《公路工程质量检验评定标准　第一册　土建工程》(JTG F80/1—2017)所列基本要求,实测项目和外观质量进行自检。

8. √

【解析】水泥稳定碎石基层的实测关键项目包括压实度、厚度、强度。

9. ×

【解析】由于《公路工程质量检验评定标准　第一册　土建工程》(JTG F80/1—2017)取消了评分方法,有不能容许的外观质量就不合格。

10. √

【解析】浆砌砌体抹面应平整,不得有空鼓现象。

11. √

【解析】水泥混凝土路面加铺沥青面层的复合式路面,两种结构均应进行检查评定。其中水泥混凝土路面结构不检查抗滑构造,平整度可按相应等级公路的标准;沥青面层不检查弯沉。

12. √

【解析】所属各分项工程全部合格,则该分部工程评为合格;所属任一分项工程不合格,则该分部工程为不合格。

13. √

【解析】基本要求具有质量否决权,经检查基本要求不符合规定时,不得进行工程质量的检验和评定。

14. ×

【解析】对于某合同段内的路面工程,应作为一个分部工程进行评定。

15. √

【解析】实测项目的规定极值是指任一单个检测值都不能突破的极限值,不符合要求时该实测项目为不合格。

16. √

【解析】路面工程划分为底基层、基层、面层、垫层、联结层、路缘石、人行道、路肩、路面边缘排水系统等。

17. √

【解析】分项工程的施工资料和图表残缺,缺乏最基本的数据,或有伪造涂改者,不予检验和评定。

18. √

【解析】《公路工程质量检验评定标准　第一册　土建工程》(JTG F80/1—2017)的7.2.1水泥混凝土面层的基本要求规定:应对干缩、温缩产生的裂缝进行处理。

19. ×

【解析】压实度和厚度是沥青混凝土面层的关键实测项目。

20. √

【解析】浆砌水沟外观质量应符合下列规定:砌体抹面不得有空鼓;沟内不应有杂物,无排水不畅。

21. √

【解析】竣工验收弯沉值是检验路面是否达到设计要求的指标之一,当路面厚度计算以设计弯沉值为控制指标时,竣工验收弯沉值应小于或等于设计弯沉值。当厚度计算以层底拉应力为控制指标时,应根据拉应力计算所得的结构厚度,重新计算路面弯沉值,该弯沉值为竣工验收弯沉值。

22. √

【解析】路基、柔性基层、沥青路面弯沉值评定中,不同季节湿度和温度不一样,要求考虑其影响系数。

23. √

【解析】水泥混凝土上加铺沥青面层的复合式路面,两种结构均需进行检查,水泥混凝土路面结构不检查抗滑构造,平整度可按相应等级公路的标准;沥青面层不必检查弯沉。

24. ×

【解析】两台弯沉仪同时进行左右轮弯沉值测定时,分别作为两个独立测点计算弯沉值。

25. √

【解析】水泥混凝土路面芯样外观检查应详细描述有无裂缝、接缝、分层、麻面或离析等情况,必要时应记录其集料情况和密实性。

26. ×

【解析】水泥混凝土路面强度的控制指标是弯拉、劈裂强度,不是抗压强度。

27. ×

【解析】水泥混凝土快速无破损检测方法不能代替试验室标准条件下的弯拉强度,也不适宜作为仲裁试验或工程验收的最终依据。

28. √

【解析】路面抗滑性能的测试方法有制动距离法、摆式仪法、构造深度测试法、单轮式横向力系数测试系统、偏转轮拖车法等。

29. ×

【解析】用摆式仪测定路面的抗滑性能时,表面摩擦阻力越小,回摆高度越大,摆值越小。滑动长度越大,表面摩擦阻力越大,摆值就越大。

30. √

【解析】单轮式横向力系数测试系统测定路面摩擦系数试验方法的相关内容,横向力系数测定车以一定速度在潮湿路面上行驶时,试验轮胎受到侧向摩阻作用,此摩阻力除以试验轮上的载重,即为横向力系数。

31. √

【解析】单、双轮式横向力系数测试仪法适用于沥青路面及水泥混凝土路面的抗滑性能测试,可作为竣工验收或使用期评定路面抗滑能力使用。

32. ×

【解析】构造深度在车辆高速行驶时对路表抗滑性能起到决定性作用。

33. ×

【解析】摆式仪用以评定路面在潮湿状态下的抗滑能力。

34. √

【解析】分项工程应按基本要求、实测项目、外观质量和质量保证资料等检验项目分别检查。

35. ×

【解析】关键项目是指分项工程中涉及结构安全和使用性能的实测项目。

36. ×

【解析】《公路工程质量检验评定标准　第一册　土建工程》(JTG F80/1—2017)已取消评分法,采用合格率对公路工程质量进行评定。

37. ×

【解析】水泥混凝土面层应按分项工程进行质量评定。

38. ×

【解析】工程质量评定按照分项工程、分部工程、单位工程、合同段和建设项目逐级进行评定。

39. ×

【解析】公路面层可以作为路面工程的一个分项工程进行检查评定。

40. √

【解析】填石路基外观质量应符合下列要求,上边坡不得有危石,路基边线与边坡不应出现单向累计长度超过50m的弯折。

41. √

【解析】砂垫层的实测项目包括砂垫层厚度、砂垫层宽度、反滤层设置和压实度。

42. ×

【解析】土工合成材料的质量应符合设计要求,无老化,外观应无破损,无污染。

43. ×

【解析】井基混凝土强度应满足设计要求,没有要求井基混凝土强度达到5MPa方可砌筑井体。

44. √

【解析】基本要求为土沟边坡应平整、密实、稳定;外观质量要求沟内不得有杂物,无排水不畅。

45. ×

【解析】浆砌水沟外观质量应符合下列要求:砌体抹面不得有空鼓;沟内不得有杂物,无排水不畅。

46. ×

【解析】盲沟的排水层应采用实质坚硬的较大粒料填筑,以保证排水空隙度。

47. ×

【解析】悬臂式和扶壁式挡土墙的外观质量要求,悬臂式和扶壁式挡土墙混凝土表面出现非受力裂缝,若设计未规定时,缝宽超过0.2mm必须处理。(JTG F80/1—2017附录P)

48. √

【解析】砌体工程的基本要求,砌块应错缝砌筑,相互咬紧;浆砌时应坐浆挤紧,嵌填饱满密实,不得出现空洞;干砌时不得出现松动、叠砌和浮塞。

49. ×

【解析】路基压实度需分层检测,其他检查项目均可在路基顶面进行。

50. ×

【解析】路肩工程可作为路面工程的一个分项工程进行检查评定。

51. √

【解析】土方路基实测项目中的关键项目有压实度和弯沉。

52. ×

【解析】根据《公路工程质量检验评定标准　第一册　土建工程》(JTG F80/1—2017)中的相关内容,土方路基实测项目包括压实度、弯沉、平整度、纵断高程、中线偏位、宽度、横坡、边坡,共8项。

53. ×

【解析】土方路基压实度采用灌砂法等标准方法进行,填石路基压实则是以施工后的孔隙率或沉降差来控制。孔隙率采用密度法检查,沉降差采用精密水准仪检查。

54. ×

【解析】填石路基实测项目包括:压实、纵断高程、平整度等8项,压实和弯沉是关键项目。

55. √

【解析】防裂工程土工合成材料的实测项目包括下承层平整度、拱度、搭接宽度和黏结力。

56. √

【解析】根据管节预制实测项目的要求,壁厚、内径、顺直度、长度为一般项目,混凝土强度为关键项目。

57. ×

【解析】根据《公路工程质量检验评定标准　第一册　土建工程》(JTG F80/1—2017)的表5.3.2要求,管座肩宽每两井间测2处。

58. ×

【解析】井砌筑实测项目包括砂浆强度、中心点位、圆井直径或方井长宽、壁厚、井底高程、井盖与相邻路面高差。

59. ×

【解析】土方路基的压实度每200m每压实层测2处。

60. √

【解析】根据《公路工程质量检验评定标准　第一册　土建工程》(JTG F80/1—2017)的表4.2.2中的规定,土方路基的平整度采用3m直尺检查,每200m测2处×5尺。

61. ×

【解析】浆砌排水沟实测项目的要求中,浆砌排水沟的沟底高程允许偏差是±15mm。

62. ×

【解析】墙背填土的基本要求规定,墙背填土的墙身强度达到设计强度的75%方可开始填土。

63. ×

【解析】墙背填土不应含有有机物、草皮等杂物,严禁采用膨胀土、高液限黏土、腐殖土、淤泥、冻土块等不良填料。

64. ×

【解析】悬臂式挡土墙的泄水孔坡度应该向外，且无堵塞现象。

65. ×

【解析】砌体挡土墙的实测项目的关键项目包括断面尺寸和砂浆强度。

66.

【解析】顶面高程、断面尺寸、平面位置、墙面坡度、表面平整度是干砌片石的实测项目。

67. ×

【解析】按《公路工程质量检验评定标准　第一册　土建工程》(JTG F80/1—2017)规定，某等级公路土基压实度标准为95%，单个测定值小于极值90%时，判定该测点不合格并返工。当某测点的压实度为92.5%时，计算合格率，若代表值和合格率满足要求，就不用返工处理。

68. √

【解析】弯沉代表值大于设计要求的弯沉值时相应分项工程为不合格，应返工处理。

69. ×

【解析】管节预制实测项目中的关键项目只有混凝土强度，内径是一般项目。

70. √

【解析】土沟的实测项目中，没有设置关键项目，全为一般项目。

71. ×

【解析】浆砌排水沟实测项目中，轴线偏位的允许偏差为50mm，沟底高程的允许偏差为±15mm。

72. ×

【解析】浆砌排水沟实测项目中的关键项目只有砂浆强度。

73. √

【解析】盲沟实测关键项目的规定，断面尺寸检查方法和频率是尺量(每20m测1处)。

74. ×

【解析】沟底高程的允许偏差为±15mm。

75. √

【解析】悬臂式挡土墙实测项目中的关键项目是混凝土强度和断面尺寸。

76. ×

【解析】断面尺寸的检查频率为长度不大于50m时测10个断面，每增加10m增加1个断面。

77. √

【解析】根据《公路工程质量检验评定标准　第一册　土建工程》(JTG F80/1—2017)中表7.6.2的规定，强度、压实度、厚度三项为实测关键项目。

78. √

【解析】根据《公路工程质量检验评定标准　第一册　土建工程》(JTG F80/1—

2017)中表7.6.3的规定,稳定土基层和底基层外观质量应符合下列规定:表面应无松散、无坑洼、无碾压轮迹。

79. ×

【解析】 各类基层和底基层压实度代表值不得小于规定代表值,单点不得小于规定极值。

80. ×

【解析】 水泥混凝土面层平整度全线每车道连续检测,每100m计算标准差和国际整度指数IRI。

81. ×

【解析】 水泥混凝土路面为刚性路面,强度高,为保持原水泥混凝土路面与加铺沥青层间的有效黏结,对水泥混凝土路表面上的沥青面层弯沉不做专门要求。

82. √

【解析】 根据《公路工程质量检验评定标准　第一册　土建工程》(JTG F80/1—2017)中表7.2.2的规定,高速公路和一级公路水泥混凝土面层的断板率要求不大于0.2%,其他公路水泥混凝土面层的断板率要求不大于0.4%。

83. ×

【解析】 高速公路和一级公路需检测沥青混凝土面层的抗滑和渗水系数。

84. √

【解析】 根据《公路工程质量检验评定标准　第一册　土建工程》(JTG F80/1—2017)中表7.3.2的规定,沥青混凝土面层实测项目有压实度、平整度、弯沉值、渗水系数、摩擦系数、构造深度、厚度、中线平面偏位、纵断高程、宽度、横坡、矿料级配、沥青含量、马歇尔稳定度等14个项目。

85. ×

【解析】 根据《公路工程质量检验评定标准　第一册　土建工程》(JTG F80/1—2017)中表7.3.2的规定,沥青混凝土面层实测项目中的关键项目是压实度、厚度、矿料级配、沥青含量。弯沉值是一般项目。

86. ×

【解析】 根据《公路工程质量检验评定标准　第一册　土建工程》(JTG F80/1—2017)中表7.2.2的规定,水泥混凝土面层的实测关键项目有弯拉强度和板厚度两个指标。

87. ×

【解析】 根据《公路工程质量检验评定标准　第一册　土建工程》(JTG F80/1—2017)中表7.2.2的规定,高速公路和一级公路水泥混凝土路面抗滑性能用抗滑构造深度和横向力系数两个指标表征。

88. ×

【解析】 根据《公路工程质量检验评定标准　第一册　土建工程》(JTG F80/1—2017)附录H的规定,沥青面层宜按沥青铺筑层总厚度进行评定,高速公路和一级公路分2~3层铺筑时,还应进行上面层厚度检查和评定。

89. ×

【解析】水泥稳定碎石基层与级配碎石基层都需检测的项目有压实度、平整度、纵断高程、宽度、厚度和横坡。

90. ×

【解析】固体体积率表示填隙碎石基层的密实程度，与级配有关。

91. ×

【解析】路基路面压实度以 1 ~3km 长的路段为检验评定单元。

92. ×

【解析】细粒土现场压实度检查可以采用灌砂法或环刀法，粗粒土及路面结构层压实度检查可以采用灌砂法、水袋法或钻芯取样法。

93. ×

【解析】无机结合料稳定类基层无侧限抗压强度试验时，应按击实获得的最佳含水率和要求的压实度成型试件。

94. ×

【解析】基层厚度代表值为厚度的算数平均值的下置信界限值。

95. ×

【解析】根据《公路工程质量检验评定标准　第一册　土建工程》(JTG F80/1—2017)中表 7.9.2 的规定，填隙碎石(矿渣)基层和底基层实测项目中检查的关键项目是固体体积率和厚度两个指标。

96. ×

【解析】根据《公路工程质量检验评定标准　第一册　土建工程》(JTG F80/1—2017)中表 7.11.2 的规定，路肩的压实度不是关键项目，检查频率为每 200m 测 1 点。

97. √

【解析】根据《公路技术状况评定标准》(JTG H20—2007)的定义。

98. √

【解析】根据《公路技术状况评定标准》(JTG H20—2007)的规定，轻度车辙的深度为 10 ~15mm，重度车辙的深度在 15mm 以上。

99. √

【解析】《公路路基路面现场测试规程》(JTG E60—2008)T 0972—1995 中规定需用水准仪进行错台测量。

100. √

【解析】极重、特重、重交通荷载等级公路面层混凝土用的粗集料质量应不低于 1 级的要求，中、轻交通荷载等级公路面层混凝土可使用再生粗集料。

101. √

【解析】混凝土板的断裂块数，高速公路和一级公路不得超过评定路段混凝土板总块数的 0.2%，其他公路不得超过 0.4%。对于断裂板应采取适当措施予以处理。

三、多项选择题

1. ABC

【解析】级配碎(砾)石基层和底基层实测项目包括压实度、弯沉值、平整度、纵断高程、宽度、厚度、横坡。

2. ABC

【解析】涉及结构安全和使用功能的重要实测项目为关键项目(《公路工程质量检验评定标准 第一册 土建工程》(JTG F80/1—2017)中以“Δ”标识),合格率不得低于95%,且检测值不得超过规定极值,否则必须进行返工处理。

3. AC

【解析】沥青表面处置面层的实测项目有:平整度、弯沉值、厚度、沥青总用量、中线平面偏位、纵断高程、宽度、横坡。

4. ABCD

【解析】数理统计法评定项目有:压实度、水泥混凝土弯拉强度、水泥混凝土抗压强度、喷射混凝土抗压强度、水泥砂浆强度、半刚性结构层材料强度、路面结构层厚度、弯沉值和路面横向力系数。

5. CD

【解析】土方路基的实测关键项目包括弯沉和压实度。

6. AD

【解析】路面无积水属于外观质量要求,《公路工程质量检验评定标准 第一册 土建工程》(JTG F80/1—2017)的基本要求中未规定B、C项内容。

7. ABC

【解析】砌体挡土墙实测项目包括砂浆强度、平面位置、顶面高程、竖直度或坡度、断面尺寸、底面高程、表面平整度。

8. ABC

【解析】质量保证资料应包括以下六个方面:所用原材料,半成品和成品质量检验结果;材料配比,拌和加工控制检验和试验数据;地基处理,隐蔽工程施工记录和大桥隧道施工监控资料;各项质量控制指标的试验记录和质量检验汇总图表;施工过程中遇到的非正常情况记录及其对工程质量影响分析;施工过程中如发生质量事故,经处理补救后,达到设计要求的认可证明文件等。

9. ABC

【解析】路面拦水带纳入路缘石分项工程。

10. ABC

【解析】施工单位应有完整的施工原始记录、试验数据、分项工程自查数据等质量保证资料,并进行整理分析,负责提交齐全、真实和系统的施工资料和图表。

11. AD

【解析】在单位工程中,应按结构部位、路段长度及施工特点划分为若干个分部工程。

12. CD

【解析】水泥混凝土面层:弯拉强度,板厚度,平整度,构造深度,横向力系数、相邻板高差,纵横缝顺直度,中线平面偏位,路面宽度,纵断高程,横坡、断板率。

沥青混凝土面层:压实度,平整度,弯沉值,渗水系数,构造深度,摩擦系数,厚度,中线平面偏位,纵断高程,宽度,横坡、矿料级配、沥青含量、马歇尔稳定度。

二灰稳定碎石基层:压实度,平整度,纵断高程,宽度,厚度,横坡,强度。

13. ACD

【解析】路基路面的压实度和弯沉值,路面厚度,水泥混凝土抗压和抗弯拉强度,半刚性材料强度等指标采用数理统计方法评定。

14. BC

【解析】在水泥混凝土路面检验评定中,关键项目是弯拉强度和板厚。

15. ABC

【解析】二灰碎石基层实测项目:压实度、平整度、纵断高程、宽度、厚度、横坡、强度。

16. ACD

【解析】水泥稳定基层质量评定实测项目中的关键项目有压实度、厚度、强度。

17. ABC

【解析】根据《公路工程质量检验评定标准 第一册 土建工程》(JTG F80/1—2017)附录A的规定。

18. ABCD

【解析】水泥混凝土面层的实测项目是弯拉强度、板厚度、平整度、抗滑构造深度、横向力系数、相邻板高差、纵横缝顺直度、中线平面偏位、路面宽度、纵断高程、横坡、断板率。

19. BC

【解析】水泥混凝土面层的实测关键项目包括弯拉强度和板厚度。

20. ACD

【解析】级配碎石基层需检测压实度、弯沉值、平整度、纵断高程、宽度、厚度、横坡。

21. ABC

【解析】沥青面层的实测项目有:压实度、平整度、弯沉值、渗水系数、摩擦系数、构造深度、厚度、中线平面偏位、纵断高程、宽度、横坡、矿料级配、沥青含量、马歇尔稳定度,共14项。

22. BCD

【解析】沥青混凝土面层的实测关键项目是压实度、厚度、矿料级配、沥青含量。

23. BC

【解析】进行沥青混凝土面层检测时,需进行沥青设计总厚度和沥青上面层设计厚度的检测。

24. ABD

【解析】水泥混凝土板厚度的检查频率为每200m测2点。

25. ACD

【解析】厚度代表值为厚度的算术平均值的下置信界限。

26. ACD

【解析】水泥混凝土路面抗滑性能要用抗滑构造深度、横向力系数表示。

27. CD

【解析】测定沥青面层压实度的方法有核子密度湿度仪法、钻芯取样法。

28. ACD

【解析】沥青混凝土路面压实度的检验评定单元为1～3km长的路段，使用核子密度湿度仪进行压实度检测时，需经对比试验检验，确认其可靠性。当代表值小于设计要求值时，评定路段的压实度为不合格。

29. ACD

【解析】沥青路面结构层厚度按代表值和单个合格值的允许偏差进行评定，采用挖验或钻取芯样测定厚度，高速公路和一级公路除检查沥青铺筑层总厚度和上面层厚度。

30. ACD

【解析】盲沟属于地下排水设施。

31. ABC

【解析】坡面防护按照材料组成和环境效应分为植物防护、骨架植物防护、工程防护三大类，浆砌片石防护是工程防护的一种。

32. ABC

【解析】根据《公路工程质量检验评定标准　第一册　土建工程》(JTG F80/1—2017)中表7.9.2规定，实测关键项目是固体体积率和厚度。

33. ABC

【解析】根据《公路工程质量检验评定标准　第一册　土建工程》(JTG F80/1—2017)中表7.9.2规定，交工验收时需检测的项目有固体体积率、弯沉值、平整度、纵断高程、宽度、厚度、横坡。

34. ABCD

【解析】根据《公路技术状况评定标准》(JTG H20—2007)的规定，公路技术状况评价指标有路面PQI、路基SCI、桥隧构造物BCI、沿线设施TCI四部分内容。

35. ABC

【解析】根据《公路技术状况评定标准》(JTG H20—2007)的规定，路面使用性能评价指标有路面损坏、路面平整度、路面车辙、抗滑性能、结构强度。

36. BC

【解析】沥青路面工程竣工验收前，应对弯沉、车辙、平整度、抗滑抽查项目进行复测。

37. BC

【解析】水泥混凝土路面工程竣工验收前，应对混凝土路面相邻板高差、平整度、抗滑抽查项目进行复测。

四、综合题

1.(1)BC

【解析】小桥和大型挡土墙为分部工程(基层和软土地基属于分项工程)。

(2)ABD

【解析】中桥、一条公路和一个合同段的交通安全设施是单位工程(小桥属于分部工程)。

(3)ABCD

【解析】分项工程质量检验内容包括基本要求、实测项目、外观质量和质量保证资料四个部分。

(4)AD

【解析】在分部工程中,应按不同的施工方法、材料、工序及路段长度等划分为若干个分项工程。

(5)A

【解析】建设单位应在施工准备阶段根据建设任务、施工管理和质量检验评定的需要将建设项目划分为单位工程、分部工程和分项工程。

2.(1)B

【解析】土方路基平整度常用3m直尺法测定。

(2)ABCD

【解析】四个选项都对。

(3)ABCD

【解析】土方路基交工验收时需要检测的项目中包括

(4)ABC

【解析】土方路基实测项目有压实度、弯沉、纵断高程、中线偏位、宽度、平整度、横坡、边坡。

(5)ABC

【解析】《公路工程质量检验评定标准 第一册 土建工程》(JTG F80/1—2017)的基本要求:在路基用地和取土坑范围内,应清除地表植被、杂物、积水、淤泥和表土,处理坑塘,并按规范和设计要求对基底进行压实;表土应充分利用;填方路基应分层填筑压实,每层表面平整,路拱合适,排水良好,不得有明显碾压轮迹,不得亏坡;应设置施工临时排水系统,避免冲刷边坡,路床顶面不得积水;在设定取土区内合理取土,不得滥开滥挖。完工后应按要求对取土坑和弃土场进行修整。B不在基本要求的内容中。

3.(1)C

【解析】填石路基采用振动压路机分层碾压,20t以上压路机振压至沉降差小于要求值。

(2)B

【解析】高速公路、一级公路填石路基平整度用3m直尺测试,最大间隙不大于30mm。

(3)ABD

【解析】填石路基实测项目包括压实、弯沉、纵断高程、中线偏位、宽度、平整度、横坡、边坡。

(4)BC

【解析】根据《公路工程质量检验评定标准 第一册 土建工程》(JTG F80/1—2017)中表4.3.2的规定,用全站仪测公路中线偏位时,设缓和曲线的弯道要增加HY、YH两点。

(5)BC

【解析】根据《公路工程质量检验评定标准 第一册 土建工程》(JTG F80/1—2017)中表4.3.2的规定,填石路基进行压实项目的评价指标有孔隙率、沉降差。

4.(1)C

【解析】当平均墙高达到或超过6m且墙身面积不小于1200m^{2}时,为大型挡土墙,每处作为分部工程进行评定。

(2)ABCD

【解析】见《公路工程质量检验评定标准　第一册　土建工程》(JTG F80/1—2017)的6.2.1条。

(3)AC

【解析】悬臂式和扶壁式挡土墙实测项目有混凝土强度、平面位置、顶面高程、断面尺寸、表面平整度。其中混凝土强度和断面尺寸为关键项目。

(4)ACD

【解析】悬臂式和扶壁式挡土墙,桩板式、锚杆、锚定板和加筋土挡土墙应作为分部工程进行评定。

(5)ABC

【解析】蜂窝、麻面面积不得超过该面面积的2%,深度超过15mm的必须处理;裂缝宽度超过设计规定或设计未规定时超过0.2mm必须处理;泄水孔坡度向外,无堵塞现象。

5.(1)D

【解析】公路沥青混凝土面层的压实度的规定值或允许偏差为试验段密度的98%,最大理论密度的92%,试验室标准密度的98%。

(2)D

【解析】渗水试验仪测定公路沥青混凝土面层的渗水系数是每200m测一处。

(3)BCD

【解析】沥青混凝土面层外观质量要求相关内容。接缝填注不得漏填、松脱,不应污染路面为水泥混凝土面层外观质量要求。

(4)AD

【解析】沥青混凝土面层实测关键项目有:压实度、厚度、矿料级配、沥青含量四个。

(5)CD

【解析】根据《公路工程质量检验评定标准　第一册　土建工程》(JTG F80/1—2017)中表7.3.2的规定,摩擦系数采用摆式仪法和横向力系数测试车法测试。

6.(1)B

【解析】混合料处于最佳含水率状况下,用重型压路机碾压至要求的压实度;拌和到碾压终了的时间不应超过水泥的终凝时间。

(2)C

【解析】高速公路和一级公路底基层的压实度的规定值或允许偏差的代表值分别为98%、94%。

(3)ABCD

【解析】上述四项都正确。

(4)B

【解析】水泥稳定粒料(碎石、砂砾或矿渣等)基层和底基层实测项目中,高速公路、一级公路基层的平整度规定值为8mm。

(5)C

【解析】稳定土基层和底基层的实测项目中,其他等级公路底基层的厚度的规是允许偏差的代表值与合格值分别为 -12mm、-35mm。

7.(1) A

【解析】根据$f_f=\frac{FL}{bh^2}$,计算该组试件的弯拉强度为5.7MPa。

(2)C

【解析】试件组数大于10组时,平均弯拉强度合格判断式为:$f_{cs} \geqslant f_r + K\alpha$。

当试件组数为11~19组时,允许有一组最小弯拉强度小于$0.85f_r$,但不得小于$0.80f_r$;$F_{cs}=5.66 \geqslant f_r + K\alpha = 5.41$。

(3)C

【解析】雨水口高程按设计比路面低,路面应无积水。

(4)ABC

【解析】抗压强度不属于实测项目。

(5)AB

【解析】水泥混凝土面层的关键实测项目有混凝土弯拉强度与板厚度。

8.(1)BC

【解析】基层质量应符合规范规定并满足设计要求,表面应干燥、清洁、无浮土;矿料级配、沥青含量试验结果的合格率应不小于95%。马歇尔稳定度属于一般项目,其合格率应不小于80%。

(2)AD

【解析】沥青混凝土面层关键实测项目包括厚度、厚度、矿料级配、沥青含量。

(3)C

【解析】渗水系数宜在路面成形后立即测定。渗水系数SMA路面的要求值为120mL/min,其他沥青路面规定值为200mL/min,高速公路、一级公路需测定。

(4)BC

【解析】高速公路、一级公路应检验沥青路面总厚度和上面层厚度。其他等级公路应检验沥青路面总厚度。

(5)BC

【解析】高速公路、一级公路路面表层平整度检测验收时可采用国际平整度指数IRI、标准差σ。最大间隙h只用于其他公路,颠簸累计值VBI要进行相关换算后才能使用。

9.(1)B

【解析】《公路工程质量检验评定标准　第一册　土建工程》(JTG F80/1—2017)规定频率。$80\times3=240$、$100\times3=300$。

(2)CD

【解析】弯沉值用贝克曼梁或自动弯沉仪测量。

(3)D

【解析】《公路工程质量检验评定标准　第一册　土建工程》(JTG F80/1—2017)规定只有二级及以下等级公路,当路基和粒料类基层、底基层的弯沉代表值不符合要求时,可将超

出平均值 ±(2 ~3)S 的弯沉特异值舍弃,对舍去的弯沉值大于平均值 +(2 ~3)S 的点,找出其周围界限,进行局部处理,并对弯沉进行复测后重新计算平均值和标准差。高速公路、一级公路不得舍去异常值。

(4)A

【解析】 根据弯沉代表值计算公式计算 $l=26+1.645\times4.2=32.9$。

(5)D

【解析】 代表值 33 >30(设计值),不合格。

第三章　土工与土工合成材料

【复习提示】

本部分内容的主要知识点包括：土的基本知识、颗粒级配、界限含水率、击实试验、天然稠度，土的压缩性与土的力学指标，土的化学性质试验与水理性质试验，土的物理性质，土工合成材料。

本部分内容的复习重点包括：土的工程分类及命名；土样制备；颗粒分析试验；含水率试验；界限含水率试验；击实试验；粗粒土、巨粒土最大干密度试验；固结试验；直接剪切试验；无侧限抗压强度试验；CBR 试验；酸碱度试验；烧失量试验；有机质含量试验；密度试验；相对密度试验；土工织物厚度、单位面积质量、几何尺寸、垂直渗透性、孔径、拉伸强度、CBR 顶破强力、梯形撕破强力、刺破强力试验。

本部分内容涉及的规范包括：

《公路土工试验规程》(JTG E40—2007)，适用于各类公路工程的地基土、路基土及其他路用土的基本工程性质试验。

《公路工程土工合成材料试验规程》(JTG E50—2006)，适用于公路工程所应用的各类土工合成材料的性能试验。

《公路土工合成材料应用技术规范》(JTG/T D32—2012)，规范土工合成材料在公路工程中的应用，适用于各等级公路工程。

一、单项选择题

1. 受表面张力作用而在土层中运动的水是(　　)。

A. 结晶水　　B. 毛细水　　C. 重力水　　D. 自由水

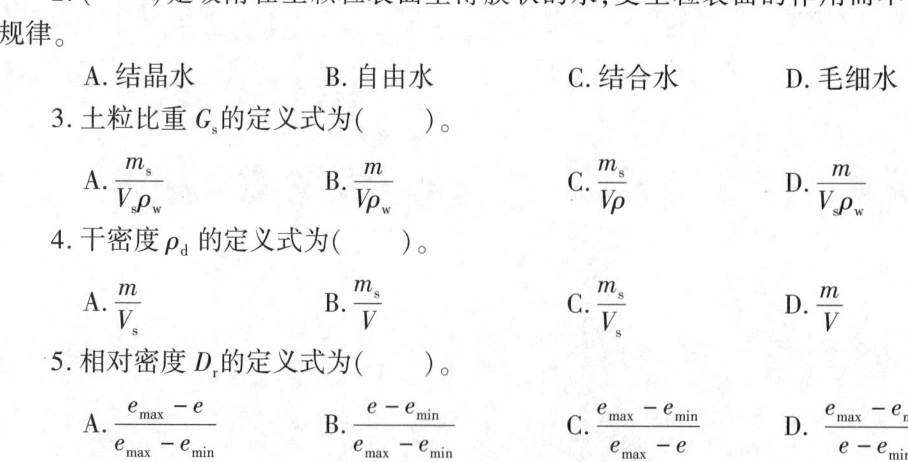

2. (　　)是吸附在土颗粒表面呈薄膜状的水，受土粒表面的作用而不服从静水力学规律。

A. 结晶水　　B. 自由水　　C. 结合水　　D. 毛细水

3. 土粒比重 G_s 的定义式为(　　)。

A. $\frac{m_s}{V_s\rho_w}$　　B. $\frac{m}{V\rho_w}$　　C. $\frac{m_s}{V\rho}$　　D. $\frac{m}{V_s\rho_w}$

4. 干密度 ρ_d 的定义式为(　　)。

A. $\frac{m}{V_s}$　　B. $\frac{m_s}{V}$　　C. $\frac{m_s}{V_s}$　　D. $\frac{m}{V}$

5. 相对密度 D_r 的定义式为(　　)。

A. $\frac{e_{max}-e}{e_{max}-e_{min}}$　　B. $\frac{e-e_{min}}{e_{max}-e_{min}}$　　C. $\frac{e_{max}-e_{min}}{e_{max}-e}$　　D. $\frac{e_{max}-e_{min}}{e-e_{min}}$

6. 测试含石膏的土的含水率时，烘干温度为(　　)。

A. 75 ~ 80℃　　B. 65 ~ 70℃　　C. 105 ~ 110℃　　D. 110 ~ 120℃

7. 测试土的含水率时，烘箱温度应为(　　)。

A. 室温　　B. 65 ~ 70℃　　C. 75 ~ 80℃　　D. 105 ~ 110℃

8. 当烘箱温度升到 300℃左右时，开启箱门可能会出现(　　)危险。

A. 漏电　　B. 断电　　C. 电线短路　　D. 玻璃破裂

9. 含水率试验以(　　)为室内的标准试验方法。

A. 烘干法　　B. 酒精燃烧法　　C. 比重法　　D. 碳化钙气压法

10. 采用虹吸筒法测定土的比重时，已知干土质量为 1967.5g，水的比重为 0.999，晾干试样质量为 2000.3g，量筒加水总质量为 1045.2g，量筒质量为 272.5g，则土的比重最接近(　　)。

A. 2.55　　B. 2.60　　C. 2.65　　D. 2.70

11. 浮称法进行土的比重试验，试样中粒径超过 20mm 的颗粒应小于(　　)%。

A. 5　　B. 10　　C. 15　　D. 20

12. 液塑限联合测定仪测试数据表示在(　　)图形上。

A. h-w　　B. lg$h$-w　　C. lg$h$-lg$w$　　D. h-lg$w$

13. 土的密度试验(环刀法)采用环刀取样的方法有土柱压入法、直接压入法、落锤打入法或手锤打入法。一般来讲，为了防止土样扰动，采用(　　)最好。

A. 土柱压入法　　B. 直接压入法　　C. 落锤打入法　　D. 手锤打入法

14. 下列(　　)土样适合移液管法进行颗粒分析。

A. 粒径大于 0.075mm 的土

B. 粒径小于 0.075mm 的土

C. 粒径小于 0.075mm 且比重大的土

D. 粒径大于 0.25mm 的土

15. 土的粒度成分是指土中各种不同粒组的(　　)。

A. 质量　　B. 含水率　　C. 相对含量　　D. 平均粒径

16. 以下各种定律中，(　　)一般用于沉降分析法对细粒土的粒径分析。

A. 柯西定律　　B. 达西定律　　C. 库仑定律　　D. 司笃克斯定律

17. 从土的粒径分布曲线上查得对应通过率 10%、30%、60% 的粒径分别为 0.00042mm、0.0065mm 和 0.0112mm，则其不均匀系数为(　　)。

A. 2.67　　B. 1.55　　C. 0.90　　D. 1.72

18. 对某砂质土进行颗粒分析试验，已知小于 0.075mm 的百分含量超过 10%，则最适合该土样的分析方法为(　　)。

A. 湿筛法　　B. 沉降分析法　　C. 联合分析法　　D. 干筛法

19. 某土的液限为 31.3%，塑限为 18.0%，天然含水率为 26.5%，则其天然稠度为(　　)。

A. 0.36　　B. 0.43　　C. 0.56　　D. 0.64

20. 细粒土应按其在塑性图中的位置确定土的名称，当位于塑性图 A 线以上，在 B 线或 B 线以右时称为(　　)。

A. ML　　B. CH　　C. CL　　D. MH

21. 在土的粒组划分中，巨粒组和粗粒组的区分界限为(　　)。

A. 20mm　B. 40mm　C. 60mm　D. 80mm

22. 有机质土中,位于塑性图 *A* 线以上,且在 *B* 线或 *B* 线以右的土称为(　　)。

A. 有机质高液限粉土　B. 有机质低液限粉土

C. 有机质高液限黏土　D. 有机质低液限黏土

23. 已知某土样的液限为 31.2%,塑性指数为 20.9%,天然含水率为 25.6%,则该土样的天然稠度为(　　)。

A. 0.27　B. 0.31　C. 0.54　D. 0.36

24. 扰动的黏质土在饱和状态下,因干燥收缩至体积不变时的含水率称为(　　)。

A. 液限　B. 塑限　C. 缩限　D. 塑性指数

25. 土体从液体状态向塑性体状态过渡的界限含水率称为(　　)。

A. 液限　B. 塑限　C. 缩限　D. 液性指数

26. 土由塑性体状态向脆性固体状态过渡的界限含水率称为(　　)。

A. 液限　B. 塑限　C. 缩限　D. 液性指数

27. 某土样的天然含水率为 22%,塑限为 11%,液限为 35%,则其塑性指数为(　　)。

A. 11%　B. 13%　C. 24%　D. 46%

28. 已知某土样的天然含水率为 22%,塑限为 11%,液限为 35%,则其液性指数为(　　)。

A. 0.85　B. 0.63　C. 0.59　D. 0.46

29. 当液性指数为 0 时,土处于(　　)。

A. 液限　B. 塑限　C. 缩限　D. 固态

30. 在液塑限联合测定法中,对测定精度影响最大的试样是靠近(　　)的那个试样。

A. 液限　B. 塑限　C. 缩限　D. 居中

31. 在液塑限联合测定法中,制备试样应均匀、密实,一般制备(　　)试样。

A. 两个　B. 三个　C. 四个　D. 五个

32. 击实试验是为了获得路基土的(　　)。

A. 最小孔隙率和天然稠度　B. 最大干密度和最佳含水率

C. 最大干密度和最小孔隙率　D. 天然稠度和最佳含水率

33. 轻型击实和重型击实的本质区别是(　　)。

A. 击实次数不同　B. 击实厚度不同　C. 击实高度不同　D. 击实功不同

34. 击实功一定的条件下,随土中粗粒含量的增多,土的最佳含水率 ω_0 和最大干密度 ρ_{max} 的变化趋势一般为(　　)。

A. $\omega_0\uparrow,\rho_{max}\uparrow$　B. $\omega_0\downarrow,\rho_{max}\uparrow$　C. $\omega_0\uparrow,\rho_{max}\downarrow$　D. $\omega_0\downarrow,\rho_{max}\downarrow$

35. 对于细粒土,在击实过程中,由于颗粒间的靠紧而增强颗粒间的(　　),从而使土在短时间内得到新的结构强度。

A. 咬合力　B. 摩擦阻力　C. 分子引力　D. 范德华力

36. 土的最佳含水率与下列(　　)比较接近。

A. 液限　B. 塑限　C. 天然含水率　D. 饱和状态时的含水率

37. 小试筒击实后,试样不应高出筒顶面(　　)。

A. 3mm　B. 4mm　C. 5mm　D. 6mm

38. 振动台法测定最大干密度时,应分(　　)振实。

A. 两层　　B. 三层　　C. 四层　　D. 五层

39. 采用振动台法并根据干土法测定土的最大干密度,测得干土试样质量为 31.82kg,天然含水率为 3%,试样体积为 0.01421m^3,则该土样的最大干密度为(　　)。

A. 2035.7kg/m^3　　B. 2239.3kg/ m^3　　C. 2174.0kg/ m^3　　D. 2308.5kg/m^3

40. 土体的压缩变形主要是由于(　　)所引起的。

A. 水分的排出　　B. 孔隙的减小　　C. 气体排出　　D. 土颗粒被压小

41. 土体受外力所引起的压缩包括(　　)。

A. 土粒固体部分的压缩

B. 土体内孔隙水的压缩

C. 水和空气从孔隙中被挤出以及封闭气体被压缩

D. 以上都有

42. 饱和土体所受到的总应力为有效应力与(　　)之和

A. 重力　　B. 孔隙水压力　　C. 静水压力　　D. 以上都有

43. 在压缩试验所作出的 e-lg$p$ 曲线上,对应于曲线过渡到直线段的拐弯点的压力值是(　　)。

A. 先期固结压力　　B. 上覆压力　　C. 自重压力　　D. 水压力

44. 经试验测定,某土层 $P_c < \gamma_z$(P_c 为先期固结压力,γ_z 为土的自重压力),则该土层是(　　)。

A. 正常固结　　B. 超固结　　C. 欠固结　　D. 次固结

45. CBR 测试过程中,贯入量达 2.5mm 时对应的单位压力为 560kPa,则 CBR 值为(　　)%。

A. 6　　B. 7　　C. 8　　D. 9

46. CBR 试验中,试样的最大粒径宜控制在(　　)以内。

A. 10mm　　B. 20mm　　C. 30mm　　D. 40mm

47. 直剪试验得到的库仑公式是(　　)

A. $F = fN + C$　　B. $F = fN$　　C. $\tau_f = c + \sigma\tan\varphi$　　D. $\tau = G\gamma$

48. 直剪试验结束后,以垂直压力 p 为横坐标,抗剪强度 s 为纵坐标绘制坐标图后,并连直线在纵坐标上的截距为(　　)。

A. 抗剪强度　　B. 垂直压力　　C. 摩擦角　　D. 黏聚力

49. 某路基填土施工速度快,土层排水不良,欲验算其稳定性,应采用(　　)。

A. 固结快剪或快剪　　B. 快剪　　C. 慢剪　　D. 固结快剪

50. 慢剪试验的剪切速度为(　　)。

A. 0.02mm/min　　B. 0.2mm/min　　C. 0.8mm/min　　D. 1.0mm/min

51. 快剪与固结快剪用来测定土的(　　)。

A. τ_f,σ　　B. τ_f,c　　C. σ_1,σ_2　　D. φ,c

52. 压缩试验中先期固结压力 p_c 按(　　)确定。

A. e-p 曲线　　B. h-p 曲线　　C. e-lg$p$ 曲线　　D. lg$e$-lg$p$ 曲线

53. 关于土的击实试验,下列说法中的错误选项是(　　)。

A. 土样制备方法不同,所得击实试验结果有差异

B. 可采用干土法或湿土法,土样可重复使用

C. 试样中含超粒径颗粒时,应对最大干密度和最佳含水率进行校正

D. 如击实曲线不能给出明显的峰值点,应进行补点或重做

54. 土的液性指数 I_L 与土的(　　)无关。

A. 土的粒度　　B. 天然含水率　　C. 液限　　D. 塑限

55. 某土定名为 SW,表示该土为(　　)。

A. 级配不良砾　　B. 级配不良砂　　C. 级配良好砾　　D. 级配良好砂

56. 下列关于土的 CBR 试验说法错误的选项是(　　)。

A. CBR 值越大,表示材料强度越大

B. 土石混合料的 CBR 值大于细粒土的 CBR 值

C. CBR 值是一定贯入量下的压力值

D. CBR 值是评定路基土和路面材料的力学性能指标

57.《公路土工试验规程》(JTG E40—2007)中,土的有机质含量试验的滴定条用标准溶液是(　　)。

A. 硫酸亚铁　　B. 重铬酸钾　　C. 鞣酸　　D. 硫酸

58. 土的曲率系数 C_c 计算公式为(　　)。

A. $C_c=(d_{30}\cdot d_{10})/(d_{30}\cdot d_{60})$　　B. $C_c=(d_{30}\cdot d_{30})/(d_{10}\cdot d_{60})$

C. $C_c=(d_{60}\cdot d_{60})/(d_{10}\cdot d_{30})$　　D. $C_c=d_{60}/d_{30}$

59. 土 CBR 试验贯入量为 5mm 时的承载比大于 2.5mm 时的承载比,重新试验后结果依然如此,则(　　)。

A. 试验结果取贯入量为 2.5mm 时的承载比

B. 试验作废

C. 试验结果取贯入量为 5mm 时的承载比

D. 试验结果没有可比性

60. e_{max}、e_{min} 和 e 分别为土的最大孔隙比、最小孔隙比和天然孔隙比,土的相对密度 D_r 为(　　)。

A. $D_r=(e_{max}-e)/(e_{max}-e_{min})$　　B. $D_r=(e-e_{min})/(e_{max}-e_{min})$

C. $D_r=(e_{max}-e_{min})/(e_{max}-e_{min})$　　D. $D_r=(e_{max}-e_{min})/(e-e_{min})$

61. 细粒土的成分代号为(　　)。

A. B_a　　B. C_b　　C. F　　D. S_1

62. 滚搓法塑限试验时,搓滚土条,直至土条直径达到(　　)时,产生裂缝并开始断裂为止。

A. 2mm　　B. 3mm　　C. 4mm　　D. 5mm

63. 某细粒土中粒径 0.074mm 的颗粒占总土重 28.4%,$w_L=54.3$,$I_p=22.0\%$,则该土命名代号为(　　)。

A. MH　　B. CH　　C. MHS　　D. CHS

64. 进行土的液、塑限试验时,同一土样测得锥入深度 h_1、h_2 允许误差为(　　)。

A. 1.0mm　　B. 0.3mm　　C. 0.5mm　　D. 0.2mm

65. 土样制备时,需过0.5mm筛的试验为(　　)。

A. 击实试验　　B. 压缩试验

C. 界限含水率试验　　D. 剪切试验

66. 土的粒组划分中,粗粒组与细粒组的粒度筛分分界线为(　　)。

A. 0.5mm　　B. 0.25mm　　C. 0.075mm　　D. 0.1mm

67. 室内CBR试验中,贯入杆预压CBR试件上的力是(　　)。

A. 20N　　B. 30N　　C. 45N　　D. 60N

68. 土的密度试验须进行二次平行测定,取其算术平均值,相应平行差值不得大于(　　)。

A. $0.01g/cm^3$　　B. $0.02g/cm^3$　　C. $0.03g/cm^3$　　D. $0.04g/cm^3$

69. 土的不均匀系数 C_u 的计算公式为(　　)。

A. $C_u = d_{60}/d_{10}$　　B. $C_u = d_{10}/d_{60}$　　C. $C_u = d_{30}/d_{10}$　　D. $C_u = d_{10}/d_{30}$

70. 在素土击实试验中试样制备分干法和湿法两种,对同一种土样分别用这两种方法制样,并分别求得各自相应的最大干密度 pd_{max},则两者的大小(　　)。

A. 相同

B. 干法不小于湿法

C. 干法不大于湿法

D. 不能确定

71. 液限塑限联合测定法适用于粒径不大于(　　)的土。

A. 1.0mm　　B. 2.0mm　　C. 0.25mm　　D. 0.5mm

72. 无黏性土的抗剪强度表达式:$\tau = p\tan\varphi$,所表示的强度是指(　　)。

A. p 作用下的峰值强度

B. p 作用下的低值残余强度

C. p 作用下的平均强度

D. p 作用下的最大残余强度

73. 下列有关"土的工程分类"的叙述中,错误的有(　　)。

A. 土颗粒组成特征应以土的级配指标的不均匀系数 C_u 和曲率系数 C_c 表示

B. 不均匀系数 C_u 反映粒径分布曲线上的土粒分布范围

C. 曲率系数 C_c 反映粒径分布曲线上的土粒分布性状

D. 粗粒土应根据塑性图分类,土的塑性图是以液限 W_L 为横坐标、塑性指数 I_p 为纵坐标构成的

74. 界限含水率主要用于(　　)。

A. 评价各种土的状态　　B. 评价细粒土的状态

C. 评价砂类土的状态　　D. 评价砾类土的状态

75. 有四种塑性指数不同的土样,试问(　　)种土的内摩擦角 φ 最大。

A. $I_P > 1$　　B. $I_P = 0$　　C. $I_P < 7$　　D. $I_P = 10$

76. 现行《公路土工试验规程》(JTG E40—2007)中土的分类中巨粒组分为(　　)、卵石。

A. 角砾　　B. 漂石　　C. 砂　　D. 砾石

77. 下列有关测定比重的试验中,叙述错误的有(　　)。

A. 比重瓶法适用于粒径小于 5mm 的土

B. 比重瓶法对含有某一定量的可溶盐、憎水性胶体或有机质的土，必须用中性液体测定

C. 浮称法适用于粒径大于或等于 5mm 的土，且其中粒径为 20mm 的土质量应小于总土质量的 10%

D. 虹吸筒法适用于粒径大于或等于 5mm 的土，且其中粒径为 20mm 的土质量应大于或等于总土质量的 30%

78. 下列有关“直接剪切试验”的叙述中错误的有(　　)。

A. 依据试验方法的不同可分为快剪、固结快剪和慢剪

B. 依据试验设备的不同可分为应力式和应变式

C. 其中应力式是指按既定载荷步长将水平剪力分级施加在剪切盒上，使土样受剪

D. 对于同一种黏质土，三种试验方法所得的抗剪强度指标相同

79. 蜡封法测定土体密度时正确的操作步骤为(　　)：a. 石蜡加热过熔点后用细线系住试件浸入石蜡中；b. 用细线将试件置于天平一端，浸浮在含有蒸馏水的烧杯中，称取水下质量；c. 取水中试件称量；d. 削取体积大于 $30cm^3$ 试件；e. 冷却后，将蜡封试件称量。

A. daebc　　B. baedc　　C. aedbc　　D. dbaec

80. 反映天然含水率与界限含水率关系的指标为(　　)。

A. 液限 w_L　　B. 塑限 w_D　　C. 塑性指数 I_p　　D. 液性指数 I_L

81. 某土的干土重为 m_s，固体颗粒体积为 v_s，土样体积为 v，土粒密度 ρ_s 为(　　)。

A. m_s/v　　B. m_s/v_s　　C. v/m_s　　D. v_s/m_s

82. 在现行《公路土工试验规程》(JTG E40—2007)中，粗粒组的粒径范围为(　　)。

A. 2 ~ 60mm　　B. 0.075 ~ 2mm　　C. 0.075 ~ 60mm　　D. 60 ~ 200mm

83. 土的液、塑限试验含水率最低的一点，其锥入深度应控制在(　　)。

A. 10mm 以下　　B. 15mm 以下　　C. 5mm 以下　　D. 3mm 以下

84. 砾石成分的代号为(　　)。

A. B　　B. C　　C. G　　D. S

85. 下列有关土的颗粒分析试验中，叙述错误的是(　　)。

A. 土的颗粒分析试验包括筛析法和比重计法两种

B. 其中水析法适用于粒径小于 0.075mm 的土样，依据测试手段的不同有可分为比重瓶法和虹吸管法

C. 甲种比重计所给出的刻度数表示 20℃时每 1000mL 悬液中土质量的克数

D. 乙种比重计所给出的刻度数表示 20℃悬液的密度值

86. 粗粒土与细粒土划分的主要依据是(　　)。

A. 颗粒组成　　B. 矿物成分　　C. 液限　　D. 塑限

87. 土在 $C_u>5$，且 $C_c=1\sim3$ 时，为级配良好。某土样从颗粒分析试验的级配曲线上求得 $d_{60}=8.3mm$，$d_{30}=2.4mm$，$d_{10}=0.55mm$，则判断该土样级配状况为(　　)。

A. 级配良好　　B. 级配不良　　C. 无法判定　　D. 级配合格

88. 关于土的液塑限测定过程描述正确的选项是(　　)。

A. 100g 锥做液限试验,在 h-w 图上,入土深度 17mm 对应的横坐标含水率为土的液限

B. h_p-w_L 关系图上,双曲线确定的是细粒土的 h_p 值

C. a 点对应的锥入深度,应控制在 20mm ±0.2mm

D. 对于砂类土,用 100g 和 76g 锥测 c 点的锥入深度都可以大于 5mm

89. 土的含水率平行试验中,当含水率在 40% 以上时,允许平行差值为(　　)。

A. 0.3%　　B. 1%　　C. 2%　　D. 3%

90. 液塑限联合测定法测定土的液限和塑限,主要步骤如下:①试杯装好土样;②接通电源,调平机身打开开关,提上锥体;③使锥尖接触土样表面;④锥体立刻自行下沉;⑤5s 时自动停止下沉;⑥指示灯亮停止旋动旋钮;⑦锥体复位,读数显示为零。正确的测定顺序是(　　)。

A. ①②③④⑤⑥⑦　　B. ②①③④⑥⑤⑦

C. ②①③④⑤⑥⑦　　D. ①②③⑥④⑤⑦

91. 下面关于土的含水率的计算描述正确的是(　　)。

A. 土中水的体积与土中固体颗粒的体积之比

B. 土中水的质量与土质量之比

C. 土中水质量与土中固体颗粒质量之比

D. 土中水质量与土质量之比

92. 若某土样试件无侧限抗压强度试验的应力—应变曲线中最大轴向应力不明显,取轴向应变(　　)处的应力作为该试件的无侧限抗压强度。

A. 10%　　B. 15%　　C. 20%　　D. 25%

93. 关于 CBR 试验的叙述有:①CBR 试验是对压实时间泡水后的贯入试验;②CBR 值是规定贯入量时的荷载压强与贯入量的比值;③处于路基不同深度位置的土,其 CBR 值的要求不同;④材料的 CBR 指标指的是某压实度下的 CBR 值;⑤CBR 试件一般要在水中浸泡 48h。正确的是(　　)。

A. ②④⑤　　B. ①③④　　C. ①②③④　　D. ①②③⑤

94. 下列用于评价土基承载能力的指标是(　　)。

A. 塑性指数　　B. CBR 值　　C. 渗透系数　　D. 固结系数

95. 握持强度表示土工织物抵抗外来集中荷载的能力,试验时仅(　　)试样宽度被夹持,进行快速拉伸。

A. 1/3　　B. 2/5　　C. 3/4　　D. 4/7

96. 土工织物宽条拉伸试验的预负荷伸长:在相当于最大负荷(　　)的外加负荷下,所测的夹持长度的增加值,以 mm 表示。

A. 8%　　B. 5%　　C. 2%　　D. 1%

97. 土工织物条带拉伸试验测定拉伸性能中开动试验机连续加荷直至试样断裂,停机并恢复至初始标距位置。记录最大负荷,精确至满量程的(　　);记录最大负荷下的伸长量 ΔL,精确到小数点后一位。

A. 1%　　B. 0.5%　　C. 0.3%　　D. 0.2%

98. 土工织物垂直渗透性能试验中,将试样置于含湿润剂的水中,至少浸泡(　　)直至饱和并赶走气泡。

A. 6h　　B. 12h　　C. 24h　　D. 48h

99. 对于土工格栅，横向节距大于或等于(　　)的产品，其宽度方向应包含至少两个完整的抗拉单位。

A. 45mm　　B. 55mm　　C. 65mm　　D. 75mm

100. 土工织物测定拉伸性能，如试样在夹具中滑移，或者多于(　　)5mm 范围内断裂，可采取相应措施。

A. 1/2　　B. 1/3　　C. 1/4　　D. 1/5

101. 对于土工格栅条带拉伸试验，单筋试样应有足够长度。试样的夹持线在节点处，除被夹钳夹持住的节点或夹叉组织外，还应包含至少(　　)排节或夹叉组织。

A. 1　　B. 2　　C. 3　　D. 4

102. 非织造土工织物的孔隙率与(　　)有关，所以孔隙率也随压力增大而变小。

A. 厚度　　B. 宽度　　C. 面积　　D. 高度

103. 土工织物撕裂强度表示沿土工织物某一裂口将裂口逐步扩大过程中的最大(　　)，单位为 N。

A. 剪力　　B. 压力　　C. 拉力　　D. 轴力

104. 土工织物每项试验的试样应从样品的长度和宽度两个方向上随机剪取，距样品的边缘应大于或等于 100mm，送检样品应不小于(　　)延米(或 $2m^2$)。

A. 1　　B. 2　　C. 3　　D. 4

105. 按土工织物宽条拉伸试验规定，分别对纵向和横向两组试样的拉伸强度、最大负荷下伸长率及待定伸长率下的拉伸力计算平均值和变异系数，拉伸强度和特定伸长率下的拉伸力精确至(　　)位有效数字，最大负荷下伸长率精确至(　　)，变异系数精确至(　　)。

A. 3,0.1%,0.1%　　B. 3,0.1%,0.2%　　C. 4,0.1%,0.1%　　D. 4,0.1%,0.2%

106. 土工织物宽条拉伸试验方法在夹持试样时将试样在夹具中对中夹持，注意纵向和横向的试样长度应与拉伸力的方向(　　)。

A. 垂直　　B. 平行　　C. 重合　　D. 相交

107. 土工织物宽条拉伸试验的名义夹持长度：在试样的受力方向上，标记的两个参考点间的初始距离，一般为(　　)。

A. 40mm　　B. 50mm　　C. 60mm　　D. 70mm

108. 土工合成材料单位面积质量的测定采用试样数 10 个，在试验结果处理时，应舍去超出(　　)倍标准差的测定值。

A. 2　　B. 2.18　　C. 3　　D. 1.50

109. 针对土工织物拉伸强度试验不正确的描述是(　　)。

A. 温度和湿度同时对试验结果产生直接影响

B. 正式拉伸操作前要进行预负荷加载，预负荷量是 1kN

C. 200mm 宽条法和 50mm 窄条法拉伸结果不具相关性

D. 拉伸过程的长度变化可采用伸长率、最大负荷伸长率表示

110. 刺破试验所用环形夹具的内径为(　　)。

A. 43.5mm　　B. 44mm　　C. 44.5mm　　D. 45mm

111. 土工织物在温、湿度为(　　)的条件下对试件进行调湿。

A. 23℃ ±2℃,65% ±5%　　B. 20℃ ±2℃,65% ±5%

C. 23℃ ±2℃,60% ±5%　　D. 20℃ ±2℃,60% ±5%

112. 复合塑料编织袋拉伸试验应在(　　)温度(　　)状态调节4h条件下进行。

A. 23℃ ±2℃,潮湿　　B. 23℃ ±2℃,常湿

C. 20℃ ±2℃,潮湿　　D. 20℃ ±2℃,常湿

113. 土工合成材料大多以(　　)来评价承受荷载的能力。

A. 抗拉强度　　B. 顶破强度　　C. 撕破强度　　D. 刺破强度

二、判断题

1. 土的击实试验可采用干土法或湿土法,操作过程中土样可重复使用。(　　)

2. 土的有机质含量通常大于烧失量。(　　)

3. 压缩试验中土的压缩主要是孔隙体积的减小,所以关于土的压缩变形常以其孔隙比的变化来表示,试验资料整理为 e-p 曲线或 e-lg$p$ 曲线。(　　)

4. 砂类土中细粒组质量在大于总质量15%,且小于或等于总质量的50%时,称为细粒土质砂,并按细粒土在塑形图上的位置来定名。(　　)

5. 搓条法测定土的塑限,当搓至土条直径在3mm时断裂,此时含水率就是塑限含水率。(　　)

6. 测定土的天然稠度时必须采用原状土。(　　)

7. 进行土的承载比(CBR)试验时,通常试件要湿气养护4d后,再测定膨胀量。(　　)

8. 通常土工织物进行试验前不仅要调温同时还要调湿,使试验状态与实际应用状态相接近。(　　)

9. 长丝纺粘非织造土工布性能要求中的选择项为可选择项为可选检测项目,因此选择项的性能不作为产品合格与否的判定依据。(　　)

10. 土工合成材料进行拉伸试验时,既可以采用宽条也可采用窄条进行操作,两者之间通过换算建立相互间关系。(　　)

11. d_{60}表示粒径分布曲线上累计通过百分率为60%时所对应的粒径。(　　)

12. 采用ϕ10cm试筒进行重型击实试验时,锤重4.5kg、落高45cm,分3层,每层98次。(　　)

13. 土的天然稠度由土的液限与天然含水率之差除以土的液限计算得到。(　　)

14. 土的液塑限可采用液塑限联合测定法,也可以采用碟式仪法测定。(　　)

15. 已知土的含水率为13.8%,称取相应湿土580g,则烘干后的干土质量是509.7g。(　　)

16. 土工织物试验应在取样并制样后进行状态的调节。(　　)

17. CBR试验可用静压法制备三种干密度试件,以便得到不同干密度下的CBR值。(　　)

18. 灌砂法测定密度试验时,标定罐的深度对砂的密度有影响,标定罐的深度减小,会引起砂的密度降低。(　　)

19. 击实试验中,为了保证试样的完整性,最后一层试样击实后,试样高度应超出试筒顶

10mm，取下套环后刮除多余部分，并刮平表面。（　　）

20. 土的回弹模量试验试件应采用击实法成型试件，并在试验前浸水4d。（　　）

21. 土的有机质含量试验时，采用硝酸作为氧化剂。（　　）

22. 压缩系数在 Δh-Δp 图上求得。（　　）

23. CHS为含砾低液限粉土。（　　）

24. 液塑限联合测定，细粒土与粗粒土计算塑限入土深度的公式不相同。（　　）

25. 直剪试验中慢剪试验方法是指：先使试样在法向压力作用下完全固结，后慢速施加水平剪力直至土样破坏。（　　）

26. 击实试验的原理与压缩试验的原理相同，都是土体受到压密的操作。（　　）

27. 黏性土界限含水率之间的关系为：$w_L > w_p > w_s$。（　　）

28. 击实试验利用标准化的击实仪具，检测土的密度和相应的含水率以及两者的关系。用来模拟现场施工条件下，获得路基土压实时的最大干密度和相应的最佳含水率。（　　）

29. 长丝纺粘非织造土工布的取样和试样制备，采用《土工布及其有关产品动态穿孔试验落锥法》（GB/T 17630），而不是《公路路基路面现场测试规程》（JTG E60）。（　　）

30. 长丝纺粘非织造土工布性能要求的测定时，应在每批产品中抽取2%～3%，但不少于两卷。（　　）

31. 短纤针刺非织造土工布与长丝纺粘非织造土工布的基本性能检测检项目相同。（　　）

32. 土的比重计颗粒分析时，对一般容易分散的土，用氨水作为分散剂。（　　）

33. 承载比试验有室内和现场两种，室内CBR试验应结合击实试验进行，而现场CBR试验与击实试验无关。（　　）

34. 土的液塑限联合测定，采用76g锥时，液限对应的锥入深度为17mm。（　　）

35. 土中空气占据的体积为零时，密度最大。（　　）

36. 土工膜的功能在于抗渗而非加筋，而土工织物的功能在于加筋而非抗渗。（　　）

37. 土工布的厚度是在承受规定的压力下，正反两面之间的距离。（　　）

38. 针对同一种土工材料，不同夹持长度测得的伸长率将会有明显差别。（　　）

39. 土的饱和度越高含水率就越大。（　　）

40. 地基土的强度破坏是剪切破坏，而不是受压破坏。（　　）

41. 相对密度是一种最科学、合理地评价粗粒土状态的方法，所以工程上总是采用该指标评价粗粒土的状态。（　　）

42. 承载比试验和回弹模量试验结果整理中，对关系曲线都要做原点的修正。（　　）

43. 重塑土的无侧限抗压强度与原状土的无侧限抗压强度比值为软土的灵敏度，灵敏度值越大表示土的结构对土体的影响越大。（　　）

44. 塑料编织袋应置于阴凉、洁净的室内储存，储存期从出厂日期算起，不得超过15个月。（　　）

45. 颗粒分析试验是为测得土中不同粒组的相对百分比含量。（　　）

46. 土体界限含水率之间的关系为：$w_L > w_p > w_s$。（　　）

47. 土工织物宽条拉伸试验试样应调湿或浸湿。（　　）

48. 环刀法测定的密度仅代表环刀深度范围内的平均密度，不能代表碾压层的平均密度。（　　）

49. 塑料土工合成材料在标准大气条件下调湿大于4h。（　　）

50. 土工织物圆柱形顶压杆顶压试样直到破裂过程中测得的最大顶压力即为顶破强力。（　　）

51. 土工合成材料内在质量评定时基本项合格则内在质量合格。（　　）

52. 当土样的渗透系数大于 10^{-5}cm/s 时，可采用浸水法对土样进行饱和。（　　）

53. 对于高含水率黏质土，采用干土法进行击实试验比较符合实际施工情况。（　　）

54. 击实试验结果整理中，选取试样中干密度最大者作为最大干密度。（　　）

55. 对于有机质土，酒精燃烧法仍可适用。（　　）

56. 土的级配指标 $C_u = d_{60}/d_{10}$ 中，d_{60}、d_{10} 表示通过率，其单位为%。（　　）

57. 测定土的含水率就是测土中自由水的百分比含量。（　　）

58. 含石膏土土样的含水率测试方法与其他土样一样。（　　）

59. 土样含水率试验中，土样的量越大，其测量结果的相对误差也越大。（　　）

60. 筛分法进行颗粒分析，计算小于某粒径的土质百分数时，试样总质量是试验前试样总重。（　　）

61. 承载板法测量土的回弹模量试验中，要求每个平行试验的结果与平均值相差不应超过2%。（　　）

62. 密度计法和移液管法都适用于分析粒径小于0.075mm的细粒土。（　　）

63. 采用76g锥做液限试验，在 h-w 图上，查得纵坐标入土深度 $h = 20$mm 所对应的横坐标的含水率，即为该土的液限。（　　）

64. 土的固结是指饱和土体在外荷载作用下，土体孔隙中水分逐渐排出，土体体积减小，密度增长的过程。（　　）

65. 黏性土的抗剪强度主要取决于黏聚力。（　　）

三、多项选择题

1. 土的液性指数 I_L 与土的(　　)有关。

A. 粒度　　B. 天然含水率　　C. 液限　　D. 塑限

2. 关于承载比(CBR)试验下列说法正确的是(　　)。

A. 按最佳含水率制备试件，试件的干密度等于最大干密度

B. 贯入试验前将试样浸泡4d，以模拟最不利的使用状态

C. 在加荷装置上安装好贯入杆后，先施加45N荷载使贯入杆断面与试样表面充分接触

D. 试验曲线为反弯曲线时，应进行零点修正

3. 关于土的相对密度，以下说法正确的是(　　)。

A. $D_r \leq 1/3$ 时，土属于疏松状态

B. 相对密度 $1/3 < D_r \leq 1/2$ 时，土属于中密状态

C. 相对密度 $D_r > 1/2$ 时，土属于密实状态

D. 土的相对密度是无凝聚性粗粒土紧密程度的指标

4. 以下试验在土样制备过程中需要进行闷料的选项是(　　)。
A. 界限含水率试验　B. 颗粒分析试验　C. 击实试验　D. 密度试验
5. 比重计法进行土的颗粒分析时,直径计算系数 K 值与(　　)有关。
A. 悬液温度　B. 土粒沉降时间　C. 土粒比重　D. 悬液浓度
6. 下列关于土的击实试验说法正确的是(　　)。
A. 土体积缩小是因为气体排出
B. 土体积缩小是因为水和气体同时排出
C. 重型击实法的单位击实功为轻型击实法的 4.5 倍
D. 体积缩小是因为土颗粒被压小
7. 土工原位测试试验有(　　)。
A. 击实试验　B. 压缩试验
C. 十字板剪切试验　D. 标准贯入试验
8. 试验数据表达在笛卡尔坐标上的试验有(　　)。
A. 击实试验　B. 压缩试验　C. 剪切试验　D. 液塑限试验
9. 细粒土分类时的依据是(　　)。
A. I_p　B. I_L　C. w_p　D. w_L
10. 现行《公路土工试验规程》(JTG E40—2007)中规定的含水率试验方法有(　　)。
A. 烘干法　B. 炒干法　C. 比重法　D. 酒精燃烧法
11. CBR 试验膨胀量的大小与(　　)有关。
A. 土样干密度　B. 土的级配　C. 浸泡时间　D. 土粒密度
12. 对于非黏性土,影响土的内摩擦角 φ 的因素有(　　)。
A. 土颗粒的粗细程度　B. 颗粒级配
C. 颗粒形状　D. 含水率
13. 黏性土的抗剪强度与土的(　　)有关。
A. 液限　B. 土粒的组成特征　C. 法向应力　D. 剪切方法
14. 利用塑性图对土进分类时,如土样正好位于 A 线与 B 线的交点上,则应定名为(　　)。
A. 高液限　B. 低液限　C. 粉土　D. 黏土
15. 某种土定名为 GF,它表示(　　)。
A. 砾类土　B. 砂类土
C. 细粒土含量 5% ~15%　D. 细粒土含量 15% ~50%
16. 液限测定方法有(　　)。
A. 联合测定法　B. 目测法　C. 碟式仪法　D. 搓条法
17. 下列属于室内试验的有(　　)。
A. 颗粒分析试验　B. 击实试验　C. 固结试验　D. 静力触探试验
18. 小于 0.075mm 土的颗粒分析方法有(　　)。
A. 比重计法　B. 筛分法　C. 虹吸筒法　D. 移液管法
19. 土体密度的测试方法有(　　)。
A. 环刀法　B. 蜡封法　C. 比重法　D. 灌砂法

20. 液限和塑限联合测定法测定土的液限和塑限目的是用于(　　)。
A. 土类划分　　B. 计算天然稠度
C. 确定最佳含水率　　D. 计算塑性指数

21. 下面哪些土属于细粒土(　　)。
A. 砂类土　　B. 粉质土　　C. 有机质土　　D. 黏质土

22. 砂的相对密度测定过程中,首先通过测定下面主要参数的(　　),然后通过计算得到砂的相对密度。
A. 最大孔隙比　　B. 含水率　　C. 天然孔隙比　　D. 最小孔隙比

23. 土的直接剪切试验中,当渗透系数小于 10^{-6}cm/s 时,可采用(　　)方法进行操作。
A. 黏质土的固结快剪试验　　B. 黏质土的慢剪试验
C. 砂类土的直剪试验　　D. 黏质土的快剪试验

24. 无机结合料稳定土的含水率测定方法有(　　)。
A. 烘干法　　B. 比重法　　C. 酒精法　　D. 碳化钙气压法

25. 土的三相基本物理指标包括(　　)。
A. 比重　　B. 饱和度　　C. 含水率　　D. 密度

26. 在烘箱使用过程中应注意(　　)。
A. 烘箱内放置试物不宜过密
B. 应频繁打开外门观察工作室内样品情况
C. 操作人员严禁离开加工区
D. 加热器电阻丝之间不能有触碰

27. 土颗粒组成特征应以土的(　　)指标表示。
A. 不均匀系数　　B. 通过率　　C. 曲率系数　　D. 公称最大粒径

28. 在土的工程分类中,特殊土包括(　　)。
A. 黄土　　B. 膨胀土　　C. 红黏土　　D. 盐渍土

29. 我国道路工程领域用土以(　　)特征作为土的分类依据。
A. 土的颗粒组成　　B. 土的塑性指标
C. 土中有机质存在的情况　　D. 土的含水率

30. 有机质土中,位于塑性图 *A* 线以下,则该土样可能是(　　)。
A. 有机质高液限黏土　　B. 有机质低液限黏土
C. 有机质高液限粉土　　D. 有机质低液限粉土

31. 已知某一批次土样的相对密度,则下列相对密度为(　　)土样的状态属于中密状态。
A. 0.25　　B. 0.35　　C. 0.55　　D. 0.75

32. 在以下指标中,(　　)与土的工程性质的关系更密切,规律性更强。
A. 液限　　B. 塑限　　C. 缩限　　D. 塑性指数

33. 在缩限和液限之间,土的状态可划分为(　　)。
A. 半固态　　B. 可塑状态　　C. 固态　　D. 液态

34. 测定最大孔隙比常用的方法有(　　)。
A. 漏斗法　　B. 量筒法　　C. 松砂器法　　D. 烘干法

35. 测定液限含水率常用的方法有(　　)。

A. 环刀法　　B. 联合法　　C. 圆锥仪法　　D. 碟式仪法

36. 在滚搓土条的过程中,应注意的是(　　)。

A. 土条在玻璃板上进行无压力的滚动

B. 若土条搓成 3mm 时仍未产生裂缝及断裂,应将其重新捏成一团,重新搓滚

C. 如土条直径大于 3mm 时即行断裂,应弃去,重新取土加适量水调匀后再搓

D. 若土条在任何含水率下始终搓不到 3mm 即开始断裂,应适当增大土样质量

37. 在液塑限联合测定法中,液限的确定方法有(　　)。

A. 若采用 76g 锥做液限试验,则在 h-w 图上,查得纵坐标入土深度为 17mm 所对应的横坐标的含水率,即为该土样的液限

B. 通过 76g 锥入土深度与含水率的关系曲线,查得锥入土深度为 2mm 所对应的含水率,即为该土样的液限

C. 若采用 100g 锥做液限试验,则在 h-w 图上,查得纵坐标入土深度为 20mm 所对应的横坐标的含水率,即为该土样的液限

D. 通过塑限与塑限入土深度的关系,查图或由公式计算得到液限

38. 关于击实功对最佳含水率和最大干密度的影响,说法错误的是(　　)。

A. 增大击实功,最大干密度增大　　B. 增大击实功,最大干密度减小

C. 增大击实功,最佳含水率增大　　D. 增大击实功,最佳含水率减小

39. 关于土的类别对最佳含水率和最大干密度的影响,说法正确的是(　　)。

A. 黏粒含量增多,最佳含水率增大　　B. 黏粒含量增多,最大干密度增大

C. 粉粒含量增多,最佳含水率减小　　D. 粉粒含量增多,最大干密度减小

40. 击实试验的落锤质量为(　　)。

A. 1.5kg　　B. 2.5kg　　C. 3.5kg　　D. 4.5kg

41. 击实试验采用干土法准备试样时应注意的是(　　)。

A. 按四分法至少准备 5 个试样

B. 按 2% ~3% 含水率递增分别加入不同的水分

C. 用手拣除大于 40mm 的粗石子

D. 闷料一夜

42. 振动台法和表面振动压实仪法的最大区别在于(　　)。

A. 前者是整个土样同时受到垂直方向的作用力

B. 后者的振动是由表面向下传递

C. 前者采用干土法测试,后者采用湿土法

D. 前者适用的最大粒径为 60mm,后者为 40mm

43. 土层的天然固结状态可分为(　　)。

A. 超固结状态　　B. 正常固结状态　　C. 次固结状态　　D. 欠固结状态

44. 黏性土的抗剪强度主要与土的(　　)有关。

A. 黏聚力　　B. 孔隙比　　C. 内摩擦角　　D. 变形模量

45. CBR 试验方法有(　　)。

A. 室内法　B. 室外法　C. 贯入法　D. 落球式快速测定法

46. CBR 法的适用范围包括(　　)。

A. 沥青混合料　B. 路基土　C. 基层材料　D. 底基层材料

47. 固结试验计算各级荷载作用下变形稳定后的孔隙比需要的已知条件是(　　)。

A. 单位沉降量　B. 试样质量　C. 固结时间　D. 初始孔隙比

48. 慢剪的特征是(　　)。

A. 法向力作用下,土样不排水固结

B. 剪切力作用下,土样不排水固结

C. 法向力作用下,土样排水固结

D. 剪切力作用下,土样排水固结

49. CBR 试验制件时,需制 3 组不同的干密度试件,这 3 组试件每层击实次数分别为(　　)。

A. 30 次　B. 50 次　C. 59 次　D. 98 次

50. 土工布 CBR 顶破强度和撕破强度的试验速率分别为(　　)mm/min。

A. 60 ± 5　B. 300 ± 10　C. 100 ± 5　D. 20 ± 1

51. 以下选项中,(　　)为短纤针刺非织造土工布性能要求中的基本项。

A. CBR 顶破强度和撕破强度　B. 等效孔径

C. 刺破强度和断裂强度　D. 垂直渗透系数

52. 以下选项中属于短纤针刺非织造土工布性能要求中的选择项是(　　)。

A. 撕破强度　B. 刺破强度　C. 动态穿孔　D. 湿筛孔径

53. 土工布断裂强度和撕破强度试验的试样数量为(　　)。

A. 断裂强度纵横向各 10 块　B. 断裂强度纵横向各 5 块

C. 撕破强度试验横向各 10 块　D. 撕破强度试验横向各 5 块

54. 测定土工织物拉伸性能的试验方法有(　　)。

A. 单条法　B. 条带法　C. 宽条法　D. 单幅法

55. CBR 顶破强力、渗透系数、梯形撕破强力是(　　)必检项目。

A. 塑料扁丝编织土工布　B. 长丝纺粘针刺非制造土工布

C. 裂膜丝机织土工布　D. 非织造复合土工膜

56. 条带拉伸试验中,如果试样在夹具中滑移,可采取下列哪些措施(　　)。

A. 换夹具　B. 对夹在钳口内的试样加以涂层

C. 改进夹具钳口表面　D. 夹具内加衬垫

57. 当土工合成材料单纯用于加筋目的时,宜选择(　　)的土工格栅。

A. 强度高　B. 变形大　C. 糙度大　D. 刚度大

58. 土工合成材料指标一般可分为(　　)、土工织物与土相互作用性能指标及耐久性能指标等。

A. 物理性能指标　B. 力学性能指标　C. 材料性能指标　D. 水力性能指标

59. 土工合成材料单位面积质量测定的仪器设备及材料需要的有(　　)。

A. 剪刀　B. 钢尺　C. 称量天平　D. 压块

60. 公路工程对土工织物及相关产品的要求主要是(　　)和加筋、防渗和防护作用。

A. 过滤　　B. 排水　　C. 隔离　　D. 耐腐蚀

61. 非织造土工织物孔隙率由(　　)计算得到。

A. 单位面积质量　　B. 密度　　C. 厚度　　D. 体积

62. 土工织物宽条拉伸试验仪器设备及材料有(　　)

A. 拉伸试验机　　B. 夹具　　C. 伸长计　　D. 蒸馏水

63. 土工织物垂直渗透性能试验试样制备时,试样应保证(　　)。

A. 清洁,表面无污物　　B. 无可见损坏或折痕,不得折叠

C. 应放置于平处　　D. 上面不得施加任何荷载

64. 测定土工织物拉伸性能的试验方法有(　　)。

A. 宽条法　　B. 窄条法　　C. 拉伸法　　D. 压缩法

65. 按土工织物宽条拉伸试验规定,以下(　　)的拉伸力要精确至 3 位有效数字,最大负荷下伸长率计算到小数点后 1 位,按《数值修约规则与极限数值的表示和判定》(GB/T 8170—2008)修约到整数,变异系数精确至 0.1%。

A. 拉伸强度　　B. 断裂拉力　　C. 特定伸长率　　D. 压应力

四、综合题

1. 直接剪切试验是测定土的抗剪强度指标值的一种方法,根据《公路土工试验规程》(JTG E40—2007),回答以下各小题。

(1)土的直接剪切试验的理论依据源自库仑定律,用库仑公式表达为:$\tau_f = c + \sigma\tan\varphi$,式中 τ_f、c 和 σ 分别为土的(　　)。

A. 黏聚力,抗剪强度,法向应力　　B. 抗剪强度,黏聚力,法向应力

B. 黏聚力,法向应力,抗剪强度　　D. 法向应力,黏聚力,抗剪强度

(2)《公路土工试验规程》(JTG E40—2007)规定了黏质土的慢剪试验、黏质土的固结快剪试验、黏质土的快剪试验、砂类土的直剪试验和排水反复直接剪切 5 种试验方法。下列选项是针对这些试验方法适用范围的描述,其中正确的选项是(　　)。

A. 黏质土的慢剪试验适用于渗透系数大于 10^{-6}cm/s 的黏质土

B. 黏质土的固结快剪试验和快剪试验适用于渗透系数小于 10^{-6}cm/s 的黏质土

C. 砂类土的直剪试验适用于砂类土和软弱岩石夹层黏性土

D. 排水反复直剪试验适用于超固结黏性土和软弱岩石夹层黏性土

(3)对于黏质土的慢剪试验、黏质土的固结快剪试验、黏质土的快剪试验和砂类土的直剪试验,以下说法正确的是(　　).

A. 除黏质土的固结快剪试验外,试验均不需要固结

B. 除黏质土的固结快剪试验外,试验剪切过程中均不排水

C. 均采用应力控制式直接剪切仪和内径为 61.8mm、高 20mm 的环刀

D. 均采用应变控制式直接剪切仪和内径为 61.8mm、高 20mm 的环刀

(4)对于黏质土的快剪试验和砂类土的直剪试验,以下说法正确的是(　　)。

A. 均在施加垂直压力后,即可拔出固定销,开始剪切

B. 黏质土的快剪试验的剪切速度大于砂类土的直剪试验的剪切速度

C. 均以 0.8mm/min 的剪切速度进行剪切

D. 黏质土的快剪试验通常无剪应力峰值,而砂类土会出现明显的剪应力峰值

(5)土的剪应力与剪位移关系曲线有应力应变软化型和应力应变硬化型曲线,以下说法正确的是(　　)。

A. 软黏土通常表现为应力应变软化曲线

B. 软黏土常表现为应力应变硬化型曲线

C. 松砂通常表现为应力应变硬化型曲线

D. 紧密砂土通常表现为应力应变硬化型曲线

2. 比重是土的基本物理性质指标之一,在评价土类和计算其他土性指标时常需用到该指标。

(1)关于土粒比重以下说法错误的是(　　)。

A. 土粒比重是土颗粒质量与同体积 4℃时纯水质量的比值

B. 土粒比重也可称为土粒密度

C. 土粒比重也可称为土的相对密度

D. 土粒比重是土颗粒质量与同体积 4℃时纯液体介质质量的比值

(2)《公路土工试验规程》(JTC E40—2007)中列出的土粒比重试验方法有(　　)四种。

A. 比重瓶法、浮力法、密度计法和移液管法

B. 比重瓶法、浮称法、密度计法和虹吸筒法

C. 比重瓶法、浮力法、浮称法和密度计法

D. 比重瓶法、浮力法、浮称法和虹吸筒法

(3)土粒比重试验必须用中性液体作为介质的是(　　)。

A. 含可溶盐的土和不亲水性胶体的土　　B. 含有机质的土和高液限黏土

C. 含亲水性胶体的土　　D. 含有机质的土和低液限黏土

(4)关于比重瓶法测定土粒比重采用的主要仪器设备,以下选项中有错误仪器设备的选项是(　　)。

A. 100mL 或 50mL 容量瓶

B. 烘箱、恒温水槽、油浴、温度计

C. 感量不大于 0.001g 的天平、真空抽气设备

D. 蒸馏水、中性液体、孔径 2mm 及 5mm 筛

(5)比重瓶校正操作中有错误的是(　　)。

A. 洗净比重瓶,风干,称取比重瓶质量

B. 绘制温度与瓶、水总质量的关系曲线

C. 以 5℃级差调节恒温水槽的水温,测定不同温度下的比重瓶、水总质量

D. 将煮沸经冷却的纯水注入比重瓶,放入 25℃恒温水槽中,使瓶内水温稳定,取出比重瓶,擦干外壁,称瓶、水总质量

3. 土的常用物理性质指标有:土粒比重 G_s、天然密度 ρ、干密度 ρ_d、含水率 w、饱和密度 ρ_{sat}、浮密度 ρ'、孔隙比 e、孔隙率 n、饱和度 S,请回答以下问题。

(1)以下被称为三项基本物理性质指标是(　　)。

A. 土粒比重 G_s、天然密度 ρ、含水率 w　　B. 天然密度 ρ、孔隙比 e、含水率 w

C. 天然密度 ρ、孔隙率 n、含水率 w　　D. 土粒比重 G、干密度 ρ_d、含水率 w

(2)同一种土的密度从大到小的排列顺序为(　　)。

A. $\rho' < \rho < \rho_d < \rho_{sat}$　　B. $\rho' < \rho_d < \rho < \rho_{sat}$

C. $\rho_d < \rho < \rho' < \rho_{sat}$　　D. $\rho_d < \rho' < \rho < \rho_{sat}$

(3)假设土的总体积 V,固体颗粒体积 V_s,水体积 V_w,由 $(V - V_w - V_s)/V$ 计算得到的是(　　)。

A. e　　B. n　　C. S_t　　D. 以上都不是

(4)假设土颗粒质量为 m_s,由 $\frac{m_s - V_s \cdot \rho_w}{V}$ 计算得到的是(　　)。

A. ρ_d　　B. n　　C. ρ'　　D. 以上都不是

(5)某检测员测得一原状土样的天然密度 $\rho = 1.82\text{g/cm}^3$,天然含水率 $w = 40.0\%$,其土粒比重 $G_s = 2.70$,假设水的密度 $\rho_w = 1.00\text{g/cm}^3$。那么该土的孔隙比为(　　)。

A. 1.48　　B. 1.08　　C. 0.48　　D. 0.52

4. 土的 CBR 和回弹模量试验都是土的力学性能试验方法,根据现行《公路土工试验规程》(JTG E40—2007)回答下列问题。

(1)两种试验方法的相同之处有(　　)。

A. CBR 试验采用击实法制备试件,回弹模量采用击实法或静压法制备试件

B. 承压面的面积均为 1963.5mm^2

C. 均采用百分表测量变形

D. 试筒规格相同,均采用内径 152mm、高 170mm 金属圆筒

(2)当需要确定某一压实度下的 CBR 值时,宜(　　)。

A. 调整含水率,准备试样,制备 3 组不同干密度的试件

B. 在最佳含水率下,准备试样,制备 3 组不同干密度的试件

C. 根据压实度和最大干密度计算试件干密度,并调整含水率,准备试样,制备 3 个试件

D. 根据压实度和最大干密度计算试件干密度,再根据最佳含水率,准备试样,制备 3 个试件

(3)测得 1 组试件的 CBR 值如下表,确定该组试件的 CBR 值为(　　)。

试件编号	干密度(g/cm^3)	$L = 2.5\text{mm}$	$L = 5.0\text{mm}$
1	1.66	CBR = 13.5%	CBR = 12.0%
2	1.68	CBR = 14.6%	CBR = 14.0%
3	1.70	CBR = 16.9%	CBR = 16.9%

A. 13.0%　　B. 14.0%　　C. 14.3%　　D. 15.3%

(4)CBR 试验贯入曲线(p-l 曲线)开始段是凹曲线时,且与 l 轴的交点为正值,应进行原点修正,修正后(　　)。

A. 实际贯入量 2.5mm 的 p 值不变,只是变形量的修正

B. 实际贯入量 2.5mm 的 p 值比测读的 p 值小

C. 实际贯入量 2.5mm 的 p 值比测读的 p 值大

D. 实际贯入量 2.5mm 的 p 值与测读的 p 值相比,可能大,也可能小

(5)回弹模量测试如果 p-l 曲线不通过原点,修正后与 l 轴的 0.020mm 处相交,原测值 $l=0.320$mm 的变形,修正后为(　　)。

A. 0.280mm　　B. 0.300mm　　C. 0.320mm　　D. 0.340mm

5. 某试验室测定两种不同土的界限含水率,试验结果如下:第 1 种土液限 $w_L=60\%$,塑性指数 $I_p=30$;第 2 种土液限 $w_L=40\%$,塑性指数 $I_p=15$。

根据以上试验数据,回答有关土的界限含水率问题:

(1)第 1 种土的塑性指数高于第 2 种土,说明(　　)。

A. 第 1 种土含黏粒多于第 2 种土,可塑性比第 2 种土高

B. 第 1 种土含黏粒多于第 2 种土,可塑性比第 2 种土低

C. 第 1 种土含砂粒多于第 2 种土,可塑性比第 2 种土低

D. 第 1 种土含黏粒少于第 2 种土,可塑性比第 2 种土低

(2)采用液塑限联合测定法,下列说法正确的是(　　)。

A. 锥重 76g,锥入深度为 17mm 时所对应的含水率为液限

B. 锥重 100g,锥入深度为 20mm 时所对应的含水率为液限

C. 锥重 76g,锥入深度为 2mm 时所对应的含水率为塑限

D. 锥重 100g,锥入深度为 5mm 时所对应的含水率为塑限

(3)含水率接近塑限的土样,土的密实度对锥入深度的影响,下列选项描述正确的是(　　)。

A. 无影响　　B. 土越密实,锥入深度越大

C. 土越密实,锥入深度越小　　D. 以上说法均不正确

(4)土的含水率略高于塑限时,塑性指数越高的土搓成的土条(　　)。

A. 越细　　B. 越长　　C. 越粗　　D. 越短

(5)黏质土的含水率与体积之间的关系,下列(　　)选项正确。

A. 随着含水率的降低,土体积不断减小,直至含水率为 0,体积减至最小

B. 随着含水率的降低,土体积不断减小,直至含水率为缩限,体积不再减小

C. 随着含水率的降低,土体积不变。

D. 以上情况均有可能

6. 土的直剪试验,其中两组数据为:

竖向压力 σ(kPa)	水平剪应力 τ_f(kPa)	竖向压力 σ(kPa)	水平剪应力 τ_f(kPa)
50.0	78.2	100.0	84.2

(1)根据表中数据,土的强度指标为(　　)。

A. $c=72.2$kPa, $\varphi=6.84$　　B. $c=52.2$kPa, $\varphi=8.84$

C. $c=25.2$kPa, $\varphi=15.43$　　D. $c=28.2$kPa, $\varphi=9.56$

(2)影响土的内摩擦角 φ 的因素,下列说法正确的是(　　)。

A. 土的孔隙比越小,φ 值越大

B. 土的孔隙比越大,φ 值越大

C. 土中粗粒越多,形状越不规则,表面越粗糙,φ 值越大

D. 一般情况下,土的密度越大,抗剪强度越高

(3)关于土的压缩系数 a 与压缩模量 E_s 的描述,下面正确的选项是(　　)。

A. 同一种土,压缩系数 a 是变值,随着压力增大,a 减小,E_s 增大

B. 同一种土,压缩系数 a 是定值,随着压力增大,a 与 E_s 均不变

C. 同一种土,压缩系数 a 是变值,随着压力增大,a 增大,E_s 减小

D. 以上说法均有可能发生

(4)直剪试验存在的主要缺点有(　　)。

A. 试验时不能严格控制试样的排水条件,并且不能测量孔隙水压力

B. 剪切面限定在上下盒之间的平面,而不是沿土样最薄弱的剪切面破坏

C. 剪切面上剪应力分布不均匀

D. 剪切面上剪应力分布均匀

(5)关于土的抗剪强度的描述,下列选项正确的是(　　)。

A. 同一种土,不论采用直剪试验的哪种试验方法,所得强度指标相同

B. 同一种土,不同的直剪试验方法,所得强度指标不同

C. 快剪试验近似地模拟了不排水剪切过程

D. 土的抗剪强度与土受力后的排水固结状况有关

7. 围绕土的击实试验原理和方法回答下列问题。

(1)击实试验结果处理时所用的含水率是(　　)。

A. 最佳含水率　　B. 天然含水率　　C. 预配含水率　　D. 试件实测含水率

(2)在黏性土中加入砂后,其击实特性的变化是(　　)。

A. 最大干密度减小,最佳含水率增大　　B. 最大干密度增大,最佳含水率减小

C. 最大干密度增大,最佳含水率不变　　D. 最大干密度和最佳含水率都基本不变

(3)击实试验可分别采用干法制样和湿法制样,下列说法不正确的是(　　)。

A. 干法制样的土可以重复使用,加水按 2% ~3% 含水率递增

B. 干法制样和湿法制样的土都不能重复使用,加水按 2% ~3% 递增

C. 湿法制样的土可以重复使用,加水按 2% ~3% 含水率递增

D. 干法制样和湿法制样的土都可以重复使用,加水按 2% ~3% 含水率递增

(4)从击实试验的结果可以得到土的含水率与干密度关系曲线,下列有关该曲线的描述不正确的有(　　)。

A. 击实曲线一般有个峰点,这说明在一定击实功作用下,只有当土的含水率为某一定值(最佳含水率)时,土才能击实至最大干密度。若土的含水率小于或大于最佳含水率时,则所得到的干密度都小于最大值

B. 当土的含水率偏干时,含水率的变化对干密度的影响要比含水率偏温时的影响更为明显,一般曲线的左段较右段陡

C.《公路土工试验规程》(JTG E40—2007)中含水率与干密度曲线右侧的一根曲线成为饱和曲线,它表示当土在饱和状态时的含水率与干密度之间的关系,饱和曲线与击实曲线永远不相交

D. 增加击实功就能将土中气体全部排出,击实曲线就能与饱和曲线相交

(5)土的击实试验分重型击实和轻型击实,下列说法正确的有(　　)。

A. 重型击实 II-1 和 II-2 击实功不完全相等,所用的击实筒尺寸也不一样

B. 重型击实和轻型击实试验所用的击实筒尺寸一样,锤的质量一样,仅锤的落高不一样

C. 重型击实后,试样不应高出筒顶面 6mm;轻型击实后,试样不应高出筒顶面 5mm

D. 重型击实试验击实功约为轻型击实试验击实功的 4.5 倍

习题参考答案及解析

一、单项选择题

1. B

【解析】当土粒间的孔隙形成细小的不同通道时,由于水的表面张力作用,出现了毛细现象,微管道中的水被称为毛细水。

2. C

【解析】结合水是吸着在土颗粒表面呈薄膜状的水,受土粒表面引力的作用,而不服从静水力学规律。

3. A

【解析】土颗粒的比重(或土粒密度)G_s:是指土的固体颗粒的单位体积的质量与水在4℃时单位体积的质量之比。

4. B

【解析】土的干密度是指土的固体颗粒质量与土的总体积之比。

5. A

【解析】相对密度是砂紧密程度的指标,等于其最大孔隙比与天然孔隙比之差和最大孔隙比与最小孔隙比之差的比值。

6. B

【解析】《公路土工试验规程》(JTG E40—2007)中 T 0103 规定,对含有机质超过 5% 的土或含石膏的土,应将温度控制在 60 ~ 70℃ 的恒温下,干燥 12 ~ 15h 为好。温度高了将会使石膏失去结晶水,测试的结果包含部分结晶水,所得含水率与定义不一致,结果偏大。

7. D

【解析】《公路土工试验规程》(JTG E40—2007)中 T 0103 规定,对一般的土应在温度 105 ~ 110℃ 的恒温下烘干。

8. D

【解析】当烘箱温度升到 300℃ 左右时,开启箱门可能会使玻璃急骤冷却而破裂。

9. A

【解析】含水率试验以烘干法为室内的标准方法,精度高,应用广。当对试验结果有争议时,应以烘干法为准。

10. C

【解析】土的比重计算公式为 $G_s=\dfrac{m_s}{(m_1-m_0)-(m-m_s)}\times G_{wt}$,则可以计算土的比重为2.65。

11. B

【解析】浮称法适用于土的粒径大于5mm的土,其中粒径大于或等于20mm的土的质量应小于总土质量的10%。

12. A

【解析】液塑限联合测定仪测试数据是指在双对数坐标纸上,以含水率 w 为横坐标,锥入深度 h 为纵坐标,绘制的 h-w 图。

13. B

【解析】直接压入法可以减少土样扰动,尽量保证为原状土。

14. C

【解析】移液管法适用于粒径小于0.075mm且比重大的土。

15. C

【解析】土的粒度成分是指土中各种不同粒组的相对含量(以干土质量的百分比表示)。

16. D

【解析】司笃克斯定律是一个土力学公式,一般用于沉降分析法对细粒土的粒径分析。

17. A

【解析】土颗粒的不均匀系数的计算公式 $C_u=\dfrac{d_{60}}{d_{10}}$,土颗粒的曲率系数的计算公式 $C_c=\dfrac{d_{30}^2}{d_{60}\times d_{10}}$。

18. C

【解析】小于0.075mm颗粒含量超过10%,就应对大于0.075mm的颗粒用筛析法,小于0.075mm颗粒用沉降分析法。

19. A

【解析】由天然稠度公式 $w_c=(w_L-w)/I_p=(31.3-26.5)/(31.3-18)=0.36$。

20. B

【解析】由塑性图可知,①当细粒土位于塑性土 A 线或 A 线以上时:a. 在 B 线或 B 线以右,称为高液限黏土,记为CH;b. 在 B 线以左,$I_p=7$ 线以上,称为低液限黏土,记为CL。②当细粒土位于 A 线以下时:a. 在 B 线或 B 线以右,称为高液限粉土,记为MH;b. 在 B 线以左,$I_p=4$线以下,称为低液限粉土,记为ML。

21. C

【解析】巨粒组和粗粒组的区分界限为60mm。

22. C

【解析】位于塑性图 A 线以上,且在 B 线或 B 线以右,称有机质高液限黏土。

23. A

【解析】天然稠度的计算公式为 $w_c = \dfrac{w_L - w}{I_p}$,则计算结果为0.27。

24. C

【解析】缩限是指扰动的黏质土在饱和状态下,因干燥收缩至体积不变时的含水率。

25. A

【解析】土体从液体状态向塑性体状态过渡的界限含水率称为液限。

26. B

【解析】土由塑性体状态向脆性固体状态过渡的界限含水率称为塑限。

27. C

【解析】塑性指数的定义 $I_P = w_L - w_p$,则可计算得到塑性指数为24%。

28. D

【解析】液性指数的定义 $I_L = \dfrac{w - w_p}{w_L - w_p}$,则可计算得到液性指数为0.46。

29. B

【解析】液性指数的定义 $I_L = \dfrac{w - w_p}{w_L - w_p}$,则可计算得到液性指数为0。天然含水率等于塑限。此时土处于塑限。

30. B

【解析】对联合测定精度最有影响的是靠近塑限的那个试样。

31. B

【解析】《公路土工试验规程》(JTG E40—2007)T 0118 中,制备试样应均匀、密实,一般制备三个试样。

32. B

【解析】击实试验是为了获得路基土压实的最大干密度和相应的最佳含水率。

33. D

【解析】击实试验分轻型击实和重型击实。两者的本质区别是击实功不同。

34. B

【解析】一般粉粒和黏粒含量多,土的塑性指数越大,土的最佳含水率也越大,同时其最大干密度越小。因此,一般砂性土的最佳含水率小于黏性土,而砂性土的最大干密度大于黏性土。

35. A

【解析】在击实过程中,粗粒土因颗粒的紧密排列,增强了颗粒表面摩擦力和颗粒之间嵌挤形成的咬合力;细粒土则因为颗粒间的靠紧而增强了颗粒间的分子引力,从而使土在短时间内得到新的结构强度。

36. B

【解析】土的最佳含水率与塑限含水率比较接近。

37. C

【解析】 小试筒击实后，试样不应高出筒顶面5mm；大试筒击实后，试样不应高出筒顶面6mm。

38. B

【解析】 振实过程中应分三层振实。

39. B

【解析】 干土法计算土的最大干密度公式为$\rho_{dmax}=\frac{M_d}{V}$。其中，$M_d$为干土质量，可以计算得到土样的最大干密度为2239.3kg/m^3。

40. B

【解析】 土体的压缩变形主要是由于孔隙的减小所引起的。

41. D

【解析】 土是三相体，土体受外力所引起的压缩包括土粒固体部分的压缩、土体内孔隙水的压缩、水和空气从孔隙中被挤出以及封闭气体被压缩。

42. B

【解析】 饱和土体所受到的总应力为有效应力与孔隙水压力之和。

43. A

【解析】 在压缩试验所作出的e-lg$p$曲线上，对应于曲线过渡到直线段的拐弯点f值是土层历史上所曾经承受过的最大固结压力，即先期固结压力p_c。

44. C

【解析】 某土层$p_c<r_z$（p_c为先期固结压力，r_z为土的自重压力）说明土层历史上曾在p_c作用下压缩稳定，固结完成，以后由于某种原因使土体继续沉积或加载，形成目前大于p_c的自重压力r_z，但因时间不长，r_z作用下的固结压缩还没有完成，还在继续压缩中。这种固结状态的土层称为欠固结。

45. C

【解析】 CBR又称加州承载比，是用于评定路基土和路面材料的强度指标。CBR为单位压力与标准碎石压入相同深度的压力之比，计算为8%。

46. D

【解析】 最大粒径40mm。

47. C

【解析】 直剪试验得到的库仑公式为$\tau_f=c+\sigma\tan\varphi$。

48. D

【解析】 土的抗剪强度s为连直线在纵坐标上的截距为土样的黏聚力。

49. B

【解析】 快剪法。施工速度快，土层排水不良，与快剪试验条件相似。

50. A

【解析】 慢剪速度慢，规范规定剪切速度为0.02mm/min。

51. D

【解析】 快剪与固结快剪模拟了不排水的剪切情况，得到土的强度指标黏聚力c、内摩

擦角 φ。

52. C

【解析】在 e-lg$p$ 曲线上,对应于曲线过渡到直线段的拐点压力值是土层历史上所承受的最大固结压力,称为先期固结压力 p_c。

53. B

【解析】土样不可重复使用。

54. A

【解析】由土的液性指数公式:$I_L=(w-w_p)/(w_L-w_p)$,其中 w 为天然含水率,w_p 为塑限,w_L 为液限。

55. D

【解析】由粗粒土分类知,级配良好砂代号为 SW;级配不良砂为 SP;级配良好砾为 GW;级配不良砾为 GP。

56. C

【解析】一般采用贯入量为 2.5mm 时的单位压力与标准压力之比作为材料的承载比(CBR)。同时计算贯入量为 5mm 时的承载比,若贯入量为 5mm 时的承载比大于 2.5mm 时的承载比,则试样应重做,若结果仍然如此,则采用 5mm 时的承载比。

57. B

【解析】土的有机质含量试验的滴定用标准溶液为重铬酸钾。

58. B

【解析】曲率系数:$C_c=\dfrac{d_{30}^2}{d_{10}\times d_{60}}$;不均匀系数:$C_u=\dfrac{d_{60}}{d_{10}}$。

59. C

【解析】一般采用贯入量为 2.5mm 时的单位压力与标准压力之比作为材料的承载比(CBR)。同时计算贯入量为 5mm 时的承载比,若贯入量为 5mm 时的承载比大于 2.5mm 时的承载比,则试样应重做,若结果仍然如此,则采用 5mm 时的承载比。

60. A

【解析】土的相对密度:$D_r=\dfrac{e_{max}-e_0}{e_{max}-e_{min}}$,其中 e_{max} 为最大孔隙比,e_{min} 为最小孔隙比,e_0 为天然孔隙比。

61. C

【解析】细粒土的成分代号为 F。

62. B

【解析】滚搓法或搓条法测定土的塑限含水率。将塑性状态土重塑均匀后,用手掌在毛玻璃板上把土团搓成圆土条,在搓滚过程中,土条水分逐渐蒸发变干,当搓到土条直径恰好为 3mm 左右时,土条自动断裂为若干段,此时土条的含水率即为塑限。

63. B

【解析】由塑性图可知,①当细粒土位于塑性土 A 线或 A 线以上时:a. 在 B 线或 B 线以右,称为高液限黏土,记为 CH;B. 在 B 线以左,$I_p=7$ 线以上,称为低液限黏土,记为 CL。②当细粒土位于 A 线以下时：a. 在 B 线或 B 线以右，称为高液限粉土，记为 MH；B. 在 B 线以左，$I_p=4$ 线以下，称为低液限粉土，记为 ML。

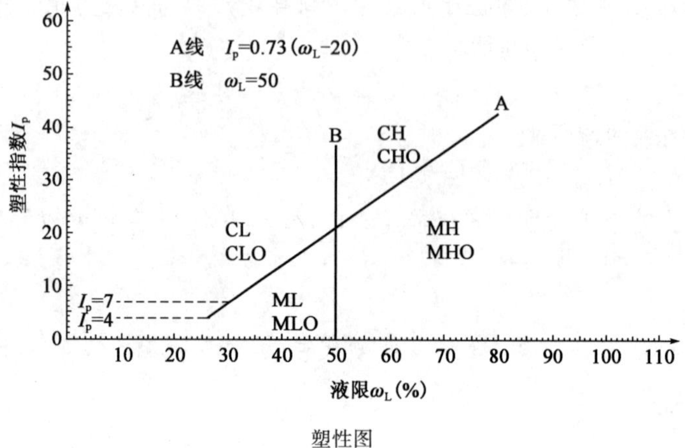

塑性图

64. C

【解析】 两次锥入深度 h_1、h_2 的允许平行误差为 0.5mm，否则应重做。

65. C

【解析】 在液塑限联合测定法中，如土中含有大于0.5mm 的土粒或杂物时，应将风干土样用带橡皮头的研杵研碎或者在橡皮班上压碎，过0.5mm 的筛。

66. C

【解析】 土颗粒粒组划分界限：巨粒组与粗粒组为 60mm，粗粒组与细粒组为 0.075mm。

67. C

【解析】 土的承载比(CBR)试验，贯入试验前，先在贯入杆上施加45N 的荷载。

68. C

【解析】 土的密度试验须进行二次平行测定，取其算术平均值，其平行差值不得大于0.03g/cm^3。

69. A

【解析】 曲率系数：$C_c=\frac{d_{30}^2}{d_{10}\times d_{60}}$；不均匀系数：$C_u=\frac{d_{60}}{d_{10}}$。

70. B

【解析】 对于一般土，干法制样和湿法制样所得出试验结果有一定的差异，对于具体试验因根据工程性质选择制备方法。一般干法的最大干密度大于湿法的最大干密度。

71. D

【解析】 液塑限联合测定法适用于粒径不大于 0.5mm，有机质含量不大于试样总质量5% 的土。

72. A

【解析】 抗剪强度试验得到的应力—应变曲线一般具有明显的峰值，取峰值作为抗剪强度破坏值。

73. D

【解析】细粒土应按塑性图分类。粗粒土则是按巨粒土、粗粒土、细粒土的含量来分类。

74. B

【解析】细粒土应按塑性图分类。塑性图则按界限含水率作出，以液限 w_L 为横坐标，塑性指数 I_p 为纵坐标。

75. B

【解析】塑性指数 $I_p=0$，表明该土无可塑状态，直接按含水率的变化由液态转变为固态，该种土的内摩擦角 φ 最大。

76. B

【解析】巨粒组分为漂石土和卵石土两类。

77. D

【解析】土的比重试验中，虹吸筒法适用于粒径大于或等于5mm的土，且其中粒径大于或等于20mm的土的含量大于或等于总土质量的10%。

78. D

【解析】三种试验方法不同，原理不同，所得的抗剪强度指标将有所不同。

79. A

【解析】试验步骤为答案A正确。

80. D

【解析】液性指数 I_L 表示天然含水率与界限含水率相对关系的指标。

81. B

【解析】土粒密度 $\rho_s=\dfrac{m_s}{V_s}$，其中 m_s 为干土重，V_s 为土的固体颗粒体积。

82. C

【解析】土颗粒粒组划分界限：巨粒组与粗粒组为60mm，粗粒组与细粒组为0.075mm。

83. C

【解析】测 a 点的锥入深度，对于100g锥应为20mm±0.2mm，对于76g锥应为17mm。c 点的锥入深度，对于100g锥应控制在5mm以下，对于76g锥应控制在2mm以下。对于砂类土，100g锥测定 c 点深度可以大于5mm，76g锥测 c 点深度可以大于2mm。含水率最低的一点为 c 点。选项中只有C可选。

84. C

【解析】砾石代号为G，代号B为漂石。

85. B

【解析】比重瓶法和虹吸筒法用于测定土的比重。

86. A

【解析】粗粒土与细粒土是按土的颗粒组成来划分。试样中巨粒组质量小于或等于总质量15%，且巨粒组和粗粒组土质量之和大于总质量50%的土称为粗粒土。试样中细粒组质量大于或等于总质量50%的土称为细粒土。

87. A

【解析】曲率系数：$C_c=\frac{d_{30}^2}{d_{60}\times d_{10}}$；不均匀系数：$C_u=\frac{d_{60}}{d_{10}}$。代入得 $C_c=1.26$，$C_u=15.09$；所以为级配良好。

88. C

【解析】测 a 点的锥入深度，对于 100g 锥应为 20mm ±0.2mm，对于 76g 锥应为 17mm。c 点的锥入深度，对于 100g 锥应控制在 5mm 以下，对于 76g 锥应控制在 2mm 以下。对于砂类土，100g 锥测定 c 点深度可以大于 5mm，76g 锥测 c 点深度可以大于 2mm。

89. C

【解析】《公路土工试验规程》(JTG E40—2007)的规定。

90. D

【解析】用光电式或数码式液限塑限联合测定仪测定时，接通电源，调平机身，打开开关，提上锥体(此时刻度或数码显示应为零)。将装好土样的试杯放在升降座上，转动升降旋钮，试杯徐徐上升，土样表面和锥尖刚好接触，指示灯亮，停止转动旋钮，锥体立刻自行下沉，5s 时，自动停止下落，读数窗上或数码管上显示键入深度。试验完毕，按动复位按钮，锥体复位，读数显示为零。

91. C

【解析】土的含水率指土中水质量与土中固体颗粒质量之比，通常以百分数表示。公式为 $w=\frac{m_w}{m_s}\times 100\%$。

92. B

【解析】土样试件无侧限抗压强度试验的应力—应变曲线中最大轴向应力不明显，取轴向应变 15% 处的应力作为该试件的无侧限抗压强度。

93. C

【解析】CBR 试件要泡水 4d。一般采用贯入量为 2.5mm 时的单位压力与标准压力之比作为材料的承载比(CBR)。同时计算贯入量为 5mm 时的承载比，若贯入量为 5mm 时的承载比大于 2.5mm 时的承载比，则试样应重做，若结果仍然如此，则采用 5mm 时的承载比。

94. B

【解析】CBR 又称加州承载比，是用于评定路基土和路面材料的强度指标。

95. A

【解析】握持强度表示土工织物抵抗外来集中荷载的能力，试验时仅 1/3 试样宽度被夹持，进行快速拉伸。

96. D

【解析】预负荷伸长：在相当于最大负荷 1% 的外加负荷下，所测的夹持长度的增加值。

97. D

【解析】测定拉伸性能中开动试验机连续加荷直至试样断裂，停机并恢复至初始标距位置。记录最大负荷，精确至满量程的 0.2%；记录最大负荷下的伸长量 ΔL，精确到小数点后一位。

98. B

【解析】垂直渗透性能试验中，将试样置于含湿润剂的水中，至少浸泡12h直至饱和并赶走气泡。

99. D

【解析】对于土工格栅，横向节距大于或等于75mm的产品，其宽度方向上应包含至少两个完整的抗拉单位。

100. C

【解析】测定拉伸性能，如试样在夹具中滑移，或者多于1/4的试样在钳口附近5mm范围内断裂，可采取相应措施。

101. A

【解析】对于土工格栅，单筋试样应有足够长度。试样的夹持线在节点处，除被夹针夹持住的节点或夹叉组织外，还应包含至少1排节点或夹叉组织。

102. A

【解析】非织造土工织物的孔隙率与厚度有关，所以孔隙率也随压力增大而变小。

103. C

【解析】土工织物撕裂强度表示沿土工织物某一裂口将裂口逐步扩大过程中的最大拉力，单位为N。

104. A

【解析】土工织物每项试验的试样应从样品的长度和宽度两个方向上随机剪取，距样品的边缘应大于或等于100mm，送检样品应不小于1延米（或$2m^2$）。

105. A

【解析】分别对纵向和横向两组试样的拉伸强度、最大负荷下伸长率及待定伸长率的拉伸力计算平均值和变异系数，拉伸强度和特定伸长率下的拉伸力精确至3位有效数字，最大负荷下伸长率精确至0.1%，变异系数精确至0.1%。

106. B

【解析】拉伸强度试验方法在夹持试样时将试样在夹具中对中夹持的试样长度应与拉伸力的方向平行。

107. C

【解析】用伸长计测量时，名义夹持长度：在试样的受力方向上，标记的两个参考的初始距离，一般为60mm。

108. B

【解析】试件数量不同，K值不同。

109. B

【解析】土工织物的取样有特殊的要求：试样应在标准大气条件下调湿24h，标准大气按《纺织品　调湿和试验用标准大气》（GB/T 6529—2008）规定的三级标准：温度20℃±2℃，相对湿度65%±5%。50mm窄条样法与200mm宽条样法试验结果没有可比性，不存在相关关系，不能用折算的方法将窄条试验的结果折算为宽条试验的结果。长度变化可用伸长率、最大负荷下伸长率。正式拉伸前对已夹持好的试件进行预张，预张力相当于最大负荷的1%。

110. D

【解析】环形夹具的内径为45mm±0.025mm。

111. B

【解析】土工织物的取样有特殊的要求:试样应在标准大气条件下调湿24h,标准大气按《纺织品 调湿和试验用标准大气》(GB/T 6529—2008)规定的三级标准:温度20℃±2℃,相对湿度65%±5%。

112. B

【解析】《复合塑料编织袋》(GB/T 8947—1998)规定:复合塑料编织袋拉伸试验应在23℃±2℃常湿状态调节4h条件下进行。

113. A

【解析】土工合成材料是柔性材料,大多通过自身的抗拉强度来承受荷载以发挥工程作用。

二、判断题

1. ×

【解析】土样不可重复使用。

2. ×

【解析】土的有机质含量通常小于烧失量,因为燃烧损失的不只是有机质。

3. √

【解析】整理土的压缩试验结果时,可绘制 e-p 压缩曲线或者半对数直角坐标系统的 e-lg$p$ 曲线。

4. ×

【解析】细粒组质量大于或等于总质量50%的土称为细粒土类。

5. √

【解析】滚搓法或搓条法测定土的塑限含水率。将塑性状态土重塑均匀后,用手掌在毛玻璃板上把土团搓成圆土条,在搓滚过程中,土条水分逐渐蒸发变干,当搓到土条直径恰好为3mm左右时,土条自动断裂为若干段,此时土条的含水率即为塑限。

6. √

【解析】测定土的天然稠度采用的土为原状土。

7. ×

【解析】土的承载比试验时,试件要泡水4昼夜。

8. √

【解析】土工织物的取样有特殊的要求:试样应在标准大气条件下调湿24h,标准大气按《纺织品 调湿和试验用标准大气》(GB/T 6529—2008)规定的三级标准:温度20℃±2℃,相对湿度65%±5%。

9. ×

【解析】选择项的性能做了也作为产品合格与否的判定依据。

10. √

【解析】50mm窄条样法与200mm宽条样法试验结果没有可比性,不存在相关关系,不能用折算的方法将窄条试验的结果折算为宽条试验的结果。

11. √

【解析】d_{60} 指限制粒径，即土中小于该粒径的颗粒质量为60%的粒径。

12. ×

【解析】重型击实试验，锤重4.5kg，落高45cm；当采用 ϕ10cm时，分5层击实，每层27次；当 ϕ15.2cm，分5层击实，每层98次。答案错。

13. ×

【解析】天然稠度公式 $w_c = (w_L - w)/I_p$。I_p 指塑性指数。

14. ×

【解析】碟式仪法测定土的液限，不能测塑限。

15. √

【解析】由 $(m_{湿} - m_{干})/m_{干} = 13.8\%$，将湿土 $m_{湿} = 580g$ 代入得 $m_{干} = 509.7g$。

16. ×

【解析】样品经调湿后，再制成规定尺寸的试样。

17. ×

【解析】用重型击实试验制备试件。

18. √

【解析】灌砂密度标定时，砂自由下落，下落高度越大，砂越密实。

19. ×

【解析】击实完后余土不超过试筒顶面5mm(小筒)或6mm(大筒)。

20. ×

【解析】不用浸水。

21. ×

【解析】土的有机质含量试验的滴定用标准溶液为重铬酸钾。

22. ×

【解析】压缩系数是在 *e-p* 压缩曲线图上求得。

23. ×

【解析】由塑性图可知，①当细粒土位于塑性土A线或A线以上时：a.在B线或B线以右，称为高液限黏土，记为CH；b.在B线以左，$I_p = 7$ 线以上，称为低液限黏土，记为CL。②当细粒土位于A线以下时：a.在B线或B线以右，称为高液限粉土，记为MH；b.在B线以左，$I_p = 4$ 线以下，称为低液限粉土，记为ML。

含粗粒的细粒土应先确定细粒土部分的名称，在按以下规定最终定名：

(1)当粗粒组中砾粒组占优势时，称为含砾细粒土，应在细粒土代号后缀以代号“G”。

(2)当粗粒组中砂粒组占优势时，称为含砂细粒土，应在细粒土代号后缀以代号“S”。

所以CHS应为含砂高液限黏土。

24. √

【解析】对于细粒土，计算塑限入土深度 h_p：

$$h_p = \frac{w_L}{0.524w_L - 7.606}$$

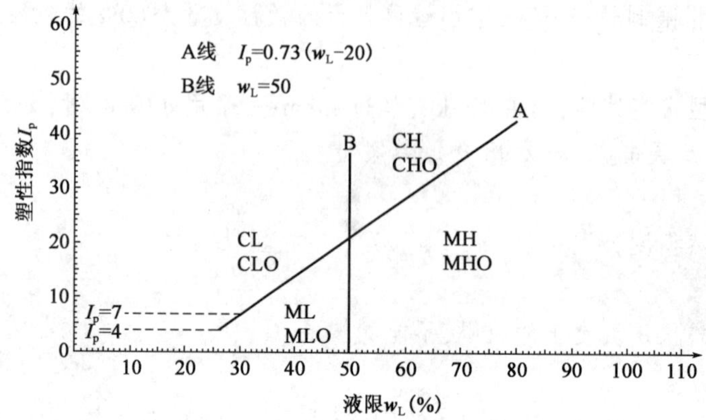

塑性图

对于砂类土,计算塑限入土深度 h_p:

$$h_p = 29.6 - 1.22w_L - 0.017w_L^2 - 0.0000744w_L^3$$

25. √

【解析】慢剪试验:竖向压力施加后,让土样排水固结,固结后以后慢速施加水平剪力,使土样在受剪过程中一直有充分时间排水和产生变形。

26. ×

【解析】击实试验原理:击实是指采用人工或机械对土施加夯压能量(如打夯、碾压、振动碾压等方式),使土颗粒重新排列紧密,其中粗粒土因颗粒的紧密排列,增强了颗粒表面摩擦力和颗粒之间嵌挤形成的咬合力,细粒土则因为颗粒间的靠紧而增强了颗粒间的分子引力,从而使土在短时间内得到新的结构强度。

压缩试验原理:土体的压缩变形主要是由孔隙的减小所引起的。饱和土的压缩需要一定时间才能完成。由于饱和土的孔隙中全部充满水,要使孔隙减小,就必须使土中水部分挤出,亦即土的压缩与孔隙中水的挤出同时发生,土中水部分挤出需要一定的时间。

27. √

【解析】黏性土界限含水率之间的关系:液限(w_L) > 塑限(w_p) > 缩限(w_s)。

28. √

【解析】室内击实试验是在室内通过击实仪进行模拟施工现场压实条件的试验。然后以干密度 ρ_d 为纵坐标,含水率 w 为横坐标,绘制 ρ_d-w 关系曲线,曲线上峰值点纵、横坐标分别为最大干密度和最佳含水率。

29. √

【解析】长丝纺粘非织造土工布样品的抽取和试验准备按《土工布及其有关产品动态穿孔试验　落锥法》(GB/T 17630—1998)执行。

30. ×

【解析】从一批产品中按规范要求随机抽取相应数量的卷数。

31. ×

【解析】短纤针刺非织造土工布检测项目有:单位面积质量、抗拉强度、极限抗拉强度纵横比、极限延伸率(纵、横向)、CBR顶破强度、沥青浸油量;长丝纺粘非织造土工布检测项目有:单位面积质量、极限抗拉强度、CBR顶破强度、纵横向撕破强度、沥青浸油量。

32. √

【解析】密度计法对土的颗粒分析时,对于一般易分散的土,用25%的氨水作为分散剂。

33. ×

【解析】应通过试验寻找两者之间的关系,将土基现场CBR值换算为室内试验CBR值后,再用于路基施工强度的检验或评定,所以两者之间有关。

34. √

【解析】对于100g锥应为20mm±0.2mm,对于76g锥应为17mm。

35. √

【解析】空气占据为零时可以理解为饱和密度。饱和密度ρ_{sat}>天然密度ρ>干密度ρ_d>浮密度ρ'。

36. ×

【解析】土工膜是工程中起防水作用的具有极低渗透性的膜状材料。土工织物也有防渗、加筋等作用。

37. √

【解析】厚度的定义。

38. √

【解析】伸长率与标准长度有关。

39. ×

【解析】土的饱和度是指孔隙中水的体积与孔隙体积之比。含水率高,饱和度相应的高,但是饱和度,含水率不一定高。

40. √

【解析】地基土按受力状态,其主要破坏形式为剪切破坏,主要表现为地基土体整体滑动或者其局部剪切区发展导致过大的甚至不均匀的地基变形。

41. ×

【解析】是用来评价砂土的状态。

42. ×

【解析】CBR和回弹模量均有可能进行原点修正。

43. √

【解析】灵敏度时表示土结构对强度影响的指标,灵敏度值越大,表示土的结构对土体强度影响也越大。

44. ×

【解析】塑料编织袋应于阴凉洁净的室内储藏,储藏期从出厂日期算起,不得超过18个月。

45. √

【解析】粒度成分分析的目的在于确定土中各粒组颗粒的相对含量。

46. √

【解析】黏性土界限含水率之间的关系：液限(w_L) > 塑限(w_p) > 缩限(w_s)。

47. √

【解析】土工织物的取样有特殊的要求：试样应调湿或浸湿。

48. √

【解析】环刀法具有局限性。

49. ×

【解析】应大于24h。

50. √

【解析】根据《公路工程土工合成材料试验规程》(JTG E50—2006)的规定。

51. √

【解析】根据《公路土工合成材料应用技术规范》(JTG/T D32—2012)的规定。

52. ×

【解析】土的直剪试验试件饱和：较易透水的黏性土，即渗透系数大于10^{-4}cm/s时，采用毛细管饱和法较为方便，或采用浸水饱和法。不易透水的黏性土，即渗透系数小于10^{-4}cm/s时，采用真空饱和法。如土的结构性较弱，抽气可能发生扰动，不宜采用。

53. ×

【解析】干法制样是将土样烘干后，加水至所需含水率。而湿法是将天然含水率的土样风干到所需的含水率。对于高含水率的黏土，湿法制样比较符合工程实际。

54. ×

【解析】室内击实试验是在室内通过击实仪进行模拟施工现场压实条件的试验。然后以干密度ρ_d为纵坐标，含水率w为横坐标，绘制ρ_d-w关系曲线，曲线上峰值点纵、横坐标分别为最大干密度和最佳含水率。

55. ×

【解析】酒精燃烧法适用于无黏性土和一般黏性土，不适合含有有机质、含盐量较多的土和重黏土等土质。

56. ×

【解析】d_{10}、d_{60}表示累计百分率含量为10%、60%的粒径，单位mm。

57. ×

【解析】含水率测的是自由水和部分弱结合水。

58. ×

【解析】对含有有机质超过5%的土或含石膏的土，应将温度控制在65~70℃的恒温下烘干12~15h为宜。

59. ×

【解析】应该为相对误差越小。

60. √

【解析】根据《公路土工试验规程》(JTG E40—2007)的规定，试样总质量是试验前总质量。

61. ×

【解析】土的回弹模量由三个平行试验的平均值确定，每个平行试验结果与均值回弹模量相差均应不超过5%。

62. √

【解析】土的颗粒分析试验方法中，密度计法和移液管法都适用于分析粒径小于0.075mm的细粒土；筛分法适用于分析大于0.075mm的土颗粒组成。

63. ×

【解析】对于100g锥应为20mm±0.2mm，对于76g锥应为17mm。

64. √

【解析】饱和土体的孔隙中全部充满了水，要是孔隙减小，就必须使土中水部分挤出，即土的压缩与孔隙中水的挤出同时发生。

65. √

【解析】黏性土的抗剪强度主要取决于黏聚力 c，而砂性土主要取决于内摩擦角 φ。

三、多项选择题

1. BCD

【解析】由土的液性指数公式：$I_L=(w-w_p)/(w_L-w_p)$，其中 w 为天然含水率，w_p 为塑限，w_L 为液限。

2. BCD

【解析】最大干密度要通过击实试验求得。试验以单位压力 p 为横坐标，贯入量为 l 为纵坐标绘制 p-l 关系曲线，出现反弯曲线（凹曲线）时，需要进行曲线修正，修正时在变曲率点引一切线，与纵坐标交于 O' 点，O' 即为修正后的原点。

3. AD

【解析】砂土的相对密实度分级为：$D_r\geqslant 2/3$ 时为密实；$1/3\leqslant D_r<2/3$ 时为中密，$D_r<1/3$ 为松散。

4. AC

【解析】界限含水率与击实试验涉及土的含水率，所以闷料能够保证试验更真实准确。

5. AC

【解析】由粒径计算系数的公式 $K=\sqrt{\dfrac{1800\times10^4\eta}{(G_s-G_{wt})\rho_{w4}g}}$，其中 G_s 为土粒比重，G_{wt} 为温度 t℃时水的比重。

6. AC

【解析】在击实的过程中，由于击实功是瞬时作用于土体，土体内的气体部分排除，而所含的水量则基本不变。重型击实法的单位击实功为轻型击实法的4.5倍。

7. CD

【解析】土工原位试验有钻孔波速试验、十字板剪切试验、标准贯入试验、重力触探试验、平板载荷试验等。

8. ABC

【解析】笛卡尔坐标系就是直角坐标系和斜角坐标系的统称。相交于原点的两条数轴,构成了平面放射坐标系。如两条数轴上的度量单位相等,则称此放射坐标系为笛卡尔坐标系。而液塑限试验的 h-w 图并不符合此规律。

9. AD

【解析】细粒土应按塑性图分类。由塑性图可知,与液限 w_L、塑性指数 I_p 有关。

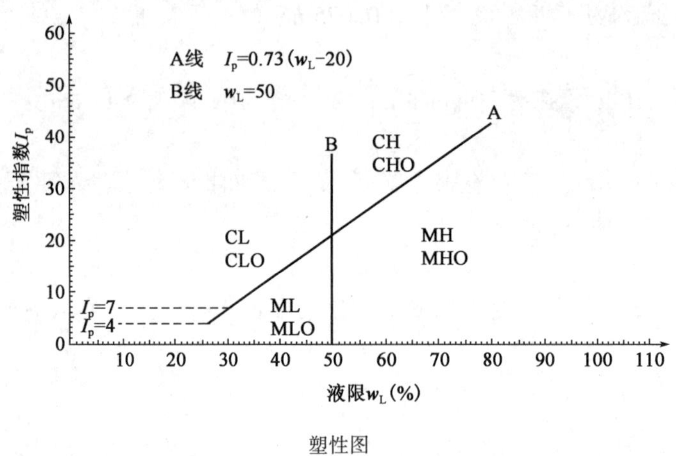

塑性图

10. ACD

【解析】土的含水率方法有烘干法、究竟燃烧法和比重法。

11. AC

【解析】制备 CBR 试件时按最佳含水率制备,需求得试料的最大干密度与最佳含水率;试件在测量膨胀量之前要泡水 4 昼夜。

12. ABC

【解析】砂土的内摩擦角 φ 值取决于砂粒间的摩擦阻力以及联锁作用。

13. BD

【解析】黏性土的抗剪强度主要取决于黏聚力 c,与土的颗粒组成与含水率有关。

14. AD

【解析】由塑性图可知,①当细粒土位于塑性土 A 线或 A 线以上时:a. 在 B 线或 B 线以右,称为高液限黏土,记为 CH;b. 在 B 线以左,$I_p=7$ 线以上,称为低液限黏土,记为 CL。②当细粒土位于 A 线以下时:a. 在 B 线或 B 线以右,称为高液限粉土,记为 MH;b. 在 B 线以左,$I_p=4$线以下,称为低液限粉土,记为 ML。

15. AC

【解析】粗粒土的分类:代号 GF 表示砾类土,含细粒土砾($5\% < F \leqslant 15\%$)。

16. AC

【解析】液限测试方法有:液塑限联合测定法,液限碟式仪法。

17. ABC

【解析】室内试验:颗粒分析试验、击实试验、固结试验。

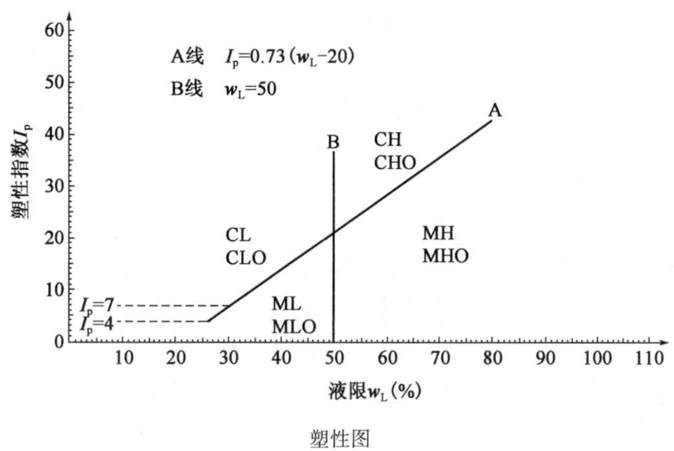

塑性图

18. AD

【解析】筛分法适用于粒径大于0.075mm的土颗粒组成。虹吸筒法则是用于测定土的比重。

19. ABD

【解析】测定土的密度常用方法有环刀法、蜡封法、灌砂法、灌水法等。

20. ABD

【解析】液塑限联合测定法试验的目的是联合测定土的液限和塑限,用于划分土类,计算天然稠度和塑性指数。最佳含水率是由击实试验得出。

21. BCD

【解析】细粒土应按下列规定划分:

(1)细粒土中粗粒组质量小于或等于总质量25%的土称粉质土或黏质土。

(2)细粒土中粗粒组质量为总质量25%～50%(含50%)的土称含粗粒的粉质土或含粗粒的黏质土。

(3)试样中有机质含量大于或等于总质量的5%,且少于总质量的10%的土称有机质土。试样中有机质含量大于或等于10%的土称为有机土。

砂类土属于粗粒土。

22. ACD

【解析】砂土的相对密度:$D_r=\dfrac{e_{max}-e_0}{e_{max}-e_{min}}$,其中$e_{max}$为最大孔隙比,$e_{min}$为最小孔隙比,$e_0$为天然孔隙比。

23. ABD

【解析】黏质土的固结快剪试验适用于渗透系数小于10^{-6}cm/s的黏质土。黏质土的快剪试验适用于渗透系数小于10^{-6}cm/s的黏质土。黏质土的慢剪试验适用于测定黏质土的抗剪强度指标。砂类土的直剪试验适用于砂类土。

24. AC

【解析】含水率测定方法:烘干法、比重法、酒精燃烧法。比重法适用于砂类土。

25. ACD

【解析】 工程设计和工程检验中常用的土的物理性质指标有:土的密度(湿密度),土粒比重、饱和密度、干密度、浮密度、含水率、孔隙比、孔隙率、饱和度。土的指标中,比重、密度、含水率是由试验室直接测量其数值,是实测指标,是土的三相基本物理指标,其他指标是换算指标。

26. ACD

【解析】 根据烘箱安全操作要求,烘箱在使用过程中放置试物不宜太密,以利热空气流通;欲观察工作室内试品情况,可开启外门,或从玻璃门向内窥视,但外门不常开为宜,以免热量外泄;操作人员严禁离开加工区;加热器电阻丝之间不得有碰触,以防短路。

27. AC

【解析】 土颗粒组成特征应以土的级配指标的不均匀系数(C_u)和曲率系数(C_c)。

28. ABCD

【解析】 特殊土包括黄土、膨胀土、红黏土、盐渍土和冻土。

29. ABC

【解析】 我国公路用土根据下列特征作为土的分类依据:土的颗粒组成特征,塑限指标,即液限、塑限、塑性指数;土中有机质存在的情况。

30. CD

【解析】 有机质土应按下列规定定名:位于塑性图 A 线或 A 线以上时为有机质高液限黏土或有机质低液限黏土;位于塑性图 A 线以下时为有机质高液限粉土或有机质低液限粉土。

31. BC

【解析】 一般认为土的相对密度 $1/3 < D_r \leqslant 2/3$ 时,土属于中密状态。

32. AD

【解析】 液限和塑性指数与土的工程性质的关系更密切,规律性更强。

33. AB

【解析】 土由液体状态向塑性状态过渡的界限含水率称为液限。土的缩限含水率是指半固态转为固态的界限含水率。因此,在缩限和液限之间,土的状态可划分为半固态和可塑状态。

34. ABC

【解析】 测定最大孔隙比常用的方法有漏斗法、量筒法和松砂器法。

35. BCD

【解析】 测定液限含水率,工程上采用联合法、圆锥仪法和碟式仪法三种方法。

36. BC

【解析】 搓滚时须以手掌均匀施加压力于土条上,不得将土条在玻璃板上进行无压力的滚动;若土条搓成 3mm 时仍未产生裂缝及断裂,表示这时试样的含水率高于塑限,则将其重新捏成一团,重新搓滚;如土条直径大于 3mm 时即行断裂,表示试样含水率小于塑限,应弃去,重新取土加适量水调匀后再搓;若土条在任何含水率下始终搓不到 3mm 即开始断裂,则认为该土无塑性。

37. AC

【解析】液限的确定方法有:若采用76g锥做液限试验,则在 $h\text{-}w$ 图上,查得纵坐标入土深度:17mm所对应的横坐标的含水率时,即为该土样的液限含水率;若采用100g锥做液限试验,则在 $h\text{-}w$ 图上,查得纵坐标入土深度20mm所对应的横坐标的含水率,即为该土样的液限含水率。

38. BC

【解析】击实功越大,土的最大干密度也越大,而土的最佳含水率则越小。

39. AC

【解析】一般粉粒和黏粒含量多,土的塑性指数越大,土的最佳含水率也越大,同时其最大干密度越小。因此,一般砂性土的最佳含水率小于黏性土,而砂性土的最大干密度也大于黏性土。

40. BD

【解析】击实试验的落锤质量为2.5kg和4.5kg。

41. ABD

【解析】干土法(土不重复使用):按四分法至少准备5个试样,分别加入不同水(2% ~ 3%含水率递增),拌匀后闷料一夜备用。

42. AB

【解析】振动台法是整个土样同时受到垂直方向的作用力,而表面振动压实仪法是由表面向下传递;表面振动压实法和振动台法都可采用干土法和湿土法;表面振动压实法和振动台法适用的最大粒径都为60mm。

43. ABD

【解析】土层的天然固结状态可分为:超固结状态、正常固结状态、欠固结状态。

44. AC

【解析】对于黏性土,其抗剪强度表达式为:$\tau_f = c + \sigma\tan\varphi$,其中,$c$ 为黏聚力,φ 为内摩擦角。

45. ABD

【解析】CBR试验方法有室内法、室外法、落球式快速测定法。

46. BCD

【解析】CBR试验方法只适用于在规定的试筒内制件后,对各种土和路面基层材料进行承载比试验。

47. AD

【解析】按下式计算各级荷载作用下变形稳定后的孔隙比 e_i,$e_i = e_0 - (1 + e_0) \times s_i/1000$,其中 e_0 为初始孔隙比、s_i 为单位沉降量。

48. CD

【解析】慢剪特征是在法向加载且排水固结的情况下慢速剪切。

49. ABD

【解析】需要时,可制备3种干密度试件。如每种干密度试件制3个,则共制9个试件。每层击数分别为30次、50次和98次,使试件的干密度从95%到等于100%的最大干密度。

50. AC

【解析】CBR 顶破强度的速率为 60mm/min ±5mm/min；撕破强度的速率为 100mm/min ±5mm/min。

51. ABD

【解析】短纤针刺非织造土工布性能试验有：1. 幅宽测定；2. 厚度测定；3. 单位面积质量测定；4. 断裂强伸度测定；5. 撕破强力测定；6. CBR 顶破强力测定；7. 等效孔径测定；8. 垂直渗透系数测定；9. 动态穿孔（落锥）性能测定；10. 摩擦系数测定；11. 抗磨损性能测定；12. 抗氧化性能测定；13. 抗酸碱性能测定；14. 刺破强力测定；15. 蠕变性能测定；16. 接头/接缝断裂强度测定；17. 抗紫外线测定。

52. ABC

【解析】1. 幅宽测定；2. 厚度测定；3. 单位面积质量测定；4. 断裂强伸度测定；5. 撕破强力测定；6. CBR 顶破强力测定；7. 等效孔径测定；8. 垂直渗透系数测定；9. 动态穿孔（落锥）性能测定；10. 摩擦系数测定；11. 抗磨损性能测定；12. 抗氧化性能测定；13. 抗酸碱性能测定；14. 刺破强力测定；15. 蠕变性能测定；16. 接头/接缝断裂强度测定；17. 抗紫外线测定。

53. BC

【解析】撕破强度的纵向和横向各取 10 块试样；断裂强度的纵向和横向至少 5 块试样。

54. BC

【解析】土工织物拉伸试验的方法有：宽条拉伸试验，接头/接缝宽条拉伸试验，条带拉伸试验。

55. ABC

【解析】土工膜不测渗透系数。

56. BCD

【解析】如试样在夹具中滑移，或者多于 1/4 的试样在钳口附近 5mm 范围内断裂，可采取以下措施：(1) 夹具内加衬垫；(2) 对夹在钳口内的试样加以涂层；(3) 改进夹具钳口表面。

57. ABC

【解析】当土工合成材料单纯用于加筋目的时，宜选择强度高、变形小、糙度大的土工格栅。

58. ABD

【解析】土工合成材料的指标一般可分为物理性能指标，力学性能指标，水力性能指标，土工织物与土相互作用性能指标及耐久性能指标等。

59. ABC

【解析】土工合成材料单位面积质量测定的仪器设备及材料需要剪刀、钢尺、称量天平。

60. ABC

【解析】公路工程对土工织物及相关产品的要求主要是过滤、排水、隔离、加筋、防渗和防护作用。

61. ABC

【解析】非织造土工织物孔隙率由单位面积质量、密度、厚度计算得到。

62. ABCD

【解析】宽条拉伸试验仪器设备及材料有拉伸试验机、夹具、伸长计、蒸馏水。

63. ABCD

【解析】垂直渗透性能试验试样制备时，试样应保证清洁，表面无污物，无可见损坏或折痕，不得折叠，放置于平处，上面不得施加任何荷载。

64. AB

【解析】测定土工织物拉伸性能的试验方法有宽条法和窄条法。

65. ABC

【解析】拉伸强度、断裂拉力、特定伸长率的最大负荷下伸长率计算到小数点后1位，按《数值修约规则与极限数值的表示和判定》(GB/T 8170—2008)修约到整数，变异系数精确至0.1%。

四、综合题

1. (1)B

【解析】τ_f 为抗剪强度，c 为黏聚力，σ 为法向应力。

(2)BD

【解析】黏质土固结快剪试验和快剪试验适合渗透系数小于 10^{-6}cm/s 的黏质土。黏质土的慢剪试验适用于黏质土。砂类土的直剪试验适用于砂类土。排水反复直剪试验适用于超固结黏性土及软弱岩石夹层的黏性土。

(3)D

【解析】慢剪试验需要土样排水固结。快剪试验也模拟不排水情况。我国普遍采用的是应变式直接仪。

(4)C

【解析】施加垂直压力，每1h测记一次垂直变形，待试样固结稳定后便可拔出固定销。黏质土的快剪试验和砂土的直剪试验的剪切速率均为0.8mm/min。一般，黏质土剪切试验通常有应力峰值，而砂类土无明显的剪应力峰值。

(5)AD

【解析】砂含量越多，应力越大。

2. (1)AD

【解析】土粒的比重是指土的固体颗粒的单位体积的质量与水在4℃时单位体积的质量之比。可称为土粒密度或土的相对密度。

(2)D

【解析】土粒比重试验方法有：比重瓶法、浮称法、浮力法、虹吸筒法。

(3)A

【解析】对含有某一定量的可溶盐、非亲水性胶体或有机质的土，必须用中性液体(如煤油)测定。

(4)AB

【解析】A选项应为比重瓶不是容量瓶；B选项油浴应为砂浴。

(5)ACD

【解析】比重瓶的校正：

(1)将比重瓶洗净、烘干，称比重瓶质量，准确至0.001g。

(2)将煮沸后冷却的纯水注入比重瓶，对长颈比重瓶注水至刻度处，对短颈比重瓶应注满纯水，塞紧瓶塞，多余水分自瓶塞毛细管中溢出。调节恒温水槽至5℃或10%，然后将比重瓶放入恒温水槽内，直至瓶内水温稳定。取出比重瓶，擦干外壁，称瓶、水总质量，准确至0.001g。

(3)以5℃级差，调节恒温水槽的水温，逐级测定不同温度下的比重瓶、水总质量，至达到本地区最高自然气温为止。每级温度均应进行两次平行测定，两次测定的差值不得大于0.002g，取两次测值的平均值。绘制温度与瓶、水总质量的关系曲线。

3.(1)A

【解析】可以直接通过试验直接测定的指标，称为基本物理性质指标。有土的密度ρ，土颗粒的比重G_s，含水率w。

(2)B

【解析】饱和密度$\rho_{sat}>$天然密度$\rho>$干密度$\rho_d>$浮密度ρ'。

(3)B

【解析】$V-V_w-V_s=V_V$(土中孔隙体积)，孔隙率$n=V_V/V$。

(4)C

【解析】浮密度ρ'：是指土浸在水中收到水的浮力作用时的单位体积的质量。$\rho'=\dfrac{m_s-V_s\rho_w}{V}$。

(5)B

【解析】孔隙比e的换算关系式：$e=\dfrac{G_s(1+w)}{\rho}-1$，代入已知条件得$e=1.08$。

4.(1)BD

【解析】土的承载比试验的夯锤直径与回弹模量试验的承载板直径均为50mm。CBR采用百分表，回弹模量采用千分表。试筒内径152mm，高170mm。

(2)D

【解析】答案D为正确试验步骤。

(3)B

【解析】一般采用贯入量为2.5mm时的单位压力与标准压力之比作为材料的承载比(CBR)。同时计算贯入量为5mm时的承载比，若贯入量为5mm时的承载比大于2.5mm时的承载比，则试样应重做，若结果仍然如此，则采用5mm时的承载比。

如根据三个平行试验结果计算得到的承载比变异系数C_V大于12%，则去掉一个偏离大的值，取其余两个结果的平均值。如C_V小于12%且三个平行试验结果计算的干密度偏差小于0.03g/cm^3，则取三个结果的平均值。如三个试验结果计算的干密度偏差超过0.03g/cm^3，则去掉一个偏离大的值，取其两个结果的平均值。

则去掉编号3。取编号1、2的2.5mm CBR的平均值。

(4)A

【解析】试验以单位压力 p 为横坐标，贯入量为 l 为纵坐标，绘制 p-l 关系曲线，出现反弯曲线（凹曲线）时，需要进行曲线修正，修正时在变曲率点引一切线，与纵坐标交于 O' 点，O' 即为修正后的原点。实际贯入量 2.5mm 的 p 值不变，只是变形量的修正。

（5）B

【解析】试验以单位压力 p 为横坐标，贯入量为 l 为纵坐标，绘制 p-l 关系曲线，出现反弯曲线（凹曲线）时，需要进行曲线修正，修正时在变曲率点引一切线，与纵坐标交于 O' 点，O' 即为修正后的原点。实际贯入量 2.5mm 的 p 值不变，只是变形量的修正。故变形量 $l=0.320-0.020=0.300$mm。

5.（1）A

【解析】塑性指数 I_p 表示黏性土处于塑性状态的含水率变化范围，即液限与塑限之差值，塑性指数越大，表示土的可塑性越大。

（2）AB

【解析】纵坐标入土深度 $H=20$mm（对于 100g 的锥）或 $H=17$mm（对于 76g 的锥）对应的横坐标的含水率 w，即为土样的液限含水率 w_L。

（3）C

【解析】含水率越接近塑限，则土越接近固体状态，土越密实，锥入深度越小。

（4）AB

【解析】塑性指数 I_p 表示黏性土处于塑性状态的含水率变化范围，即液限与塑限之差值，塑性指数越大，表示土的可塑性越大。

（5）B

【解析】缩限：含水率达液限的土在 105～110℃温度下水分继续蒸发至体积不变时的含水率。

6.（1）A

【解析】c 为土的黏聚力，是直剪试验曲线图中 τ-σ 直线在纵轴上的截距。φ 为土的内摩擦角，即 τ-σ 直线与横轴的夹角。故作出直剪试验曲线图后求得答案为 A。

（2）ACD

【解析】砂土的内摩擦角 φ 值取决于砂粒间的摩擦阻力以及联锁作用。孔隙比越小时，密度也相应地减小，φ 值越大，抗剪强度相应的越大。

（3）A

【解析】压缩系数 a 不是常数，一般随压力 p 的增大而减小。压缩模量 E_s：$E_s=\frac{1+e_1}{a}$，a 减小，E_s 将增大。

（4）ABC

【解析】缺点有：

①剪切面限定在上下盒之间的平面，剪切面不一定是试样抗剪能力最弱的面；

②剪切面上的应力分布不均匀，而且受剪切面面积越来越小；

③不能严格控制排水条件，测不出剪切过程中孔隙水压力的变化。

（5）BC

【解析】三种试验方法不同,原理不同,所得的抗剪强度指标将有所不同。快剪试验由于剪切速率过快,可以认为土样在这样短的时间内,没有排水固结或者说模拟了“不排水”的剪切情况。土的抗剪强度与土的黏聚力和内摩擦角有关。

7.(1)D

【解析】室内击实试验是在室内通过击实仪进行模拟施工现场压实条件的试验。然后以干密度 ρ_d 为纵坐标、含水率 w 为横坐标,绘制 ρ_d-w 关系曲线,曲线上峰值点纵、横坐标分别为最大干密度和最佳含水率。所以试验结果处理时所用的含水率是试件的实测含水率。

(2)B

【解析】一般粉粒和黏粒含量多,土的塑性指数越大,土的最佳含水率也越大,同时其最大干密度越小。因此,一般砂性土的最佳含水率小于黏性土,而砂性土的最大干密度大于黏性土。

(3)ACD

【解析】对于干土法(土不重复使用)和湿土法(土不重复使用),将试样搓散,然后进行洒水、拌和,每次增加2% ~3%的含水率,其中有两个大于和两个小于最佳含水率。

(4)D

【解析】事实上,当土的含水率接近和大于最佳值时,土内孔隙中的空气越来越多地处于与大气隔离的封闭状态,击实作用已不能将这些气体排出,即击实土不可能达到完全饱和的状态,所以击实曲线必然位于饱和曲线左下侧。

(5)AD

【解析】重型和轻型的击实功不一样,试筒尺寸不一样。重型的击实功约为轻型的4.5倍。余土高度是按筒额大小而定,小筒不超过试筒的顶面5mm,大筒为6mm。

第四章　集　　料

【复习提示】

本部分内容的主要知识点包括：集料基本概念，粗集料物理性质、力学性质、化学性质，细集料性质，集料技术要求、矿质混合料组成设计等。

本部分内容的复习重点包括：集料的表观密度、毛体积密度；针片状颗粒含量试验；集料级配设计的图解法和试算法；压碎值试验；磨耗试验；软弱颗粒试验；细集料筛分试验；筛分结果计算；细度模数计算；砂当量试验；亚甲蓝试验；细集料压碎指标试验；矿粉筛分试验和密度试验等。

本部分内容涉及的规范包括：

《公路工程集料试验规程》（JTG E42—2005），规定了新建和改建各级公路工程中水泥混凝土、沥青混合料和路面基层所用集料的试验方法。

《建设用卵石、碎石》（GB/T 14685—2011），适用于建设工程（除水工建筑物）中水泥混凝土及其制品用卵石、碎石，规定了卵石、碎石的术语和定义、分类、技术要求、试验方法、检验规则等。

《建设用砂》（GB/T 14684—2011），适用于建设工程中混凝土及其制品和普通砂浆用砂，规定了建设用砂的术语和定义、分类与规格、技术要求、试验方法、检验规则等。

一、单项选择题

1. 集料在混合料中起（　　）作用。

A. 骨架与分散　　B. 填充与堆积　　C. 骨架与填充　　D. 填充与分散

2. 下述特点，不属于连续级配的特点有（　　）。

A. 内摩阻力相对较小　　B. 温度稳定性好

C. 细集料多，粗集料较少　　D. 空隙率较小，密实耐久

3. 用于公路面层的水泥混凝土，同一配合比用砂的细度模数变化范围不应超过（　　）。

A. 0.1　　B. 0.2　　C. 0.3　　D. 0.4

4. 水泥稳定碎石混合料含水率测定中，烘箱温度应控制在（　　）。

A. 100℃　　B. 80℃　　C. 110℃　　D. 120℃

5. 粗集料用来拌和沥青混合料，当某一颗粒（　　）时，称其为针片状颗粒。

A. 尺寸大于所属粒级的2.4倍　　B. 尺寸小于所属粒级的0.4倍

C. 长厚比大于或等于3　　D. 长厚比大于所属粒级的3倍

6. 集料的酸碱性对（　　）性能有显著的影响。

A. 沥青混合料　　B. 水泥混凝土　　C. 基层材料　　D. 路基填筑料

7. 针对不同用途，粗、细粒集料的分界尺寸不同。下列尺寸划分不正确的选项是（　　）。

A. AC13——2.36mm　　B. SMA13——4.75mm

C. 水泥混凝土——4.75mm　　D. 水泥稳定碎石——2.36mm

8. 矿粉的密度试验的以下做法不正确的是(　　)。

A. 称取不少于200g的矿粉

B. 比重瓶中注入蒸馏水

C. 李氏密度瓶放到20℃的恒温水槽中恒温不少于2h

D. 读取比重瓶中液面读数,准确至0.2mL

9. 相同级配的砂具有相同的细度模数,相同细度模数的砂具有相同的级配,这样的叙述你认为(　　)。

A. 前一句正确,后一句错误　　B. 后一句正确,前一句错误

C. 两句全部正确　　D. 两句全部错误

10. 粗集料密度可分别采用网篮法和广口瓶法进行测定,下列有关试验结果不正确的描述是(　　)。

A. 网篮法可测集料的表观密度和毛体积密度

B. 广口瓶法可测表观密度、毛体积密度和表干密度

C. 网篮法可测集料的表干密度

D. 广口瓶法可测集料的表观密度和毛体积密度,但不能测表干密度

11. 筛分试验过程中过筛不彻底,将使砂的细度模数值(　　)。

A. 偏大　　B. 偏小　　C. 不变　　D. 变化无法确定

12. 对砂石材料坚固性不产生影响的因素是(　　)。

A. 闭口孔隙的多少　　B. 孔隙中饱水程度

C. 开口孔隙的多少　　D. 空隙率的大小

13. 亚甲蓝试验用于确定细集料中是否存在(　　),以评定集料的洁净程度,亚甲蓝以MBV表示。

A. 黏性土　　B. 膨胀性黏土矿物

C. 杂质　　D. 有机质土

14. 下列表述有误的有几处(　　):

①细度模数是表示砂子整体颗粒粗细程度和级配的指标;

②一定方式下单位堆积体积集料的质量称为堆积密度,堆积体积包括组成集料的矿物实体体积、颗粒孔隙体积及颗粒间空隙体积;

③水泥混凝土粗集料可以采用连续级配,也可以采用间断级配;

④道路工程用石料,按岩类以干燥状态的抗压强度和洛杉矶磨耗率两项指标分级。

A. 一处　　B. 两处　　C. 三处　　D. 四处

15. 细集料筛分试验中,筛分后与筛分前的试样总质量相比,相差不得超过筛分前质量的(　　)。

A. 0.1%　　B. 1%　　C. 0.5%　　D. 0.01%

16. 工程上将混凝土用砂分为3个级配区,要确定某一砂子所属的级配区,必须已知其标准筛上的(　　)。

A. 筛余量　　B. 分计筛余百分率

C. 累计筛余百分率　　　　　　　　　D. 通过量

17. 集料的真实密度可用式 $\rho_t = M/V_s$ 计算,式中 V_s 为(　　)。

A. 实体体积　　B. 表观体积　　C. 毛体积　　D. 堆积体积

18. 某集料含水率为5.0%,称量525.0g 试样,烘干至恒重之后的干燥质量是(　　)。

A. 500.0g　　B. 498.8g　　C. 505.0g　　D. 495.0g

19. 细集料泥块含量试验,两次试验结果的差值应不超过(　　)。

A. 0.1%　　B. 0.2%　　C. 0.3%　　D. 0.4%

20. 粗集料压碎值试验的试样数量应满足夯击后试筒内试样的深度达到(　　)mm。

A. 50　　B. 75　　C. 100　　D. 125

21. 10 ~20mm 单档粗集料的公称粒径、最大粒径分别为(　　)。

A. 10mm,20mm　　B. 19mm,26.5mm　　C. 9.5mm,19mm　　D. 16mm,19mm

22. 进行粗集料坚固性试验时,所称取的不同粒级的试样分别装入三脚网并浸入盛有硫酸钠溶液的容器中,溶液体积应不小于试验总体积的(　　)倍。

A. 1　　B. 2　　C. 5　　D. 10

二、判断题

1. 细集料的压碎值是取最大单粒径压碎指标值作为该细集料的压碎指标值。(　　)

2. 细集料的砂当量越大,表明细集料中小于0.075mm 的颗粒中黏性土所占的数量越多,砂的品质越差。(　　)

3. 细度模数过大或过小的砂,其级配状况比细度模数适中的砂要差。(　　)

4. 进行集料毛体积密度测定时,表干称重花费时间偏长,则使密度测定结果较正常状况偏高。(　　)

5. 引起粗集料碱活性问题的原因在于集料中存在一定量的碱性物质。(　　)

6. 矿质混合料组成设计的常用方法有试算法和图解法两类。(　　)

7. 同一质地且粒径相同的集料采用相同堆积方法得到的堆积密度越大。说明该集料的棱角性或表面粗糙性越低。(　　)

8. 砂中小于0.075mm 的颗粒属于泥土颗粒,其含量越少越好。(　　)

9. 粗集料坚固性是衡量集料强度的一项指标。(　　)

10. 砂当量是评定细集料洁净程度的指标。(　　)

11. 一个良好的集料级配,要求空隙率最小,总表面积也不大。(　　)

12. 细集料密度试验(容量瓶法)可以直接用自来水进行试验。(　　)

13. 集料磨光值越大,说明其抗磨光能力越差。(　　)

14. 采用累计筛余量对混凝土用砂进行分区,其目的是为了描述砂的级配状况。(　　)

15. 集料的吸水率就是含水率。(　　)

16. 筛分法进行颗粒分析,计算小于某粒径的土质百分数时,试样总质量是试验前试样总重。(　　)

17. 细集料水筛试验中,筛分前试验总量,与筛分后所有各筛的分计筛余量和底盘中剩余量的总质量,两者差值不得超过前者的1%。(　　)

18. 粗集料洛杉矶磨耗值的大小与集料的耐磨性好坏没有直接关系。（　　）

19. 当粗集料颗粒长度尺寸大于其高度尺寸的2.4倍或0.4倍时，该颗粒判定为针状或片状颗粒。（　　）

20. 当砂的细度模数适宜时，有利于矿料的级配合成和调整。（　　）

21. 洛杉矶磨耗试验是一项针对粗集料抗磨光能力的试验项目。（　　）

三、多项选择题

1. 集料颗粒间的摩阻力的大小取决于集料的（　　）。

A. 酸碱性　　B. 表面特征　　C. 颗粒形状　　D. 级配

2. 集料中针片状颗粒数量偏多时，将对水泥混凝土造成的问题包括（　　）。

A. 工作性不良　　B. 拌和难度加大

C. 力学强度下降　　D. 施工难度加大

3. 针对集料坚固性试验描述正确的选项是（　　）。

A. 该试验是评价集料耐候性的一项快速评价方法

B. 试验结果与硫酸钠溶液的浓度和浸泡时间相关

C. 浸泡后烘干温度以及浸泡、烘干循环次数应针对不同类型集料要有所调整

D. 试验结果以粗集料开裂程度表示

4. 粗集料中针片状颗粒带来的问题是（　　）。

A. 降低水泥混凝土承受荷载能力

B. 影响水泥混凝土的工作性

C. 增加沥青混合料中沥青的用量

D. 沥青混合料碾压时，易造成混合料中集料破碎

5. 粗集料洛杉矶磨耗试验操作时应注意（　　）。

A. 针对不用粒径，试验时所需的集料应控制在相同质量，以保证试验结果的可比性

B. 不同粒径的试验应采用不同的粒径组成，以满足不同的应用要求

C. 试验结果采用非标准筛的筛余率进行判定

D. 不同粒径试验时所需的钢球数量和质量要有所变化

6. 在集料密度测定过程中，如果毛巾擦拭集料表面获得饱和面干状态不准确时，将会影响（　　）的检测结果。

A. 真密度　　B. 表观密度

C. 毛体积密度　　D. 表干密度

7. 砂的细度模数计算时，不影响计算结果的颗粒粒径有（　　）。

A. <0.075mm　　B. >4.75mm　　C. >2.36mm　　D. >0.075mm

8. 集料的毛体积密度可采用（　　）测定。

A. 表干称重法　　B. 封蜡法

C. 比重瓶法　　D. 李氏比重瓶法

9. 进行细集料砂当量试验时，（　　）试剂必不可少。

A. 无水氯化钙　　B. 盐酸　　C. 甲醛　　D. EDTA

10. 关于集料筛分曲线半对数坐标表述正确的是(   )。

A. 横坐标表示粒径,采用对数坐标

B. 横坐标表示粒径,采用常数坐标

C. 纵坐标表示通过量,采用常数坐标

D. 纵坐标表示粒径,采用常数坐标

11. 粗集料软弱颗粒试验需要的标准筛孔有(   )。

A. 2.36mm　B. 4.75mm　C. 9.5mm　D. 16mm

12. 集料密度测定时,如集料试验浸水时间未达到24h,试验结果可能有(   )。

A. 基本不受影响　B. 偏低　C. 偏高　D. 没有规律

四、综合题

1. 压碎值是粗集料的一项重要性能指标,对水泥混凝土集料,交通行业标准和国家标准对此都有具体的试验操作规定,但两类操作规程在试验过程中存在一定的差别,其中的一些主要区别列于下表。

操作要点	行业标准《公路工程集料试验规程》(JTG E42—2005)	国家标准《建设用卵石、碎石》(GB/T 14685—2011)
1. 试样规格(粒径)	9.5～13.2mm	9.5～19mm
2. 试样预处理	不提出针片状颗粒	提出针片状颗粒
3. 试样装填方法	采用量筒法,分三层装填,每次插捣25次,整平、称重	固定3000g,分两层装入(加载)圆模中,每层交替颠击25次
4. 加载方式	10min左右的时间内加载到400kN,稳压5s	1kN/s加载到200kN,稳压5s

根据上表所列内容,回答有关集料压碎试验有关问题。

(1)针对同一集料样品分别采用不同标准进行压碎值试验,两种方法的试验结果会(   )。

A. 行业标准大于国家标准　B. 行业标准小于国家标准

C. 基本接近　D. 无规律性

(2)根据不同试验标准的操作内容可以认为(   )。

A. 当行业标准测得的结果大于国家标准时,其中的原因主要包括了上述操作要点中1、2、4的内容

B. 当行业标准测得的结果小于国家标准时,其中的原因主要包括了上述操作要点中1、2、4的内容

C. 当行业标准测得的结果大于国家标准时,其中的原因包括了上述操作要点的全部内容

D. 当行业标准测得的结果小于国家标准时,其中的原因包括了上述操作要点的全部内容

(3)下列各选项中不正确的表述是(   )。

A. 行业标准测得的结果直接针对沥青混合料所用的粗集料,国家标准测得的结果直接针对水泥混凝土所用的粗集料

B. 行业标准测得的结果不仅直接针对沥青混合料所用的粗集料,同时还可间接针对水泥混凝土所用粗集料

C. 国家标准测得的结果不仅直接针对水泥混凝土所用的粗集料,同时还可间接针对沥青混合料所用粗集料

D. 无论行业标准还是国家标准,试验结果不能同时兼顾沥青混合料或是水泥混凝土的试验检测目的

(4)两个不同的试验标准存在明显的区别,这些区别会影响试验结果。下列有关这些区别对结果的影响,描述正确的选项是(　　)。

A. 当行业标准中试验用集料粒径由9.5~13.2mm改为9.5~19mm时,测得的结果将会偏高

B. 当行业标准在试验处理时同样采取了除去针片状颗粒的操作,则得到的结果将会偏低

C. 行业标准在取样装填方法上与国家标准存在明显不同,但仅从这一点考虑,无法明确判断哪一种操作方式会对压碎结果造成更大的影响

D. 行业标准的试验荷载高于国家标准,所以试验结果偏高;但行业标准加载速率低于国家标准,所以试验结果偏低

(5)已知某次试验所用样品数量2980g,采用行业标准进行压碎试验,测得的加载后小于2.36mm全部集料质量是650g。另称取3000g数量的样品采用国家标准进行压碎试验,测得小于2.36mm全部质量是570g,则下列计算结果正确的是(　　)。

A. 行业标准压碎值(%):12.8;行业标准压碎值指标(%):21.8

B. 行业标准压碎值(%):21.8;行业标准压碎值指标(%):12.8

C. 国家标准压碎值(%):19.0;国家标准压碎值指标(%):10.5

D. 国家标准压碎值(%):—;国家标准压碎值指标(%):19.0

2. 某试验室对水泥混凝土用砂进行筛分试验,以检测砂样的级配情况。试验结果如下表:

筛孔尺寸(mm)		4.75	2.36	1.18	0.6	0.3	0.15	筛底
筛余质量(g)		30	60	90	120	110	80	10
分计筛余百分率(%)		6	12	18	24	22	16	2
累计筛余百分率(%)		6	18	36	60	82	98	100
通过筛余百分率(%)		94	82	64	40	18	2	0
混凝土用砂级配范围	粗砂	90~100	65~95	35~65	15~29	5~20	0~10	—
	中砂	90~100	75~100	50~90	30~59	8~30	0~10	—
	细砂	90~100	85~100	75~100	60~84	15~45	0~10	—

根据以上试验,回答下列问题:

(1)表达砂的级配参数有(　　)。

A. 细度模数　　B. 分计筛余百分率

C. 累计筛余百分率　　D. 通过百分率

(2)该砂样为(　　)。

A. 粗砂　　B. 中砂　　C. 细砂　　D. 特细砂

(3)该砂的细度模数为(　　)。

A. 2.9　　B. 2.8　　C. 2.81　　D. 2.94

(4)通常用(　　)来评价砂样级配的工程适用性。

A. 压碎值　　B. 针、片状颗粒含量

C. 级配　　D. 细度模数

(5)关于该砂的筛分试验,以下(　　)说法正确。

A. 该砂满足配制混凝土的级配要求

B. 用于配制混凝土的砂可以选用粗砂、中砂、细砂和特细砂

C. 混凝土用砂的筛分试验,应依据《建设用砂》(GB/T 14684—2011)

D. 装有500g砂样的套筛应在摇筛机上摇筛10min,并取下套筛逐个手筛至每分钟通过量小于试样总量的0.1%为止

3. 某工程需要在料仓取粗、细集料进行原材料试验,该原材料用于AC-20混合料。请对下列各题进行判别。

(1)以下集料取样过程中操作方法正确的有(　　)。

A. 先铲除堆角处无代表性的部分集料

B. 在料堆的顶部、中部和底部几个部位,分别取大致相同的若干份试样,组成一组试样

C. 将集料在平板上拌和均匀摊平,采用四分法将试样以对角方式大致分成两份,重复以上过程,直至缩分成所需的质量,且不得有富余

D. 也可以采用分料器进行试样缩分

(2)0 ~2.36mm机制砂无需检测的试验参数有(　　)。

A. 集料密度　　B. 亚甲蓝

C. 含泥量　　D. 细度模数

(3)当采用网篮法测定10 ~20mm档粗集料毛体积相对密度时,缩分后试样应满足(　　)。

A. 两份,每份不少于1kg　　B. 两份,每份不少于1.5kg

C. 一份,每份不少于2kg　　D. 一份,每份不少于3kg

(4)集料强度的试验方法表述正确得有(　　)。

A. 集料压碎值试验所用代表样品的尺寸应为9.5 ~13.2mm

B. 压碎值为加载试验结束后通过2.36mm筛孔的细料质量除以加载试验前试样质量,以百分比表示

C. 洛杉矶磨耗值试验所用代表样品的尺寸为9.5 ~13.2mm

D. 洛杉矶磨耗值为试验后1.7mm筛下洗净干燥试样质量除以试验前试样质量,以百分比表示

(5)10 ~20mm档粗集料针片状记录:试样1号试验用的集料总质量为1005g,针片状颗粒

的质量为121g;试样2号试验用的集料总质量为1002g,针片状颗粒的质量为159g。根据此试验实测数据,以下正确的结论是( )。

A. 该集料针片状颗粒含量可评定为合格

B. 该集料针片状颗粒含量可评定为不合格

C. 应追加测定一次,取三次结果的平均值为测定值

D. 应废弃试验数据,重新进行试验

4. 集料试验检测是公路工程试验检测工作中的一项常规工作,根据下列有关问题所列内容,作出正确判断。

(1)测定粗集料针片状颗粒含量时,采用针片状规准仪与采用游标卡尺法所测得的结果相比( )。

A. 相同　　B. 偏小

C. 偏大　　D. 没有一定的规律

(2)以下描述中通用于沥青混凝土用粗集料针片状颗粒含量试验操作的内容包括( )。

A. 注意确定待测颗粒的基准面

B. 以颗粒的某一方向的尺寸是所属粒级的2.4倍或0.4倍作为判断标准

C. 以长度和厚度之比大于或等于3作为判断标准

D. 检测时首先要对集料进行颗粒分级

(3)根据粗集料不同的用途(用于水泥混凝土还是沥青混合料),在进行同一试验时,具体的操作上有所不同,根据检测原理,指出下述描述中不正确的是( )。

A. 无论沥青混合料用粗集料还是水泥混凝土用粗集料,当用于高等级公路表层时,都应进行抗磨耗和抗磨光等项试验,但要注意二者的操作方法应有所区别

B. 进行洛杉矶磨耗试验时,因为沥青混合料可以采用的集料组成类型较多,所以用于沥青混合料的粗集料应根据不同要求,要采用不同的颗粒组成,而水泥混凝土在颗粒组成上就一种组成要求

C. 压碎试验操作过程中,因为混凝土的强度要远高于沥青混合料,所以用于水泥混凝土的粗集料在加载时达到最大荷载要比用于沥青混合料的粗集料加载时达到的荷载要高

D. 因对粗集料的定义不同,针片状颗粒含量测定时,对沥青混合料采用2.36mm以上粗集料,而针对水泥混凝土时采用4.75mm以上粗集料

(4)已知两种用于沥青路面粗集料的试验检测结果如下表,指出下述看法中不正确的是( )。

项目	洛杉矶磨耗损失(%)	黏附性	磨光值	磨耗值(%)
集料A	18	Ⅲ	54	5
集料B	25	Ⅳ	48	12

A. 集料A可以直接用在沥青路面的抗滑表层

B. 从整体上看,集料A比集料B具有相对较好的路用性能

C. 与集料 B 相比,采用集料 A 修建道路能够赋予沥青路面更好的抗滑性能

D. 集料 A 比集料 B 有更好的黏附性,表现出较好的水稳性

(5)对某高速公路沥青混合料用细集料进行了以下四项质量指标检测。在检测报告部分内容如下表,指出表中存在表述内容错误的选项(　　)。

选项	项　目	单　位	技术要求	实测结果
A	表观相对密度		≤2.50	2.65
B	坚固性(>0.3mm 部分)	%	≤12	13
C	砂当量	%	≥60	85
D	亚甲蓝值	g/kg	≤25	24.5

5. 某道路工程需对工程沿线可用原料性能进行全面了解和掌握,其中对几种岩石轧制成相应集料进行系列试验检测,部分检测结果列于下表。

检测项目(值)	集料(岩石)1	集料(岩石)2	集料(岩石)3
石料真实密度(g/cm^3)	2.904	2.751	2.845
石料毛体积密度(g/cm^3)	2.887	2.725	2.834
集料的干质量(g)	1220	1250	1200
该集料在水中质量(g)	784	819	772
该集料表干质量(g)	1260	1284	1233
该集料捣实堆积密度(g/cm^3)	1.71	1.62	1.75

根据表中提供的相关数据,回答下列问题。(设水的密度为 $1g/cm^3$)

(1)三种岩石集料孔隙率由大到小的正确排序是(　　)。

A. 岩石 1 > 岩石 2 > 岩石 3　　B. 岩石 1 > 岩石 3 > 岩石 2

C. 岩石 3 > 岩石 1 > 岩石 2　　D. 岩石 2 > 岩石 1 > 岩石 3

(2)下列有关岩石孔隙描述正确的是(　　)。

A. 岩石的孔隙率无法直接测得,而是通过表观密度计算得到

B. 岩石孔隙率的高低直接影响岩石的力学性能,但不影响岩石轧制成的集料的抗压碎能力

C. 岩石孔隙率的高低直接影响到岩石或岩石轧制成的集料的耐候性

D. 岩石孔隙率的大小不仅与岩石中的开口孔隙有关,同时还与岩石的闭口孔隙有关

(3)集料 1、集料 2 和集料 3 的毛体积密度计算结果为(　　)。

A. $2.798g/cm^3$、$2.900g/cm^3$ 和 $2.804g/cm^3$

B. $2.798g/cm^3$、$2.761g/cm^3$ 和 $2.603g/cm^3$

C. $2.647g/cm^3$、$2.761g/cm^3$ 和 $2.675g/cm^3$

D. $2.563g/cm^3$、$2.688g/cm^3$ 和 $2.603g/cm^3$

(4)吸水率大小与集料的耐候性有一定关系,判断三种集料吸水率由小到大的排序是(　　)。

A. 集料 1 > 集料 3 > 集料 2　　B. 集料 1 > 集料 2 > 集料 3

C. 集料 3 > 集料 2 > 集料 1　　D. 集料 2 > 集料 3 > 集料 1

(5)如三种集料的空隙率采用表观密度计算时,则三种集料捣实空隙率由小到大的排序是(　　)。

A. 集料1 < 集料2 < 集料3　　B. 集料3 < 集料1 < 集料2

C. 集料2 < 集料1 < 集料3　　D. 集料2 < 集料3 < 集料1

6. 针对检测细集料中含泥量及泥块含量的有关试验,回答下列问题:

(1)测定砂中含泥量,可以采用下列(　　)试验方法。

A. 筛洗法　　B. 沉降法　　C. 亚甲蓝试验　　D. 砂当量试验

(2)细集料的砂当量和亚甲蓝值的区别在于(　　)。

A. 砂当量和亚甲蓝值均用以评定细集料的洁净程度

B. 砂当量适用于测定细集料中所含的黏性土或杂质的含量

C. 亚甲蓝值适用于确定细集料中是否存在膨胀性黏土矿物

D. 亚甲蓝试验适用于粒径小于2.36mm或0.15mm的细集料,不适用于矿粉

(3)砂当量试验时,测得砂的含水率为1.5%,则应称取(　　)湿砂进行试验。

A. 101.5g　　B. 121.8g　　C. 138g　　D. 120g

(4)砂当量的试验步骤中,下列说法正确的有(　　)。

A. 将湿砂样用漏斗仔细地倒入加有冲洗液(试筒100mm刻度处)的竖立试筒中,除去气泡,润湿试样,然后放置10min

B. 开动机械振荡器,在30s ±1s的时间内振荡90次

C. 将冲洗管直接插入试筒底部,慢慢转动冲洗管并匀速缓慢提高,直至溶液达到380mm刻度线为止

D. 缓慢匀速向上拔出冲洗管,使液面保持在380mm刻度线处,在无扰动的情况下静置20min ±15s

(5)关于砂当量值,正确的说法有(　　)。

A. 砂当量值 $S_E = h_1/h_2 \times 100$,以百分率计,用整数表示

B. 砂当量值越小,表明砂越洁净

C. h_1 为试筒中絮凝物和沉淀物的总高度

D. h_2 为试筒中目测集料沉淀物的高度

7. 关于细集料的表观密度与表观相对密度试验的问题如下:

(1)细集料的表观密度与表观相对密度的含义,解释正确的选项有(　　)。

A. 细集料的表观密度是指其单位表观体积的干质量,也称为视密度

B. 细集料的表观相对密度是指细集料的表观密度与4℃水的密度之比,以方便计算和在工程中的应用

C. 细集料表观密度试验采用标准法(即容量瓶法),测得的表观体积不包括其开口孔隙体积

D. 细集料表观密度的试验目的是为鉴定其品质,也为水泥混凝土和沥青混合料的组成设计提供原始数据

(2)关于建筑用砂的表观密度试验,对于样品数量与样品处理,正确的说法是(　　)。

A. 取砂样缩分至约660g,烘干,冷却,分为大致相等的两份备用

B. 试样应在105℃的干燥箱中烘干至恒量,并在干燥器中冷却至室温

C. 一次试验应称取300g的烘干试样,精确至1g

D. 应一次准备好平行试验所需的试样数量

(3)建筑用砂表观密度试验的要点为( )。

A. 将称取的试样装入容量瓶,注入自来水至接近500mL刻度处。用手摇转容量瓶,使砂样充分摇动,排除气泡

B. 塞紧瓶塞,静置48h左右,然后用滴管小心加水至容量瓶500mL刻度处

C. 塞紧瓶塞,擦干瓶外水分,称出瓶、砂与水的总质量

D. 倒出瓶中的水和试样,洗净容量瓶,再向瓶中注水至500mL刻度处,塞紧瓶塞,擦干瓶外水分,称出瓶与水的质量

(4)建筑用砂表观密度试验,对试验用水的要求有( )。

A. 应使用冷开水

B. 使用冷开水与自来水均可

C. 试验中两次注入容量瓶中的水,以及从试样加水静置的最后2h起直至试验结束,其温度相差不应超过2℃

D. 整个试验过程中,水温应控制在15~25℃的范围内

(5)砂的表观密度试验结果如下表,请找出试验结果表达错误之处( )。

试验次数	砂的质量(g)	砂+瓶+水总质量(g)	瓶+水质量(g)	水温修正系数(22℃)	砂的表观密度(g/cm³)	
					单个值	平均值
1	300.0	860.6	674.2	0.005	2.640	2.650
2	300.0	864.3	677.1	0.005	2.660	
结论:依据《建设用砂》(GB/T 14684—2011),该砂的表观密度满足规定要求						

A. 质量称量,数据记录的精确度

B. 第2次试验中,计算砂的表观密度单个值的精确度与两次试验平均值的计算值

C. 第1次试验中,计算砂的表观密度单个值的精确度

D. 结论

习题参考答案及解析

一、单项选择题

1. C

【解析】集料在混合料起骨架与填充作用。

2. B

【解析】连续级配的高温稳定性不好。

3. C

【解析】根据《公路水泥混凝土路面施工技术细则》(JTG/T F30—2014)要求,公路面层水泥混凝土,同一配合比用砂的细度模数变化范围不应超过0.3。

4. C

【解析】测含水率时烘箱温度一般应控制在105℃ ±5℃,水泥稳定碎石混合料含水率测定中,烘箱温度应控制在110℃。

5. D

【解析】用于沥青混合料时,针片状颗粒是指用游标卡尺测定的粗集料颗粒的最大长度方向与最小厚度方向的尺寸之比大于3的颗粒。

6. A

【解析】集料的酸碱性对沥青混合料的性能有显著的影响,集料酸碱程度的不同会影响到沥青混合料的黏附效果、水稳定性及力学性能等。

7. D

【解析】粗细集料尺寸划分:水泥混凝土4.75mm、水泥稳定性碎石4.75mm、沥青混合料(除SMA)2.36mm、SMA13为4.75mm。

8. A

【解析】称取烘干至恒重的矿粉质量不少于200g。

9. A

【解析】若砂的级配相同,可由细度模数计算公式得出其细度模数也相同。而当细度模数相同时,砂的级配可能不同。

10. D

【解析】由《公路工程集料试验规程》(JTG E42—2005)及试验原理可知,网篮法和广口瓶法均可测粗集料表观密度、毛体积密度、表干密度。

11. A

【解析】由砂的细度模数计算公式可知,当筛分过程不彻底时,计算得出的砂的细度模数值会偏大。

12. A

【解析】闭口孔隙的多少不影响砂石材料的坚固性。

13. B

【解析】亚甲蓝试验用于测定细集料中所含膨胀性黏土矿物含量,以评定集料的洁净程度。

14. B

【解析】细度模数不能代表颗粒的级配指标。道路工程用石料,按岩类以饱和状态的抗压强度和洛杉矶磨耗率两项指标分级。

15. B

【解析】由细集料筛分试验规程,所有各筛上存留量加上底盘上保留质量之和与筛分试验用量相比,其差不得超过总质量的1%。

16. C

【解析】由累计筛余百分率可知其级配区。

17. A

【解析】真实密度对应实体体积。

18. A

【解析】525×100/105=500g。

19. D

【解析】细集料含泥量试验,两次试验结果的差值应不超过0.4%。

20. C

【解析】粗集料压碎值试验的试样数量应满足夯击后试筒内试样的深度达到100mm。

21. B

【解析】由标准筛筛分结果和集料分档级配可知,10~20mm粗集料的公称粒径为19mm,最大粒径为26.5mm。

22. C

【解析】溶液体积不小于试样总体积的5倍。

二、判断题

1. √

【解析】细集料的压碎值是将集料筛分为4.75~2.36mm、2.36~1.18mm、1.18~0.6mm、0.6~0.3mm四档,取最大单粒径压碎指标值作为该细集料的压碎指标值。

2. ×

【解析】细集料的砂当量越大,表明细集料中小于0.075mm的颗粒中黏性土所占的数量越少,砂的品质越好。

3. ×

【解析】细度模数可用来评价砂的粗细程度,与砂的级配无关。

4. √

【解析】表干称重花费时间较长,部分水分从开口空隙析出,使所测定的密度较正常状况偏高。

5. ×

【解析】粗集料碱活性在于集料中含有活性氧化硅及活性氧化铝等物质。

6. √

【解析】矿质混合料级配设计的常用方法有试算法和图解法两类。

7. √

【解析】棱角性或表面粗糙程度越低,则堆积相对更密实,直观的结果是堆积密度越大。

8. √

【解析】砂中小于0.075mm的颗粒属于泥土颗粒,其含量越少越好。

9. ×

【解析】粗集料的力学指标主要有压碎值、磨耗值等,坚固性是表征粗集料耐候性的一项指标。

10. √

【解析】砂当量试验是通过测定天然砂、人工砂、石屑等各种细集料中所含黏土或杂质的含量，以评价细集料的洁净程度。

11. √

【解析】级配好的集料密实，空隙率小。

12. √

【解析】试验用洁净的水，自来水是洁净的水。

13. ×

【解析】集料的磨光值越高，表明其抗滑性越好。

14. ×

【解析】采用累计筛余百分率对混凝土用砂进行分区。

15. ×

【解析】集料的吸水率与含水率属于不同的概念。

16. ×

【解析】试样总质量应按各筛上存留量及底盘质量总和，而非试验前总质量。

17. √

【解析】水筛法试验规定，两者差值不得超过前者的1%。

18. ×

【解析】粗集料洛杉矶磨耗值越大，耐磨性越差。

19. ×

【解析】对应不同应用目的，针片状颗粒判断方法有所不同。

20. √

【解析】细度模数大小与砂的粗细程度相关。

21. ×

【解析】磨耗试验是测定粗集料的磨耗性能。磨光试验是测定粗集料的抗滑性能，二者不可混淆。

三、多项选择题

1. BCD

【解析】集料的表面特征、颗粒形状、级配都会影响集料间的摩阻力大小。

2. ABCD

【解析】集料中针片状颗粒数量偏多时，会使集料堆积在一起时的空隙率增加，会影响水泥混凝土的强度，而且有损于施工时的和易性，拌和难度加大。

3. AB

【解析】烘干温度不需要调整，试验结果应以质量损失或力学性能降低来表示。

4. ABCD

【解析】粗集料中针片状颗粒对于水泥混凝土，会降低其力学性能，且影响其施工的和易性。而对于沥青混合料，会降低混合料的密实程度，增加沥青用料，针片状颗粒易被压碎。

5. BD

【解析】试验所用1.7cm方孔筛属于非标准筛。而针对不同粒径，试验所需质量应依据标准规定而不同,不同粒径试验时,所需钢球的质量可以有所变化。试验结果以磨耗损失量计。

6. CD

【解析】集料的毛体积密度和表干密度需要测定集料在饱和面干状态下的质量,而真密度和表观密度是测定集料的干质量。

7. AD

【解析】由砂的细度模数计算公式可知,0.075mm 尺寸筛余百分率不计。

8. AB

【解析】集料的毛体积密度可才用表干称重法及蜡封法测定。

9. AC

【解析】砂当量试验所用的化学试剂包括:无水氯化钙、丙三醇(甘油)、甲醛。

10. AC

【解析】横坐标表示粒径,采用对数坐标。纵坐标表示通过量,采用常数坐标。

11. BCD

【解析】粗集料软弱颗粒试验需要的标准筛孔有 4.75mm、9.5mm、16mm。

12. AB

【解析】若已经浸泡完全,则集料测定的密度不受影响。若未浸泡完全,则有部分开口空隙仍然为空气,将造成最后计算得出的毛体积密度偏低。

四、综合题

1. (1) A

【解析】行业标准加载到 400kN 大于国家标准的 200kN,行业标准测得的结果大于国家标准。

(2) C

【解析】四个均有影响。

(3) BC

【解析】行业标准试验结果得到沥青混合料用粗集料压碎值,规范正文中无推荐公式换算成水泥混凝土用的压碎值指标,但国家标准的没有换算行业标准的经验公式。

(4) AB

【解析】集料颗粒相对较小,更易压碎。针片状颗粒更易压碎,则去除针片状颗粒所测结果会变低。

(5) D

【解析】650/2980 = 0.218。570/3000 = 19.0。

2. (1) BCD

【解析】BCD 都可表示砂的级配参数。

(2) B

【解析】依据通过筛余百分率与砂级配范围相对应关系计算的细度模数,可以判断该砂为中砂。

(3)C

【解析】依据砂的细度模数计算公式,代入上表数据,可得砂的细度模数为2.81。

(4)D

【解析】压碎值及针片状颗粒含量用于评价粗集料,而级配及细度模数可以用于评价砂的工程适用性,砂样级配的工程适用性用细度模数评价。

(5)ACD

【解析】A正确,B选项中特细砂上表未给予说明,CD均正确。

3.(1)ABD

【解析】ABD均正确,C选项中没有要求不得有富余。

(2)CD

【解析】0~2.36mm机制砂无需检测含泥量及细度模数。

(3)A

【解析】缩分后试样应满足两份,每份不得少于1kg。

(4)AB

【解析】洛杉矶磨耗值试验可有多种不同的粒级组成,C错误。试验中,用1.7mm方孔筛过筛,并用水冲洗留在筛样上的试样,将小于1.7mm粒径的部分彻底剔除出去。

(5)C

【解析】针片状颗粒含量应取三次结果平均值作为测定值,原有两次试验不必废弃。

4.(1)D

【解析】由于试验仪器及测量方法不一,试验结果没有可比性。

(2)AC

【解析】根据《公路工程集料试验规程》(JTG E42—2005)的规定。

(3)D

【解析】ABC正确,而沥青混合料的粗细集料划分,除SMA沥青混合料之外为2.36mm,例如SMA-13、SMA-16、SMA-20的粗细集料划分界限为4.75mm。

(4)ABD

【解析】用于路面的集料黏附等级一般不小于4级,A集料为3级。磨耗损失及磨耗值越大,则表示集料的耐磨性越差。磨光值越大,则表示集料的抗滑性越好,黏附性等级越高,则表示集料的黏附性越好。A集料相对于B集料抗磨耗性及抗滑性较好,但黏附性较差,因此无法比较A集料与B集料的路用性能。

(5)AB

【解析】由《公路沥青路面施工技术规范》(JTG F40—2004)知,表观密度的技术要求为≥2.50。坚固性要求为≤12。

5.(1)D

【解析】由 $V_v=(1-\rho/\rho_a)\times100\%$,可知,孔隙率岩石1为0.59%,岩石2为0.95%,岩石3为0.39%。

(2)CD

【解析】岩石的孔隙率包含开口空隙率和闭口孔隙率,孔隙率大小对岩石的吸水性、力学性能都有影响。

(3)D

【解析】将相关数据代入毛体积密度计算公式可知,此题选D。

(4)A

【解析】由吸水率计算公式 $w_x = (m_f - m_a)/m_a \times 100\%$。可得吸水率大小关系。

(5)B

【解析】代入空隙率公式,可得B。

6.(1)CD

【解析】亚甲蓝试验及砂当量试验均可以评价砂的洁净程度,即含泥量的大小。

(2)ABC

【解析】ABC均正确,亚甲蓝试验适用于粒径小于2.36mm的细集料以及小于0.075mm的矿粉等材料的质量检验。

(3)B

【解析】由砂的含水率公式,当预称量干燥砂样为120g时的含水砂质量计算得121.8g。

(4)ABCD

【解析】选项均符合相应试验规程。

(5)C

【解析】砂当量是 h_2/h_1,值越大,表明砂越洁净。规范中的 h_2 集料沉淀物的高度,h_1 为絮凝物和沉淀物的总高度。

7.(1)ABCD

【解析】ABCD选项表述均正确。

(2)ABCD

【解析】ABCD选项表述均正确。

(3)ACD

【解析】静置24h左右。

(4)B

【解析】试验用洁净水,且试验温度应控制在23℃±0.7℃,表观密度要求水温不超过1℃。

(5)BCD

【解析】表观密度试验结果保留3位小数。第一次试验结果的表观相对密度为2.641,密度要修正后为2.629,不为2.64。同理,第二次也不正确,且两次试验结果的不大于0.01g/cm³,取平均值,大于0.01时重新试验。

第五章　路面基层与底基层材料

【复习提示】

本部分内容的主要知识点包括：路面基层与底基层材料基本知识，石灰，粉煤灰，基层、底基层混合料配合比设计，无机结合料稳定材料的最大干密度和最佳含水率，无侧限抗压强度，无机结合料稳定材料取样，水泥或石灰剂量等。

本部分内容的复习重点包括：不同层位材料的强度与压实度要求；石灰有效氧化钙和氧化镁含量试验原理与方法；粉煤灰烧失量测定方法；无机结合料稳定材料配合比设计方法与步骤；击实试验方法；试件成型方法，标准养护方法，无侧限抗压强度试验方法；EDTA 滴定法的试验方法等。

本部分内容涉及的规范包括：

《公路工程无机结合料稳定材料试验规程》(JTG E51—2009)，适用于水泥、石灰、粉煤灰等工业废渣及其综合稳定材料的物理、力学试验，以及石灰、水泥、粉煤灰等原材料试验。

《公路路面基层施工技术细则》(JTG/T F20—2015)，适用于各等级公路新建和改扩建工程的基层、底基层施工。

一、单项选择题

1. 无机结合料稳定材料试件养护期最后一天，试件应浸泡在水中，应使(　　)。

A. 水面在试件中部　　B. 水面与试件顶面平齐

C. 水面在试件顶上约 2.5cm　　D. 水面在试件顶上约 5.0cm

2. 有关 EDTA 滴定法的描述有：①适用于工地快速测定水泥和石灰稳定土中水泥和石灰的剂量；②可用于检查混合料拌和的均匀性；③对于不同时间配制的 EDTA 标准液，只要控制配制质量，可以重复使用标准曲线；④更换水泥或石灰不会影响标准曲线；⑤改变粗集料时重新确定标准曲线；正确的描述有(　　)。

A. ①②③　　B. ①②⑤

C. ①②④⑤　　D. ①②③

3. EDTA 法测定石灰剂量的试验操作内容包括：①搅拌 3min，静置沉淀 4min，直到出现澄清悬浮液为止，记录时间；②移液管吸取上层悬浮液转移至三角瓶中，加入一定量 1.8% 氢氧化钠溶液，再加入钙红指示剂并摇匀；③选取有代表性的混合料 300g，置于搪瓷杯中，搅散并加入 600mL 10% 氯化铵溶液；④用 EDTA 标准液滴定，当被滴定溶液由红色转变为蓝色时，滴定结束，并记录 EDTA 消耗量(mL)。上述操作内容正确的顺序为(　　)。

A. ②③①④　　B. ③①②④

C. ①②③④　　D. ①④③②

4. 石灰稳定碎石基层采用路拌法施工时，混合料实际石灰剂量比室内试验确定的剂量宜增加(　　)。

A. 0.3%　　B. 0.5%

C. 0.7%　　D. 1.0%

5. 下列属于刚性基层的有(　　)。

A. 水泥混凝土　　B. 水泥稳定碎石

C. 二灰稳定碎石　　D. 石灰稳定土

6. 石灰有效氧化钙含量测定过程中,在接近终点时,消失的红色在较短时间内会多次反复出现,该现象说明(　　)。

A. 石灰样品的有效氧化钙含量较高　　B. 石灰中的氧化镁含量偏高反应较慢

C. 石灰的质量较好　　D. 滴定方法有误

7. "水稳"是水泥稳定基层材料类的简称,不适宜水泥稳定的材料是(　　)。

A. 高液限黏土　　B. 砂砾土

C. 无级配碎石　　D. 工业废渣

8. 相对于石灰稳定类,正确表征水泥稳定类无机结合料特点的选项是(　　)。

A. 对施工有更严苛的技术要求　　B. 后期强度发展速率较慢

C. 收缩开裂程度有所降低　　D. 抗冲刷能力同样较差

9. 下列检测项目中(　　)不属于二灰碎石基层的检测项目。

A. 压实度　　B. 弯沉　　C. 平整度　　D. 厚度

10. 下列关于土的 CBR 试验说法错误的选项是(　　)。

A. CBR 值越大,表示材料强度越大

B. 土石混合料的 CBR 值大于细粒土的 CBR 值

C. CBR 值是一定贯入量下的压力值

D. CBR 是评定路基土和路面材料的力学性能指标

11. 下列检测项目中不属于级配碎(砾)石基层和底基层检测项目的是(　　)。

A. 压实度　　B. 抗压强度　　C. 平整度　　D. 厚度

12. 水泥、石灰剂量测定应进行平行试验,取算术平均值,允许重复性误差不得大于均值的(　　),否则重新进行试验。

A. 2%　　B. 3%　　C. 5%　　D. 10%

13. 水泥稳定类材料的延迟时间是指(　　)。

A. 从加水拌和到开始铺筑的时间　　B. 从加水拌和到开始碾压的时间

C. 从加水拌和到碾压终了的时间　　D. 从加水拌和到开始凝固的时间

14. 石灰稳定碎石集中厂拌法施工时,混合料实际石灰剂量比室内试验确定的剂量增加(　　)。

A. 0.30%　　B. 0.50%　　C. 0.70%　　D. 1.00%

15. 当三、四级公路铺装沥青混凝土或水泥混凝土路面时,其路基压实度应采用(　　)。

A. 高速公路　　B. 一级公路　　C. 二级公路　　D. 三、四级公路

16. 高速公路、一级公路的基层宜选用(　　)型无机结合料稳定混合料。

A. 骨架密实　　B. 骨架空隙

C. 悬浮密实　　D. 均匀密实

17. 以下无机结合料稳定土中:①石灰稳定细粒土;②水泥稳定细粒土;③石灰水泥稳定细粒土;④石灰粉煤灰稳定细粒土;⑤水泥粉煤灰稳定细粒土;⑥石灰稳定粗粒土;击实试验中混合料拌和时间超过1h,仍可以进行击实试验的有(　　)。

A. ①③⑤　　B. ①③④⑥　　C. ①④⑥　　D. ①②③④⑤⑥

18. 石灰稳定土击实试验有以下说法:①试料采用四分法取样;②预定含水率依次相差1%~2%,且其中至少有2个大于和2个小于最佳含水率;③试料加入计算用水量拌和石灰后装入塑料袋浸湿备用;④最后一层试样超出试筒顶的高度不得大于6mm;正确说法是(　　)。

A. ①②④　　B. ②④　　C. ②③　　D. ①②③④

19. 贫混凝土基层属于(　　)基层。

A. 其他类　　B. 刚性类　　C. 柔性类　　D. 半刚性类

20. EDTA滴定法测定水泥剂量的试验工作包括:①准备标准曲线;②移液管吸取上层悬浮液置于三角瓶。加入1.8%氢氧化钠,加入钙红指示剂并摇匀;③称取300g混合料放在搪瓷杯中,搅散并加入600mL 10%氯化铵溶液;④搅拌3min,放置沉淀4min,直到出现澄清悬浮液为止,记录时间,转移上部清液;⑤选取有代表性的混合料;⑥EDTA标准液滴定,并记录消耗量;正确的试验顺序为(　　)。

A. ①②③④⑤⑥　　B. ①⑤④③②⑥

C. ①⑤②③④⑥　　D. ①⑤③④②⑥

21. 级配碎石混合料应用于公路路面基层,属于(　　)基层。

A. 其他类　　B. 刚性类　　C. 柔性类　　D. 半刚性类

22. 有关无机结合料稳定材料顶面法测定室内抗压回弹模量的说法中,不正确的是(　　)。

A. 试件是高径比为1:1的圆柱体

B. 试验前对端面处理过的试件浸水1昼夜

C. 荷载应逐级加载、卸载

D. 试件按照最佳含水率和最大干密度成型

23. 关于无机结合料稳定材料无侧限抗压强度试验有以下说法:①试件是高径比为1:2的圆柱体;②试件以最佳含水率和最大干密度静压成型;③中粒土试模直径为15cm;④北方地区试件养护温度为20℃±2℃;⑤试件保湿保温养护7d后进行强度试验。说法全部不正确的是(　　)。

A. ①③④　　B. ①②⑤　　C. ②③④　　D. ①②④

24. 水泥稳定类材料组成设计内容包括:①击实试验确定混合料最佳含水率和最大干密度;②计算试验结果的平均值和偏差系数;③检验水泥最小剂量要求;④分别配制同一种土样、不同水泥剂量的混合料;⑤进行规定龄期的无侧限抗压强度试验;⑥按含水率和干密度要求制备试件;⑦根据强度标准,确定合适的水泥剂量;⑧分别计算不同水泥剂量混合料在规定压实度下的干密度。正确的设计步骤排序是(　　)。

A. ①⑧③④⑥⑤②⑦　　B. ①②⑧③④⑥⑤⑦

C. ④①⑧⑥⑤②⑦③　　D. ④①②⑧③⑥⑤⑦

25. 当基层材料使用粉煤灰时,要求粉煤灰成分中的(　　)总量大于70%。

A. 二氧化硅　　B. 三氧化二铝　　C. 三氧化二铁　　D. 前三者之和

26. 在无机结合料稳定土无侧限抗压强度试验中当偏差系数为10% ~15%时,试件应不少于(　　)。

A. 6个　　B. 9个　　C. 13个　　D. 12个

27. 石灰或水泥稳定土中,相应石灰或水泥剂量的测定采用EDTA滴定法,滴定终点的颜色变化是(　　)。

A. 从粉红色变为无色　　B. 从无色变为粉红色

C. 从纯蓝色变成酒红色　　D. 从酒红色变成纯蓝色

28. 无机结合料标准养护方法是(　　)。

A. 20℃ ±1℃　　B. 20℃ ±2℃　　C. 25℃ ±1℃　　D. 25℃ ±2℃

29. 评价石灰质量的最主要的指标是(　　)。

A. 活性氧化钙和氧化镁含量　　B. 细度

C. 二氧化碳含量　　D. 体积安定性

30. 石灰粉煤灰稳定土劈裂强度试验,试件正确的养护方法应是(　　)。

A. 先浸水1d,再标准养护179d　　B. 先标准养护179d,再浸水1d

C. 先浸水1d,再标准养护89d　　D. 先标准养护89d,再浸水1d

31. 粉煤灰烧失量试验的工作:①称取烘干后的粉煤灰质量1g;②将坩埚放入950℃左右的高温炉灼烧至恒重;③将装有粉煤灰的坩埚在950℃左右灼烧15 ~20min;④反复灼烧,直到两次差值小于0.0005g;⑤称取灼烧后的坩埚及粉煤灰质量。正确的试验顺序为(　　)。

A. ④②③①⑤　　B. ⑤④③①②

C. ①②③⑤④　　D. ①⑤④③②

32. 若m_0为混合料质量,m_1为干混合料质量,m_2为无机结合料质量,δ为计算混合料质量的冗余量,α为无机结合料的掺量,内掺法计算每个试件的无机结合料质量计算公式为(　　)。

A. $m_2 = m_1 \times \alpha/(1+\alpha)$　　B. $m_2 = m_1 \times \alpha$

C. $m_0 = m_1 \times \delta$　　D. $m_0 = V \times \rho_{max}$

33. 有可能造成无机结合料无侧限抗压强度试验结果偏高的原因是(　　)。

A. 试件两个底面不平整　　B. 加载速率快

C. 使用的球形支座未能灵活转动　　D. 加载过程中温度偏高

34. 无机结合料稳定类材料配合比设计采用(　　)d龄期无侧限抗压强度。

A. 3　　B. 7　　C. 14　　D. 28

35. 路面基层施工中,采用EDTA滴定法进行石灰或水泥剂量的测定时,首先要制作标准曲线。在整个施工过程中,可能要二次制作标准曲线,需重新制作标准曲线的原因是(　　)。

A. 原材料发生变动

B. EDTA溶液用完后需重新配制

C. 待测无机结合料取样方式改变

D. 施工环境发生改变

36. 用环刀法检测压实度时,如环刀打入深度较浅,则检测结果会(　　)。

A. 偏大　　B. 没影响

C. 偏小　　D. 不确定

37. 测定水泥或者石灰稳定材料中水泥或石灰剂量的方法是(　　)。

A. 酒精法　　B. EDTA 滴定法

C. 勃氏法　　D. 砂浴法

38. 水泥石灰综合稳定时,水泥用量占结合料总量的(　　)以上,按水泥稳定类进行组成设计。

A. 30%　　B. 40%

C. 50%　　D. 60%

39. 水泥稳定土击实试验有以下说法:①试料采取四分法取样;②预定几个不同含水率,依次相差 0.5% ~1.5%,且其中至少有 2 个大于或 2 个小于最佳含水率;③试料加入计算用水量和水泥后装入塑料袋浸湿备用;④最后一层试样超出筒顶的高度不得大于 4mm。其中错误的说法有(　　)。

A. ①②④　　B. ②④

C. ③④　　D. ①②③④

40. 水泥稳定碎石混合料含水率测定中,烘箱温度应控制在(　　)。

A. 100℃　　B. 80℃

C. 110℃　　D. 120℃

二、判断题

1. 乳化沥青碎石、贫混凝土可以用于高速公路路面基层。(　　)

2. 无机结合料稳定材料顶面法测定室内抗压模量试验,试件按照最佳含水率和最大干密度成型。(　　)

3. 各类基层和底基层压实度代表值不得小于规定的代表值,单点不得小于规定极值。小于规定代表值 1 个百分点的测点,应按其占总检查点数的百分率计算合格率。(　　)

4. 半刚性基层和底基层的强度应采用现场随机选点钻取芯样进行测试。(　　)

5. 为检验水泥稳定碎石基层的承载力,应在施工结束后验收其弯沉值。(　　)

6. 无机结合料试件用反力框架和千斤顶或压力试验机制件。(　　)

7. 按照我国有关规定,必须进行土基现场 CBR 值测试,以检验路基施工质量。(　　)

8. 无机结合料稳定材料进行无侧限抗压强度测定,强度试验结果的偏差系数大于规定值时,如不能降低偏差系数,则应增加试件数量。(　　)

9. 烘干法测定无机结合料稳定材料含水率时,当冷却试样连续两次称量的差不超过原试样质量的 1% 即认为样品已烘干。(　　)

10. 水泥稳定土采用集中厂拌法施工时水泥剂量宜比试验室确定的剂量增加 1%。(　　)

11. 石灰稳定土适用于各级公路的路面基层。(　　)

12. 水泥稳定材料击实试验,最后一层试样击实后应与试筒顶平齐,否则作废。(　　)

13. 环刀法适用于测定粗粒土路基及无机结合料稳定粗粒土路面基层的密度。(　　)

14. 半刚性基层材料配合比设计，以无侧限抗压强度试验结果的平均值作为设计指标。 （ ）

15. 石灰的有效钙镁含量测定时，要将石灰完全溶解于水中，通过化学滴定的方法进行检测。 （ ）

16. CBR 试验可用静压法制备三种干密度试件，以便得到不同干密度下的 CBR 值。 （ ）

17. 级配碎石可以用作各级公路的基层或底基层，也可作为沥青面层与半刚性基层的过渡层。 （ ）

18. 公路路面基层按材料组成可划分为有结合料稳定类和无黏结粒料类两种。 （ ）

19. 水泥综合稳定材料中，水泥和石灰的比例宜取 60:40、50:50、40:60。 （ ）

20. 为了保证路基工程的内在施工质量，选择填料时，应进行 CBR 试验。 （ ）

21. 综合稳定材料是指两种或两种以上无机结合料稳定的强度符合要求的混合料。 （ ）

22. 石灰粉煤灰稳定碎石用粉煤灰的烧失量要求不大于 5%。 （ ）

23. 水泥稳定基层施工中，采用快硬水泥可以加快施工进度。 （ ）

24. 无机结合料稳定基层材料应具有良好的水稳定性与抗冻性。 （ ）

25. 贫混凝土基层作为刚性基层一般适用于重交通或特重交通路面。 （ ）

26. 用石灰稳定无塑性指数的级配砂砾时，应添加 15% 左右的黏性土。 （ ）

27. 半刚性基层材料在北方地区 20℃ ±2℃ 条件，湿养 6d 浸水 1d 后，进行无侧限抗压强度试验。 （ ）

28. 劈裂强度试验作为应力检验时，石灰稳定类材料试件养生时间为 6 个月。 （ ）

29. 无机结合料稳定材料无侧限抗压强度试验，为保证结果的可靠性和准确性. 每组试件的数目要求为：小试件不少于 6 个；中试件不少于 9 个；大试件不少于 13 个。 （ ）

30. 水泥土可用作高速公路基层。 （ ）

31. 一般石灰、粉煤灰稳定粒料不能用于二级及二级以下公路基层。 （ ）

32. 击实试验中，为了保证试样的完整性，最后一层试样击实后，试样高度应超出试筒顶 10mm，取下套环后刮除多余部分，并刮平表面。 （ ）

33. 击实试验利用标准化的击实仪具，检测土的密度和相应的含水率以及二者的关系。用来模拟现场施工条件下，获得路基土压实时的最大干密度和相应的最佳含水率。 （ ）

34. 采用顶面法测定无机结合料稳定材料抗压回弹模量时，为了保证回弹形变测量的准确性，百分表应安置在顶板直径线两侧，并距离试件中心大致相等。 （ ）

35. 采用 EDTA 滴定法可以快速测定水泥稳定土中的水泥剂量，但应严格控制首次确定的标准曲线，以后每次测定时只需配制 EDTA 溶液和代表性混合料滴定即可达到快速测定目的。 （ ）

36. 击实试验中，加入水泥的试样拌和后 1h 内应完成试验，否则试样废弃。 （ ）

37. 公路路面底基层按材料力学性能划分为半刚性类、柔性类和刚性类。 （ ）

38. 基层材料力学强度越高，越利于其抗冲刷性能。 （ ）

39. 石灰消解之后需陈伏一段时间再使用，以防止石灰应用过程中发生不安定现象。（　　）

三、多项选择题

1. 填隙碎石基层或底基层实测关键项目有（　　）。

A. 弯沉值　　B. 纵断高程

C. 固体体积率　　D. 平整度

2. 石灰粉煤灰稳定粒料用作二级公路基层时，应符合的要求是（　　）。

A. 细集料有机质含量不大于 10%

B. 要求压实度不小于 97%

C. 要求 7d 无侧限抗压强度为 3 ~ 5MPa

D. 集料颗粒的最大粒径不应超过 31.5mm

3. 粉煤灰作为基层材料，其控制指标有（　　）。

A. SiO_2、Al_2O_3、Fe_2O_3 总含量　　B. 烧失量

C. 比表面积　　D. 氧化钙和氧化镁含量

4. 采用 EDTA 滴定法快速测定水泥稳定材料的水泥剂量时，不同龄期应有不同标准曲线，龄期效应曲线与（　　）有关。

A. 养护　　B. 水泥剂量　　C. 温度　　D. 水泥品质

5. 关于水泥稳定材料击实试验的说法中，正确的有（　　）。

A. 试验材料采用四分法准备

B. 将计算得到的加水量和结合料剂量掺入拌和后应密封浸湿备用

C. 最后一层试样击实后，试样超出筒顶的高度不得大于 2mm，否则作废

D. 击实试验应在加水拌和后 1h 内完成

6. 以下不能直接采用水泥稳定的土有（　　）。

A. 有机质超过 2% 的土　　B. 塑性指数大于 12 的土

C. 硫酸盐含量超过 0.25% 的土　　D. 均匀系数大于 10 的土

7. 公路路面基层材料从不同角度可划分为（　　）。

A. 有结合料稳定类和无黏结粒料类

B. 高等级公路基层和一般公路基层

C. 柔性基层、半刚性基层和刚性基层

D. 水泥稳定类、石灰工业废渣类、石灰稳定类及沥青稳定类

8. 石灰稳定土层在施工前，应对所用生石灰进行质量检验，以下叙述不正确的是（　　）。

A. 有效氧化钙含量是评价路用石灰质量的主要指标

B. 氧化镁在 5% 以上的石灰，适合用氧化钙和氧化镁简易测定方法

C. 石灰有效氧化钙测定方法不需要用到蔗糖

D. 氧化钙和氧化镁简易测定方法需要用到 0.5mol/L 盐酸标准溶液

9. 以下基层属于柔性类基层的有（　　）。

A. 沥青贯入碎石　　B. 级配碎石

C. 石灰稳定碎石　　D. 沥青稳定碎石

10. 在 EDTA 滴定试验中,使用到的化学试剂包括(　　)。

A. 氯化铵溶液　B. 氯化钾饱和溶液　C. 氯化镁溶液　D. 氢氧化钠溶液

11. 路面基层稳定土粒料进行无侧限抗压强度试验必须符合的条件是(　　)。

A. 在规定温度下保湿养生 6d　　B. 在规定温度下养生 6d

C. 浸水 24h　　D. 浸水 12h

12. 无机结合料稳定土底基层压实度检测可采用(　　)。

A. 灌砂法　B. 环刀法　C. 钻芯法　D. 无核密度仪法

13. 无机结合料稳定材料试件养生后应该作废的情况有(　　)。

A. 养生期间试件边角有明显缺陷　　B. 试件质量损失超过规定

C. 试件养生最后一天浸水 24h　　D. 养生温度为 20℃、湿度大于 95%

14. 刚性基层一般适用于(　　)路面基层。

A. 轻交通　B. 中交通　C. 重交通　D. 特重交通

15. 基层材料最大干密度确定的方法有(　　)。

A. 击实法　B. 振动台法　C. 理论计算法　D. 表面振动压实仪法

16. 级配碎石基层宜采用(　　)确定最大干密度。

A. 轻型击实法　B. 重型击实法　C. 振动台法　D. 表面振动压实仪法

17. 下列针对基层无机结合料中石灰或水泥剂量测定的描述正确选项是(　　)。

A. 试验检测的原理是酸碱中和原理

B. 检测结果需要从工作曲线上查得而非计算得到

C. EDTA 标准溶液的浓度要严格标定

D. 试验检测的方法从化学上可称为滴定法

18. 相对于水泥稳定类无机结合料,采用石灰稳定类无机结合料的特点是(　　)。

A. 强度不高但水稳性较好

B. 具有较为宽松的施工时间

C. 较为经济

D. 与水泥稳定类相比具有较低的收缩开裂现象

19. 关于无机结合料稳定材料抗压强度试验中,针对试件的说法不正确的是(　　)。

A. 试件采用高径比为 1∶1 的圆柱体

B. 试件采用击实方法成型

C. 试件应饱水养护 7d

D. 试件必须按照最佳含水率和最大干密度成型

20. 以下材料可以作为高等级路面基层的有(　　)。

A. 级配碎石　B. 沥青碎石　C. 乳化沥青碎石　D. 连续配筋混凝土

21. 无机结合料稳定类混合料的组成设计主要确定(　　)。

A. 集料级配　B. 结合料剂量　C. 最佳含水率　D. 最大干密度

22. 关于石灰稳定粒料基层的正确说法是(　　)。

A. 混合料处于最佳含水率状况下,用重型压路机碾压至要求的压实度

B. 保湿养护,养护期应符合规范要求

C. 评定实测关键项目为压实度,平整度和强度

D. 混合料设计强度是指无侧限抗压强度

四、综合题

1. 某一级公路路面底基层为20cm厚的石灰稳定细粒土,基层为30cm厚的水泥稳定碎石。现根据施工需求进行配合比设计。试回答下列问题。

(1)石灰稳定土配合比设计中击实试验,采用甲法试验,已知击实后湿土及试筒的总质量为2900.3g,试筒质量850.6g,测得试样含水率为13.5%,干密度是(　　)。

A. 1.69g/cm³　　B. 1.91g/cm³　　C. 1.81g/cm³　　D. 1.71g/cm³

(2)进行底基层配合比设计需做石灰稳定土击实试验,已知灰剂量为8%,现需要拌和含水率为12%的混合料2200g,需要石灰(　　)。

A. 145.5克　　B. 157.1克　　C. 176克　　D. 264克

(3)在石灰稳定细粒土配合比设计阶段,需要进行无侧限抗压强度试验,在无侧限抗压强度试验的试件制备环节,不需要用到的试验指标是(　　)。

A. 剂量　　B. 最佳含水率、最大干密度

C. 压实度标准　　D. 试模的质量

(4)水泥稳定级配碎石配合比设计中需要进行的试验项目是(　　)。

A. 击实试验　　B. 压碎值试验

C. 有机质含量　　D. 硫酸盐含量

(5)在底基层和基层施工环节,已得到标准曲线,需要进行EDTA滴定法测定灰剂量,滴定时,需要往三角瓶内加入悬浮液、氢氧化钠溶液的量分别是(　　)。

A. 10mL;50mL　　B. 10mL;60mL

C. 20mL;50mL　　D. 20mL;60mL

2. 某试验室在水泥稳定碎石基层混合料配合比设计中,进行无侧限抗压强度试验。请按试验要求回答以下问题。

(1)制备试件应为(　　)。

A. ϕ100mm×100mm圆柱体　　B. ϕ150mm×150mm圆柱体

C. 边长150mm正方体　　D. ϕ50mm×50mm圆柱体

(2)将已在温度(　　)、湿度(　　)以上环境中养护(　　)d、浸水一昼夜的试件吸取表面水分,并称重,量取高度。

A. 25℃±2℃,90%,7　　B. 20℃±2℃,90%,6

C. 25℃±2℃,95%,7　　D. 20℃±2℃,95%,6

(3)根据材料类型和一般工程经验,选择合适量程的测力计和压力机,试件破坏荷载应大于测力量程的(　　)且小于测力量程的(　　)。

A. 20%,80%　　B. 10%,90%　　C. 30%,70%　　D. 20%,70%

(4)试验过程中,保持加载速率为(　　)。

A. 1mm/min　　B. 1cm/min　　C. 5mm/min　　D. 5cm/min

(5)该组试件试验结果的变异系数应控制在(　　)以内。

A. 20%　　B. 15%　　C. 10%　　D. 6%

3. 对某高速公路水泥稳定碎石基层材料强度进行施工过程中的质量抽检,并进行评定。已知该水泥稳定碎石基层材料的7d无侧限抗压强度设计要求为4.0MPa,按照要求每2000m^2制备一组6个试件。试回答下列问题。

(1)混合料取样的正确做法是(　　)。

A. 在拌和站取料,分别来源于3~4台不同的运料车

B. 在运料车取料,分别来源于3~4台不同的运料车

C. 在摊铺机后取料,分别来源于3~4台不同的运料车

D. 混合后进行四分法取样

(2)试件制备和养护的正确做法是(　　)。

A. 采用击实法成型

B. 采用振动压实法成型

C. 在标准养护环境中养护6d、浸水1d

D. 按工地预定达到的压实度,采用静力压实法成型

(3)试验步骤中最重要的环节是(　　)。

A. 称试件质量(g)

B. 测量试件高度h(cm)

C. 测定试件含水率(%)

D. 安置试件,以1mm/min的速率加载,记录试件破坏时的最大压力P(N)

(4)如果试件的直径为D(mm),那么试件的无侧限抗压强度R_e为(　　)MPa。

A. $P/(\pi D^2/4)$　　B. $P/(\pi hD)$　　C. $P/(hD)$　　D. $P/(whD)$

(5)经过整理后的试件平均强度为4.3MPa,试验结果的偏差系数为0.06,$Z_a=1.645$,那么该评定段内水泥稳定碎石基层材料强度评定为(　　)。

A. 不合格　　B. 合格　　C. 良好　　D. 优秀

4. 某试验室为某高速公路做石灰粉煤灰稳定细粒土配合比设计。①在进行原材料试验检测的基础上,制备了下列样品:干消石灰3kg、含水率为20%的粉煤灰5kg,含水率为10%的土样20kg,试验用水为饮用水。②进行击实试验得到最大干密度为1.69g/cm^3,最佳含水率为17%。③按设计重量比为石灰:粉煤灰:土=10:22:68制备一组强度试件,工地压实度95%。④进行无侧限抗压强度试验所测得6个试件强度值的平均值为0.95MPa,$C_v=8.6\%$。

试回答下列问题。

(1)进行消石灰原材料的有效氧化钙含量测定时,需将消石灰样品用四分法缩减至略大于(　　)g。

A. 1　　B. 5　　C. 10　　D. 20

(2)下列关于无机结合料稳定材料击实试验说法正确的是(　　)。

A. 甲类和乙类击实方法的锤击层数均为5层,容许最大公称粒径为19mm

B. 采用电动击实仪比人工击实的离散性小

C. 对于细粒土，预定含水率时，可按最佳含水率较塑限小 3% ~10% 考虑

D. 在测定含水率时，需将烘箱的温度事先调整至 105℃左右

(3)制备一个试件所需干混合料的总质量是(　　)g。

A. 177.3　　B. 157.9　　C. 142.8　　D. 140.4

(4)进行无侧限抗压强度的试件需进行养护，可采用的养护方法有(　　)。

A. 小试件从试模中脱出并称量后，立即放到密封湿气箱和恒温室内养护

B. 中试件和大试件蜡封保湿保温养护

C. 养护温度在南方取 25℃

D. 中试件和大试件先用塑料薄膜包覆，再放入密封湿气箱，恒温养护

(5)若设计强度标准为 0.8MPa，则控制用的平均强度值为(　　)MPa。

A. 0.96　　B. 0.91　　C. 0.88　　D. 0.80

5. 某公路路面底基层石灰稳定细粒土、基层为水泥稳定碎石。围绕路面基层施工有关试验，请回答下列问题：

(1)石灰稳定细粒土配合比设计中，不需要进行的试验项目是(　　)。

A. 有机质含量　　B. 液塑限试验

C. 压碎值试验　　D. 石灰有效的氧化钙和氧化镁含量

(2)进行石灰稳定细土粒击实试验，在试验准备环节，需风干试料，同时土团应捣碎到能通过(　　)的筛备用。

A. 1.18mm　　B. 4.75mm　　C. 2.36mm　　D. 9.5mm

(3)进行石灰石稳定击实试验，以下不属于该次试验的计算和处理的内容有(　　)。

A. 级配的确定和计算　　B. 最大干密度和最佳含水率的确定

C. 湿密度的计算　　D. 干密度的计算

(4)水泥稳定碎石配合比设计中必须要进行的试验项目有(　　)。

A. 击实试验　　B. 硫酸盐含量测定

C. 压碎值试验　　D. 有机质含量测定

(5)在底基层和基层施工环节，需要进行 EDTA 滴定法测定灰剂量，以下叙述正确的是(　　)。

A. 施工中，更换了水泥厂家，需要重做标准曲基层线

B. 底基层施工中，更换了取土坑，不需要重做标准曲线

C. 底基层施工中，更换了石灰厂家，需要重做标准曲线

D. 基层施工中，可取 300g 湿混合料进行滴定试验

习题参考答案及解析

一、单项选择题

1. C

【解析】在养护期的最后一天，将试件取出，观察试件的边角有无磨损和缺块，并量高、

称质量,然后将试件浸泡于20℃ ±2℃的水中,应使水面在试件顶上约2.5cm。

2. B

【解析】 EDTA滴定法的适用范围有①本方法适用于工地快速测定水泥和石灰稳定材料中水泥和石灰的剂量,并可用于检查现场拌和与摊铺的均匀性;②本方法适用于在水泥终凝之前的水泥计量的测定,石灰计量的测试应在路拌后尽快测试;③本方法可以用来测定水泥与石灰综合稳定材料中结合料的计量。

3. B

【解析】 选取有代表性的混合料300g(细粒土),取一个盛试样的搪瓷杯加入两倍试样质量体积(600mL)10%氯化铵溶液,用搅拌棒搅拌3min,放置沉淀4min,将上部清液移到300mL烧杯中,摇匀加盖表面皿待测;用移液管吸取上层悬浮液10mL放入200mL锥形瓶,用量筒取50mL 1.8%氢氧化钠(内含三乙醇胺)溶液到入锥形瓶中,此时pH值为12.5~13.0,然后加入钙红指示剂,用EDTA二钠标准液滴定到纯蓝色为终点,记录EDTA二钠的耗量。

4. D

【解析】 对石灰稳定材料,工地实际采用的石灰剂量宜比室内试验确定的剂量多0.5%~1.0%。采用集中厂拌法施工时宜增加0.5%,采用路拌法施工时宜增加1.0%。

5. A

【解析】 二灰稳定土基层、石灰稳定土基层、水泥稳定碎石基层,为无机结合料稳定类基层,也称半刚性类基层。沥青碎石基层属于柔性类基层。

6. D

【解析】 氧化镁的分解作用缓慢,如果氧化镁含量高,到达滴定终点的时间过长,增加了空气中二氧化碳的作用时间,影响测定结果。短时间内多次反复出现消失的红色,是滴定操作方法有误。

7. A

【解析】 高液限黏土透水性较差;干硬时强度高,坚硬不易挖掘,不易压实;毛细现象明显,吸水后能长时间保持水分,故吸水后承载力小、稳定性差;具有较大的可塑性、弱膨胀性和黏性。不具有水泥稳定类材料良好的整体性、足够的力学强度和抗冻性。

8. A

【解析】 水泥稳定类无机结合料由于水泥与水接触发生水化反应,对施工有更严苛的技术要求。

9. B

【解析】 二灰碎石基层检测项目有:压实度、无侧限抗压强度、平整度、厚度、宽度、纵断高程、横坡。

10. C

【解析】 土的CBR值指试料贯入量达2.5mm时,单位压力对标准碎石压入相同贯入量时荷载强度的比值。

11. B

【解析】 级配碎(砾)石基层和底基层检测项目有:压实度、弯沉值、平整度、纵断高程、宽度、厚度、横坡,其中压实度和厚度是关键项目。

12. C

【解析】允许重复性误差不得大于均值的5%,否则重新进行试验。

13. C

【解析】水泥稳定材料的延迟时间是指水泥从加水拌和到碾压终了的时间。

14. B

【解析】对石灰稳定材料,工地实际采用的石灰剂量宜比室内试验确定的剂量多0.5%~1.0%。采用集中厂拌法施工时宜增加0.5%,采用路拌法施工时宜增加1.0%。

15. C

【解析】三、四级公路铺筑水泥混凝土路面或沥青混凝土路面时,其压实度应采用二级公路的规定值。

16. A

【解析】骨架空隙是连续开级配的沥青混合料,由于细集料的数量较少,粗集料之间难以紧密相连,而且有较多的空隙;悬浮密实是指连续密级配的沥青混合料,由于细集料的数量较多,粗集料被细集料挤开,因此,粗集料以悬浮状态位于细集料之间。这种结构的沥青混合料的密实度较高,但稳定性较差。以上两种结构均难以满足高速公路和一级公路对基层的性能要求。不存在均匀密实这种类型。

17. C

【解析】加有水泥的式样拌和后,应在1h内完成击实试验,应选组成成分中没有水泥的无机结合料。

18. D

【解析】试样采用四分法缩分,制备试样时,将计算的用水量喷洒在试料上,并加入石灰拌匀后装入密闭容器或塑料口袋内润湿备用。最后一层试样击实后试样超出筒顶高度不得大于6mm。

19. B

【解析】刚性基层采用普通混凝土、碾压式混凝土、贫混凝土、钢筋混凝土、连续配筋混凝土等材料。

20. D

【解析】EDTA滴定法测定水泥剂量,先制备标准曲线,对于细粒土,可称取300g左右准备试验,在盛样器中加入两倍试样质量体积的10%氯化铵溶液,对于300g试样,应搅拌3min,放置沉淀4min,若4min后得到的是浑浊悬浮液,应增加放置沉淀时间直到出现澄清悬浮液为止,记录时间,转移上部清液;滴定时,先用移液管吸取上层悬浮液置于三角瓶。加入1.8%氢氧化钠,加入钙红指示剂并摇匀,再开始滴定。

21. C

【解析】柔性基层的粒料类材料,包括级配碎石、级配砾石、符合级配的天然砂砾、部分砾石经轧制掺配而成的级配碎砾石,以及泥结碎石、泥灰结碎石、填隙碎石等基层材料。

22. D

【解析】根据最大干密度,最佳含水率及无机结合料的配合比、压实度来计算每份料加水量及无机结合料质量。

23. B

【解析】无机结合料稳定材料无侧限抗压强度试验，试件是高径比为1:1的圆柱体，根据最大干密度，最佳含水率及无机结合料的配合比、压实度计算原料来成型，试件标准养护6d，最后一天浸于水中。

24. C

【解析】无机结合料稳定材料的组成设计，拟定混合料配比步骤如下：①选定不同的石灰或水泥剂量，制备同一种土样的混合料试件若干。②通过击实试验，确定各种混合料的最佳含水率和最大干密度。③按规定的压实度，分别计算不同剂量的试件应有的干密度。④按最佳含水率合干密度制备试件。⑤试件按规定养护后，进行无侧限抗压强度试验。⑥计算试验结果的平均值和偏差系数。⑦选定合适的水泥或石灰剂量。⑧确定水泥的最小剂量。

25. D

【解析】当基层材料使用粉煤灰时，要求粉煤灰成分中的二氧化硅、三氧化二铝及三氧化二铁总量大于70%

26. B

【解析】在无机结合料稳定土无侧限抗压强度试验中当偏差系数为10% ~15%时，试件应不少于9个。

27. D

【解析】待测试样加入钙红指示剂后，呈现玫瑰红色，滴定颜色变为紫色时，放慢滴定速度，直到纯蓝色的为终点。

28. B

【解析】标准养护室，室温在20℃ ±2℃，相对湿度在95%以上。

29. A

【解析】石灰中产生胶结性的成分主要是活性氧化钙和氧化镁。

30. B

【解析】石灰粉煤灰稳定土劈裂强度试验，应标准养护6个月，最后一天时间应浸水。

31. C

【解析】粉煤灰烧失量试验的工作：称取烘干后的粉煤灰质量1g左右；将坩埚放入950℃左右的高温炉灼烧至恒重；将装有粉煤灰的坩埚在950℃左右灼烧15 ~20min；在干燥器内冷却至室温，称取灼烧后的坩埚及粉煤灰质量；反复灼烧，直到两次差值小于0.0005g。

32. B

【解析】每个试件中的无机结合料质量：

内掺法：

$$m_2 = m_1 \times \alpha$$

每个试件中的干土质量：

$$m_3 = m_1 - m_2$$

每个试件中的加水量：

$$m_w = (m_2 + m_3) \times w_{opt}$$

验算：

$$m_0' = m_2 + m_3 + m_w$$

33. B

【解析】加载速度快是试件的变形落后于荷载,使结果偏高。

34. B

【解析】广泛使用的无机结合料稳定材料强度指标通常是7d无侧限抗压强度。7d无侧限抗压强度是无机结合料稳定材料配合比设计与施工质量控制的主要指标。

35. A

【解析】如制作标准曲线所用素土、水泥或石灰发生改变,则必须重做标准曲线。

36. A

【解析】打入深度较浅,上部碾压更密实,测的密度偏大。

37. B

【解析】《公路工程无机结合料稳定材料试验规程》(JTG E51—2009)规定测定石灰或水泥剂量采用EDTA滴定法。

38. A

【解析】水泥石灰综合稳定土当水泥用量占结合料总质量的30%时,应按水泥稳定类进行设计。

39. C

【解析】《公路工程无机结合料稳定材料试验规程》(JTG E51—2009)无机结合料稳定材料击实试验方法中规定试样备用时无需加水泥;最后一层试样击实超出筒顶高度不得高于6mm。

40. C

【解析】《公路工程无机结合料稳定材料试验规程》(JTG E51—2009)规定含水率测试中烘箱温度不得低于110℃,控温精度为±2℃。

二、判断题

1. √

【解析】乳化沥青碎石适用于各级公路基层和底基层,贫混凝土适用于特重或极重交通的基层。

2. ×

【解析】按确定的最佳含水率和要求的压实度计算材料用量,静压成型试件。

3. ×

【解析】根据《公路工程质量检验评定标准　第一册　土建工程》(JTG F80/1—2017)中,各类基层和底基层压实度代表值(平均值的下置信界限)不得小于规定代表值,单点不得小于规定极值。小于规定代表值2个百分点的测点,应按占具总检查点数的百分率计算合格率。

4. ×

【解析】无侧限抗压强度。

5. ×

【解析】水泥稳定碎石基层的施工验收不检测弯沉项目。

6. √

【解析】无机结合料稳定材料制作方法中使用的是压实试验机,可代替千斤顶和反力架代替压力机。

7. ×

【解析】目前,按照我国有关规定,CBR 值仅作为路基填料选择、粒料类基层和底基层材料设计指标,而不作为施工质量检验指标,因此一般情况下,没有必要进行现场测试。

8. √

【解析】无机结合料稳定材料进行无侧限抗压强度测定,强度试验结果的偏差系数大于规定值时,如不能降低偏差系数,则应增加试件数量并重新试验。

9. ×

【解析】烘干法测定无机结合料稳定材料含水率时,当冷却试样连续两次称量的差不超过原试样质量的 0.1% 即认为样品已烘干。

10. ×

【解析】对水泥稳定材料,工地实际采用的水泥剂量宜比室内试验确定的剂量多 0.5% ~1.0%。采用集中厂拌法施工时宜增加 0.5%,采用路拌法施工时宜增加 1.0%。

11. ×

【解析】适用于各级公路的底基层,以及二级和二级以下公路的基层,但石灰土不得用作二级公路的基层和二级以下公路高级路面的基层。

12. ×

【解析】最后一层试样击实后,试样超出筒顶的高度不得大于 6mm,超出高度过大的试件应该作废。

13. ×

【解析】适用于测定细粒土及无机结合料稳定细粒土路面基层的密度。

14. ×

【解析】半刚性基层材料配合比设计,以无侧限抗压强度试验结果的代表值作为设计指标。

15. √

【解析】将石灰溶于蒸馏水中加入酚酞指示剂,再用盐酸标准溶液滴定。

16. √

【解析】测定试料的含水率必要时,制备三种干密度试件,使试件的干密度从低于 95% 到等于 100% 的最大干密度。

17. √

【解析】级配碎石适用各级公路的基层和底基层,也可作为沥青面层与半刚性基层的过渡层。

18. √

【解析】公路路面基层、底基层按照材料力学行为划分为半刚性类、柔性类和刚性类;按材料组成可分为有结合料稳定类、无黏结粒料类,还应包括再生类材料;按结合料类型分为有机结合料(沥青)稳定类和无机结合料(水泥、石灰等)稳定类。

19. √

【解析】采用综合稳定时,如水泥用量占结合料总量的30%以上,水泥和石灰的比例宜取60:40、50:50和40:60。

20. √

【解析】CBR值仅作为路基填料选择、粒料类基层和底基层材料设计指标。

21. √

【解析】综合稳定材料是指两种或两种以上无机结合料稳定的强度符合要求的混合料。

22. ×

【解析】石灰粉煤灰稳定碎石用粉煤灰的烧失量要求不大于20%。

23. ×

【解析】施工过程中若想加快施工进度,可以合理加入外加剂进行调节,一般不推荐采用快硬或者早强水泥,会对后期性能造成影响。

24. √

【解析】我国常用的无机结合料基层形式具有强度高、稳定性好、扩散应力的能力强、抗冻性能优越、造价低廉的特点。

25. ×

【解析】贫混凝土一般用于特重或极重交通基层。

26. √

【解析】用石灰稳定无塑性指数的级配砂砾时,应添加15%左右的黏性土。

27. √

【解析】标准养护室温度20℃ ±2℃,相对湿度在95%以上。

28. ×

【解析】《公路工程无机结合料稳定材料试验规程》(JTG E51—2009)规定石灰稳定类材料试件养护龄期为180d,6个月不等于180d。

29. √

【解析】对于无机结合料稳定细粒材料,至少应该制备6个试件,对于无机结合料稳定中粒材料或粗粒材料,至少应该分别制备9个或13个试件。

30. ×

【解析】水泥土不能用于高级沥青路面的基层,只能用作底基层。在高速公路和一级公路上的水泥混凝土面板下,水泥土也不应用于基层。

31. ×

【解析】石灰、粉煤灰稳定材料可作用于二级及二级以下公路基层和底基层。

32. ×

【解析】最后一层试样击实后,试样高度不应超出试筒顶6mm。

33. √

【解析】击实试验利用标准化的击实仪具,检测土的密度和相应的含水率以及二者的关系。用来模拟现场施工条件下,获得路基土压实时的最大干密度和相应的最佳含水率。

34. ×

【解析】使用的是千分表。

35. ×

【解析】制作的标准曲线所用的素土、水泥或石灰发生改变,则必须重新做标准曲线。

36. √

【解析】《公路工程无机结合料稳定材料试验规程》(JTG E51—2009)规定加入水泥的试样拌和后1h内应完成试验。

37. √

【解析】公路路面基层、底基层按材料力学性能划分为半刚性类、柔性类和刚性类。

38. √

【解析】半刚性基层的干、温缩特性与结合料的类型、剂量、试件的含水率和龄期等因素有关;有试验研究表明,通常混合料的抗压强度越高,其抗冲刷性能越好,因此可适当提高抗压强度的方法来提高半刚性基层的抗冲刷能力。

39. √

【解析】若石灰未充分消解,未消解熟化的颗粒,使用后未熟化的颗粒将继续消解熟化,放出大量的热量,产生体积膨胀,使得表面凸起开裂,或局部脱落而影响施工的质量。石灰在陈伏期间能够充分地消解熟化,熟石灰在陈放期间,应使表面保有一层水分,与空气隔绝,以免发生碳化。

三、多项选择题

1. BCD

【解析】填隙碎石(矿渣)基层和底基层实测项目有:固体体积率、弯沉值、平整度、纵断高程、宽度、厚度、横坡。

2. ABD

【解析】石灰粉煤灰稳定粒料做二级公路基层时,7d无侧限抗压强度要求最高的是大于或等于0.9MPa。

3. ABC

【解析】粉煤灰的技术要求SiO_2、Al_2O_3、Fe_2O_3总含量、烧失量、比表面积、0.3mm筛孔通过率、0.075mm筛孔通过率、湿粉煤灰含水率。

4. ABCD

【解析】EDTA滴定法快速测定水泥稳定材料的水泥剂量时,不同龄期应有不同标准曲线,龄期效应曲线与素集料、水泥剂量、水泥品质、稳定层压实度、养护、温度等因素有关。

5. AD

【解析】最后一层试样击实后,试样超出筒顶的高度不得大于6mm,超出高度过大的试件应该作废。水泥不应加水浸湿备用。

6. AC

【解析】水泥稳定土用作底基层时,单个颗粒的大粒径不应超过37.5mm。水泥稳定土的颗粒组成应在级配范围内,土的均匀系数应大于5。细粒土的液限不应超过40%,塑性指数不应超过17。对于中粒土和粗粒土,如土中小于0.6mm的颗粒含量在30%以下,塑性指数可稍大。实际工作中,宜选用均匀系数大于10、塑性指数小于12的土。塑性指数大于17的土,宜采用石灰稳定,或用水泥和石灰综合稳定。

7. ACD

【解析】公路路面基层、底基层按照材料力学行为划分为半刚性类、柔性类和刚性类;按材料组成可分为有结合料稳定类、无黏结粒料类,还应包括再生类材料;按结合料类型分为有机结合料(沥青)稳定类和无机结合料(水泥、石灰等)稳定类。

8. BD

【解析】氧化镁在5%以下的石灰,适合用氧化钙和氧化镁简易测定方法;氧化钙和氧化镁简易测定方法需要用到1.0mol/L盐酸标准溶液。

9. ABD

【解析】柔性基层,是指采用热拌或冷拌沥青混合料、沥青贯入式碎石,沥青稳定碎石,以及不加任何结合料的粒料类等材料铺筑的基层。粒料类材料,包括级配碎石、级配砾石、符合级配的天然砂砾、部分砾石经轧制掺配而成的级配碎砾石,以及泥结碎石、泥灰结碎石、填隙碎石等基层材料。

10. AD

【解析】EDTA滴定法需要的试剂有:EDTA二钠标准溶液、氯化铵溶液、氢氧化钠、钙红指示剂(酚酞指示剂)。

11. AC

【解析】试件在标准养生条件下养护6d,浸水24h后,进行无侧限抗压强度试验。

12. AB

【解析】钻芯法适用于检验沥青路面上钻取的沥青混合料芯样;无核密度仪法适用于快速测定沥青路面各层沥青混合料的密度,并计算压实度。

13. AB

【解析】作废的情况:养护期间有明显的边角破损,试件应该作废;对养护7d的试件,在养护期间,试件质量损失应满足:稳定细粒材料试件不超过1g,稳定中粒材料试件不超过4g,稳定粗粒材料试件不超过10g,超过规定的试件,应该作废;对养护90d和180d的试件,在养护期间,试件质量损失应满足:稳定细粒材料试件不超过1g,稳定中粒材料试件不超过10g,稳定粗粒材料试件不超过20g,超过规定的试件,应该作废。

14. CD

【解析】刚性基层采用普通混凝土、碾压式混凝土、贫混凝土、钢筋混凝土、连续配筋混凝土等材料铺筑的路面基层。一般适用于特重或者极重交通的基层。

15. ABD

【解析】基层材料最大干密度确定的方法有振动台法,击实法和表面振动压实仪法。

16. BCD

【解析】轻型击实(内径100mm试筒)适用于粒径不大于20mm的土,重型击实(内径152mm试筒)适用于粒径不大于40mm的土,级配碎石有粒径在37.5~19mm的粒径,因此不能用轻型击实。

17. BCD

【解析】基层无机结合料中石灰或水泥剂量检测结果需要从工作曲线上查得而非计算得到;EDTA 标准溶液的浓度要严格标定;试验检测的方法从化学上可称为滴定法。

18. BC

【解析】石灰稳定类无机结合料的特点是其水稳性不好,收缩系数大于另外两类半刚性基层材料,其强度发展较慢,具有较为宽松的施工时间。

19. BCD

【解析】试件最后一天进行饱水养护,试件采用静力压实法制备,根据最大干密度,最佳含水率及无机结合料的配合比、压实度计算原料来成型。

20. ABCD

【解析】除无机结合料稳定土、填隙碎石、天然砂砾不宜做高等级公路基层外,其他均可。

21. ABCD

【解析】无机结合料稳定类混合料的组成设计主要确定集料级配、结合料剂量、最佳含水率、最大干密度。

22. ABD

【解析】石灰稳定粒料基层评定实测关键项目为压实度和厚度。

四、综合题

1. (1)C

【解析】$\rho_d = \dfrac{\rho_w}{1+0.01w}$;$w$ 为试样的含水率。

(2)A

【解析】2200/(1+12%)/(1+8%)×8%

(3)D

【解析】制备试件过程中需要知道结合料的剂量、试件的压实度标准、无机混合料的最佳含水率和最大干密度。

(4)AB

【解析】采用重型击实确定最佳含水率和最大干密度;碎石测压碎值。

(5)A

【解析】用移液管吸取上层悬浮液 10mL 放入 200mL 的三角瓶内,用量筒量取 1.8% 氢氧化钠 50mL 倒入三角瓶中。

2. (1)B

【解析】无侧限抗压强度试验粗粒材料的标准试件为径高比为 1:1(ϕ150mm×150mm)的圆柱体试件。

(2)D

【解析】标准养护室温度 20℃ ±2℃;相对湿度 95% 以上;标准养护龄期是 7d,最后一天浸水中。

(3)A

【解析】试件破坏荷载应大于测力量程的20%且小于测力量程的80%。

(4)A

【解析】压力机加载速率有效控制在1mm/min。

(5)B

【解析】稳定细粒材料试件 $C_v \leqslant 6\%$，稳定中粒材料试件 $C_v \leqslant 10\%$，稳定粗粒材料试件 $C_v \leqslant 15\%$。

3.(1)CD

【解析】施工过程中混合料取样，在进行混合料验证时，宜在摊铺机后取料，且取料应分别来源于3~4台不同的运料车，然后混合到一起进行四分法取样，进行后续试验。

(2)CD

【解析】制备时采用静力压实法成型，然后在标准养护环境，温度20℃±2℃；相对湿度95%以上；标准养护龄期是7d，最后一天浸水中。

(3)AD

【解析】称试件质量，质量损失超标的试件作废；试验过程中，以1mm/min的速率加载，记录试件破坏时的最大压力 P(N)。

(4)A

【解析】强度为试件破坏的最大压力与试件的截面积之比。

(5)A

【解析】当限定下限时，$C_v = \frac{S}{\overline{X}} \rightarrow S = 0.258$，$X = \overline{X} - Z_a S = 4.3 - 1.645 \times 0.258 = 3.88 < 4.0$，所以不合格。

4.(1)D

【解析】进行消石灰原材料的有效氧化钙含量测定时，需将消石灰样品用四分法缩减至略大于20g。

(2)ABC

【解析】烘箱温度应调至110℃左右。

(3)B

【解析】单个试件干质量 = 试件体积 × 最大干密度 × 压实度（因为选用细粒土，试件尺寸是直径 × 高 = ϕ50mm × 50mm）= $\pi R^2 h \times 1.69 \times 95\% \approx 157.9$。

(4)AD

【解析】小试件从试模中脱出并称量后，立即放到密封湿气箱和恒温室内养护，中试件和大试件先用塑料薄膜包覆，再放入密封湿气箱，恒温养护。另外，有条件的话，中试件和大试件也可用蜡封保温养护，整个养护期间的温度应保持20℃±2℃。

(5)A

【解析】平均强度应大于设计强度。

5.(1)C

【解析】《公路路面基层施工技术规范》(JTG/T F20—2015)中规定硫酸盐含量超过0.8%的土和有机质含量超过10%的土,不宜用石灰稳定;塑性指数为15~20的黏性土适宜于用石灰稳定;石灰土中的有效钙镁含量是必测项目,土不测压碎值。

(2)B

【解析】《公路工程无机结合料稳定材料试验规程》(JTG E51—2009)第三章中规定,土团应捣碎到能通过4.75mm的筛备用。

(3)A

【解析】《公路工程无机结合料稳定材料试验规程》(JTG E51—2009)通过击实试验获得材料的最大干密度和最佳含水率,试验得到湿密度和干密度。

(4)AC

【解析】《公路路面基层施工技术规范》(JTG/T F20—2015)中规定,在进行水泥稳定碎石的配比设计时,需要进行击实试验与压碎值实验。

(5)AC

【解析】《公路工程无机结合料稳定材料试验规程》(JTG E51—2009)第四章介绍了EDTA滴定法的试验操作过程,基层为水泥稳定碎石,不可只取300g;当水泥或石灰厂家更换后,水泥的各项性能会变化,需要重新试验进行定量分析。

第六章　水泥与水泥混凝土

【复习提示】

本部分内容的主要知识点包括：水泥的基本知识、水泥物理性质、水泥力学性质、水泥化学性质、水泥品质，水泥混凝土的基本知识、新拌混凝土性质、硬化混凝土的性质、水泥混凝土配合比设计、混凝土外加剂等。

本部分内容的复习重点包括：水泥种类及其适应性；水泥密度试验方法；水泥标准稠度用水量、凝结时间、安定性测定方法；水泥碱含量、氯离子含量试验方法；水泥胶砂流动度试验方法；水泥胶砂强度试验及结果处理方法；水泥强度等级判定方法；水泥合格品与不合格品的判定；影响水泥混凝土性能的基本参数；水泥混凝土坍落度试验方法、工作性调整方法；水泥混凝土凝结时间对工程施工的影响；水泥混凝土含气量测定方法；水泥混凝土抗压弹性模量试验方法；水泥混凝土抗压和抗弯拉强度试验方法；水泥混凝土抗渗性试验方法；水泥混凝土配合比设计要求及设计方法；pH 值试验方法；水泥混凝土氯离子含量试验方法；水泥混凝土减水剂试验方法；水泥混凝土泌水率试验方法等。

本部分内容涉及的规范包括：

《公路工程水泥及水泥混凝土试验规程》(JTG E30—2005)，适用于公路工程用水泥及水泥混凝土性能试验，测定公路工程中所使用水泥及水泥混凝土的各种性能及特征值。

《通用硅酸盐水泥》(GB 175—2007)，适用于通用硅酸盐水泥，规定了硅酸盐水泥的术语和定义、分类、组分与材料、强度等级、技术要求、试验方法、检验规则等。

《公路水泥混凝土路面施工技术细则》(JTG/T F30—2014)，适用于各等级公路水泥混凝土路工程的施工，规定了水泥混凝土原材料的质量要求和施工配合比。

《混凝土外加剂》(GB 8076—2008)，规定了水泥混凝土中外加剂的术语和定义、要求、试验方法、检验规则等。

《混凝土外加剂应用技术规范》(GB 50119—2013)，适用于普通减水剂、高效减水剂、引气剂、早强剂、缓凝剂、防冻剂、速凝剂、膨胀剂、防水剂等在混凝土工程中的应用。

《普通混凝土配合比设计规程》(JGJ 55—2011)，适用于工业与民用建筑及一般构筑物所采用的普通混凝土配合比设计。

一、单项选择题

1. 采用密度法计算的钢纤维混凝土配合比，应实测拌和物的视密度，并应按视密度调整配合比，调整时(　　)。

A. 水灰比、单位水泥用量不得减小

B. 单位水泥用量、钢纤维掺量不得增大

C. 单位水泥用量不得增大，钢纤维掺量不得减小

D. 水灰比不得增大，钢纤维掺量不得减小

2. 普通混凝土计算初步配合比为1:1.75:3.51，水胶比为0.49，试拌调整时混凝土工作性不能满足要求，增加5%水泥浆用量后工作性达到要求，则此时该混凝土的水胶比为(　　)。

A. 0.44　　B. 0.47

C. 0.49　　D. 0.54

3. 细集料筛分试验中，筛分后与筛分前的试样总质量相比，相差不得超过筛分前质量的(　　)。

A. 0.1%　　B. 1%　　C. 0.5%　　D. 0.01%

4. 对于公路配筋混凝土与钢纤维混凝土面层所用水泥，必测的项目是(　　)。

A. 氧化镁含量　　B. 三氧化硫含量

C. 碱含量　　D. 氯离子含量

5. 水泥混凝土抗压弹性模量试验时，取轴心抗压强度(　　)时对应的弹性模量。

A. 1/2　　B. 1/3　　C. 1/4　　D. 1/5

6. 水泥混凝土抗渗试验试件的养护期为(　　)。

A. 28d　　B. 不小于28d，不超过90d

C. 不超过90d　　D. 90d

7. 为评价水泥混凝土路面的行车舒适性，应检测水泥混凝土的(　　)。

A. 弯拉强度　　B. 路面板厚度

C. 构造深度　　D. 错台

8. 工程上将混凝土用砂分为3个级配区，要确定某砂所属的级配区，必须已知其在标准筛上的(　　)。

A. 筛余量　　B. 分计筛余百分率

C. 累计筛余百分率　　D. 通过量

9. 水泥混凝土弯拉强度试验中采用100mm×100mm×400mm非标准试件，试验结果应乘以尺寸换算系数，换算系数的值为(　　)。

A. 1.05　　B. 1.00　　C. 0.95　　D. 0.85

10. 用于公路面层的水泥混凝土，同一配合比用砂的细度模数变化范围不应超过(　　)。

A. 0.1　　B. 0.2　　C. 0.3　　D. 0.4

11. 当水泥混凝土拌和物的坍落度大于220mm时，用钢尺测量混凝土扩展后最终的最大直径和最小直径，两者之差小于(　　)的条件下，用其算术平均值作为坍落扩展度值。

A. 20mm　　B. 30mm　　C. 40mm　　D. 50mm

12. 采用筛析法进行水泥细度检测时，可能造成细度偏高的原因是(　　)。

A. 水泥样品试验前未过0.9mm的筛

B. 采用负压筛法时的负压值未达到规定值的最低要求

C. 采用水筛法时水压高于规定的要求

D. 在夏季相对较高的环境温度下试验

13. 判断水泥安定性状态合格与否的正确方法是(　　)。

A. 采用代用法测定试饼膨胀量

B. 采用标准法测定雷氏夹沸煮后指针端部距离尺寸

C. 采用代用法观察钢尺与试饼之间的接触情况

D. 采用标准法测定雷氏夹指针在300g砝码下的打开程度

14. 已知水泥混凝土抗压试验三个试件测得的破坏荷载分别为859kN、969kN、1113kN，某试验人员计算结果是43.6MPa，这一结果(　　)。

A. 不正确，因为试验数据超过误差要求，试验应无效

B. 正确，符合计算和数据处理要求

C. 不正确，应采用不超过误差要求测定值的平均值

D. 不正确，应取三个试验数据的中间值

15. 水泥混凝土试件采用标准养护时，拆模前养护温度为(　　)℃。

A. 20 ±1　　B. 20 ±2　　C. 20 ±3　　D. 20 ±5

16. 依据技术标准对水泥进行质量评定，正确的说法是(　　)。

A. 满足初凝时间技术要求的意义大于满足终凝时间要求的意义

B. 技术标准中不包括标准稠度用水量指标

C. 细度指标不满足时是不合格水泥，安定性指标不满足时是废品水泥

D. 强度指标未达到所属等级，该水泥严禁使用

17. 当采用维勃稠度法进行水泥混凝土拌和物工作性检测时，下列选项正确的是(　　)。

A. 测得的维勃稠度时间越长，混凝土越干硬

B. 混凝土拌和物坍落度越大，维勃稠度时间越长

C. 维勃稠度试验装填的密实程度将不影响试验结果

D. 维勃稠度法更适用于集料粒径偏粗的混凝土拌和物的工作性检测

18. 关于新拌水泥混凝土的密度试验操作，描述不正确的是(　　)。

A. 试样筒的尺寸要与混凝土中的粗集料粒径大小相匹配

B. 根据混凝土拌和物坍落度的不同应采用不同的密度方式

C. 当集料公称最大粒径大于31.5mm时，人工插捣必须分为三层

D. 测得的密度实质上属于毛体积密度

19. 有关水泥试验中的标准方法和代用法，你认为(　　)是正确的。

A. 标准法测得的结果准确程度好于代用法

B. 只有试验条件难以满足时才可采用代用法

C. 标准法是定量操作，而代用法是定性操作

D. 水泥安定性、水泥净浆标准稠度用水量以及胶砂强度等试验具有标准法和代用法共存的现象

20. 水泥安定性不良将造成(　　)的问题。

A. 水泥凝结时间延长

B. 水泥标准稠度用水量发生改变

C. 水泥胶砂早期强度难以达到要求

D. 水泥石不均匀变形或过度变形

21. 应适当提高混凝土砂率的原因是(　　)。

A. 所用砂的细度模数降低

B. 所用粗集料表面粗糙程度变小

C. 混凝土有泌水现象

D. 混凝土粗集料粒径变小

22. 进行混凝土凝结时间测定时，需要更换测针的情况是(　　)。

A. 贯入阻力超过一定程度

B. 经过一段时间之后

C. 环境温度或湿度发生改变

D. 贯入操作时在测孔边出现微裂缝

23. 水泥混凝土配合比设计确定砂、石材料用量，当采用体积法进行计算时，应注意(　　)。

A. 砂、石材料的密度采用毛体积密度

B. 不使用外加剂时，引气率 $\alpha=0$

C. 当配制的混凝土数量以1000L计时，对应原材料的密度量纲可采用 g/cm^3

D. 混凝土空隙所占体积按总体积的0.01%考虑

24. 混凝土配合比设计过程中进行强度验证时，采用的方法是改变水胶比来建立胶水比与强度的关系，其中(　　)选项是正确的。

A. 通过改变用水量的方法来改变水胶比

B. 在胶水比和强度关系工作曲线上，以设计强度对应的胶水比作为最终的水胶比

C. 通过强度验证得到的水胶比，能够保证混凝土强度100%满足设计强度要求

D. 由曲线上查得配制强度对应的胶水比可作为最终的室内设计胶水比

25. 混凝土抗压强度试验，当加载速率以MPa/s表示时，下列选项正确的是(　　)。

A. 能够更好地适应不同强度等级混凝土力学试验加载操作需要

B. 能够更全面满足不同尺寸的混凝土试件力学试验加载操作需要

C. 很好地适应了先进的恒应力加载设备的操作需要

D. 对不同等级强度混凝土加载速率可用相同数值表示，便于实际操作

26. 国标中以调整水量法测定水泥标准稠度用水量时，以试锥下沉深度(　　)时的净浆为标准稠度净浆。

A. 28mm ±2mm　　B. 28mm ±1mm　　C. 30mm ±1mm　　D. 30mm ±2mm

27. 关于水泥胶砂强度试验结果的处理，以下说法不正确的是(　　)。

A. 抗折试验和抗压试验分别取三个小梁和六个试件的平均值作为试验结果

B. 抗折试验取中值，而抗压试验是以去掉一个最大值和最小值后的四个值的平均值作为结果

C. 如果每个抗折试验计算结果与平均值相差都不超过 ±10%，则以平均值作为结果

D. 如果一个抗压试验计算结果与平均值相差超过 ±10%，但其余结果与五个值的平均值相比不超过 ±10%，则以五个值的平均值作为结果

28. 水泥胶砂强度时间，脱模后在(　　)条件下养护。

A. 20℃ ±1℃的水中

B. 温度20℃ ±1℃，相对湿度 >90%

C. 20℃ ±2℃的水中

D. 温度 20℃ ±1℃,相对湿度 >95%

29. 普通硅酸水泥用(　　)代号表示。

A. P · Ⅰ　　B. P · F　　C. P · O　　D. P · Ⅱ

30. 用雷氏夹法测水泥的安定性,若煮前两针尖间距离为 A,煮后两针尖间距离为 C,当 $C-A$(　　)时,就可认为水泥安定性不良。

A. <5mm　　B. >5mm　　C. ≤5mm　　D. =5mm

31. 当配制水泥混凝土用砂由中砂改为细砂时,其砂率(　　)。

A. 不变　　B. 适当减小　　C. 适当增加　　D. 无法判断

32. 钢筋混凝土梁的截面最小尺寸为 200mm,配置钢筋的直径为 20mm,钢筋中心距离为 40mm,则选用的粗集料的最大粒径为(　　)。

A. 50mm　　B. 30mm　　C. 15mm　　D. 5mm

33. 水泥、石灰剂量测定应进行平行试验,取算术平均值,允许重复性误差不得大于均值的(　　),否则重新进行试验。

A. 2%　　B. 3%　　C. 5%　　D. 10%

34. 水泥混凝土抗弯拉强度试验中,若有两根试件的断裂面位于加荷点外侧,则该组试验结果无效。断裂面位置是(　　)。

A. 在试件断块短边一侧的底面中轴线上量得

B. 在试件断块长边一侧的底面中轴线上量得

C. 在试件断块短边一侧的顶面中轴线上量得

D. 在试件断块长边一侧的顶面中轴线上量得

35. 水泥胶砂抗压强度计算时,需要舍弃超出平均值(　　)的测定值。

A. ±10%　　B. ±5%　　C. ±3%　　D. ±2%

36. 水泥混凝土路面的强度指(　　)。

A. 7d 劈裂强度　　B. 28d 抗弯拉强度

C. 7d 无侧限抗压强度　　D. 28d 劈裂强度

37. 水泥混凝土抗压强度试验报告不包括的内容有(　　)。

A. 仪器名称、型号　　B. 试验环境

C. 试验温度　　D. 混凝土配合比

38. 可以用坍落度仪法试验评价稠度的水泥混凝土是(　　)。

A. 坍落度大于 10mm,集料公称最大粒径不大于 31.5mm 的混凝土

B. 坍落度小于 10mm,集料公称最大粒径不大于 31.5mm 的混凝土

C. 坍落度小于 10mm,集料公称最大粒径不大于 26.5mm 的混凝土

D. 坍落度大于 10mm,集料公称最大粒径不大于 26.5mm 的混凝土

39. 同批水泥混凝土试件少于 10 组时,可用非统计方法进行强度评定,最小值必须大于或等于(　　)倍设计强度值。

A. 0.80　　B. 0.85　　C. 0.90　　D. 0.95

40. 已知一组水泥混凝土标准抗折试件测得的破坏荷载分别是(单位:kN)41.25、39.75、

48.00。计算该组试件的抗折强度为5.4MPa,可以认为该结果(　　)。

A.正确,符合计算和数据处理要求

B.不正确,有测定值超过误差要求,试验应无效

C.不正确,试验结果应取三个测定值的算术平均值

D.不正确,不应在除去超过误差要求的测定值之后取平均值

41.如分别测得新拌混凝土单位面积贯入阻力是2.8MPa、3.5MPa、28MPa、35MPa,则用于判断混凝土初凝时间和终凝时间的贯入阻力是(　　)。

A.初凝3.5MPa,终凝28MPa

B.初凝2.8MPa,终凝28MPa

C.初凝3.5MPa,终凝35MPa

D.初凝2.8MPa,终凝35MPa

42.水泥混凝土工作性测定的方法主要有坍落度法和维勃稠度法,下面对这两种方法的描述正确的是(　　)。

①维勃稠度法适用于集料公称最大粒径≤31.5mm、坍落度大于10mm的混凝土;

②坍落度法适用于集料公称最大粒径≤31.5mm、维勃时间5~30s的混凝土;

③坍落度法适用于集料公称最大粒径≤31.5mm、坍落度大于10mm的混凝土;

④维勃稠度法适用于集料公称最大粒径≤31.5mm、维勃时间5~30s的混凝土。

A.①、②　　B.①、③　　C.③、④　　D.②、④

43.水泥混凝土芯样劈裂强度试验前,需进行调湿,一般应在标准养护室养护(　　)。

A.24h　　B.7d　　C.28d　　D.90d

44.混凝土的立方体抗压强度标准值是具有不低于(　　)%保证率的立方体抗压强度。

A.90　　B.95　　C.98　　D.100

45.水泥混凝土路面用天然砂宜用(　　)。

A.细砂　　B.中砂

C.细度模数超过3.5的砂　　D.粗砂

46.对于水泥混凝土圆柱体劈裂抗拉强度试验的现场芯样,要求直径至少是公称最大粒径的(　　)倍。

A.1　　B.1　　C.2　　D.2.5

47.水泥混凝土抗弯拉强度试验中,当混凝土强度等级大于或等于(　　)时,应采用标准试件。

A.C30　　B.C40　　C.C50　　D.C60

48.当配制水泥混凝土用砂由中砂改为细砂时,其砂率(　　)。

A.适当减少　　B.不变　　C.应适当增加　　D.无法判定

49.混凝土施工时坍落度大小的选择取决于多种因素,下列针对坍落度不正确的说法是(　　)。

A.容易浇筑的结构物,混凝土坍落度应适当小一些

B.配筋密度较高的,混凝土坍落度适当大一些

C.采用泵送混凝土,其坍落度要适当小一些

D. 运输距离较远的,混凝土坍落度要适当大一些

50. 在相同水泥浆数量条件下,能够降低混凝土坍落度的因素是(　　)。

A. 适当增加混凝土的砂率

B. 强化拌和方式,提高混凝土的拌和程度

C. 采用破碎砾石替代碎石

D. 在混凝土中掺入引气剂

51. 采用勃氏法检测水泥比表面积,不会对试验结果产生影响的因素是(　　)。

A. 环境温度　　B. 水泥密度

C. 水泥试验用量　　D. 水泥矿物组成

52. 水泥标准稠度用水量测定时判定标准是(　　)。

A. 试杆沉入水泥 6mm ± 1mm

B. 试杆沉入水泥,距底板 6mm ± 1mm

C. 试杆沉入水泥 4mm ± 1mm

D. 试杆沉入水泥,距底板 4mm ± 1mm

53. 用坍落度法测定混凝土的和易性,坍落度值的大小只反映拌和物的(　　)。

A. 黏聚性　　B. 保水性　　C. 流动性　　D. 可塑性

54. 配制混凝土用砂的要求是尽量采用(　　)的砂。

A. 空隙率小　　B. 总表面积小

C. 总表面积大　　D. 空隙率和总表面积均较小

55. 与水泥混凝土强度形成并没有直接关系的因素是(　　)。

A. 调整混凝土的流动性大小

B. 采用力学性能较好的集料

C. 提高水泥颗粒细度

D. 提高混凝土的施工密实程度

56. 材料特点与混凝土工作性以及混凝土强度之间有直接关系,下列说法正确的是(　　)。

A. 采用人工砂能够改善混凝土的工作性

B. 针片状颗粒不仅影响混凝土的力学强度,同时影响混凝土的工作性

C. 在水泥浆用量一定的条件下,提高砂率能够改善混凝土的黏聚性和保水性的同时.还能提高混凝土的强度

D. 提高水泥细度,对混凝土的工作性、力学性能以及耐久性都有很大的益处

57. 道路混凝土坍落度比普通混凝土坍落度要低一些,其原因在于(　　)。

A. 道路混凝土对抗磨性有更高的要求

B. 道路混凝土对耐久性有更高的要求

C. 道路混凝土对抗弯拉强度有更高的要求

D. 道路混凝土易于浇筑和密实成型

58. 力学强度试验是水泥混凝土一项常规试验,下列说法正确的是(　　)。

A. 如以抗压强度较高的花岗石替代抗压强度较低的石灰石作为粗集料,混凝土强度

将会提高

B. 养护状态下的相对湿度达到100%时,对混凝土强度形成发展不利

C. 同样强度等级的矿渣水泥拌和的混凝土28d强度低于普通硅酸盐水泥拌和的混凝土28d强度

D. 标准立方体试块尺寸为150mm×150mm×150mm,标准圆柱体试块尺寸为ϕ150mm×300mm

59. 评价水泥混凝土工作性是一项常规试验操作,下列针对工作性试验检测工作描述有误的是( )。

A. 坍落度是一项表示混凝土流动程度的定量指标

B. 当坍落度太小无法测得时,要采用维勃稠度法进行工作性检测

C. 当坍落度大于220mm时,还要进行扩展度指标的测定

D. 扩展度是指混凝土坍落后最大直径和与之垂直的直径之和的平均值

60. 水泥混凝土抗折强度试验时,试块断裂面应在规定尺寸范围之内,否则试验结果作废,断裂面范围是指( )。

A. 两加荷点界限之间

B. 两加荷点与底面中轴线交点的范围

C. 两加荷点与顶面中轴线交点的范围

D. 两加荷点与侧面中轴线交点的范围

61. 坍落度法进行水泥混凝土工作性检测,操作过程中很多因素将影响最终结果,下列说法有误的是( )。

A. 操作前未将坍落筒以及装填时所处地板充分湿润,测得的坍落度值将会偏小

B. 装填时每层插捣效果未满足应有的要求,测得的坍落度值将会减小

C. 从开始装筒到提起坍落筒的时间明显增加,测得的坍落度值将会降低

D. 装入坍落筒中的混凝土粗集料偏少,测得的坍落度值将会偏大

62. 筛分试验过程中过筛不彻底,将使砂的细度模数值( )。

A. 偏大　　B. 偏小　　C. 不变　　D. 变化无法确定

63. 水泥净浆标准稠度需水量测试结果的大小将影响水泥( )。

A. 胶砂强度的检测　　B. 凝结时间和安定性的可比性

C. 比表面积的测定　　D. 强度等级的判断

64. 在同样环境条件下,水泥凝结时间与混凝土凝结时间比较的结果是( )。

A. 相同

B. 水泥凝结时间长于混凝土凝结时间

C. 混凝土凝结时间长于水泥凝结时间

D. 没有可比性

65. 下列不同承压面积的测针中,不能用于混凝土拌和物凝结时间试验的测针是( )的测针。

A. 10mm^2　　B. 20mm^2　　C. 50mm^2　　D. 100mm^2

66. 下列不符合混凝土养护条件要求的选项是( )。

A. 成型后在20℃ ±5℃的环境中静置1~2昼夜

B. 拆模后放入20℃ ±2℃、相对湿度95%以上标养室中

C. 拆模后放入20℃ ±2℃、不流动的$Ca(OH)_2$饱和溶液中

D. 经常用水冲淋其表面以保持湿润

67. 混凝土中掺入减水剂后无法达到的效果是(　　)。

A. 保持水泥用量不变条件下,可提高混凝土的强度

B. 保持坍落度不变,降低单位用水量

C. 保持混凝土强度不变,节约水泥用量

D. 保持养护条件不变,加速硬化

68. 混凝土坍落度不符合要求,则有可能(　　)。

A. 对施工带来不利影响　　B. 影响混凝土的强度

C. 加大拌和难度　　D. 降低混凝土的耐久

69. 水泥强度低于商品标识强度的指标,应(　　)。

A. 按实测强度使用　　B. 视为废品

C. 降低强度等级使用　　D. 视为不合格产品

70. 砂率的大小对水泥混凝土拌和物工作性影响很大,水泥混凝土配比设计中,在保证混凝土工作性条件下,应尽可能选用(　　)。

A. 较大砂率　　B. 较小砂率　　C. 任意选　　D. 无法确定

71. 150mm×150mm×550mm的小梁试件,以三分点双荷载方式,按0.05~0.07MPa/s的加载速度进行抗折强度试验,加载速率换算成kN/s大约为(　　)。

A. 2.5~3.5　　B. 1.67~1.82　　C. 3.00~5.00　　D. 3.75~5.25

72. 某人在进行水泥混凝土抗压强度试验时,因操作不熟练使加载速度急剧增大,只用几秒钟试件便破坏了,请问该结果会导致试验测定值(　　)。

A. 偏大　　B. 偏小　　C. 影响不大　　D. 上下波动

73. 一组三根水泥胶砂条抗折试验,单个结果分别为7.4MPa、7.8MPa、6.8MPa,则最后的试验结果是(　　)。

A. 试验作废　　B. 7.3MPa　　C. 7.4MPa　　D. 7.6MPa

74. 混凝土设计强度等级为(　　)及以上时应进行岩石抗压强度检验。

A. C40　　B. C50　　C. C55　　D. C60

75. 常用的各种水泥首先(　　)必须合格才能使用,否则不宜使用。

A. 强度　　B. 凝结时间　　C. 安定性　　D. 细度

76. 用雷氏夹法测水泥的安定性,沸煮时指针朝向正确的是(　　)。

A. 朝下　　B. 水平悬空

C. 朝上　　D. 以夹子能稳定放置为准

77. 坍落度小于(　　)的新拌混凝土,采用维勃稠度仪测定其工作性。

A. 20mm　　B. 15mm　　C. 10mm　　D. 5mm

78. 水泥混凝土对工作性的调整采用(　　)方法进行。

A. 理论计算　　B. 经验判断

C. 实际试验检测　　　　　　　　　　D. 设计文件指定

79. 混凝土坍落度试验适用于集料公称最大粒径不大于(　　),坍落度值不小于 10mm 的混凝土拌和物。

A. 40mm　　　　B. 60mm　　　　C. 20mm　　　　D. 31.5mm

二、判断题

1. 各级公路面层水泥混凝土配合比设计宜采用正交试验法。(　　)

2. 规定公路面层水泥混凝土用水泥的比表面积上限是为了保证混凝土早期强度及其持续增长,下限是为了防止混凝土面层的早期开裂。(　　)

3. 混凝土拌和物工作性大小的选择取决于混凝土构件自身的特点,当构件截面尺寸较小,或采用人工插捣时,坍落度可选择大一些。(　　)

4. 在进行混凝土配合比设计时,原则上水泥用量能少则少。(　　)

5. 混凝土使用引气剂后,将有利于混凝土的抗冻性能,但不利于混凝土的力学性能。(　　)

6. 坍落度法适合测量坍落度在 10mm 以上任何混凝土的流动性。(　　)

7. 水泥混凝土强度等级越高,力学试验加载时要求的标准加载速率就应越快。(　　)

8. 在水泥混凝土拌和物凝结时间整个测试过程中,除在吸取混凝土表面泌水或贯入试验操作之外试筒应始终加盖。(　　)

9. 水泥混凝土拌和物表观密度试验,对于大于 5L 的试样筒,可将混凝土拌和物分两层装入,每层插捣次数为 25 次。(　　)

10. 面层普通水泥混凝土配合比设计标准采用 28d 龄期的抗压强度。(　　)

11. 随着砂率的提高,水泥混凝土的坍落度将会降低。(　　)

12. 采用间断级配拌和的水泥混凝土具有较高的密实度。(　　)

13. 新拌混凝土不泌水、不离析,不能说明混凝土的流动性就好。(　　)

14. 由于采用具有恒应力加载方式的仪器设备进行混凝土力学试验,所以加载操作时无需再考虑加载速率对试验结果的影响。(　　)

15. 大坍落度要求检测的扩展度,是指混凝土坍落后形成的最大直径尺寸和与之垂直方向测得的直径之和的平均值。(　　)

16. 不同强度等级的水泥存在水泥材料质量性能上的差异,不同标号的沥青不存在质量上的可比性。(　　)

17. 当采用高于标准稠度用水量的水泥净浆进行水泥凝结时间测定时,得到的凝结时间会延长。(　　)

18. 水泥胶砂试件脱模后养护条件是在 20℃ ±1℃ 水中完成,而带模养护是在 20℃ ±1℃、相对湿度大于 90% 的条件下完成。(　　)

19. 随环境条件苛刻程度的提高,满足耐久性要求的最小水泥用量要降低,而最大水胶比则要提高。(　　)

20. 水泥胶砂用标准砂必须满足规定的细度模数要求。(　　)

21. 引起水泥烧失量增加的原因在于水泥中有害物质含量偏高。(　　)

22. 外加剂的减水率为坍落度基本相同时，基准混凝土和受检混凝土单位用水量之差与基准混凝土单位用水量之比。 （　）

23. 当标准梁型混凝土试块进行抗折强度试验的加载速率为 0.05 ~ 0.08MPa/s 时，相应力机表盘加载读数就是 0.375 ~ 0.600kN/s。 （　）

24. 水泥中 Na_2O 和 K_2O 会引起水泥的安定性不良。 （　）

25. 如果混凝土拌和物不产生离析现象，证明混合料流动性好。 （　）

26. 用高强度等级水泥配置低强度等级混凝土，能够较好地保证混凝土强度和耐久性。 （　）

27. 减水剂不仅可以大幅度提高混凝土的流动性，而且可以通过减少用水量提高混凝土的强度。 （　）

28. 水泥混凝土坍落度试验中，试样分三层装入筒内，每层均匀插捣 10 次。 （　）

29. 水泥混凝土的维勃稠度试验测值越大，说明混凝土的坍落度越大。 （　）

30. 回弹仪测试水泥混凝土强度过程中，回弹仪的轴线应始终垂直于混凝土表面。 （　）

31. 水泥混凝土强度快速无破损测试方法可用于施工现场质量控制，但不可作为仲裁的最终依据。 （　）

32. 水泥混凝土立方体抗压强度试验中试件的标准尺寸是 100mm × 100mm × 100mm。 （　）

33. 高性能减水剂性能试验的混凝土配合比要求为单位水泥用量 360kg/m^3，中砂砂率 43% ~ 47%；用水量为坍落度控制在 210mm ± 10mm 的最小用水量。 （　）

34. 水泥颗粒细度提高，可使水泥混凝土的强度提高，工作性得到一定的改善。 （　）

35. 在同一个试验室和试验环境条件下，水泥比表面积试验与水泥成型试验可同时进行。 （　）

36. 水泥混凝土的坍落度随砂率的增加而减小。 （　）

37. 路面混凝土的耐磨性是表征混凝土耐久性的指标之一。 （　）

38. 路面水泥混凝土弯拉强度应采用小梁标准试件和路面钻芯取样圆柱体劈裂强度折算的弯拉强度综合评定。 （　）

39. 对于钢筋混凝土路面，如果施工完成后存在干缩和温缩裂缝，应处理。 （　）

40. 测定水泥中氯离子含量的基准方法是磷酸蒸馏-汞盐滴定法。 （　）

41. 测定水泥混凝土试块强度时，加载速度过快，混凝土强度测定值偏大。 （　）

42. 同样组成条件下，混凝土中集料的针片状颗粒含量越高，则混凝土的坍落度越低。 （　）

43. 当采用代用法进行水泥安定性检测时，应根据水泥沸煮后膨胀程度的大小来判定该水泥安定性是否合格。 （　）

44. 当测得边长为 100mm 立方体水泥混凝土的力学强度之后，其结果应乘以 1.05 的系数进行修正。 （　）

45. 在黏聚性和保水性良好的前提下，混凝土的坍落度越大，工作性越好。 （　）

46. 水泥标准稠度用水量的多少将不影响水泥胶砂试验结果。 （　）

47. 水泥胶砂成型前组装三联模时要涂抹一些黄油，其作用是防止试模与水泥胶砂的

粘连。（　　）

48. 相同原材料拌和混凝土，坍落度大的混凝土的强度要低于坍落度小的混凝土。（　　）

49. 水泥混凝土的坍落度值越低，则混凝土的维勃稠度时间越长。（　　）

50. 当水泥实测强度达不到所标注的强度等级时，该水泥应判定为不合格品。（　　）

51. 随着水泥颗粒比表面积的增加，水泥的标准稠度用水量将会增加。（　　）

52. 通过坍落度试验并不能够精确定量地评价水泥混凝土的工作性。（　　）

53. 标准立方体水泥混凝土试件进行抗压强度试验，如果加载速率要求为0.3～0.5MPa/s时，则压力机表盘加载读数就是6.75～11.25kN/s。（　　）

54. 当混凝土坍落度不小于20mm时，就可采用标准振动台进行成型操作。（　　）

55. 混凝土坍落度越大，表明混凝土的保水性越差。（　　）

56. 通过水泥安定性试验来评定水泥在水化硬化过程中的热胀冷缩现象。（　　）

57. 沸煮法主要检测水泥中是否含有过量的游离CaO、游离MgO和三氧化硫。（　　）

58. 普通硅酸盐水泥的强度等级可划分为32.5、32.5R、42.5、42.5R、52.5、52.5R、62.5、62.5R八种。（　　）

59. 为了提高水泥混凝土耐久性，应控制水泥混凝土的最小水灰比和最大水泥用量。（　　）

60. 测定水泥中的碱含量的试验方法有火焰光度法、原子吸收光谱法。（　　）

61. 在沸煮法测定水泥安定性时，当试饼法测试结果与雷氏法有争议时，以雷氏法为准。（　　）

62. 只要控制水泥混凝土的最小水泥用量，就能够保证混凝土的耐久性。（　　）

63. 标准稠度用水量大的水泥拌和的混凝土，相应的坍落度较低。（　　）

64. 测定水泥的标准稠度用水量是为了测定凝结时间和强度。（　　）

65. 采用间断级配拌和的水泥混凝土具有较高的密实度。（　　）

三、多项选择题

1. 有关水泥混凝土拌和物凝结时间试验，描述正确的是（　　）。

A. 一般情况下，水胶比越大，凝结时间越长

B. 一般情况下，水胶比越小，凝结时间越长

C. 试样制备时需要用4.75mm的标准筛过筛，筛去4.75mm以上粗集料，拌和后装模

D. 试样制备时需要用2.36mm的标准筛过筛，筛去2.36mm以上粗集料，拌和后装模

E. 贯入阻力达到3.5MPa对应的时间是新拌混凝土的初凝

F. 贯入阻力达到28.0MPa对应的时间是新拌混凝土的初凝

2. 玄武岩纤维及合成纤维混凝土的配合比设计应进行工作性和耐久性试验验证，其抗裂性应符合（　　）。

A. 用于路面抗裂的纤维混凝土试验时早期裂缝降低率不应小于60%

B. 用于路面抗裂的纤维混凝土试验时早期裂缝降低率不应小于30%

C. 掺入纤维的拌和物应与相同配合比基体混凝土做早期抗裂性对比试验

D. 玄武岩纤维及合成纤维混凝土的目标配合比设计可按钢纤维有关规定执行

3. 下列关于勃氏法测量水泥比表面积不正确的说法有(　　)。

A. 试样需要烘干并冷却

B. 试验需要过1.0mm筛

C. 试验时相对湿度≥50%

D. 平行试验结果相差不大于2%

4. 现场测定水泥混凝土强度的方法有(　　)。

A. 回弹仪法　　B. 超声回弹法

C. 射钉法　　D. 超声法

5. 普通水泥混凝土配合比设计中,计算单位砂石用量通常采用(　　)。

A. 质量法　　B. 经验法　　C. 体积法　　D. 查表法

6. 针对水泥混凝土强度试验用压力机或万能试验机的要求有(　　)。

A. 测量精度±1%

B. 测量精度±2%

C. 应具有加荷速度指示装置或加荷速度控制装置

D. 试件破坏荷载应大于压力机全量程的20%,且小于压力机全量程的90%

E. 可以均匀地连续加载卸载,可以保持固定荷载

F. 上下压板平整并有足够刚度

7. 下列针对混凝土成型不正确的操作方式有(　　)。

A. 坍落度10mm,采用人工插捣方式成型

B. 坍落度23mm,采用捣棒插入式成型

C. 坍落度100mm,采用振动台成型

D. 坍落度100mm,采用人工插捣方式成型

8. 普通硅酸盐水泥是硅酸盐类水泥的一个重要品种,这种水泥具有(　　)的特点。

A. 适用性较广

B. 水化热相对于硅酸盐水泥偏低,可用于配制大体积混凝土

C. 较高的抗侵蚀能力

D. 较好的综合性能

9. 水泥胶砂强度试验是水泥技术性能试验的核心内容,针对该试验的不正确描述是(　　)。

A. 当拌和过程中组成材料添加顺序不符合标准时,检测的强度结果会偏低

B. 成型后带模养护试件要严格控制在24h,否则试验作废

C. 水泥胶砂试件既可在规定温度下水中浸泡养护,也可在规定的温度和湿度条件下进行养护

D. 无论哪种强度等级的水泥,在力学加载时都应采用同样的加载速率进行操作

10. 在水泥混凝土配合比设计过程中,利用公式计算水泥混凝土水胶比的因素包括(　　)。

A. 水泥强度等级　　B. 水泥混凝土的设计强度

C. 混凝土中粗集料类型　　D. 水泥强度富余系数

11. 需要调整混凝土拌和物的工作性时,下列操作正确的是(　　)。

A. 当坍落度超出设计要求时,应增加或减少同样水胶比的水泥浆改善混凝土的流动性

B. 当出现泌水或流浆现象时,应采用适当降低单位用水量的方法避免该现象的发生

C. 当坍落度不符合规定要求时,通常采用水胶比不变适当增加水泥浆的方式改善混凝土坍落度

D. 当敲击混凝土拌和物出现崩裂现象时,可通过提高砂率来改善存在的问题

12. 下列针对混凝土减水剂功能表达正确的选项是(　　)。

A. 减水剂的使用能够同时达到增加混凝土流动性、提高混凝土强度和降低成本的目的

B. 只要减水剂各项指标均满足技术标准,使用时就能够很好地发挥其应有的功能

C. 减水剂有可能带有引气功能,具有引气功能的减水剂会使混凝土的强度下降

D. 当带有引气功能时,减水剂能提高水泥混凝土的抗冻性

13. 当混凝土的水胶比为0.40时,对应的砂率是27% ~32%;当水胶比为0.50时,对应的砂率是30% ~35%。如采用插入法确定砂率时,下列结果中的正确选项是(　　)。

A. 水胶比为0.45,对应的砂率是31%

B. 水胶比为0.47,对应的砂率是30%

C. 水胶比为0.45,对应的砂率是33%

D. 水胶比为0.47,对应的砂率是32%

14. 混凝土立方体抗压强度标准值的正确含义包括(　　)。

A. 按照标准试验操作方法得到的立方体强度平均值

B. 通过系数将混凝土立方体统一修正为标准几何尺寸后得到的强度

C. 强度结果满足规定的保证率

D. 该标准值用于混凝土强度等级的确定

15. 下列针对水泥混凝土工作性检测描述正确的是(　　)。

A. 当坍落度插捣程度不足时,得到的坍落度值与标准操作相比偏大

B. 采用捣棒敲击混凝土拌和物的过程用于判断混凝土的保水性

C. 黏聚性越好的混凝土,其坍落度就越小

D. 黏聚性或保水性状态只能通过定性而不是定量的方法进行判断

16. 划分水泥强度等级时,需要考虑的因素是(　　)。

A. 物理性质　　B. 有害物质

C. 3d 和 28d 抗折强度　　D. 3d 和 28d 抗压强度

17. 造成水泥混凝土抗折强度试验无效的原因包括(　　)等选项。

A. 两个试件抗折结果超过了平均值的 ±15%

B. 一个试件断面位置超出加荷点之外,且另外两个试件测得的强度值之差大于其中较小强度值的15%

C. 两个试件折断位置于加荷点之外

D. 两个试件抗折强度超出中值的 ±10%

18. 成型后的混凝土养护分为初期的带模养护和脱模后的正常养护，下列选项中的正确养护方式是(　　)。

A. 带模养护：保湿条件下室温20℃ ±5℃，相对湿度大于50%

B. 脱模养护：温度20℃ ±2℃，相对湿度大于95%

C. 带模养护：温度20℃ ±2℃，相对湿度大于90%

D. 脱模养护：用水温20℃ ±5℃的饱和石灰水浸泡

19. 水泥混凝土拌和物凝结时间试验中，应(　　)。

A. 将所取代表性拌和物中4.75mm以上粗集料筛除

B. 控制整平砂浆表面必须与试模上沿齐平

C. 以贯入阻力3.5MPa对应的时间作为初凝时间

D. 对坍落度不大于70mm的混凝土宜用振动振实砂浆

20. 新拌水泥混凝土的工作性包含(　　)。

A. 流动性　　B. 黏聚性　　C. 保水性　　D. 易密性

21. 水泥混凝土凝结时间试验的测针有三种规格，试验时由粗到细依次都要用到，更换测针的依据是(　　)。

A. 贯入阻力大小

B. 砂浆表面测孔是否出现微裂缝

C. 泌水量大小

D. 混凝土坍落度大小

22. 水泥混凝土配合比设计中，为了保证混凝土耐久性，应(　　)。

A. 控制水灰比　　B. 控制最小水泥用量

C. 控制最小砂率　　D. 控制最小用水量

23. 混凝土外加剂的氯离子含量试验方法有(　　)。

A. 磷酸蒸馏-汞盐滴定法　　B. 原子吸收光谱法

C. 硫氰酸铵滴定法　　D. EDTA 滴定法

24. 水泥的氧化镁含量测定方法有(　　)。

A. 原子吸收光谱法　　B. 高锰酸钾滴定法

C. EDTA 滴定差减法　　D. EDTA 滴定法

25. 关于水泥混凝土芯样劈裂试验的说法中，正确的有(　　)。

A. 芯样劈裂试验不适宜作为仲裁试验或工程验收的最终依据

B. 试验前应描述并记录芯样的外观

C. 试验前应测定芯样的直径和长度

D. 试验前芯样应在25℃的水中浸泡40h

26. 在海风、酸雨等腐蚀性环境范围内的水泥混凝土路面可以使用的水泥有(　　)。

A. 硅酸盐水泥　　B. 矿渣水泥

C. 普通水泥　　D. 矿渣硅酸盐水泥

27. 为改善水泥混凝土的工作性，可以采用的方法有(　　)。

A. 调整砂率　　B. 增大用水量

C. 使用外加剂　　D. 提高粗集料的棱角性

28. 水泥试验检测项目中标准法和代用法共存的试验项目是(　　)。

A. 水泥净浆标准稠度用水量　　B. 凝结时间

C. 安定性　　D. 细度

29. 水泥安定性是水泥的关键性指标,下列描述正确的是(　　)。

A. 沸煮过程是否规范将直接影响安定性评定准确性

B. 代用法通过定量的方法评定水泥安定性是否合格

C. 雷氏夹法通过沸煮后水泥样品是否开裂判断水泥安定性

D. 造成不安定的原因在于水泥中存在过量游离 CaO

30. 水泥混凝土中随集料颗粒粒径的增加会发生如下(　　)变化。

A. 相应的水泥用量减少

B. 在同样水泥浆用量下,混凝土的流动性加大

C. 水泥混凝土的抗压强度提高

D. 混凝土的工作性变差

31. 混凝土组成材料的特点将直接影响混凝土的力学性质,下列选项正确的是(　　)。

A. 粗集料公称粒径越大越有利于混凝土抗压或抗折强度的形成

B. 相对于酸性集料,碱性集料对混凝土强度形成更加有利

C. 相对于比表面积较大的砂,比表面积较小的砂对强度形成更有利

D. 水泥比表面积越大,对混凝土强度形成越有利

32. 水泥胶砂试验操作不规范,会造成的问题为(　　)。

A. 如果搅拌不均匀,同一三联模中成型测得的胶砂强度差别程度将会加大

B. 养护温度控制波动超出规定范围,则测得的强度与标准状态下的结果相比会提高

C. 胶砂中添加的水量偏少,测得的胶砂强度会降低

D. 振实效果不佳,则强度降低

33. 判断水泥为不合格品的依据是(　　)。

A. 初凝时间　　B. 终凝时间　　C. 抗折强度　　D. 抗压强度

34. 水泥混凝土抗压或抗折试验结果计算有效的条件是(　　)。

A. 一组三个抗压试件最大值或最小值与平均值之差不超过平均值的 ±15%

B. 一组三个试件只有一个计算结果与中值相比超过误差要求时

C. 一组三个抗折试件断裂面都必须在受力点之内

D. 一组三个试件中最大值与最小值与中值的差都在 10% 之内

35. 环境温度的高低将对水泥性能检测造成一定的影响,其中(　　)。

A. 温度偏高将使测得的水泥凝结时间偏短

B. 沸煮温度偏低有可能隐蔽水泥安定性存在的问题

C. 养护温度控制不准将造成水泥力学强度偏高

D. 温度的变化将影响水泥比表面积的测定

36. 有可能造成水泥混凝土拌和物坍落度检测值偏低的原因是(　　)。

A. 坍落筒提升过慢　　B. 试验操作时的环境温度偏高

C. 插捣用力过度　　　　　　　　D. 试验时间明显延长

37. 水泥标准稠度用水量不准确时将影响水泥的(　　)检测结果。

A. 水泥胶砂强度　B. 凝结时间　　C. 安定性　　D. 耐久性

38. 混凝土立方体抗压强度试验时的加荷速度对试验结果有较大影响,因此应根据混凝土的强度等级控制加荷速度。当混凝土强度等级为 C40 时,标准尺寸试件的加荷速度为(　　)。

A. 6.75 ~ 11.25kN/s　　　　　　B. 11.25 ~ 18.00kN/s

C. 0.5 ~ 0.8MPa/s　　　　　　　D. 0.3 ~ 0.5MPa/s

39. 水灰比可以影响到水泥混凝土的(　　)。

A. 坍落度　　B. 耐久性　　C. 工艺性　　D. 强度

40. 水泥混凝土路面用混凝土配合比设计在兼顾经济性的同时应满足(　　)技术要求。

A. 弯拉强度　　B. 工作性　　C. 耐久性　　D. 抗压强度

41. 有关混凝土耐久性的试验有(　　)。

A. 抗渗性试验　　　　　　　　B. 抗冻性试验

C. 抗磨性试验　　　　　　　　D. 抗压强度试验

42. 若施工中发现混凝土拌和物有明显的离析现象,你认为可能的原因是(　　)。

A. 集料级配差　　　　　　　　B. 水泥浆用量过大

C. 拌和不均匀　　　　　　　　D. 拌和时间过长

43. 用试饼法进行水泥安定性试验,沸煮后判别水泥是否安定的依据是目测试件是否有(　　)。

A. 翘曲　　B. 剥落　　C. 膨胀　　D. 裂缝

四、综合题

1. 普通水泥混凝土计算初步配合比为 1:1.75:3.51,水胶比为 0.49,试拌调整时工作性不满足要求,采取增加 5% 水泥浆用量的措施后,工作性达到要求。试回答以下问题:

(1) 此题配合比中 1.75 指的是(　　)。

A. 砂的用量比例　　　　　　　B. 水泥的用量比例

C. 水的用量比例　　　　　　　D. 粗集料的用量比例

(2) 增加了 5% 水泥浆后,该混凝土的水胶比为(　　)。

A. 0.54　　B. 0.47　　C. 0.49　　D. 0.4

(3) 普通水泥混凝土配合比设计步骤中,以下先后顺序正确的是(　　)。

A. 基准配合比设计—试验室配合比设计—初步配合比设计—工地配合比设计

B. 初步配合比设计—试验室配合比设计—基准配合比设计—工地配合比设计

C. 基准配合比设计—初步配合比设计—试验室配合比设计—工地配合比设计

D. 初步配合比设计—基准配合比设计—试验室配合比设计—工地配合比设计

(4) 采取增加 5% 水泥浆用量的措施后,工作性达到要求,该配合比的正确表示是(　　)。

A. 1:1.67:3.34, $W/C = 0.47$

B. 1∶1.67∶3.34，$W/C=0.49$

C. 1∶1.67∶3.51，$W/C=0.49$

D. 1∶1.75∶3.51，$W/C=0.54$

(5)已知配制时 $1m^3$ 混凝土需用水泥 340kg，计算混凝土砂石材料的单位用量为(　　)。

A. 砂：568kg　　B. 粗集料：1193kg

C. 粗集料：1136kg　　D. 砂：596kg

2. 水泥细度检测是一项常规试验项目，根据提问回答下列问题。

(1)细度检测需根据不同水泥品种，采用适宜的方法进行操作。下列叙述正确的选项是(　　)。

A. 当比表面积相同时，意味着不同水泥的颗粒分布规律相同

B. 当筛析法中不同水泥存留量相同时，其水泥颗粒粗细程度也应相同

C. 根据现行规范指标要求，硅酸盐水泥应采用勃氏透气仪法

D. 根据现行规范指标要求，矿渣、火山灰、粉煤灰和复合硅酸盐水泥可采用筛析法

(2)采用筛析法操作需对标准筛进行标定，下表为负压筛标定和某样品检测结果。

标定或检测次数	1	2	3
标样(筛余百分比，%)	3.4	3.0	3.6
水泥样品(筛余百分比，%)	2.3	2.9	2.5

当标样标准值是 3.6% 时，测得的水泥样品检测结果是(　　)。

A. 2.5%　　B. 2.6%　　C. 2.7%　　D. 2.8%

(3)采用比表面积法操作时需要标样，这里标样的含义是(　　)。

A. 具有较高的颗粒细度　　B. 具有已知的比表面积

C. 由权威机构批准生产　　D. 具有合适的粒径组成

(4)在采用比表面积法操作时需要标样，这里标样的含义是(　　)。

A. 水泥料层中的空隙率　　B. 试验时的温度

C. 水泥的品种　　D. 水泥的密度

(5)现有 A、B 两个水泥样品，分别采用两种方法进行细度检测，结果列于下表。

样　品	负压筛法(筛余百分比，%)	比表面积法(m^2/kg)
A	2.8	360
B	3.6	410

根据表中检测结果，可以认为(　　)。

A. 两种检测结果相互矛盾，无法做出正确判断

B. 两种检测结果都满足相关水泥技术标准，细度都达到要求

C. 两种检测方法原理不同，结果表示方法不同，所以细度结果没有可比性

D. 比表面积法测得的结果比筛析法更加准确地反映了水泥颗粒的细度情况，所以 B 样品比 A 样品颗粒总体上要偏细

3. 水泥混凝土和易性经时变化、凝结时间长短，会对施工带来直接影响。某工程为更好地指导水泥混凝土施工，在工地现场对水泥混凝土拌和物进行坍落度凝结时间试验。根据下列

实际操作过程描述,回答问题。

(1)针对工地现场进行坍落度试验,说法正确的是(　　)。

A. 坍落度试验前,应固定现场砂石含水率,以避免现场砂石含水率对坍落度带来的影响

B. 现场环境条件下进行坍落度试验,一般不会考虑环境温度和湿度对坍落度的影响

C. 在温度和湿度稳定条件下,风力大小对坍落度试验不会产生影响

D. 为防止安置坍落度筒的底板吸水,可以采取提前对底板进行湿润,另外还可采用铺塑料布的方法

(2)针对操作过程描述有误的是(　　)。

A. 如果每次填装插捣时都有明显冲击感觉,测得的坍落度相对会有所降低

B. 混凝土工作性或和易性状况要采用定量与定性相结合的方式进行评价

C. 因使用减水剂,故还要测定混凝土的扩展度,以更全面地评价混凝土和易性

D. 坍落度试验必须在规定时间内完成,否则测得的坍落度会下降,黏聚性或保水性也会变差

(3)在水泥凝结时间已知的前提下,还需测定混凝土凝结时间的原因在于(　　)。

A. 混凝土凝结时间测定更符合工地实际状况

B. 两者材料组成上有很大差异

C. 两者检测目的不同

D. 水泥水化过程发生了改变

(4)正确进行水泥混凝土凝结时间试验操作的选项是(　　)

A. 试验检测用混凝土必须是筛除4.75mm颗粒集料的拌和物

B. 测得的贯入阻力初始值必须小于3.5MPa,而终值必须大于35MPa

C. 伴随检测时间的延长,应根据测试状况,需将测针由较小截面面积型号的更换为较粗截面面积型号的

D. 当采用截面面积为20mm^2 的测针测得贯入压力是600N时,认为凝结时间测定工作可以结束

(5)有关混凝土坍落度试验与混凝土凝结时间试验相互影响的说法正确的是(　　)。

A. 初凝时间较短的混凝土,对应的混凝土坍落度值较小

B. 只有混凝土工作性在满足要求的前提下,再进行凝结时间测定才有意义

C. 工作性好的混凝土,其凝结时间相对于工作性较差的混凝土要更长一些

D. 坍落度适宜,初凝时间较长而终凝时间较短的混凝土最有利于现场施工操作

4. 标准稠度用水量、凝结时间、安定性是常规性能检查项目,用于评价水泥物理性能的优劣,在进行上述项目的试验室,需要对试验条件进行较为严格的控制,否则将对试验结果造成影响。依据相关试验规程,回答下列问题。

(1)针对该试验概念,描述正确的是(　　)。

A. 试验内容由三个独立的试验组成,但彼此之间又密切相关,即一项试验结果的准确与否都会影响另一项试验的结果

B. 为保证不同水泥或不同批次试验操作得到的凝结时间、安定性等结果具有可比性,

必须用标准稠度状态下的水泥浆进行试验

C. 该试验有标准方法和代用法共存现象，其中标准方法的准确性高于代用法

D. 三个独立试验结果都以定量的方式表达

(2)针对标准稠度试验，下列选项的描述正确的是(　　)。

A. 加入 135mL 水，按标准方法测得试杆沉入水泥深度是 30mm ± 1mm，此时水泥浆的稠度就是水泥标准稠度

B. 加入 146mL 水，测得试杆沉入水泥浆距离底板距离是 5mm，此时的水与水泥质量之比的百分数就是水泥标准稠度

C. 加入 152mL 水，测得试杆沉入水泥浆距离底板距离是 2mm，此时加入的水量偏多，得到的稠度不是标准稠度

D. 加入 140mL 水，测得试杆沉入水泥浆距底板 8mm，用该结果可通过公式计算出水泥浆标准稠度需水量

(3)不同稠度状态下进行水泥凝结时间的测定，将直接影响试验结果。根据本题问题(2)的几个选项实际情况，下列描述正确的是(　　)。

A. 依据选项 A 的状况，采用规定方法得到的凝结时间属于水泥的凝结时间

B. 依据选项 B 的状况，采用相关试验，当试针沉入水泥浆满足规程要求，可得到水泥的初凝时间和终凝时间

C. 如以 C 选项条件进行凝结时间测定，与标准稠度状态下的水泥净浆相比，测得的凝结时间将会延长

D. 如以 D 选项条件进行凝结时间测定，与标准稠度状态下的水泥净浆相比，测得的凝结时间将会缩短

(4)影响安定性试验结果的试验条件包括(　　)。

A. 沸煮操作时的气压状况　　B. 沸煮方法

C. 沸煮温度　　D. 制备试件的水泥浆稠度

(5)根据本题问题(4)的选项，下列针对安定性试验描述存在错误的选项是(　　)。

A. 当试验沸煮温度低于规定要求时，有可能是安定性存在的问题被掩盖

B. 如果沸煮方法不标准，将对结果的准确性造成影响

C. 与标准稠度用水量偏低的试件相比，标准稠度用水量高的水泥安定性较差

D. 只要试验过程中大气压力不发生明显变化，就不会影响安定性试验结果

5. 水泥混凝土试件制作是试验室一项常规工作，也是混凝土力学性能检测的基础环节，正确掌握混凝土试件制作对相应试验检测结果具有直接影响。下表列出某工地试验室进行这项工作的一些描述和记录，根据表中内容以及相关规程、规范要求，回答下列问题。

工 作 内 容	操作过程和记录	备　注
制备测定力学性能指标试件	试模尺寸：150mm × 150mm × 150mm	用于混凝土的抗压强度检测
检测混凝土的工作性	实测该混凝土坍落度为 90mm	确定合适的混凝土试件密实成型方式
成型	制备非圆柱体试件	具备振动台等设备

续上表

工作内容	操作过程和记录	备注
养护	采用水中浸泡	工地不具备标准养护室条件
外观检查	一个试块外观出现少许缺角现象，三个试块的高度分别是：150.2mm，151.0mm，150.8mm	采用游标卡尺测量

(1)试模分为标准尺寸和非标准尺寸两类，下列说法正确的是(　　)。

A.非标准尺寸试模是指100mm边长和200mm边长的立方体

B.通过简单系数折算，可将非标准试模测得的立方体抗压强度结果换算为标准强度。其中100mm边长试模尺寸的换算系数要大于1，而200mm的换算系数小于1

C.混凝土强度等级只能依据标准尺寸得到的结果来确定

D.标准尺寸立方体试模中混凝土集料最大粒径可达到37.5mm

(2)根据试验测得的混凝土拌和物坍落度是90mm，则该混凝土成型时操作方法正确的是(　　)。

A.采用振动台振动的方式进行

B.采用人工捣实的方式进行

C.采用插入式振捣棒成型

D.只要保证密实程度，上述三种方式均可

(3)不合理的成型方式将会造成的问题是(　　)。

A.在混凝土流动性较大的状况下，如采用振动成型，则可能产生流浆现象

B.在混凝土流动较小的状况下，如采用人工捣实方式，则可能最终难以密实

C.在混凝土流动性较大的状况下，采用插入式振捣棒成型，混凝土易产生离析

D.在混凝土流动性较小的状况下，采用振动方式成型，则混凝土难以达到较高密实度

(4)如该试验是采用水中浸泡养护，你的看法是(　　)。

A.可以采用这种方式，但要在水中加入足够的石灰

B.可以采用这种方式，但要将养护温度适当提高

C.可以采用这种方式，但应在无杂质的可饮用水中进行

D.这种方式不可行，因为不利于混凝土的强度形成

(5)对立方体试件而言，你认为针对上述外观状态描述正确的是(　　)。

A.高度是150.2mm和150.8mm的尺寸符合试验规程的规定，而高度达到151.0mm不符合规定

B.三个混凝土试件的高度中有两个已超出试验规程的规定

C.一个试件出现少许缺角情况，但经过修补仍可保留作为力学测定用试件

D.外观有缺陷的试件只能作废

6.对一组三个水泥混凝土标准试件进行抗折(抗弯拉)强度试验，试回答下列问题。

(1)标准试件尺寸为(　　)。

A.150mm×150mm圆柱体

B. 100mm×100mm×400mm 棱柱体

C. 边长 150mm 正方体

D. 150mm×150mm×550mm 棱柱体

(2)试验步骤包括( )。

A. 记录破坏极限荷载和试件断裂位置

B. 加荷直至试件破坏

C. 安放试件

D. 量取试件中部宽度 b 和高度 h

(3)如果支座间距离为 L,试件抗弯拉强度计算式为( )。

A. $FL/(bh)$ B. $Fh/(Lb^2)$ C. $Fb/(Lh^2)$ D. $FL/(bh^2)$

(4)如果这组试件中有一个断裂面位于加荷点外侧,另外两个试件的抗弯拉强度分别为 5.00MPa 和 5.50MPa,那么这组试件试验结果为( )。

A. 抗弯拉强度 5.50MPa B. 抗弯拉强度 5.00MPa

C. 抗弯拉强度 5.25MPa D. 无效

(5)如果这组三个试件的抗弯拉强度分别为 4.20MPa、5.00MPa、5.92MPa,那么这组试验结果为( )。

A. 抗弯拉强度 4.60MPa B. 抗弯拉强度 5.00MPa

C. 抗弯拉强度 5.04MPa D. 无效

7. 关于路面用水泥混凝土配合比设计,试回答下列问题。

(1)水泥混凝土配合比设计在兼顾经济性的同时,应满足( )方面的技术要求。

A. 耐久性 B. 工作性 C. 强度 D. 厚度

(2)路面用水泥混凝土配合比设计采用( )强度。

A. 7d 弯拉 B. 7d 无侧限抗压 C. 28d 抗压 D. 28d 弯拉

(3)路面用水泥混凝土配制强度与( )有关。

A. 保证率系数 B. 标准差 C. 变异系数 D. 交通等级

(4)路面用水泥混凝土配合比设计确定的参数有( )。

A. 水灰比 B. 砂率

C. 最佳沥青用量 D. 单位用水量及单位水泥用量

(5)水泥混凝土砂石料用量可通过( )计算。

A. 图表法 B. 经验法 C. 体积法 D. 质量法

8. 关于新拌水泥混凝土坍落度试验,请回答以下问题。

(1)以下( )是对坍落度指标的正确描述。

A. 坍落度表达混凝土拌和物的工作性

B. 坍落度代表混凝土拌和物的流动性

C. 为保证混凝土施工,应选择较大的坍落度

D. 大流动性混凝土应测定其坍落扩展度值

(2)进行水泥混凝土坍落度试验,应注意( )。

A. 先用湿布抹湿坍落度筒、铁锹、拌和板

B. 混凝土可以采用拌和机或人工拌和

C. 测定坍落度,应垂直提起坍落度筒,且操作过程应在 5 ~ 10s 内完成

D. 从开始装料到提坍落度筒的整个过程应在 1.5min 内完成

(3)装料与插捣混凝土,要求(　　)。

A. 将漏斗放在坍落度筒上,脚踩踏板

B. 将拌制的混凝土试样分三层均匀地装入坍落度筒内,每层装入高度稍大于筒高的 1/3

C. 每层由外向中心沿螺旋方向用捣棒均匀插捣 25 次

D. 插捣底层时应插至底部;插捣其他两层时,应插透本层并插入下层 20 ~ 30mm;插捣应垂直压下,不得冲击

(4)试验结果表述正确的为(　　)。

A. 用钢尺量出筒高与坍落后混凝土试样之间的垂直距离,即为坍落度值

B. 坍落度实测值以 mm 为单位,精确至 1mm

C. 坍落度实测值以 mm 为单位,精确至 5mm

D. 若坍落度测定值为 32mm,则其试验结果应修约为 30mm

(5)关于评价混凝土的保水性与黏聚性,以下正确的说法是(　　)。

A. 用捣棒在已坍落的混凝土锥体侧面轻轻敲打,若锥体突然倒塌、部分崩裂或发生石子离析,则表示黏聚性不好

B. 观察整个试验过程中水分从拌和物中析出的程度,评价保水性

C. 如坍落度筒提起后无稀浆或仅有少量稀浆自底部析出,则表示此混凝土拌和物的保水性良好

D. 混凝土拌和物的保水性不良时,应调整水灰比

9. 拌和 20L 水泥混凝土,分别称取水泥、水、砂、石的用量是 7.8kg、3.9kg、11.76kg、23.52kg,用于混凝土工作性检验。坍落度试验结果要求提高其坍落度,因此需增加 3% 的水泥浆。在完成工作性验证后采用改变水胶比 W/B(即水灰比 W/C)±0.05 的方式进行强度验证,按 30L 进行拌和。验证后发现原有水胶比满足强度要求。在施工现场进行施工拌和时,测得当时的砂、石含水率分别是 5% 和 2%。

根据上述条件回答下列问题。

(1)该水泥混凝土的初步配合比可表示为(　　)。

A. 水泥:水:砂:石 = 7.8:3.9:11.76:23.52(kg)

B. 水泥:水:砂:石 = 390:195:588:1176(kg/m^3)

C. 水泥:水:砂:石 = 390(1 + 3%):195(1 + 3%):588:1176(kg/m^3)

D. 水泥:砂:石 = 1:1.51:3.02,W/C = 0.50

(2)工作性检验时需增加一定数量水泥浆,表明原配合比混凝土的(　　)。

A. 坍落度不符合设计要求范围

B. 混凝土流动性偏低,但黏聚性和保水性满足要求

C. 混凝土工作性不能完全满足要求

D. 混凝土流动性、黏聚性和保水性均不满足要求

(3)当按照 $W/C \pm 0.05$ 改变混凝土基准水胶比进行强度检测时，拌和混凝土过程中(　　)。

A. 需要调整水泥和水的用量

B. 仅需要调整水泥用量

C. 仅需要调整水的用量

D. 构成混凝土的材料用量都需调整

(4)进行强度验证时，配合比调整方法操作正确的是(　　)。

A. 当水胶比增加0.05，混凝土的配合比为水泥:水:砂:石 =365.18:200.85:588:1176 (kg/m^3)

B. 当水胶比增加0.05，拌和30L混凝土，各组成材料的用量是水泥:水:砂:石 =12.05:6.63:17.64:35.28(kg)

C. 当水胶比减少0.05，混凝土的配合比为水泥:水:砂:石 =401.75:108.79:588:1176 (kg/m^3)

D. 当水胶比减少0.05，拌和30L混凝土，各组成材料的用量是水泥:水:砂:石 =13.39:6.03:17.64:35.28(kg)

(5)针对现场砂石含水率状况，施工拌和操作方法表述正确的是(　　)。

A. 砂石含水率是指砂石中水分含量占天然砂石材料质量的百分率

B. 根据实测砂石含水率，工地混凝土的配合比是水泥:水:砂:石 =365:148:617:1200 (kg/m^3)

C. 根据工地混凝土配合比，混凝土的水胶比是0.41

D. 根据工地混凝土配合比，混凝土的砂率是33%

10. 水泥混凝土配合比设计必须满足工作性和强度要求，已知水泥混凝土的初步配合比是水泥:水:砂:石 =375:170:616:1256(kg/m^3)。根据混凝土配合比调整原理，回答下列问题。

(1)如试拌时发现初步配合比混凝土的黏聚性和保水性适宜，但其流动性偏低，需要调整。问下列基准配合比选项中(　　)项符合这种调整要求。

A. 水泥:水:砂:石 =375:175:616:1256(kg/m^3)

B. 水泥:水:砂:石 =386:175:649:1260(kg/m^3)

C. 水泥:水:砂:石 =386:175:616:1256(kg/m^3)

D. 水泥:水:砂:石 =406:175:616:1256(kg/m^3)

(2)当采用问题(1)中选项A的方法进行工作性调整时，下列描述正确的是(　　)。

A. 由于适当增加了水的用量，使混凝土的流动性得到提高和改善，符合初步配合比工作性调整要求

B. 因为只适当增加了水的用量，相应的砂率未作调整，所以混凝土的保水性和黏聚性可能会受影响

C. 采用这种方法调整可能会对混凝土强度带来不利影响

D. 如能按水量调整的比例调整水泥数量，能够较好地改善该混凝土的流动性并且不会影响混凝土的其他性能表现

(3)如果采用问题(1)的A、B、C、D调整方法分别进行混凝土强度试验检测，得到的强度

结果发生的变化可能正确的选项是(　　)。

A. 选项 A 的强度降低　　B. 选项 B 的强度可能会有所降低

C. 选项 C 的强度保持不变　　D. 选项 D 的强度提高

(4)按照问题(1)的材料组成进行强度试验,测得四组混凝土强度分别是 35.2MPa、37.0MPa、38.6MPa、40.5MPa,问下列排序最有可能的是(　　)。

A. A-35.2MPa、B-38.6MPa、C-37.0MPa、D-40.5MPa

B. A-35.2MPa、B-37.0MPa、C-38.6MPa、D-40.5MPa

C. A-40.5MPa、B-38.0MPa、C-35.2MPa、D-35.2MPa

D. A-35.2MPa、B-40.5MPa、C-38.6MPa、D-37.0MPa

(5)针对问题(1)出现的工作性不良的现象,还可以采用的调整方法是(　　)。

A. 适当降低砂率,以增加混凝土的流动性

B. 加入适宜的减水剂,以增加混凝土的坍落度

C. 调换另一种类型的水泥材料,使流动性达到要求

D. 选用细度模数小一些的砂子改变混合料的流动性,使混凝土的坍落度达到要求

11. 某试验室按质量法进行混凝土的配合比设计。混凝土设计强度等级为 C40,强度标准差为 4.5MPa,设计坍落度为 30 ~ 50mm。选用 42.5 级硅酸盐水泥,富余系数 $\gamma_0 = 1.1$,中砂;石灰岩碎石,最大粒径为 20mm。混凝土的假定密度采用 2450kg/m^3,碎石的回归系数 $\alpha_A = 0.53$、$\alpha_b = 0.20$,砂率取用 32%,单位用水量选用 190kg。该混凝土工程处于一般环境,要求最大水灰比限定值为 0.60,最小水泥用量限定值为 280kg/m^3。

(1)计算初步配合比,下列正确的结论为(　　)。

A. 水泥实际强度为 49.3MPa;混凝土的配制强度为 47.4MPa

B. 水泥实际强度为 42.5MPa;混凝土的配制强度为 44.5MPa

C. $W/C = 0.50$;初步配合比为水泥:水:砂:碎石 = 380:190:602:1279

D. $W/C = 0.47$;初步配合比为水泥:水:砂:碎石 = 404:190:594:1262

(2)试拌初步配合比,实测坍落度为 25mm。确定混凝土基准配合比的说法正确的是(　　)。

A. 可采取增加水泥浆的措施提高坍落度

B. 可采用机械强制搅拌的措施提高坍落度

C. 若增加普通减水剂,减水率 10%,掺量 0.2%,则基准配合比为水泥:水:砂:碎石 = 380:190:602:1279

D. 若增加普通减水剂,减水率 10%,掺量 0.2%,则基准配合比为水泥:水:砂:碎石 = 404:171:594:1262

(3)试拌基准配合比检验强度满足要求,且混凝土拌和物的实测密度为 2416kg/m^3,则下列说法正确的是(　　)。

A. 混凝土的计算密度为 2450kg/m^3

B. 因混凝土的实测密度与计算密度的相对误差较小,无须进行密度校正

C. 试验室配合比为水泥:水:砂:碎石 = 380:190:602:1279

D. 试验室配合比为水泥:水:砂:碎石 = 404:190:594:1262

(4)实测施工现场砂的含水率为2.5%,碎石的含水率为1.5%,混凝土施工配合比为(　　)。

A.水泥:水:砂:碎石=380:156:617:1298

B.水泥:水:砂:碎石=380:136:623:1311

C.水泥:水:砂:碎石=404:163:609:1281

D.水泥:水:砂:碎石=404:153:610:1275

(5)若用小型搅拌机拌制混凝土,容量为0.4m^3(出料),每次投入2袋水泥(50kg/袋),则各材料的投入量为(　　)。

A.水泥=152kg

B.水泥=100kg

C.水=50kg,砂=158kg,碎石=337kg

D.水=40kg,砂=151kg,碎石=317kg

12.有关水泥混凝土抗压强度的问题如下,请依题意回答。

(1)关于水泥混凝土试件的养护,下列方法正确的是(　　)。

A.试件成型后应立即用不透水的薄膜覆盖表面

B.试件拆模前后的标准养护温度均为20℃±5℃,相对湿度为95%

C.混凝土试件可以在温度为20℃±2℃、不流动的$Ca(OH)_2$饱和溶液中养护

D.标准养护室内的试件应放在支架上,彼此间隔10~20mm,为使试件表面保持潮湿,可以采用水直接冲淋

(2)水泥混凝土抗压强度试验中,试件受压速度控制下述正确的是(　　)。

A.小于C30的混凝土,加荷速度取0.3~0.5MPa/s

B.C30~C60的混凝土,加荷速度取0.5~0.8MPa/s

C.大于C60的混凝土,加荷速度取0.8~1.0MPa/s

D.所有混凝土试件均应缓慢同速加荷

(3)一组水泥混凝土试件的抗压强度试验结果如下:极限破坏荷载分别为860.24kN,722.85kN,670.49kN。抗压强度计算正确的选项是(　　)。

A.33.4MPa　　B.32.1MPa　　C.33.37MPa　　D.试验结果无效

(4)关于混凝土抗压强度、抗压强度标准值与强度等级,下述正确的是(　　)。

A.C30指混凝土的设计强度为30MPa

B.测定一批混凝土试件的抗压强度,计算其抗压强度平均值,该值一定大于其抗压强度标准值

C.设计一强度等级为C30的混凝土,即该混凝土的抗压强度标准值为30MPa

D.抗压强度标准值是按数理统计方法计算得出的,即一批混凝土试件中实测抗压强度低于该值的概率应不超过5%

(5)下列(　　)描述了混凝土立方体抗压强度与轴心抗压强度之间的关系。

A.混凝土的立方体抗压强度与轴心抗压强度都是指标准试件单位面积所承受的极限荷载

B.混凝土立方体抗压强度试验的标准试件较轴心抗压强度的标准试件小,因而抗压强度低于轴心抗压强度

C. 混凝土立方体抗压强度试验因受环箍效应,使得其测定值低于轴心抗压强度

D. 一般,混凝土轴心抗压强度为立方体抗压强度的 0.7 ~0.8 倍

13. 水泥的凝结试验、安定性试验必须采用处于标准稠度状态的水泥浆。围绕达到标准稠度水泥浆需水量试验,回答下列问题。

(1)制备具有标准稠度状态的水泥浆的目的是(　　)。

A. 使凝结时间和安定性试验操作易于进行

B. 使凝结时间和安定性试验结果分别具有可比性

C. 使凝结时间试验更加准确

D. 使安定性试验结果更易于判断

(2)对水泥净浆制备过程描述正确的选项是(　　)。

A. 搅拌之前需要用湿布擦拭搅拌锅和叶片

B. 对原材料的添加顺序和时间有一定要求

C. 搅拌方式有明确的规定

D. 搅拌过程全程自动操作,无须人工辅助

(3)判断水泥浆是否处于标准稠度状态,既可采用标准方法,也可采用代用法,下列判断水泥浆达到标准稠度的说法正确的是(　　)。

A. 采用标准方法的判断依据是试杆沉入水泥浆距底板 5 ~7mm

B. 采用代用法(行业标准)的判断依据是试锥沉入水泥浆 30mm ±1mm

C. 采用标准方法的判断依据是试杆沉入水泥浆距底板 4mm ±1mm

D. 采用代用法(国家标准)的判断依据是试锥沉入水泥浆 28mm ±2mm

(4)代用法操作又可分为调整用水量法和固定用水量法两种方式,下列描述正确的选项是(　　)。

A. 调整用水量法就是采用经验方法每次调整水泥和水的用量

B. 固定用水量法是试验操作之后通过计算得到水泥浆的标准稠度

C. 当采用调整用水量法测得试锥沉入水泥浆低于 13mm 时,不适合用调整用水量法

D. 当采用固定用水量法测得的试锥沉入水泥浆是 32mm 时,要减水后再次进行试验

(5)下列关于确定标准稠度的描述正确的是(　　)。

A. 当加水 135mL 采用标准方法测得的试杆沉入深度是 5mm 时,水泥浆的标准稠度是 27%

B. 当采用代用法测得的试杆沉入深度是 29mm 时,此时水泥浆的标准稠度是 28%

C. 当加水 140mL 采用标准方法测得的试杆沉入深度符合要求时,此时水泥浆的标准稠度是 28%

D. 当采用固定用水量法(固定水量 142.5mL),测得的试锥沉入深度离底板位于 6mm ±1mm范围时,水泥浆的标准稠度是 32.3%

14. 通过经验方法得到混凝土的室内初步配合比,水泥:砂:石 =1:1.73:3.33,W/C =0.42。但是,该配合比还需进行一系列检验和修正,以确保室内配合比满足设计要求。针对这样的工作内容,回答下列问题(配合比结果四舍五入取整数,水灰比保留两位小数)。

(1)不同条件下,当配制 $1m^3$ 混凝土时,各材料用量计算结果正确的选项有(　　)。

A. 如果水泥用量是 370kg,则配合比是水泥:水:砂:石 =370:155:640:1232(kg/m^3)

B. 如果用水量是160kg,则配合比是水泥:水:砂:石=381:160:659:1269(kg/m^3)

C. 如果砂用量是660kg,则配合比是水泥:水:砂:石=382:160:660:1272(kg/m^3)

D. 如果碎石用量是1300kg,则配合比是水泥:水:砂:石=385:162:674:1300(kg/m^3)

(2)当采用水泥用量为370kg/m^3的配合比进行坍落度试验时,发现测得的坍落度值不满足工作性设计要求,而黏聚性和保水性较好,需要调整3%的用水量,则调整后正确的配合比有可能是(　　)。

A. 水泥:水:砂:石=370:160:623:1266(kg/m^3)

B. 水泥:水:砂:石=381:160:623:1266(kg/m^3)

C. 水泥:水:砂:石=370:150:623:1266(kg/m^3)

D. 水泥:水:砂:石=381:150:623:1266(kg/m^3)

(3)当对上述工作性的配合比进行强度验证时,发现强度偏低,需要适当降低混凝土的水灰比,比原来水灰比降低0.02,则下述配合比的调整结果可能是(　　)。

A. 水泥:水:砂:石=400:160:623:1266(kg/m^3)

B. 水泥:水:砂:石=381:152:623:1266(kg/m^3)

C. 水泥:水:砂:石=375:150:623:1266(kg/m^3)

D. 水泥:水:砂:石=359:144:623:1266(kg/m^3)

(4)若对问题(3)四个选项分别进行密度修正,假设实测密度均为2450kg/m^3,则正确的修正结果可能是(　　)(密度修正系数四舍五入,取小数点后两位)。

A. 水泥:水:砂:石=400:160:623:1266(kg/m^3)

B. 水泥:水:砂:石=385:154:629:1279(kg/m^3)

C. 水泥:水:砂:石=379:152:629:1279(kg/m^3)

D. 水泥:水:砂:石=366:147:635:1291(kg/m^3)

(5)当砂、石含水率分别是3%和1%时,正确的工地配合比有(　　)。

A. 室内配合比水泥:水:砂:石=400:160:623:1266(kg/m^3),对应的工地配合比是水泥:水:砂:石=400:123:648:1279(kg/m^3)

B. 室内配合比水泥:水:砂:石=400:160:623:1266(kg/m^3),对应的工地相对用量配合比是水泥:砂:石=1:1.56:3.17;W/C=0.40

C. 室内配合比为水泥:水:砂:石=384:154:629:1279(kg/m^3),如需拌和0.5m^3的混凝土,则工地材料组成计算结果(kg)是水泥:水:砂:石=192:61:324:646

D. 室内配合比水泥:水:砂:石=384:154:629:1279(kg/m^3),对应的工地相对用量配合比是水泥:砂:石=1:1.69:3.36:1279;W/C=0.32

习题参考答案及解析

一、单项选择题

1. D

【解析】《公路水泥混凝土路面施工技术规范》(JTG/T F30—2014)规定,对于采用密度法计算的配合比,应实测拌和物视密度,并应按视密度调整配合比,调整时水灰比不得增大,单位水泥用量、钢纤维掺量不得减小,调整后拌和物视密度允许偏差为±2%。

2. C

【解析】在水泥混凝土配合比设计进行试拌时,发现坍落度不能满足要求,此时,应在保持水胶比不变的条件下,调整水泥浆用量,直到符合要求为止。

3. B

【解析】《公路工程集料试验规程》(JTG E42—2005)规定细集料筛分试验中,筛分后与筛分前的试样总质量相比,相差不得超过筛分前质量的1%。

4. D

【解析】氯离子含量在配筋混凝土与钢纤维混凝土面层中为必测项目,水泥混凝土面层为选测项目。

5. B

【解析】《公路工程集料试验规程》(JTG E42—2005)规定,水泥混凝土抗压弹性模量试验时,取轴心抗压强度1/3时对应的弹性模量。

6. B

【解析】《公路工程集料试验规程》(JTG E42—2005)规定,水泥混凝土抗渗试验试件的养护期为不小于28d,不超过90d。

7. D

【解析】错台现象不但会对新铺的沥青混凝土路面平整度产生影响,而且完工后新铺的沥青混凝土路面也会在此处形成裂缝,严重影响工程质量,影响行车舒适性。

8. C

【解析】根据规范规定,对细度模数为3.7~1.6的砂,按0.60mm筛孔的累计筛余百分率分成三个级配区。

9. D

【解析】采用100mm×100mm×400mm非标准试件,试验结果应乘以尺寸换算系数,换算系数的值为0.85。

10. C

【解析】同一配合比用砂的细度模数变化范围不应超过0.3,否则应分开堆放,并调整配合比。

11. D

【解析】当混凝土拌和物的坍落度大于220mm时,用钢尺测量混凝土扩展后最终的最大直径和最小直径,当两者的差小于50mm时,用其算术平均数值作为坍落度扩展值。最大最小直径差大于50mm时,试验结果无效。

12. A

【解析】水泥样品试验前应过0.9mm的筛,筛去大于0.9mm的颗粒,若未筛去-0.9mm颗粒,将导致试验结果偏大。

13. B

【解析】标准法:测定雷氏夹指针尖端的距离(记作C)。当两个雷氏夹试件煮后指针尖端增加的距离（$C-A$）的平均值不大于5mm时，则认为该水泥安定性合格。

代用法：目测试饼未发现裂缝，用钢直尺检查也没有弯曲（使钢直尺和试饼底部紧靠，以两者间不透光为不弯曲）的试饼为安定性合格，反之，为不合格。

14. B

【解析】《公路工程水泥及水泥混凝土试验规程》（JTG E30—2005）规定：当一组试件中强度的最大值和最小值与中间值之差均未超过中间值的15%时，取3个试件强度的算数平均值作为每组试件的强度代表值；当一组试件中强度的最大值或最小值与中间值之差高于中间值的15%时，取中间值作为该组试件的强度代表值；当一组试件中强度的最大值和最小值与中间值之差均超过中间值的15%时，该组试件的强度不应作为评定的依据。

15. D

【解析】《公路工程水泥及水泥混凝土试验规程》（JTG E30—2005）规定标准养护为：试件应在温度20℃ ±5℃的环境中静置1 ~2昼夜，然后编号、拆模。拆模后应立即放入温度为20℃ ±2℃、相对湿度为95%以上的标准养护室中养护。

16. B

【解析】根据《通用硅酸盐水泥》（GB 175—2007）的规定，水泥有一项指标不满足技术要求时，该水泥为不合格产品；而标准稠度用水量不属于水泥的技术要求，是水泥凝结时间和安定性试验制浆的依据。

17. A

【解析】此方法适用于集料最大粒径不超过40mm，维勃稠度为5 ~30s的混凝土拌和物的稠度测定。混凝土拌和物流动性按维勃稠度大小，可分为4级：超干硬性（≥31s）、特干硬性（30 ~21s）、干硬性（20 ~11s）、半干硬性（10 ~5s）。混凝土拌和物维勃稠度越大，其坍落度越小。

18. C

【解析】《公路工程水泥及水泥混凝土试验规程》（JTG E30—2005）中未规定粒径大于31.5mm时，需要分三层振捣。

19. A

【解析】《水泥标准稠度用水量、凝结时间、安定性检验方法》（GB/T 1346—2011）、《水泥胶砂强度试验》（GB/T 17671—1999）中规定了水泥安定性、水泥净浆标准稠度用水量等试验具有标准法和代用法共存的现象。

20. D

【解析】水泥的安定性即体积安定性，是指水泥在凝结硬化过程中体积变化的均匀性。如果水泥硬化后产生不均匀的体积变化，即为体积安定性不良，安定性不良会使水泥制品或混凝土构件产生膨胀性裂缝，降低建筑物质量，甚至引起严重事故。

21. C

【解析】砂率过小，集料的空隙率显著增加，不能保证在粗集料之间有足够的砂浆层，也会降低新拌混凝土的流动性，并会严重影响黏聚性和保水性，容易造成离析、流浆等现象。

22. D

【解析】测针的选择与贯入阻力有关，而测针的更换是看试验过程中测孔边是否出现微裂缝。

23. C

【解析】《普通混凝土配合比设计规程》(JGJ 55—2011)规定砂、石材料的密度应采用表观体积密度；不使用外加剂时，引气率 $\alpha=1$；混凝土空隙所占体积按总体积的1%考虑。

24. D

【解析】通过改变水泥和水的用量来改变水胶比；混凝土配合比设计过程中各材料用量需要不断调整，前提是满足设计强度，但并非是在胶水比和强度关系工作曲线上，以设计强度对应的胶水比作为最终的水胶比；通过强度验证得到的水胶比，也不能够保证混凝土强度100%满足设计强度要求。

25. B

【解析】当加载速率以 MPa/s 表示时，不需要考虑尺寸的影响，所以更全面地满足了不同尺寸的混凝土试件力学试验加载操作需要。

26. C

【解析】《公路工程水泥及水泥混凝土试验规程》(JTG E30—2005)中规定，试锥下沉深度为28mm ±2mm 时的净浆为标准稠度净浆，但现行的国标改为30mm ±1mm。

27. B

【解析】《公路工程水泥及水泥混凝土试验规程》(JTG E30—2005)中规定，抗折试验和抗压试验分别取三个小梁和六个试件的平均值作为试验结果；如果每个抗折试验计算结果与平均值相差都不超过 ±10%，则以平均值作为结果；如果一个抗压试验计算结果与平均值相差超过 ±10%，但其余结果与五个值的平均值相比不超过 ±10%，则以五个值的平均值作为结果。

28. A

【解析】《公路工程水泥及水泥混凝土试验规程》(JTG E30—2005)中规定养护箱温度为20℃ ±1℃，相对湿度大于90%，水温为20℃ ±1℃。

29. C

【解析】根据《通用硅酸盐水泥》(GB 175—2007)的规定，硅酸盐水泥代号为 P. Ⅰ和 P. Ⅱ，普通硅酸盐水泥代号为 P. O。

30. B

【解析】《水泥标准稠度用水量、凝结时间、安定性检验方法》(GB/T 1346—2011)规定当 $C-A \leqslant 5$mm 时，就可认为水泥安定性合格，当 $C-A > 5$mm 时，安定性为不良。

31. B

【解析】由中砂改为细砂，由于细砂的细颗粒含量高于中砂中的细颗粒含量，为保证原集料中细集料的含量，应适当减小砂率。

32. C

【解析】对粗集料最大粒径的制约条件(需同时满足)：不超过结构截面最小尺寸的1/4，不大于钢筋间最小净距的3/4；对于 C60 混凝土，不大于 31.5mm，高于 C60 的，不大于25mm。最小截面尺寸的1/4 为 50mm，钢筋净距 40 - 20 = 20(mm)，钢筋净距的3/4 为 15mm，故可选用最大粒径为 15mm 的石子。

33. C

【解析】《公路工程无机结合料稳定材料试验规程》(JTG E51—2009)规定:水泥、石灰剂量测定应进行平行试验,取算术平均值,允许重复性误差不得大于均值的5%。

34. A

【解析】如果有两根试件均出现断裂面位于加荷点外侧,则该组结果无效;断面位置在试件断块短边一侧的底面中轴线上量得。

35. A

【解析】《水泥胶砂强度试验》(GB/T 17671—1999)规定:以六个抗压强度测定值的平均值为试验结果;如果六个测定值中有一个超出平均值±10%,就剔除这个结果,而以剩下五个值的平均数为结果;如果五个测定值中再有超过它们平均数±10%的,则此组结果作废。

36. B

【解析】作为刚性路面的水泥混凝土路面,同柔性路面相比,有自己的特点:混凝土路面的弹性模量及力学强度大大高于基层和土基的相应模量和强度,但混凝土的抗弯拉强度比抗压强度低得多,为抗压强度的1/7~1/6,在车轮荷载的作用下,当弯拉应力超过混凝土的极限抗弯拉强度时,混凝土板便产生断裂破坏。且在车轮荷载的重复作用下,混凝土板会在低于极限抗弯拉强度时出现破坏,因此取水泥混凝土板的抗弯拉强度指标作为设计指标。

37. D

【解析】《公路工程水泥及水泥混凝土试验规程》(JTG E30—2005)中混凝土立方体抗压试验规程规定不需要表明配合比。

38. A

【解析】《公路工程水泥及水泥混凝土试验规程》(JTG E30—2005)规定使用集料公称最大粒径小于或等于31.5mm,坍落度不小于10mm的混凝土。

39. D

【解析】中小桥及涵洞等工程,同批混凝土试件少于10组时,可用非统计方法按下述条件进行评定:$R_n \geqslant 1.15R$,$R_{min} \geqslant 0.95R$,应选D。

40. D

【解析】无论抗压还是抗折强度,试验结果均以三个试件的算术平均值作为测定值。如任何一个测定值与中值的误差超过15%,则取中值为测定结果;如两个测值与中值的差均超过15%,则该组试验结果作废。

41. A

【解析】《公路工程水泥及水泥混凝土试验规程》(JTG E30—2005)规定初凝时间对应的贯入阻力为3.5MPa,而终凝时间对应的贯入阻力为28MPa。

42. C

【解析】《公路工程水泥及水泥混凝土试验规程》(JTG E30—2005)规定了坍落度法与维勃稠度法的使用条件。

43. A

【解析】《公路工程水泥及水泥混凝土试验规程》(JTG E30—2005)规定,现场芯样在进行强度试验前需调湿,一般应在标准养护室养护24h。

44. B

【解析】《公路工程水泥及水泥混凝土试验规程》(JTG E30—2005)规定混凝土的立方体抗压强度标准值是具有不低于95%保证率的立方体抗压强度。

45. B

【解析】《普通混凝土用砂、石质量及检验方法标准》(JGJ 52—2006)规定水泥混凝土用天然砂为中砂。

46. C

【解析】"水泥混凝土拌和物的拌和与现场取样方法"T 0554—2005 规定直径至少是公称最大粒径的2倍。

47. D

【解析】《公路工程水泥及水泥混凝土试验规程》(JTG E30—2005)规定当混凝土强度等级大于或等于C60时,应采用标准试件。

48. A

【解析】由中砂改为细砂,由于细砂的细颗粒含量高于中砂中的细颗粒含量,为保证原集料中细集料的含量,应适当减小砂率。

49. C

【解析】泵送混凝土需要流动性好,故坍落度需要大一些。

50. A

【解析】在水泥浆数量一定时,砂率增大,集料的总表面积及空隙率都会增大,需较多水泥浆填充和包裹集料,使起润滑作用的水泥浆减少,故新拌混凝土的流动性减小。

51. B

【解析】《公路工程水泥及水泥混凝土试验规程》(JTG E30—2005)规定,采用勃氏法检测水泥比表面积时,需要对温度、湿度和试样质量控制;试样质量与水泥密度有关。

52. B

【解析】《水泥标准稠度用水量、凝结时间、安定性检验方法》(GB/T 1346—2011)规定试杆沉入水泥距底板6mm±1mm时的用水量为标准稠度用水量。

53. C

【解析】坍落度只反映流动性。

54. D

【解析】在混凝土中砂粒之间的空隙由水泥浆来填充,为了节约水泥和提高混凝土强度,应尽量减少砂粒之间的空隙。在质量相同的条件下,粗砂的总表面积比细砂小,需要包裹其表面积的水泥浆也比细砂少,因此粗砂能节约水泥。混凝土用砂颗粒级配和粗细程度应同时兼得,即砂中应含有比较多的粗颗粒,并有适当的中颗粒和细颗粒逐级填充其空隙,以获得空隙率和总表面积较小的理想砂。

55. A

【解析】水泥混凝土的强度与水灰比、集料级配和力学性能、水泥强度、振捣密实程度等有关。

56. B

【解析】随着针片状颗粒含量的增加，混凝土工作性逐渐变差；针片状含量在10%以内时，混凝土抗压、抗折强度变化不明显，当超过10%以后，混凝土强度衰减较大；混凝土静力抗压弹性模量变化不大，而抗折弹模降低明显。

57. D

【解析】由于道路混凝土的截面单一、厚度不大、一般不配置钢筋或配置的钢筋间距较大、混凝土浇筑振捣密实易控制，故其混凝土的坍落度比其他普通混凝土低，一般施工坍落度为8～12mm即可。

58. D

【解析】混凝土强度的确定是由多种因素共同决定的，集料的强度只是一方面；规范要求养护状态下的相对湿度达到95%以上；同样强度等级的矿渣水泥拌和的混凝土28d强度高于普通硅酸水泥拌和的混凝土。

59. D

【解析】当混凝土拌和物的坍落度大于220mm时，用钢尺测量混凝土扩展后最终的最大直径和最小直径，在这两个直径之差小于50mm的条件下，用其算术平均值作为坍落扩展度值；否则，此次试验无效。

60. B

【解析】试验结果三个试件中若有一个折断面位于两个集中荷载之外，则混凝土抗折强度值按另两个试件的试验结果计算。若这两个测值的差值不大于这两个测值较小值的15%时，则该组试件的抗折强度值按这两个测值的平均值计算，否则该组试件的试验无效。若有两个试件的下边缘断裂位置位于两个集中荷载作用线之外，则该组试件试验无效。

61. B

【解析】每层插捣不满足要求，使拌和物不密实，最终会导致坍落度值变大。

62. A

【解析】根据细度模数的计算公式判断，当筛分试验过筛不彻底时，会导致细度模数增大。

63. B

【解析】本试验测定水泥净浆达到标准稠度的用水量，作为水泥的凝结时间、体积安定性试验用水量的标准。

64. D

【解析】两者没有可比性。

65. A

【解析】《公路工程水泥及水泥混凝土试验规程》(JTG E30—2005)规定测针面积有$20mm^2$、$50mm^2$、$100mm^2$三种。

66. D

【解析】《公路工程水泥及水泥混凝土试验规程》(JTG E30—2005)规定养护时不能用水直接冲淋试件来保持湿润。

67. D

【解析】在混凝土和易性及水泥用量不变的条件下，能减少拌和用水量、提高混凝土强度;或在和易性及强度不变的条件下,节约水泥用量的外加剂。

68. A

【解析】坍落度不符合要求,则混凝土的运输与浇筑会出现比较大的困难。

69. D

【解析】检验水泥是否合格一般有两个指标:一是胶砂强度,也就是所说的能否达到标注的强度等级(例如检验强度等级的32.5MPa的水泥,其强度必须不低于32.5MPa,达不到就算是不合格产品);二是水泥的安定性(主要检验水泥在高温下其物理性能是否不发生变化,例如裂纹、膨胀等,用煮饼法检验)。当这两个指标都满足要求时,才能判定水泥是合格的。

水泥因为强度达不到而成为不合格品,可以降级使用,但前提条件是安定性指标必须合格。安定性如果不合格,则水泥就变成了废品,不能再利用了。

70. B

【解析】在保证混凝土工作性条件下使用较小砂率,节约水泥用量。

71. D

【解析】抗折强度 $f_{cf}=\dfrac{FL}{bh^2}$。

72. A

【解析】快速加载时,上一级荷载还没有完全作用,下一级荷载就已经在作用了,导致测量结果偏大。

73. B

【解析】取算术平均值作为该组的抗折试验强度。

74. D

【解析】混凝土强度等级为C60及以上时应进行岩石抗压强度检验,其他情况下,如有必要时也可进行岩石的抗压强度检验。

75. C

【解析】安定性指水泥硬化后体积变化的均匀性,体积的不均匀变化会引起膨胀、裂缝或翘曲等现象。安定性不合格,水泥无法使用。

76. C

【解析】《水泥标准稠度用水量、凝结时间、安定性检验方法》(GB/T 1346—2011)要求指针朝上。

77. C

【解析】《公路工程水泥及水泥混凝土试验规程》(JTG E30—2005)规定坍落度小于10mm时,采用维勃稠度仪测定其工作性。

78. C

【解析】工作性的调整需要根据实际情况进行试验来调整。

79. D

【解析】《公路工程水泥及水泥混凝土试验规程》(JTG E30—2005)规定坍落度试验适用于集料公称最大粒径不大于31.5mm,坍落度值不小于10mm的混凝土拌和物。

二、判断题

1. ×

【解析】《公路水泥混凝土路面施工技术规范》(JTG/T F30—2014)未规定配合比设计需用正交试验设计。

2. ×

【解析】水泥的比表面积和水泥的细度有关,水泥磨得越细,它的比表面积就越大,反之就越小。水泥的比表面积一般在350左右,过细早期水化会比较充分,早期强度会高,需水量大,混凝土开裂的概率就大;反之,早期强度会低,需水量小。

3. √

【解析】工程中选择混凝土拌和物的坍落度,主要依据构件截面尺寸大小、配筋疏密、施工捣实方法等来确定。当截面尺寸较小,或钢筋较密,或采用人工插捣时,坍落度可选择大些。反之,如构件截面尺寸较大,或钢筋较疏,或采用振动器振捣时,坍落度可选择小些。

4. ×

【解析】普通混凝土配合比设计中提出最小水泥用量要求,是为了保证混凝土耐久性。

5. √

【解析】引气剂的加入,降低了混凝土的密度,对混凝土的抗压强度有一定的影响,但当引气剂与减水剂复合使用时,混凝土的强度不一定会降低。

6. ×

【解析】坍落度法适用于集料公称最大粒径≤31.5mm、坍落度大于10mm的混凝土。

7. √

【解析】强度等级小于或等于C30的混凝土取0.3MPa/s(6.75kN/s)~0.5MPa/s(11.25kN/s)加载速度;强度等级大于C30且小于C60时,取0.5MPa/s(11.25kN/s)~0.8MPa/s(18.0kN/s)加载速度;强度等级大于或等于C60的混凝土加载速率为0.8~1.0MPa/s。

8. √

【解析】《公路工程水泥及水泥混凝土试验规程》(JTG E30—2005)中规定在测定水泥混凝土拌和物凝结时间的整个测试过程中,除在吸取混凝土表面泌水和贯入试验操作之外试筒应始终加盖。

9. ×

【解析】对于大于5L的试样筒,每层混凝土高度不应大于100mm,每层插捣次数按每10000mm^{2}截面不小于12次计算。用捣棒从边缘到中心沿螺旋线均匀插捣。捣棒应垂直压下,不得冲击,捣底层时应至筒底,捣上两层时,须插入其下一层20~30mm。每捣毕一层,应在量筒外壁拍打5~10次,直至拌和物表面不出现气泡为止。

10. ×

【解析】面层混凝土配合比设计采用的是28d抗折强度。

11. ×

【解析】砂率提高,混凝土拌和物的坍落度先增大,再减小。

12. √

【解析】采用连续级配拌和的水泥混凝土具有较好的工作性。

13. √

【解析】不离析、不泌水是新拌混凝土工作性良好的部分方面，除此外还包括其他方面，所以仅凭不泌水、不离析，不能说明混凝土的流动性就好。

14. ×

【解析】《公路工程水泥及水泥混凝土试验规程》(JTG E30—2005)规定：

①混凝土强度等级＜C30时，取每秒钟0.3～0.5MPa。

②混凝土强度等级≥C30且＜C60时，取每秒钟0.5～0.8MPa。

③混凝土强度等级≥C60时，取每秒钟0.8～1.0MPa。

15. ×

【解析】《预拌混凝土》(GB/T 14902—2012)规定在混凝土拌和物倒出后，其坍落度大于220mm时，用钢尺测量混凝土扩展后最终的最大直径和最小直径，在这两个直径之差小于50mm的条件下，用其算术平均值作为坍落扩展度值。

16. √

【解析】沥青的标号是由针入度决定的，针入度越大，标号越高；标号越高，软化点越低延度越大。水泥强度等级不同，其实测强度不同，用途也不同。

17. √

【解析】当采用高于标准稠度用水量的水泥净浆进行水泥凝结时间测定时，水泥水化反应需要的时间延长，所以测试所得时间也会变大。

18. √

【解析】《公路工程水泥及水泥混凝土试验规程》(JTG E30—2005)规定成型室温度为20℃±2℃，湿度大于50%；养护箱温度为20℃±1℃，湿度大于90%，养护水温为20℃±1℃。

19. ×

【解析】水泥用量足够才能保证构筑物的结构强度，为了安全，应尽量多用水泥，保证强度达标。计算值和满足耐久性要求中只能取最大值才能做到结构强度和耐久性同时达标，杜绝隐患。

20. ×

【解析】只有标准砂的各项技术指标(二氧化硅含量、烧失量、含泥量、颗粒级配等)完全符合相关国家标准和国际标准，用它来做水泥胶砂试验所得出的数据才具有代表性。

21. ×

【解析】烧失量是指坯料在烧成过程中所排出的结晶水，碳酸盐分解出的CO_2，硫酸盐分解出的SO_2，以及有机杂质被排除后物量的损失。烧失量是用来限制石膏和混合材中杂质的，以保证水泥质量。

22. √

【解析】根据《混凝土外加剂》(GB 8076—2008)，外加剂的减水率含义为坍落度基本相同时，基准混凝土和受检混凝土单位用水量之差与基准混凝土单位用水量之比。

23. √

【解析】《公路工程水泥及水泥混凝土试验规程》(JTG E30—2005)中水泥混凝土抗弯拉试验规程:当混凝土强度等级小于C30时,加载速率为0.02~0.05MPa/s;当混凝土强度等级大于或等于C30且小于C60时,加载速率为0.05~0.08MPa/s;当混凝土强度等级大于或等于C60时,加载速率为0.08~0.10MPa/s。其中$f_l = FL/bh^2$,f_l为抗弯拉强度,F为极限荷载,L为支座跨距,b为试件宽度,h为试件高度。

24. ×

【解析】水泥中含有过多的游离CaO和MgO会引起水泥体积安定性不良,而Na_2O和K_2O含量过量易产生碱—集料反应。

25. ×

【解析】水泥混凝土拌和物的流动性是由坍落度来测定,不离析、不泌水是水泥混凝土拌和物合格的标准。

26. ×

【解析】用高强度等级水泥配制低强度等级混凝土时,如果混凝土的强度刚好能得到保证,但由于水胶比大,导致混凝土的耐久性不好。

27. √

【解析】减水剂在混凝土和易性及水泥用量不变的条件下,能减少拌和用水量、提高混凝土强度;或在和易性及强度不变的条件下,节约水泥用量的外加剂。

28. ×

【解析】《公路工程水泥及水泥混凝土试验规程》(JTG E30—2005)中规定将坍落筒放于不吸水的刚性平板上,漏斗放在坍落筒上,脚踩踏板,拌和物分三层装入筒内,每层装填的高度约占筒高的三分之一。每层用捣棒沿螺旋线由边缘至中心插捣25次,不得冲击。各次插捣应在界面上均匀分布。

29. ×

【解析】混凝土拌和物维勃稠度越大,其坍落度越小。

30. √

【解析】《回弹法检测混凝土抗压强度技术规程》(JGJ/T 23—2011)规定回弹仪测试水泥混凝土强度的过程中,回弹仪的轴线应始终垂直于混凝土表面。

31. √

【解析】水泥混凝土强度的最终结果需要用标准试验方法来获得,快速无破损测试方法只适用于现场施工。

32. ×

【解析】参考《公路工程水泥水泥混凝土试验规程》(JTG E30—2005)中T 0553—2005水泥混凝土抗立方体抗压强度试验方法的相关技术规定及试验结果处理方法。抗压强度标准值的定义是指按标准方法制作养护的边长为150mm的立方体试件,在28d龄期用标准试验方法测得的强度总体分布中具有95%保证率的抗压强度值。

33. √

【解析】《混凝土外加剂》(GB 8076—2008)规定高性能减水剂性能试验的混凝土配合比要求为单位水泥用量360kg/m^3,中砂砂率43%~47%;用水量为坍落度控制在210mm±

10mm 的最小用水量。

34. √

【解析】虽然细度提高可以使水泥混凝土的强度提高,工作性能得到改善,但是由此在空气中的硬化收缩也较大,使混凝土产生裂缝的可能性增加。

35. ×

【解析】水泥比表面积测试湿度要求≤50%,而成型湿度要求≥50%。

36. ×

【解析】参考《公路水泥混凝土路面施工技术细则》(JTG/T F30—2014)中关于普通混凝土配合比设计的技术要求与规定。考查新拌水泥混凝土工作性的影响因素。在 $1m^3$ 混凝土中,当水泥浆量一定时:砂率太大,石子之间砂浆层变厚,但砂子之间水泥浆层变薄,浆体干稠,混凝土流动性差。砂率太小,石子之间砂浆层变薄,内摩阻力增大,混凝土流动性差,且易流浆、泌水。最佳砂率,在用水量及水泥用量一定的情况下,能使混凝土拌和物获得最大的流动性,且能保持良好的黏聚性和保水性。

37. √

【解析】路面混凝土不仅要具有抗压能力,同时经受车轮的磨耗作用,所以也要有一定的耐磨能力,这也是路面混凝土的耐久性要求。

38. ×

【解析】水泥混凝土路面的弯拉强度是一个关键指标,主要采用小梁标准试件的弯拉强度评定。

39. √

【解析】对于钢筋混凝土路面,如果施工完成后存在干缩和温缩裂缝,应处理。

40. ×

【解析】测定水泥中氯离子含量的基准方法为硫氰酸铵容量法。

41. √

【解析】速度比较快的时候,上一级荷载下混凝土受力后还没有发生充分的破坏,又立即加下一级荷载了,所以加载越快,测得的强度越高。

42. √

【解析】粗集料的颗粒级配要合理,粒形要好,既要求碎石扁圆、方圆状石头多,又要求针片状石头少,这是因为混凝土在流动过程中,扁圆、方圆状石头是滚动的,摩擦阻力小,坍落度、扩展度大,便于泵送与施工;针片状石头是滑动的,摩擦阻力大,致使坍落度、扩展度小,不利于泵送与施工。同样质量的碎石,针片状碎石的表面积大于扁圆、方圆形碎石的表面积。针片状碎石表面积大,吸水量也大,从而造成游离水相对少,使流动性不好。同时,由于针片状碎石表面积大,就需要更多的砂浆去包裹它们;但在浆体量一定的情况下,针片状碎石含量多,却没有足够多的浆体去包裹碎石。

43. ×

【解析】用目测或用钢直尺检查没有弯曲,则判定安定性合格;反之,为不合格。

44. ×

【解析】边长 100mm 的换算系数为 0.95,150 的换算系数为 1.00,边长 200mm 的换算系数为1.05。

45. ×

【解析】坍落度大了容易产生裂缝,好的工作性应该是黏稠的、不离析的、具有一定流动性的混凝土。

46. √

【解析】水泥胶砂强度与水泥标准稠度用水量无直接关系。

47. √

【解析】装填试模前涂抹黄油是防止试件与试模的粘连,便于脱模。

48. ×

【解析】坍落度主要影响拌和物的流动性,跟强度没有直接关系。

49. √

【解析】坍落度小,说明拌和物比较稠密,维勃稠度指标较大。

50. √

【解析】水泥因为强度达不到将成为不合格品。

51. √

【解析】水泥的比表面积增加,标准稠度用水量会变大。

52. √

【解析】坍落度仅代表拌和物的流动性,而工作性还包括保水性、黏聚性等。

53. √

【解析】强度等级小于或等于C30的混凝土取0.3MPa/s(6.75kN/s)~0.5MPa/s(11.25kN/s)加载速度;强度等级大于C30且小于C60时,取0.5MPa/s(11.25kN/s)~0.8MPa/s(18.0kN/s)加载速度;强度等级大于C60的加载速率为0.8~1.0MPa/s。

54. ×

【解析】为测定经稠度试验合格的混合料的技术性质(水泥混凝土抗压和抗折强度试验)并使测定结果具有可比性,必须按规定的方法制备各种不同尺寸的试件,进行标准养护。一般情况下当坍落度小于90mm时,用标准振动台成型。参见《普通混凝土力学性能试验方法标准》(GB 50081—2016)。

55. ×

【解析】坍落度的大小与保水性没有直接的关系,坍落度大不一定保水性差。

56. ×

【解析】水泥安定性是指水泥在凝结硬化过程中体积变化的均匀性。

57. ×

【解析】沸煮法主要检测水泥中是否含有过量的游离CaO。

58. ×

【解析】普通硅酸盐水泥分为两个等级4个类型:42.5、42.5R、52.5、52.5R。

59. ×

【解析】水泥混凝土配合比设计中,耐久性是通过控制最大水灰比和最小水泥用量来体现的。

60. √

【解析】根据《水泥化学分析方法》(GB/T 176—2008),测定水泥中的碱含量的试验方法有火焰光度法、原子吸收光谱法。

61. √

【解析】《水泥标准稠度用水量、凝结时间、安定性检验方法》(GB/T 1346—2011)规定在用沸煮法测定水泥安定性时,当试饼法测试结果与雷氏法有争议时,以雷氏法为准。

62. ×

【解析】水泥混凝土配合比设计中,耐久性是通过控制最大水灰比和最小水泥用量来体现的。

63. ×

【解析】坍落度与标准稠度用水量没有直接关系。

64. ×

【解析】测定水泥的标准稠度用水量是为了测定凝结时间和安定性。

65. ×

【解析】采用间断级配拌和的水泥混凝土具有较高的密实度。

三、多项选择题

1. ACE

【解析】在其他条件相同的情况下,一般是水胶比越大,凝结时间越长;《试验筛金属丝编织网、穿孔板和电成型薄板筛孔的基本尺寸》(GB/T 6005—1997)规定的金属方孔筛为4.75;贯入阻力达到3.5MPa、28.0MPa对应的时间是新拌混凝土的初凝与终凝时间。

2. BCD

【解析】用于路面抗裂的纤维混凝土试验室实测早期裂缝降低率不应小于30%;用于桥面抗裂的纤维混凝土试验室实测早期裂缝降低率不应小于60%;掺入纤维的拌和物应与相同配合比基体混凝土做早期抗裂性对比试验;根据试验及经验数据,建议在水泥混凝土中掺加玄武岩纤维及合成纤维用来代替钢纤维,提高混凝土抗剪、抗折、抗冲击、抗疲劳及抗裂防渗性能,因此在做配合比设计时可根据钢纤维规定执行。

3. BC

【解析】《公路工程水泥及水泥混凝土试验规程》(JTG E30—2005)规定勃式法测量水泥比表面积,相对湿度要≤50%,试验前试样需过0.9mm筛。

4. ABC

【解析】现场测定水泥混凝土强度的方法有回弹仪法、超声回弹法、射钉法。

5. AC

【解析】普通水泥混凝土配合比设计中,计算单位砂石用量通常采用质量法和体积法。

6. ACEF

【解析】《公路工程水泥及水泥混凝土试验规程》(JTG E30—2005)第五章中对液压机做出明确规定:测量精度±1%,应具有加荷速度指示装置或加荷速度控制装置,试件破坏荷载应大于压力机全量程的20%,且小于压力机全量程的80%;可以均匀地连续加载卸载,可以保持固定荷载;上下压板平整并有足够刚度。

7. AC

【解析】混凝土坍落度不大于90mm宜用振动台振实砂浆,大于90mm宜用人工插捣,振实或插捣后,砂浆表面宜低于砂浆试样筒口10mm,并应立即加盖。

8. AD

【解析】《通用硅酸盐水泥》(GB 175—2007)中介绍了普通水泥的特点,综合能力好,应用范围广。

9. BC

【解析】《水泥胶砂强度试验》(GB/T 17671—1999)规定存在延迟至48h后脱模的试件;水泥胶砂强度试件的养护分两个阶段,即脱模前和脱模后,不可混淆。

10. ACD

【解析】计算水灰比,计算公式为:$R_h = 0.53R_c(C/W - 0.20)$。式中:$R_h$为混凝土的试配强度;$R_c$为水泥强度;$C/W$为灰水比,即水灰比$W/C$的倒数,其中$C$代表水泥,$W$代表水。在设计配合比时用到,反映水泥强度的稳定性。

11. AD

【解析】调整坍落度时应遵循的前提是水灰比不变;敲击出现坍塌证明强度不够,可以通过调整砂率来改善。

12. BD

【解析】减水剂在混凝土和易性及水泥用量不变的条件下,能减少拌和用水量、提高混凝土强度;或在和易性及强度不变的条件下,节约水泥用量的外加剂。引入一定量微小气泡,能增加新拌混凝土的和易性和流动性,硬化混凝土会增强保温、抗冻性能。

13. ABCD

【解析】水灰比为0.4时,砂率为27%~32%;水灰比为0.5时,砂率为30%~35%。那么水灰比为0.45,有(0.45-0.4)/(0.5-0.4)=0.5,最小砂率为(30%-27%)×0.5+27=28.5%,最大砂率为(35%-32%)×0.3+32%=33.5%,所以水灰比为0.45时的砂率应该是28.5%~33.5%;同理计算水胶比为0.47时,结果为29.1%~34.1%。

14. CD

【解析】《混凝土结构设计规范》(GB 50010—2010)规定:混凝土立方体抗压强度标准值是指按照标准方法制作养护的边长为150mm的立方体标准试件,在28d龄期用标准试验方法测得的具有95%保证率的立方体抗压强度。

15. AD

【解析】采用捣棒敲击混凝土拌和物的过程用于判断混凝土的黏聚性;黏聚性与坍落度没有直接关系。

16. CD

【解析】按照《通用硅酸盐水泥》(GB 175—2007)的规定,采用《水泥胶砂强度检验方法(ISO法)》(GB/T 17671—1999)规定的方法,将水泥、标准砂和水按1:3.0:0.5的比例,制成40mm×40mm×160mm的标准试件,在标准养护条件下(1d内为20℃±1℃、相对湿度为90%以上的空气中,1d后为20℃±1℃的水中)养护至规定的龄期,分别按规定的方法测定其

3d 和 28d 的抗折强度和抗压强度。

17. BC

【解析】《公路工程水泥及水泥混凝土试验规程》(JTG E30—2005)规定以三个试件测值的算术平均值为测定值,计算精确至 0.01MPa。三个试件中最大值或最小值中如有一个与中间值之差超过中间值的 15%,则把最大值和最小值舍去,以中间值作为试件的抗弯拉强度;如最大值和最小值与中间值之差值均超过中间值的 15%,则该组试验结果无效。三个试件中如有一个断裂面位于加荷点外侧,则混凝土抗弯拉强度按另外两个试件的试验结果计算。

18. AB

【解析】成型后的混凝土带模养护条件为保湿条件下室温 20℃ ±5℃,相对湿度大于 50%;脱模养护条件为温度 20℃ ±2℃,相对湿度大于 95%。

19. ACD

【解析】《公路工程水泥及水泥混凝土试验规程》(JTG E30—2005)规定取混凝土拌和物代表样,用 4.75mm 筛尽快地筛出砂浆,再经人工翻拌后,装入一个试模。每批混凝土拌和物取一个试样,共取三个试样,分装三个试模。对于坍落度不大于 70mm 的混凝土宜用振动台振实砂浆,振动应持续到表面出浆为止且应避免过振;对于坍落度大于 70mm 的宜用捣棒人工捣实,沿螺旋方向由外向中心均匀插捣 25 次,然后用橡皮锤轻击试模侧面以排除在捣实过程中留下的空洞。进一步整平砂浆的表面,使其低于试模上沿约 10mm,砂浆试样筒应立即加盖。

20. ABCD

【解析】新拌水泥混凝土的工作性包含流动性、黏聚性、保水性、易密性。

21. AB

【解析】水泥混凝土凝结时间试验的测针更换是由于两方面原因引起:单位面积的贯入阻力发生变化;测针插入砂浆,砂浆表面测针孔附近出现微小裂缝。

22. AB

【解析】水泥混凝土配合比设计中,耐久性是通过控制最大水灰比和最小水泥用量来体现的。

23. AC

【解析】根据《水泥化学分析方法》(GB/T 176—2008),外加剂的氯离子含量试验方法有硫氰酸铵滴定法、磷酸蒸馏 - 汞盐滴定法。

24. AC

【解析】根据《水泥化学分析方法》(GB/T 176—2008),测水泥的氧化镁含量测定方法有 EDTA 滴定差减法、原子吸收光谱法。

25. BC

【解析】外观检查:每个芯样应详细描述有无裂缝、接缝、分层、麻面或离析等情况。测平均直径 d_m:在芯样的中间及两面各 1/4 处按两个垂直方向测量三对数值确定芯样的平均直径 d_m,精确到 1.0mm;测平均长度 L_m;取芯样直径两端侧面测定钻取后芯样的长度及端面加工后的长度,精确至 1.0mm。湿度控制:试验前试件应在 20℃ ±2℃ 的水中浸泡 40h,从水中取出后立即进行试验。

26. BCD

【解析】《公路水泥混凝土路面施工技术规范》(JTG/T F30—2014)中规定,在海风、酸雨、除冰盐或硫酸盐等腐蚀环境影响范围内的混凝土路面和桥面,在使用硅酸盐水泥时,应掺加粉煤灰、磨细矿渣或硅灰掺合料,不宜单独使用硅酸盐水泥,可使用矿渣水泥或普通水泥。

27. AC

【解析】水泥混凝土的工作性,也叫和易性,是指混凝土拌和物易于施工操作,并获得质量均匀、成型密实的混凝土的性能。工作性实际上是一项综合技术性质,包括流动性、黏聚性、保水性三个方面。提高粗集料的棱角性是为了增强水泥混凝土的强度,强化拌和程度并不能改善水泥混凝土的工作性,使用外加剂和调整砂率都可以改善水泥混凝土的工作性。

28. AC

【解析】现行国标及行标针对水泥标准稠度用水量、安定性等试验操作,都存在标准方法和代用法共存现象。

29. AD

【解析】《水泥标准稠度用水量、凝结时间、安定性检验方法》(GB/T 1346—2011)介绍代用法煮后安定性试饼在用直尺检查不弯曲、用肉眼观察无裂纹的前提下,仅有少量脱皮现象,应判为安定性合格。试饼煮沸前,应检查并记录有无裂缝或弯曲现象。当用雷氏夹法检验时,以测量沸煮后雷氏夹试模两指针尖端间的距离的增加值来判断安定性是否合格,如果增加值不大于5.0mm,则称为水泥体积安定性合格。

30. AB

【解析】粒径增加,比表面积减小,包裹集料的水泥浆用量减小,故节约水泥;在同样水泥浆的情况下,流动性增大。

31. CD

【解析】水泥混凝土强度与集料酸碱性无关,集料粒径过大,拌和物易离析。

32. AD

【解析】加水量过少,强度偏高;加水量过多,强度偏低。温度低于标准值,强度会降低;温度高于标准值,强度也会相应有所提高。搅拌均匀于充分振实是保证强度形成的前提。

33. ABCD

【解析】《通用硅酸盐水泥》(GB 175 — 2007)规定了水泥的技术要求:水泥的抗压强度、抗折强度、安定性和凝结时间检验不合格为不合格产品。

34. BC

【解析】抗折:试验结果三个试件中若有一个折断面位于两个集中荷载之外,则混凝土抗折强度值按另两个试件的试验结果计算。若这两个测值的差值不大于这两个测值的较少值的15%时,则该组试件的抗折强度值按这两个测值的平均值计算,否则该组试件的试验无效。若有两个试件的下边缘断裂位置位于两个集中荷载作用线之外,则该组试件试验无效。

抗压:当一组试件中强度的最大值和最小值与中间值之差均未超过中间值的15%时,以三个试件强度的算数平均值作为每组试件的强度代表值;当一组试件中强度的最大值或最小值与中间值之差高于中间值的15%时,取中间值作为该组试件的强度代表值;当一组试件中强度的最大值和最小值与中间值之差均超过中间值的15%时,该组试件的强度不应作为评定的依据。

35. ABD

【解析】养护温度变化频繁会导致强度受到影响,造成一定程度的降低。

36. ABCD

【解析】提升过慢会延缓时间,与规范要求的150s内完成试验不符,时间长,水化程度深,对坍落度来说会有所降低;温度高同样造成水分蒸发快,水化过程快;插捣过度,使得拌和物过度密实。

37. BC

【解析】试验测定水泥净浆达到标准稠度的用水量,作为水泥的凝结时间、体积安定性试验用水量的标准。

38. BC

【解析】混凝土强度小于C30:加荷速度为0.3~0.5MPa/s,换算成压力要乘以它的受压面积即6.75~11.25kN/s;混凝土强度C30~C60:加荷速度为0.5~0.8MPa/s;混凝土强度大于C60:加荷速度为0.8~1.0MPa/s。

39. ABD

【解析】配合比设计过程中需以强度为基准,然后根据工作性进行调整,所以水灰比与工作性有关,水泥混凝土配合比设计中,耐久性是通过控制最大水灰比和最小水泥用量来体现的。

40. ABC

【解析】混凝土配合比在兼顾经济性的同时应满足抗弯强度、工作性、耐久性三项技术要求。

41. ABC

【解析】混凝土耐久性试验包括抗冻、抗渗试验,由于路面混凝土还需要检测耐磨性,抗压强度不属于耐久性试验。

42. ABCD

【解析】集料级配差,颗粒搭配不好,会出现离析。水泥浆用量过大,会发生流浆,导致水泥混凝土出现离析。

43. AD

【解析】试饼法进行水泥安定性试验的步骤是:①拌和好的水泥标准稠度净浆取出一部分,分成相同两分,先团成球形,放在事先涂有一层黄油的玻璃板上,在桌面轻轻振动,并通过小刀由外向里抹动,水泥浆形成一个直径为70~80mm、中心厚约10mm而边缘渐薄的圆形试饼。按上述方法养护24h±2h。②从玻璃板上取下试饼,先观察试饼外观有无缺陷,在无开裂、翘曲等缺陷时,放在沸煮箱的试架上然后按同样的方法进行沸煮。③沸煮结束后,打开箱盖,待冷却至室温,取出试饼进行观察判断,当目测试饼未发现裂缝,且用钢尺测量没有弯曲时,则认为相应的水泥安定性合格。

四、综合题

1. (1) A

【解析】$C:S:G=1:1.75:3.51$,所以1.75代表的是砂。

(2)C

【解析】工作性不满足要求时,调整水的质量,水胶比不变。

(3)D

【解析】配合比设计的基本步骤:初步配合比设计—基准配合比设计—试验室配合比设计—工地配合比设计。

(4)B

【解析】工作性调整时,水胶比不变,砂:1.75/(1+5%)=1.67,石:3.51/(1+5%)=3.34。

(5)AC

【解析】砂:340×1.67=568,石:340×3.34=1136。

2.(1)CD

【解析】《通用硅酸盐水泥》(GB 175—2007)硅酸盐水泥比表面积大于300m^2/kg,普通硅酸盐水泥、矿渣硅酸盐水泥、火山灰质硅酸盐水泥、粉煤灰水泥80μm方孔筛筛余不得超过10.0%。

(2)A

【解析】由表得当筛余为3.6%时,结果为2.5%。

(3)BC

【解析】《通用硅酸盐水泥》(GB 175—2007)规定了标样的方法与操作过程,其中标准样品的比表面积可在样品标签上看到,标准样品必须由权威机构批准生产。

(4)ABD

【解析】在进行标样过程中,密度、温度和空隙率的不同会导致计算方法不同,这也是水泥标准试样标定的原因。

(5)BCD

【解析】《公路工程水泥及水泥混凝土试验规程》(JTG E30—2005)规定负压筛法结果小于10%;比表面积大于300。试验结果都满足规范要求,精度方面比表面积法更能反映水泥的细度情况,所以硅酸盐和普通硅酸盐水泥必须采用比表面积法来测试其细度情况。

3.(1)AD

【解析】《公路工程水泥及水泥混凝土试验规程》(JTG E30—2005)中规定为防止安置坍落度筒的底板吸水,可以采取提前对底板进行湿润,另外还可采用铺塑料布的方法;坍落度试验前,需要对集料含水率进行检测,避免对试验结果造成影响。

(2)C

【解析】《公路工程水泥及水泥混凝土试验规程》(JTG E30—2005)规定只有当坍落度大于220mm时才测量坍落度扩展度;坍落度从装料到提筒要在150s内完成。

(3)AB

【解析】水泥凝结时间不能代表混凝土的凝结时间,工地上用的是混凝土,所以测定混凝土的凝结时间更贴合工地实际情况;混凝土在材料组成上多了砂石材料,对凝结时间产生了影响,所以需对混凝土凝结时间重新测定。

(4)AD

【解析】《公路工程水泥及水泥混凝土试验规程》(JTG E30—2005)规定必须是筛除4.75mm颗粒集料的拌和物;测得的贯入阻力初始值必须小于3.5MPa,而终值必须大于28MPa;测针需要根据实际操作情况选择适当的,一般当砂浆表面出现微小裂缝时采用小截面测针。

(5)BD

【解析】坍落度与凝结时间没有确定的定性关系,坍落度大的,凝结时间不一定长,决定凝结时间的因素很多,所以A、C错误;只有工作性满足要求,才有测定凝结时间的必要,坍落度适宜、初凝时间长终凝时间短的混凝土,能够保证早期有一定强度并不影响后期施工,对现场施工有利。

4.(1)B

【解析】三个独立的试验,彼此之间又并不直接相关;凝结试验无标准法和代用法共存现象;安定性代用法试验结果不能以定量的方式表达。

(2)BC

【解析】《公路工程水泥及水泥混凝土试验规程》(JTG E30—2005)规定整个操作应在搅拌后1.5min内完成。以试杆沉入净浆并距底板6mm±1mm的水泥净浆为标准稠度净浆。其拌和水量为该水泥的标准稠度用水量(P),按水泥质量的百分比计;当试杆距底板小于5mm时,应适当减水,重复水泥浆的拌制和上述过程;若距离大于7mm时,应适当加水,并重复水泥浆的拌制和上述过程。

(3)BCD

【解析】B选项的测量是满足规范要求的,测得的凝结时间即为标准的凝结时间;C选项由于距底部玻璃板较近,说明用水量较多,相应的凝结时间就会延长;D选项与C选项相反。

(4)ABCD

【解析】《公路工程水泥及水泥混凝土试验规程》(JTG E30—2005)介绍安定性测试方法中,涉及选项中的问题,所以在进行检测过程中,需要对这几项内容进行控制。

(5)C

【解析】引起安定性不良的原因是熟料中所含的游离氧化钙过多、熟料中所含的游离氧化镁过多或掺入的石膏过多。

5.(1)AC

【解析】《公路工程水泥及水泥混凝土试验规程》(JTG E30—2005)规定100mm边长试模尺寸的换算系数为0.95,而200mm的换算系数为1.05;标准尺寸立方体试模中混凝土集料最大粒径可达到31.5mm。

(2)B

【解析】《公路工程水泥及水泥混凝土试验规程》(JTG E30—2005)规定当坍落度大于70mm时,需要人工捣实。

(3)ABC

【解析】在混凝土流动性较小的状况下,采用振动方式成型,无法保证试件能够充分捣实。

(4)A

【解析】《公路工程水泥及水泥混凝土试验规程》(JTG E30—2005)规定当无标准养护室时,可以将试件放在氢氧化钙溶液中养护。

(5)D

【解析】《公路工程水泥及水泥混凝土试验规程》(JTG E30—2005)规定试件边长公差为1mm;损坏的试件不能作为力学测定试件。

6.(1)D

【解析】《公路工程水泥及水泥混凝土试验规程》(JTG E30—2005)规定弯拉强度标准尺寸有150mm×150mm×550mm、150mm×150mm×600mm两种。

(2)ABCD

【解析】《公路工程水泥及水泥混凝土试验规程》(JTG E30—2005)中介绍了混凝土抗弯拉强度试验方法,其中包括以上各选项。

(3)D

【解析】当断面发生在两个加荷点之间时,抗弯拉强度按下式计算:

$$f_{\mathrm{f}} = \frac{FL}{bh^2}$$

式中:f_{f}——抗弯拉强度(MPa);

F——极限荷载(N);

L——支座间距离(mm)

b——试件宽度(mm);

h——试件高度(mm)。

(4)C

【解析】三个试件中如有一个断裂面位于加荷点外侧,则混凝土抗弯拉强度按另外两个试件的试验结果计算。如果这两个测值的差值不大于这两个测值中较小值的15%,则以两个测值的平均值为测试结果,否则结果无效。

(5)D

【解析】以三个试件测值的算术平均值为测定值。三个试件中最大值或最小值中如有一个与中间值之差超过中间值的15%,则把最大值和最小值舍去,以中间值作为试件的抗弯拉强度;如最大值和最小值与中间值之差值均超过中间值的15%,则该组试验结果无效。

7.(1)ABC

【解析】《普通混凝土配合比设计规程》(JGJ 55—2011)要求在进行配合比设计时要满足工作性强度与耐久性的要求。

(2)D

【解析】《公路水泥混凝土路面施工技术规范》(JTG/T F30—2014)中规定水泥混凝土路面设计以28d弯拉强度为设计指标。

(3)ABC

【解析】《公路水泥混凝土路面施工技术细则》(JTG/T F30—2014)中推荐的配合比设计方法,涉及保证系数、标准差、变异系数,交通等级对配制强度无影响。

(4)ABD

【解析】水泥混凝土路面与沥青无关。

(5)CD

【解析】《普通混凝土配合比设计规程》(JGJ 55—2011)介绍了配合比设计方法,包括体积法和质量法。

8.(1)BD

【解析】工地与试验室中,通常是做坍落度试验测定拌和物的流动性;当坍落度大于220mm时,坍落度不能准确反映混凝土的流动性,用混凝土扩展后的平均直径即坍落扩展度,作为流动性指标。

(2)ABC

【解析】《公路工程水泥及水泥混凝土试验规程》(JTG E30—2005)坍落度试验规定了应先用湿布抹湿坍落度筒、铁锹、拌和板;混凝土可以采用拌和机或人工拌和;测定坍落度,应垂直提起坍落度筒,且操作过程应在5~10s内完成;从开始装料到提坍落度筒的整个过程应在150s内完成。

(3)ABCD

【解析】将代表样分三层装入筒内,每层装入高度大于筒高的1/3,用捣棒在每一层的横截面上均匀插捣25次。捣棒在全部面积上进行,沿螺旋线由边缘至中心,插捣底层时插至底部,插捣其他两层时,应插透本层并插入下层20~30mm,插捣须垂直压下(边缘部分除外),不得冲击。

(4)BD

【解析】将坍落筒放在锥体混凝土试样一旁,筒顶平放木尺,用小钢尺量出木尺底面至试样顶面最高点的垂直距离,即为该混凝土拌和物的坍落度,精确至1mm;混凝土拌和物坍落度和坍落度扩展值以毫米(mm)为单位,测量精确至1mm,结果修约至最接近的5mm。

(5)ABC

【解析】《公路工程水泥及水泥混凝土试验规程》(JTG E30—2005)关于混凝土拌和物的保水性与黏聚性的有关规定有:观察整个试验过程中水分从拌和物中析出的程度,评价保水性。如坍落度筒提起后无稀浆或仅有少量稀浆自底部析出,则表示此混凝土拌和物的保水性良好。影响保水性的因素:优良的砂石级配,意味着更好的保水性;提高混凝土砂率,亦可以改善保水性;适量的胶凝材料(包括水泥和粉煤灰、硅灰等掺合料的总用量);适当的水灰比(水灰比过大,拌和物极易泌水);充分的搅拌,只有把所有的原材料拌和均匀了,才能充分发挥其特性。

黏聚性:用捣棒在已坍落的混凝土锥体侧面轻轻敲打,锥体突然倒塌、部分崩裂或发生石子离析,则表示黏聚性不好。

混凝土拌和物工作性调整原则是保持水灰比不变,若水灰比改变,强度和耐久性将改变,故D错误。

9.(1)BD

【解析】配合比的基本表示方法

①单位用量表示法:以每1m^3混凝土中各种材料的用量表示(例如水泥:水:细集料:粗集料=330kg:150kg:706kg:1356kg)。

②相对用量表示法:以水泥的质量为1,并按“水泥:细集料:粗集料:水灰比”的顺序排列表示(例如1:2.14:3.82:0.45)。

(2)ABC

【解析】增加水泥浆,说明坍落度偏小,未能达到要求,若保水性和黏聚性不好,需要增大砂率来调整。

(3)B

【解析】检验强度时,单位用水量保持不变,改变水泥用量。

(4)AD

【解析】强度验证时,改变水胶比,但混凝土拌和物的单位用水量与基准配合比相同。

(5)D

【解析】含水率是指水与干燥砂石质量之比;工地配合比与试验室配合比相比,由于砂石含有水分,砂石用量将增加,而加入混凝土拌和物中的水量将减少,使混凝土拌和物各组分与试验室配合比相同,保证硬化混凝土的强度和耐久性。

10.(1)C

【解析】混凝土坍落度小于设计坍落度,黏聚性和保水性较好时,应保持水胶比不变,增大浆体用量或适当提高外加剂用量;当坍落度大于混凝土设计坍落度时,应保持水胶比不变,减少浆体用量或适当降低外加剂用量。

(2)D

【解析】只增加了水的用量,水灰比发生变化,会造成强度降低。按比例调整,不改变水灰比,就不会出现这种情况。

(3)ACD

【解析】A选项单一地增加水的用量,水灰比增大,会导致混凝土强度降低;B选项中砂石用量增加,强度不一定改变;C选项中水灰比不变,强度无变化;D选项中水胶比减小,强度增加。

(4)B

【解析】A选项单一增加了水的用量,水灰比增大,强度降低;B选项增加了砂石用量,水胶比不变,强度有可能略低;C选项中水灰比不变,强度无变化;D选项水胶比降低,强度增大。

(5)B

【解析】适当添加减水剂,在保证其他不变的情况下,发挥减水剂的功效,降低单位用水量,调整坍落度,使其满足要求,流动性偏低,需要适当增加砂率;细度模数减小,比表面积变大,则包裹砂石的水泥浆增加,空隙中的用来润滑的浆体变少,流动性更小。

11.(1)D

【解析】确定混凝土配制强度$f_{cu,0}$:

$$f_{cu,0} = f_{cu,k} + 1.645\sigma = 40 + 1.645 \times 4.5 = 47.4(\text{MPa})$$

确定水灰比(W/C):

$$f_{ce} = \gamma_0 f_{ce,k} = 1.1 \times 42.5 = 46.75(\text{MPa})$$

$$W/C = \frac{\alpha_a f_{ce}}{f_{cu,0} + \alpha_a \alpha_b f_{ce}} = \frac{0.53 \times 46.75}{47.4 + 0.53 \times 0.2 \times 46.75} = 0.47$$

$W = 190kg$，故 $C = 404kg$

质量法计算各材料用量：

$$W + C + S + G = 2450kg$$

砂率 $\beta_s = 32\%$，计算出 $S = 594kg$，$G = 1262kg$。

(2) A

【解析】 坍落度不满足要求时，可以适当添加水泥浆的用量来改善。

加入减水剂，原配合比不变，提高混凝土拌和物的流动性，如水用量减少，水泥用量不变，提高强度。

(3) ABD

【解析】《普通混凝土配合比设计规程》(JGJ 55—2011)规定计算密度与实测密度误差不超过2%，无须调整。试验室配合比与基准配合比相同。

(4) C

【解析】 由上题试验室配合比根据现场砂石含水率得施工配合比。

(5) BD

【解析】 由施工配合比计算获得。

12. (1) AC

【解析】 试件成型后应立即用不透水的薄膜覆盖表面。标准养护：试件应在温度20℃ ±5℃的环境中静置1～2昼夜，然后编号、拆模。拆模后应立即放入温度为20℃ ±2℃、相对湿度为95%以上的标准养护室中养护。标养室内的试件应放在支架上，彼此间隔10～20mm，试件表面应保持潮湿，并不得被水直接冲淋。当条件受限制，经报请业务主管部门同意，也可使用养生池进行养生。养生池注入 $Ca(OH)_2$ 饱和溶液，温度宜控制在20℃ ±2℃，水位应以浸没试块且高于试块顶面5mm为宜。为了真实反映所浇筑混凝土构件的强度，对重要构件要求留一组试块与构件同条件养护。

(2) ABC

【解析】 ①混凝土强度等级 < C30 时，取每秒钟0.3～0.5MPa。

②混凝土强度等级 ≥ C30 且 < C60 时，取每秒钟0.5～0.8MPa。

③混凝土强度等级 ≥ C60 时，取每秒钟0.8～1.0MPa。

(3) B

【解析】 一组三个试件所测得的算术平均值为该组试件的强度值。如果该组数据中有一测值与中值的差超过中值的15%时，取中值为该组试件的强度值；如果该组数据中两个测值与中值的差都超过中值的15%时，则该组试件试验结果无效。$P = F/A$。

(4) ACD

【解析】《普通混凝土配合比设计规程》(JGJ 55—2011)配合比设计过程中规定了A、C、D选项内容。

(5) D

【解析】《混凝土结构设计规范》(GB 50010—2011)规定轴心抗压强度与立方体抗压

强度的比值,对C50以下混凝土取0.76,对高强混凝土取0.82,中间按插值法确定。

13.(1)B

【解析】检验水泥的凝结时间与安定性时,水泥浆的稠度会影响试验结果,为了便于比较规定用标准稠度的水泥净浆做试验。

(2)ABC

【解析】《水泥标准稠度用水量、凝结时间、安定性检验方法》(GB/T 1346—2011)规定了试验过程中水泥净浆用水泥净浆搅拌机搅拌,搅拌机先用湿布擦过,将拌和水倒入搅拌锅内,然后在5~10s内将称好的500g水泥加入水中,防止水和水泥溅出,低速搅拌120s,停15s,同时将叶片和锅壁上的水泥净浆刮入锅中间,接着高速搅拌120s停机。

(3)A

【解析】标准法:以试杆沉入水泥净浆并距底板6mm ±1mm的水泥净浆为标准稠度净浆。行业标准代用法:以试锥下沉深度28mm ±2mm的净浆为标准稠度净浆。

(4)BD

【解析】采用调整用水量法时,水泥用量不变,调整水的用量,直至下沉深度满足30mm ±1mm的要求;采用固定用水量法时,根据试锥下沉深度通过计算得标准稠度用水量。

(5)AC

【解析】《水泥标准稠度用水量、凝结时间、安定性检验方法》(GB/T 1346—2011)规定:采用标准法时,以试杆沉入水泥净浆并距底板6mm ±1mm的水泥净浆为标准稠度净浆;采用固定用水量法时,根据试锥下沉深度通过计算得标准稠度用水量。

14.(1)ABC

【解析】已知水灰比和室内配合比,根据比例计算得D选项错误。

(2)B

【解析】根据水灰比计算未调整前的用水量 $W = 370 \times 0.42 = 155(\text{kg})$,增加3%的用水量,则调整后用水量为 $155 \times (1 + 3\%) = 160(\text{kg})$,保持水灰比不变,则水泥用量为 $370 \times (1 + 3\%) = 381(\text{kg})$,适当调整砂石用量。

(3)A

【解析】由上一题得坍落度偏小,需要增加用水量,水泥用量同比例增加,在选项中,只有A选项的用水量合适,故选A。

(4)ABCD

【解析】密度调整原则:当混凝土拌和物的表观密度实测值与计算值之间的误差不超过计算值的2%时,配合比无须调整;当超过2%时,应当将配合比设计中每项材料的用量乘以修正系数,修正系数 $\delta = \frac{\rho_{实测}}{\rho_{计算}}$。

(5)CD

【解析】根据室内配合比和砂石含水率,计算工地配合比。例如A选项:$S = 623 \div (1 - 3\%) = 642C$,$G = 1266 \div (1 - 1\%) = 1279C$,$W = 160 - 642 \times 3\% - 1279 \times 1\% = 128C$,$C$保持不变。

第七章　沥青与沥青混合料

【复习提示】

本部分内容的主要知识点包括:沥青基本知识、沥青主要技术性能、改性沥青、沥青技术要求、沥青混合料基本知识、马歇尔试验、沥青混合料路用性能、沥青含量测定方法、沥青混合料配合比设计等。

本部分内容的复习重点包括:沥青混合料取样方法;沥青标号;沥青针入度、软化点、延度、黏附性、老化、密度、毛细管动力黏度试验方法;SBS 改性沥青技术;不同标号沥青的适用性;木质素纤维的吸油率、灰分试验方法;沥青混合料理论最大相对密度试验方法;沥青用量表示方法;马歇尔试件制作方法;毛体积密度和表观相对密度试验方法;稳定度试验方法;车辙试验;浸水马歇尔试验;冻融劈裂试验;飞散试验;析漏试验;浸水马歇尔试验和冻融劈裂试验;离心法和燃烧法测定沥青含量的试验方法;沥青混合料目标配合比设计方法、生产配合比设计方法等。

本部分内容涉及的规范包括:

《公路工程沥青及沥青混合料试验规程》(JTG E20—2011),适用于公路沥青路面的设计、施工、养护以及质量检查、验收等各阶段的性能试验。

《公路沥青路面施工技术规范》(JTG F40—2004),适用于各等级新建和改建公路的沥青路面工程。

一、单项选择题

1. 沥青混合料配合比设计的合成级配不得有太多的锯齿形交错,且在(　　)范围内不出现“驼峰”。当反复调整不能满意时,宜更换材料设计。

A. 0.075 ~ 0.15mm　　B. 0.075 ~ 0.3mm

C. 0.15 ~ 0.6mm　　D. 0.3 ~ 0.6mm

2. 一个马歇尔试件的质量为 1200g,高度为 65.5mm,制作标准高度的马歇尔试件,混合料的质量应为(　　)。

A. 1152g　　B. 1182g　　C. 1171g　　D. 1163g

3. 沥青混合料配合比设计需根据当地的实践经验选择适宜的沥青用量,分别制作几组级配的马歇尔试件,测定(　　),初选一组满足或接近设计要求的级配作为设计级配。

A. VV　　B. VMA　　C. VFA　　D. MS

4. SBS 改性沥青的存储稳定性离析用(　　)指标表示。

A. 软化点　　B. 12h 软化点差

C. 24h 软化点差　　D. 48h 软化点差

5. SBS 改性沥青弹性恢复试验是 25℃时,将沥青试样拉伸至(　　)cm 时停止,用剪刀将中间剪断,保持试样在恒定温度的水中 1h,测试试样的残留长度。

A. 5　　B. 10　　C. 15　　D. 20

6. 按照现行《公路沥青路面施工技术规范》(JTG F40—2004)，不能作为沥青混凝土标准密度的是(　　)。

A. 试验室马歇尔试件标准密度　　C. 试验段密度

B. 真空法实测理论最大密度　　D. 计算法理论最大密度

7. 制作沥青混合料标准马歇尔试件，第一次采用的沥青混合料质量为1215g，做得试件的高度为65.0mm，调整后混合料的质量应该为(　　)。

A. 1150g　　B. 1187g

C. 1215g　　D. 1244g

8. 热拌热铺密级配沥青混凝土面层单层的压实厚度不宜小于集料公称最大粒径的(　　)。

A. 1.5 ~2.0 倍　　B. 2.0 ~2.5 倍

C. 2.5 ~3.0 倍　　D. 3.0 ~3.5 倍

9. SMA 面层压实度是指(　　)。

A. 现场实际干密度与室内标准密度之比

B. 现场实际密度与室内标准密度之比

C. 现场实际湿密度与室内击实试验最大湿密度之比

D. 现场实际干密度与室内击实试验最大干密度之比

10. 沥青路面车辙测试时，分别测试断面的内外侧轮迹带的车辙深度，以(　　)作为断面的车辙深度。

A. 其中最小值　　B. 两者平均值

C. 其中最大值　　D. 两者之差值

11. 粗集料用来拌和沥青混合料，当某一颗粒(　　)时，称其为针片状颗粒。

A. 尺寸大于所属粒级的 2.4 倍

B. 尺寸小于所属粒级的 2/5

C. 长厚比大于或等于 3

D. 长厚比大于所属粒级的 3 倍

12. 下列针对集料与沥青黏附性试验的描述有误的是(　　)。

A. 偏粗的集料颗粒采用水煮法，而偏细的颗粒采用水浸法

B. 水煮时不能使水产生沸腾

C. 黏附等级共分为 5 级，其中 1 级黏附性最好，5 级黏附性最差

D. 黏附性的好坏与沥青混合料的水稳性密切相关

13. 离心分离法检测沥青混合料中沥青含量时，用压力过滤器回收沥青抽提液中的矿粉以测定其含量。当无压力过滤器时，可用(　　)测定沥青中矿粉含量。

A. 脂肪抽提法　　B. 射线法

C. 抽滤法　　D. 燃烧法

14. 集料的酸碱性对(　　)性能有显著的影响。

A. 沥青混合料　　B. 水泥混凝土

C. 基层材料　　D. 路基填筑料

15. 对 OGFC 沥青混合料试件的密度测定应采用(　　)。

A. 表干法　　B. 水中重法　　C. 蜡封法　　D. 体积法

16. 沥青混合料用适量消石灰或水泥代替矿粉的做法是为了(　　)。

A. 提高沥青混合料的高温稳定性　　B. 改善沥青混合料的水稳定性

C. 增强沥青混合料的低温抗裂性　　D. 强化沥青混合料的抗疲劳性

17. 针对沥青混合料流值与动稳定度相互关系的说法正确的是(　　)。

A. 流值越大,动稳定度越小　　B. 流值越大,动稳定度越大

C. 流值越小,动稳定度越大　　D. 无明确关系

18. 影响沥青混合料耐久性的主要因素是(　　)。

A. 矿料的级配　　B. 沥青混合料的空隙率

C. 沥青的标号　　D. 矿粉的细度

19. 评价聚合物改性沥青的长期耐老化性能,现行标准规定以采用(　　)试验为准。

A. 旋转薄膜加热　　B. 薄膜加热

C. 沥青蒸发质量损失　　D. 压力老化

20. 沥青蜡含量试验时,冷却过滤装置需置于(　　)温度下完成冷凝、过滤过程。

A. 0℃　　B. -10℃　　C. -20℃　　D. -30℃

21. 当采用贝克曼梁对沥青路面进行测定时,应采用温度计测定试验时的气温和路表温度,并通过气象台了解(　　)的平均气温。

A. 前 1d　　B. 前 1h　　C. 前 5d　　D. 前 5h

22. 可能引起沥青针入度试验检测结果偏高的因素是(　　)。

A. 夏季高温环境下沥青样品试验前在规定的温度下恒温时间较短

B. 沥青样品去除异味的前处理效果不好

C. 标准针贯入前与沥青表面接触不理想

D. 平行试验时标准针未擦拭干净

23. 与高标号沥青相比,低标号的沥青(　　)。

A. 黏附性较好　　B. 黏滞性较好

C. 抗老化能力较低　　D. 质量较差

24. 不能采用沥青混合料马歇尔试件开展的试验是(　　)。

A. 稳定度试验　　B. 残留稳定度试验

C. 动稳定度试验　　D. 冻融劈裂试验

25. 是否需要采用真空法进行沥青混合料理论最大密度检测取决于(　　)。

A. 沥青标号的高低　　B. 沥青混合料公称粒径的大小

C. 沥青是否改性　　D. 矿料的级配类型

26. 针对不同用途,粗、细粒集料的分界尺寸不同。下列尺寸划分不正确的选项是(　　)。

A. AC13——2.36mm　　B. SMA13——4.75mm

C. 水泥混凝土——4.75mm　　D. 水泥稳定碎石——2.36mm

27. 集料堆积密度可采用不同方法进行检测，下列针对堆积密度的说法不正确的是（　　）。

A. 插捣法测定的堆积密度用于沥青混合料配合比设计

B. 振实法测得的堆积密度用于水泥混凝土配合比设计

C. 同样的集料采用插捣法测得的密度大于用振实法测得的密度

D. 同样方式下测得的堆积密度越小，说明集料的棱角性和表面粗糙性程度越高

28. 在已知配合比条件下，进行沥青混合料试件制备时用到的密度是（　　）。

A. 理论最大密度　　B. 表观密度

C. 毛体积密度　　D. 表干密度

29. 下列针对沥青混合料马歇尔试件成型过程的描述正确的是（　　）。

A. 击实温度偏低时沥青混合料试件的空隙率偏低

B. 拌和时材料添加顺序不正确将加重沥青混合料的老化程度

C. 击实锤高度不标准易造成集料的破碎

D. 首次成型取混合料质量为 1215g，制成的试件高度为 65.2mm，则下次成型时所需混合料为 1183g

30. 下列有关沥青黏附性试验不正确的描述是（　　）。

A. 沸煮法是在水的微沸状态下进行的黏附性试验操作

B. 黏附性试验操作对所需试样的质量无须严格控制

C. 水煮法和水浸法采用相同的评定方法进行黏附等级的评定

D. 5 级对应的黏附性最好，1 级对应的黏附性最差

31. 沥青混合料的马歇尔指标包括：空隙率、饱和度、稳定度和流值；其影响因素包括：①集料最大粒径；②富棱角集料用量；③细砂用量；④矿粉用量；⑤沥青针入度；⑥矿料间隙率。对空隙率有影响的因素组合是（　　）。

A. ①②③④⑥　　B. ①②③⑤⑥　　C. ①③④⑤⑥　　D. ①②③④⑤⑥

32. 沥青混合料析漏试验时，装有 SMA-13 改性沥青混合料的烧杯加盖后，放入（　　）℃烘箱中保温 60min ± 1min。

A. 163　　B. 170　　C. 185　　D. 190

33. 在运料车上测试沥青混合料出厂温度时，温度计插入深度应不小于（　　）。

A. 100mm　　B. 150mm　　C. 200mm　　D. 250mm

34. 普通沥青混凝土路面压实度检验中以最大理论密度为标准密度时，压实度规定值为（　　）。

A. 92%　　B. 94%　　C. 96%　　D. 98%

35. 沥青混合料车辙试验时，试件连同试模一起置于达到试验温度 60℃ ±1℃ 的恒温室中，保温不少于（　　），也不得多于 12h。

A. 1h　　B. 3h　　C. 5h　　D. 8h

36. 对沥青混凝土面层评定时，矿料级配、沥青含量试验结果的合格率不小于（　　）。

A. 80%　　B. 85%　　C. 90%　　D. 95%

37. 在摊铺现场测试沥青混合料摊铺温度时，应将温度计插入混合料内（　　）以上。

A. 100mm　　B. 130mm　　C. 150mm　　D. 170mm

38. 利用拌和厂沥青混合料生产质量的总量检验，可以计算摊铺层的(　　)。

A. 油石比　　B. 平均压实度　　C. 矿料级配　　D. 平均压实层厚度

39. 当三、四级公路铺装沥青混凝土或水泥混凝土路面时，其路基压实度应采用(　　)。

A. 高速公路　　B. 一级公路　　C. 二级公路　　D. 三、四级公路

40. 大型击实法制作集料公称最大粒径大于 26.5mm 的沥青混合料试件时，一组试件不得少于(　　)个。

A. 4　　B. 6　　C. 9　　D. 13

41. 车辙试验轮应采用(　　)轮胎，试验前接地压强要求为 0.7MPa ±0.05MPa。

A. 实心钢制　　B. 空心钢制　　C. 实心橡胶　　D. 空心橡胶

42. 聚合物改性沥青混合料的施工温度通常宜较普通沥青混合料的施工温度提高(　　)。

A. 5 ~ 10℃　　B. 10 ~ 20℃　　C. 15 ~ 25℃　　D. 20 ~ 30℃

43. 沥青面层及水泥混凝土路面板的厚度应用(　　)测定。

A. 挖坑法　　B. 钻孔法　　C. 短脉冲雷达　　D. 环刀法

44. 沥青路面渗水系数计算，以水面从 100mL 下降到(　　)所需的时间为标准。

A. 0mL　　B. 200mL　　C. 500mL　　D. 1000mL

45. 我国沥青稳定碎石基层材料标准密度的试验方法主要采用为(　　)。

A. 马歇尔击实法　　B. 静压法　　C. 振动台法　　D. 表面振动法

46. 在沥青混合料中掺加适量消石灰粉，可以有效提高沥青与集料的(　　)。

A. 黏附性　　B. 抗疲劳性　　C. 低温抗裂性　　D. 抗车辙形成能力

47. 下列有关沥青与集料黏附性试验表述正确的内容是(　　)。

A. 偏粗的颗粒采用水浸法　　B. 偏细的颗粒采用水煮法

C. 试验结果采用定量方法表达　　D. Ⅰ级黏附性最差，Ⅴ级最好

48. 残留稳定度是评价沥青混合料(　　)的指标。

A. 耐久性　　B. 高温稳定性　　C. 抗滑性　　D. 低温抗裂性

49. 评价沥青混合料高温稳定的主要指标是(　　)。

A. 饱和度　　B. 动稳定度　　C. 马氏模数　　D. 标准密度

50. 按现行交通行业标准，以下指标不属于沥青路面使用性能气候分区指标的是(　　)。

A. 高温指标　　B. 雨量指标　　C. 低温指标　　D. 降雨强度指标

51. 可以采用水中重法测定密度的混合料是(　　)。

A. 沥青碎石　　B. 吸水率大于 2% 的沥青混凝土

C. OGFC　　D. AC-13

52. 沥青黏附性试验中观察裹覆集料的沥青薄膜的剥落情况时发现：沥青膜少部分被水移动，厚度不均匀，剥离面积百分率少于 10%，则可判断沥青与集料黏附性等级为(　　)。

A. 2 级　　B. 3 级　　C. 4 级　　D. 5 级

53. 沥青混合料标准马歇尔试件的尺寸要求是(　　)。

A. ϕ100.0mm ×63.5mm　　B. ϕ101.6mm ×63.5mm

C. ϕ100.0mm×65.0mm　　D. ϕ101.6mm×65.0mm

54. 通常情况下沥青混合料的空隙率不宜小于3%,其原因是(　　)。

A. 适应夏季沥青材料的膨胀　　B. 工程中无法将空隙率降低到3%以下

C. 防止水分渗入　　D. 施工时易于碾压

55. 沥青混合料的生产,每日应做抽提试验、(　　)试验,且其指标合格率应不小于80%。

A. 动稳定度　　B. 马歇尔稳定度　　C. 密度　　D. 黏附性

56. 相同级配的砂具有相同的细度模数,相同细度模数的砂具有相同的级配,这样的叙述你认为(　　)。

A. 前一句正确,后一句错误　　B. 后一句正确,前一句错误

C. 两句全部正确　　D. 两句全部错误

57. 粗集料密度可分别采用网篮法和广口瓶法进行测定,下列有关试验结果的描述不正确的是(　　)。

A. 网篮法可测集料的表观密度和毛体积密度

B. 广口瓶法可测表观密度、毛体积密度和表干密度

C. 网篮法可测集料的表干密度

D. 广口瓶法可测集料的表观密度和毛体积密度,但不能测表干密度

58. 下列关于沥青感温性描述不正确的是(　　)。

A. 随温度的升高,沥青针入度增加明显的沥青感温性大

B. 感温性越大,PI值越大

C. 感温性大的沥青不适宜用在夏季温度偏高的地区

D. 感温性高的沥青随温度变化其黏度变化较为明显

59. 沥青的针入度表示沥青的(　　)。

A. 动力黏度　　B. 绝对黏度

C. 条件黏度　　D. 运动黏度

60. 有助于沥青混合料高温抗车辙能力的因素不包括(　　)。

A. 用机制砂替代河砂　　B. 使用黏度较大的沥青

C. 矿料整体偏粗一些　　D. 适当增加沥青用量

61. 甲、乙两个沥青在25℃时测得的针入度相同,升高温度后再次测得的针入度甲沥青高于乙沥青。该试验现象说明(　　)。

A. 甲沥青的感温性比乙沥青小

B. 甲沥青的感温性比乙沥青大

C. 甲沥青的黏度对温度比乙沥青要更加敏感

D. 乙沥青的黏度对温度比甲沥青要更加敏感

62. 沥青混合料冻融劈裂抗拉强度比用于评价沥青混合料的(　　)。

A. 低温性能　　B. 高温性能　　C. 水稳性　　D. 力学性能

63. 沥青混合料用砂的筛分操作要采用水筛法,其目的是为了更好地(　　)。

A. 检测砂的级配　　B. 测定砂中颗粒小于0.075mm的颗粒

C. 计算砂的细度模数　　D. 评价砂的质量

64. 筛分试验过程中过筛不彻底,将使砂的细度模数值(　　)。

A. 偏大　　B. 偏小　　C. 不变　　D. 变化无法确定

65. 当沥青混合料吸水率小于0.5%~2.0%时,其密度可以采用(　　)测定。

A. 水中重法　　B. 表干法　　C. 体积法　　D. 蜡封法

66. 沥青混合料马歇尔试件在水中称重时,随着开口孔隙不断被水填充,相应的称量器具自重读数(　　)。

A. 变大　　B. 变小

C. 开始增加,随后减少,进而稳定　　D. 开始减少,随后增加进而稳定

67. 沥青的感温性较高,意味着该沥青(　　)。

A. 随温度的升高针入度变化程度较低　　B. 具有较好的高温稳定性

C. 当温度升高时,黏度变化不大　　D. 不适合应用于夏季温度较高的地区

68. 在沥青混合料中掺入矿粉的主要目的是(　　)。

A. 填充由粗细集料所留下的空隙　　B. 提高沥青混合料的密实程度

C. 促进结构沥青的形成　　D. 改善矿料的级配状况

69. 针入度是沥青的重要指标之一,下列关于针入度概念的描述不正确的是(　　)。

A. 针入度值越大,说明沥青的黏稠性越小

B. 针入度值越大,沥青的标号相对越高

C. 针入度是表示沥青黏滞性的一项指标

D. 25℃条件下沥青针入度的大小并不代表该沥青感温性的大小

70. 对砂石材料坚固性不产生影响的因素是(　　)。

A. 闭口孔隙的多少　　B. 孔隙中饱水程度

C. 开口孔隙的多少　　D. 空隙率的大小

71. 亚甲蓝试验用于确定细集料中是否存在(　　),以评定集料的洁净程度,亚甲蓝以MBV表示。

A. 黏性土　　B. 膨胀性黏土矿物

C. 杂质　　D. 有机质土

72. 压实沥青混合料密度试验中,当测定吸水率大于2%的沥青混凝土毛体积相对密度时,应采用(　　)。

A. 表干法　　B. 水中重法　　C. 蜡封法　　D. 真空法

73. 与沥青黏滞性无关的指标是(　　)。

A. 黏稠性　　B. 软化性　　C. 针入度　　D. 黏附性

74. 密级配沥青混合料配合比设计中,适当加大设计孔隙率的目的是(　　)。

A. 增大透水性,提高路面抗水损害能力

B. 增加路面抗滑构造深度

C. 减少沥青用量,提高高温稳定性

D. 增加路面抗裂性

75. 做乳化沥青筛上剩余量的试验时,所用滤筛的孔径是(　　)mm。

A. 1　　B. 1.18　　C. 1.2　　D. 1.25

76. 评价聚合物改性沥青的耐老化性能,我国规定以采用( )为准。

A. RTFOT　B. TFOT

C. 沥青蒸发损失试验　D. 沥青灰分含量试验

77. 延度较大的沥青,则其( )较好。

A. 气候稳定性　B. 温度稳定性　C. 黏结性　D. 塑性

78. 以下混合料中,可以采用渗水试验评价渗水性能的是( )。

A. OGFC-16　B. SMA-20　C. ATB-25　D. ATPB-30

79. 通常软化点较高的沥青,其( )较好(含蜡量高的沥青除外)。

A. 气候稳定性　B. 热稳定性　C. 黏结性　D. 塑性

80. 车辙试验前车辙板需在规定温度下恒温一定时间,当恒温时间明显不足时,试验有可能( )。

A. 随季节变化测得不同的动稳定度

B. 导致动稳定度偏高

C. 随混合料的类型变化对动稳定度造成不同影响

D. 不影响动稳定度试验结果

81. 计算沥青混合料空隙率,除需要沥青混合料的毛体积相对密度之外,还需要沥青混合料的( )。

A. 材料组成比例　B. 表观相对密度

C. 理论最大相对密度　D. 试件的压实度

82. 金属杆插入式温度计不适用于检测热拌热铺沥青混合料的( )。

A. 拌和温度　B. 出厂温度和现场温度

C. 摊铺温度　D. 压实温度

83. 沥青薄膜加热试验后的沥青性质试验应在( )内完成。

A. 72h　B. 24h　C. 36h　D. 3d

84. 压实沥青混合料密度试验表干法测沥青混合料(吸水率<2%)毛体积密度方法与步骤:①在适宜的天平或电子秤上称取干燥试件的空中质量(m_a),根据选择的天平的感量读数,准确至0.1g、0.5g或5g;②除去试件表面的浮粒;③从水中取出试件,用洁净柔软的拧干湿毛巾轻轻擦去试件的表面水(不得吸走空隙内的水),称取试件的表干质量(m_f);④挂上网篮,浸入溢流水箱中,调节水位,将天平调平或复零;⑤试验结果计算;⑥把试件置于网篮中(注意不要晃动水),浸水3~5min,称取水中质量(m_w)。正确步骤是( )。

A. ①②④③⑤⑥　B. ②④①⑥⑤③

C. ②①④⑥③⑤　D. ②④①⑥③⑤

85. SBS改性沥青延度试验的控制温度为( )。

A. 5℃　B. 15℃　C. 20℃　D. 25℃

86. 当超过重复性精密度要求,用回归法确定沥青含蜡量时,蜡质量与含蜡量关系直线的斜率(方向系数)应为( )。

A. 零　B. 正值　C. 负值　D. 正或负值

87. 沥青加热脱水后灌制试模时,如温度下降可适当加热,但反复加热次数不得超过(　　)。

A. 1 次　　B. 2 次　　C. 3 次　　D. 4 次

88. 在沥青混合料中掺加适量消石灰粉,主要是有效提高沥青混合料的(　　)。

A. 黏附性　　B. 抗疲劳性

C. 低温抗裂性　　D. 抗车辙变形能力

89. 下列试验操作中需对沥青样品质量进行准确称重的是(　　)。

A. 薄膜烘箱试验　　B. 针入度试验

C. 软化点试验　　D. 延度试验

90. 沥青混合料空隙率偏小,对沥青路面可能带来的问题是(　　)。

A. 耐久性变差　　B. 高温抗车辙能力较低

C. 水稳性不好　　D. 低温环境易于开裂

91. 评价沥青混合料耐久性的指标是(　　)。

A. 饱和度　　B. 动稳定度

C. 马氏模数　　D. 稳定度

92. 以下因素:①粗集料强度低;②砂子用量过大;③粉料含量过多;④沥青针入度偏大;⑤矿料级配采用了间断级配;⑥级配偏细。其中导致沥青混合料配合比设计的马歇尔稳定度偏低的原因有(　　)项。

A. 3　　B. 4　　C. 5　　D. 6

93. 表干法、水中重法、蜡封法、体积法是沥青混合料密度试验的 4 种方法,其中表干法的适用条件是(　　)。

A. 试件吸水率大于 2%　　B. 试件吸水率不大于 2%

C. 试件吸水率小于 0.5%　　D. 适用于任何沥青混合料

94. 关于热拌热铺沥青混合料的施工温度测试方法,说法不正确的是(　　)。

A. 采用金属杆插入式温度计

B. 混合料出厂温度,或运输至现场,在运料货车上测试温度

C. 混合料摊铺温度只在摊铺机的一侧拨料器前方的混合料堆上测试

D. 在沥青混合料碾压过程中测定压实温度,测试时温度计插入深度不小于 150mm

95. 车辙深度超过(　　)时定义为车辙损坏。

A. 5mm　　B. 8mm

C. 10mm　　D. 15mm

96. 适用于冬季寒冷地区或交通量小的公路、旅游公路等的沥青应具备的特点是(　　)。

A. 稠度小、低温延度小　　B. 稠度大、低温延度大

C. 稠度小、低温延度大　　D. 稠度大、低温延度小

97. 下列不属于现行规范中评价沥青抗老化性能的技术指标为(　　)。

A. 残留针入度　　B. 残留软化点

C. 残留延度　　D. 质量变化

98. 进行沥青混合料马歇尔试件密度测定时,当过度擦去混合料马歇尔试件开口空隙中的水分后,测得的毛体积密度结果将(　　)。

A. 偏大 B. 偏小

C. 不受影响 D. 偏差不明显

二、判断题

1. 对冬季温度低且低温持续时间长的地区,或者重载交通较少的路段,宜选用细型密级配沥青混合料(AC-F 型),并取较高的设计空隙率。 ( )

2. 通过采用开级配或间断级配矿料,增加粗集料含量,提高内摩擦角 φ 值,可以提高沥青混合料的高温稳定性。 ( )

3. 密级配沥青混合料芯样密度通常采用表干法测定。 ( )

4. 在沥青中掺入有机酸类外掺剂,可以提高沥青活性,改善沥青与集料黏附性。 ( )

5. 沥青路面面层渗水系数规定值是路面使用寿命期内应满足的要求。 ( )

6. 透层和黏层施工沥青用量的测试应采用沥青喷洒法。 ( )

7. 沥青混合料生产过程中,每日应做抽提试验和马歇尔稳定度试验,要求矿料级配、沥青含量、马歇尔稳定度等试验结果的合格率不小于 90%。 ( )

8. 沥青混合料标准试件制作,当集料公称最大粒径大于 31.5mm 时,也可利用标准马歇尔试件,但一组试件的数量应增加至 6 个。 ( )

9. 沥青混合料生产质量的总量检验时,可只用 5 个控制性筛孔的符合情况来评定矿料级配。 ( )

10. 沥青混合料车辙试验不得采用二次加热的混合料,试验必须检验其密度是否符合试验规程的要求。 ( )

11. SMA 沥青混合料与普通沥青混合料相比,拌和时间应适当延长。 ( )

12. 沥青混合料摊铺现场测试摊铺温度时,温度计必须插入测试位置 150mm 以上。 ( )

13. 空隙率偏小的沥青混合料不容易产生车辙变形。 ( )

14. 当沥青混合料没有得到充分分散时,测得的沥青混合料理论最大密度将会偏小。 ( )

15. 沥青饱和度是指压实沥青混合料中沥青体积填充矿料间隙体积的百分率。 ( )

16. 冻融劈裂试验仅反映沥青混合料水稳性的好坏,而不能反映沥青混合料低温性能的优劣。 ( )

17. 细度模数过大或过小的砂,其级配状况比细度模数适中的砂要差。 ( )

18. 现行试验规程规定,用水中重法测定沥青混合料试件表观相对密度仅限于施工质量检验,在配合比设计时不得采用。 ( )

19. 在水煮法测定集料的黏附性试验中,当沥青剥落面积小于 30% 时可将集料与沥青的黏附性等级评定为 4 级。 ( )

20. 乳化沥青最显著的特点是常温状态下的可施工性。 ( )

21. 进行集料毛体积密度测定时,表干称重花费时间偏长,使密度测定结果较正常状况偏高。 ( )

22. 粗集料中软弱颗粒含量越大,沥青混合料的强度越低。 ( )

23. 进行沥青三大指标测定时,检测结果与所用沥青样品质量的多少无关。 ( )

24. 沥青针入度越高,沥青的感温性指标 PI 值就越大。 ( )

25. 当负压容器抽真空度没有达到要求时,测得的沥青混合料理论最大密度将会偏高。 ( )

26. 采用冻融劈裂试验方法不仅用于评价沥青混合料水稳性,也可用于评价沥青混合料的低温稳定性。 ( )

27. 当试验操作不当,测得的沥青混合料毛体积密度偏高时,用此计算得到的沥青混合料空隙率将会偏低。 ( )

28. 沥青混合料最佳沥青用量对应的沥青马歇尔稳定度最大。 ( )

29. 当气候分区表示成 3-4-2 时,该地区对沥青及其沥青混合料的水稳性具有较高的要求。 ( )

30. 当测得的沥青马歇尔试件吸水率为 0.4% 时,该试件的密度测定既可采用水中称重法,也可采用表干法。 ( )

31. 沥青混合料配合比设计得到的矿料级配应达到最大密实度,以满足沥青混合料路用性能要求。 ( )

32. 沥青混合料中保留 3% ~5% 的空隙率,是沥青混合料高温稳定性的要求。 ( )

33. 沥青饱和度是指压实沥青混合料中的沥青体积填充矿料间隙以外体积的百分率。 ( )

34. 随着沥青混合料中沥青用量的增加,沥青混合料的水稳定性也相应提高。 ( )

35. 射线法适用于热拌热铺沥青混合料路面施工时的沥青用量检测。 ( )

36. 沥青碎石的实际密度可以采用水中重法测定。 ( )

37. 改性沥青储存罐中必须架设搅拌设备,使用前改性沥青必须搅拌均匀。 ( )

38. 对常用的公称最大粒径为 13.2 ~19mm 的密级配沥青混合料,粉胶比宜控制在 0.8 ~1.2 的范围内。 ( )

39. 沥青混合料可采用间歇式拌和机或连续式拌和机拌制,高速公路和一级公路宜采用连续式拌和机拌制。 ( )

40. 沥青混合料压实温度一次检测不得少于三个测点,且以最小值作为测试温度。 ( )

41. 对沥青混合料进行质量评定时不得多次取样混合后使用。 ( )

42. 采用吸水性大的集料的沥青混合料,可以采用水中重法测定密度。 ( )

43. 同一沥青路面,高温条件下测得的回弹弯沉比低温时测得的大。 ( )

44. 沥青混合料中保留 3% ~6% 的空隙率,是沥青混合料高温稳定性的要求。 ( )

45. 随着沥青用量的增加,沥青混合料的稳定度也相应提高。 ( )

46. 具有较好高低温性能的沥青混合料结构类型是骨架密实型。 ( )

47. 对于沥青路面,温度越高,强度越低,测得的路表回弹弯沉值越小。 ( )

48. 高速公路、一级公路宜选用稠度大、黏度大的沥青,冬季寒冷地区或交通量小的公路宜选用稠度小、低温延度大的沥青。 ( )

49. 沥青混合料应采用石灰岩或岩浆岩中的强基性岩石等憎水性石料经磨细得到的矿粉。 ( )

50. 沥青路面的渗水性能通常用渗水系数表征。（　　）

51. 核子密度仪可用于测定沥青混合料面层的压实度。（　　）

52. 沥青路面压实度检测选择 2 个压实标准评定时,以合格率低的作为评定结果。（　　）

53. 沥青混合料必须在规定试验条件下进行浸水马歇尔试验和抽提试验来检验混合料的水稳定性。（　　）

54. 抽提筛分应至少检查 0.075mm、2.36mm、4.75mm、公称最大粒径及中间粒径 5 个筛孔的通过率。（　　）

55. 平整度、抗滑性能是沥青混凝土面层的关键实测项目。（　　）

56. 路面表层渗水系数宜在路面成型后立即测定。（　　）

57. 目前评价沥青与集料之间黏附性好坏的常规评价方法是水煮法或水浸法。（　　）

58. 其他条件相同的情况下,随着沥青用量的增加,沥青混合料的稳定度也相应提高。（　　）

59. 与连续级配相比,采用间断级配组成沥青混合料的沥青路面,具有较高的密实性。（　　）

60. 163℃温度下的薄膜烘箱试验用于评价沥青的高温稳定性。（　　）

61. 沥青三大指标试验都需在水中进行,其原因在于试验过程要将温度控制在规定的恒温状态。（　　）

62. 同一质地且粒径相同的集料采用相同堆积方法得到的堆积密度越大,说明该集料的棱角性或表面粗糙性越低。（　　）

63. 若称取 1210g 沥青混合料成型马歇尔试件,标准击实后其高度是 61.5mm,不满足要求,则下次成型混合料的质量应为 1249g。（　　）

64. 沥青混合料最佳沥青用量条件下对应的马歇尔稳定度最大,流值最小。（　　）

65. 沥青混合料中集料针片状颗粒数量的多少将主要影响集料和沥青之间的黏附效果。（　　）

66. 砂中小于 0.075mm 的颗粒属于泥土颗粒,其含量越少越好。（　　）

67. 沥青路面的渗水性能是反映沥青混合料级配组成的一个间接指标。（　　）

68. 薄膜烘箱试验后沥青质量增加的样品性能要好于沥青质量减少的沥青样品。（　　）

69. 针片状颗粒在沥青混合料中产生的不利影响要大于对水泥混凝土产生的不利影响。（　　）

70. 采用甘油进行软化点试验是因为甘油比水的测定方法更加准确。（　　）

71. 沥青三大指标试验检测时对沥青试样所需的数量有严格的规定。（　　）

72. 当延度试验三个试件检测结果相近,且都大于 100cm 时,延度试验结果可无须以实测值来表示。（　　）

73. 沥青路面的弯沉测试面层平均温度以 20℃ ±2℃为准,其他温度测试时对于厚度大于 5cm 的沥青路面应予以温度修正。（　　）

74. 粗集料坚固性是衡量集料强度的一项指标。（　　）

75. 砂当量是评定细集料洁净程度的指标。（　　）

76. 一个良好的集料级配,要求空隙率最小,总表面积也不大。（　　）

77. 沥青试验中,一般重复性试验误差的要求高于再现性误差的要求。（　）

78. 沥青针入度指数是沥青标号划分的依据。（　）

79. 由骨架孔隙型矿料构成的沥青混合料具有较好的高温稳定性。（　）

80. 沥青混合料中空隙率越小,其路用性能越好。（　）

81. 冻融劈裂试验不仅可以反映沥青混合料的耐水害性能,还可以反映沥青混合料的低温性能。（　）

82. 当环境温度较高时,沥青混合料选用的沥青用量应比最佳沥青用量适当小一些。（　）

83. 沥青软化点试验时,当升温速度超过规定的升温速度时,试验结果将偏高。（　）

84. 细集料密度试验(容量瓶法)是以直接用自来水进行试验。（　）

85. 集料磨光值越大,说明其抗磨光能力越差。（　）

86. 采用累计筛余量对混凝土用砂进行分区,其目的是为了描述砂的级配状况。（　）

87. 沥青的黏稠性越高,针入度越小,抗车辙能力相对就越好。（　）

88. 沥青混凝土冻融劈裂试验时,试件高度应在 4 个方向测定后,计算其平均值,再用于计算劈裂强度。（　）

89. 在用表干法测定压实沥青混合料密度试验时,当水温不为 25℃时,沥青芯样密度应进行水温修正。（　）

90. 配合比设计时,马歇尔试件高度如超出规定范围,则计算稳定度时应进行高度修正。（　）

91. 测定针入度大于 200 的沥青试样时,至少用三支标准针,每次试验后将针留在试样中,直至三次平行试验完成后,才能将标准针取出。（　）

92. 集料的吸水率就是含水率。（　）

93. 沥青混合料配合比设计可分为目标配合比设计和生产配合比设计两个阶段进行。（　）

94. 沥青黏附性主要评价集料的性能,与沥青性能无关。（　）

95. 通常,沥青的软化点越高,黏度也越高,针入度越小。（　）

96. 马歇尔稳定度试验时的温度越高,则稳定度越大,流值越小。（　）

97. 最佳沥青用量是指能够使沥青混合料各项指标达到最好状态时所对应的用量。（　）

98. 如果车辙试验轮碾速度高于规定的要求,测得的动稳定度会偏高。（　）

99. 测定沥青混合料马歇尔试件密度时,当开口空隙中的水分全部被擦去后,测得的毛体积密度结果与表观密度很接近。（　）

100. 路面车辙不属于高速公路路面损坏类型。（　）

101. 软化点试验时如果定位环或钢球放置偏心,则测得的试验结果将会偏高。（　）

102. 沥青的黏稠度越高,越有利于沥青与集料之间的黏附。（　）

103. 高聚物改性沥青发生离析后,往往上部沥青的软化点低于下部沥青的软化点。（　）

104. 薄膜烘箱或旋转薄膜烘箱加热后的沥青各项指标与加热前的沥青相比,其差别越小,

说明沥青的抗老化能力越高。（　　）

105. 马歇尔试件水中称重时，随着开口空隙中气体的排出，电子秤的数显值会不断增加。（　　）

106. 沥青混合料在规定温度下燃烧产生的损失量就是沥青混合料中的沥青含量。（　　）

三、多项选择题

1. 下述沥青混合料试验指标中，能反映沥青混合料路面耐久性的是（　　）。
   A. VV　　B. VFA　　C. MS　　D. FL
2. 最佳沥青用量初始值 OAC_1 的确定取决于马歇尔试件的（　　）。
   A. 间隙率　　B. 稳定度
   C. 空隙率　　D. 密度
3. 以下用于评价沥青混合料用细集料洁净程度的技术指标有（　　）。
   A. 天然砂含泥量　　B. 机制砂含泥量
   C. 砂当量　　D. 亚甲蓝值
4. 易造成沥青混合料高温稳定性不好的内在原因是（　　）。
   A. 空隙率过高　　B. 空隙率过低
   C. 沥青用量偏高　　D. 集料的酸碱性
5. 普通沥青混合料的马歇尔稳定度试验和冻融劈裂试验操作方法的相同之处有（　　）。
   A. 试件的尺寸　　B. 加载方式
   C. 试件成型方法　　D. 试件加载时的温度
6. 沥青混合料黏附性试验可采用水煮法，以下描述正确的是（　　）。
   A. 大于 13.2m 的集料采用此法
   B. 小于 13.2m 的集料采用此法
   C. 需将集料在沸腾的水中浸煮 3min
   D. 集料浸入沥青中的时间为 45s
   E. 为防止沥青老化，沥青加热温度不能高于 130℃
   F. 需两名以上经验丰富的试验人员分别评价后取平均等级作为试验结果
7. 黏稠程度高的沥青意味着该沥青具有（　　）的特点。
   A. 针入度较低　　B. 黏滞性较高
   C. 温度升高针入度变化程度较低　　D. 与矿料的黏附性较好
8. 一些沥青常规试验制样时需使用隔离剂，下列试验项目中需要隔离剂的有（　　）。
   A. 针入度试验　　B. 薄膜烘箱试验
   C. 软化点试验　　D. 延度试验
9. 能反映沥青混合料水稳定性的试验有（　　）。
   A. 低温弯曲试验　　B. 浸水马歇尔试验
   C. 冻融劈裂试验　　D. 渗水试验
   E. 耐久性试验　　F. 强度试验

10. 沥青混合料最佳沥青用量的确定与(　　)有关。
A. 理论最大密度　　B. 稳定度
C. 饱和度　　D. 流值

11. 高速、一级公路沥青混合料的配合比应在调查以往同类材料的配合比设计经验和使用效果的基础上进行设计,其步骤包括(　　)。
A. 目标配合比设计阶段　　B. 生产配合比设计阶段
C. 生产配合比验证阶段　　D. 确定施工级配允许波动范围

12. 集料颗粒间摩阻力的大小取决于集料的(　　)。
A. 酸碱性　　B. 表面特征　　C. 颗粒性状　　D. 级配

13. 进行沥青试验前,试样准备工作包括(　　)。
A. 落实生产沥青的油源　　B. 除去沥青中所含水分
C. 确认沥青所属等级　　D. 筛除沥青中的异物

14. 对于高等级公路沥青路面下面层可以选用(　　)道路石油沥青。
A. A 级　　B. B 级　　C. C 级　　D. 以上三个都可以

15. 当确定最佳沥青用量的初始值 OAC_1 时,参与计算的沥青用量包括(　　)。
A. 最大密度对应的沥青用量　　B. 流值中值对应的沥青用量
C. 空隙率范围中值对应的沥青用量　　D. 最大稳定度对应的沥青用量

16. 沥青混合料的表观密度是指单位表观体积混合料的质量,表观体积包括(　　)。
A. 部分开口孔隙体积　　B. 闭口孔隙体积
C. 开口孔隙体积　　D. 实体体积

17. 沥青路面易于形成车辙的内因和外因包括(　　)。
A. 沥青混合料空隙率偏低或偏高　　B. 沥青混合料中沥青用量偏大
C. 渠化交通　　D. 行驶缓慢的混合交通

18. 适宜采用较高标号沥青的外部因素是(　　)。
A. 降雨量较为充沛地区　　B. 重载车较多的道路
C. 冬季较为寒冷　　D. 高温持续时间较短

19. 沥青面层压实度的检测方法有(　　)。
A. 灌砂法　　B. 环刀法　　C. 钻芯取样法　　D. 核子密实仪法

20. 针对集料坚固性试验描述正确的是(　　)。
A. 该试验是评价集料耐候性的一个快速评价方法
B. 试验结果与硫酸钠溶液的浓度和浸泡时间相关
C. 浸泡后烘干温度以及浸泡、烘干循环次数应针对不同类型集料有所调整
D. 试验结果以粗集料开裂程度表示

21. 粗集料中针片状颗粒带来的问题是(　　)。
A. 降低水泥混凝土承受荷载能力
B. 影响水泥混凝土的工作性
C. 增加沥青混合料中沥青的用量
D. 沥青混合料碾压时,易造成混合料中集料破碎

22. 粗集料洛杉矶磨耗试验操作时应注意(　　)。

A. 针对不用粒径,试验时所需的集料控制在相同质量,以保证试验结果的可比性

B. 不同粒径的试验采用不同的粒径组成,以满足不同的应用要求

C. 试验结果采用非标准筛的筛余率进行判定

D. 不同粒径试验时所需的钢球数量和质量要有所变化

23. 下列有关沥青黏滞性描述正确的是(　　)。

A. 黏滞性是指在行车荷载下沥青抵抗剪切破坏的能力

B. 通过测定沥青黏滞性随温度变化的关系,可确定沥青混合料施工时的拌和和碾压温度

C. 黏滞性越大,沥青的针入度越小

D. 黏滞性越大,沥青与集料之间的黏附性就越好

24. 利用比重瓶进行沥青密度测定时,需要进行数次相关质量的称重操作。下列说法正确的是(　　)。

A. 在比重瓶中装入适量沥青后的称重,需要在规定的温度下进行

B. 进行比重瓶称重时无须考虑温度的影响

C. 比重瓶中装满水时的称重,需要在规定的温度下恒温一定时间后进行

D. 沥青称重完成后,在瓶中再装满水后的称重,仍要在规定的温度下恒温后进行

25. 采用燃烧炉法进行沥青混合料中沥青含量的测定,需要对试验结果进行修正。进行修正的原因是(　　)。

A. 因为燃烧操作时,也造成了除沥青之外其他物质的质量损失

B. 燃烧炉自身需要进行仪器修正

C. 修正高温燃烧时因集料破碎对级配的改变

D. 需要建立统一的试验修正系数

26. 采用车辙试验进行沥青混合料高温稳定性评价时,试验时的条件因素变化将影响试验结果,其中说法正确的有(　　)。

A. 车辙板成型碾压时的温度偏低,但压实度达到要求,测得的车辙试验结果不受影响

B. 车辙试验前试件预热时间偏短,测得的结果有可能偏高

C. 在1h试验过程中,采用前15min测得的数据计算得到的动稳定度要高于后15min计算得到的动稳定度

D. 试验轮每分钟往返碾压速率高于42次,得到的动稳定度会偏大

27. 已知沥青混合料的OAC_1为4.4%,OAC_2为4.8%,下列确定OAC方法正确的是(　　)。

A. OAC为4.6%

B. 考虑高温要求,OAC可以取4.5%

C. OAC要通过车辙试验和水稳性试验的验证

D. 当强调低温环境要求时,OAC可以取5.0%

28. 能够对沥青混合料水稳性造成不利影响的因素有(　　)。

A. 沥青中的蜡成分

B. 采用酸性石料

C. 采用碱性石料

D. 混合料的空隙率

29. 沥青混合料标准马歇尔试验试件制作中，当出现(　　)时试件应作废。

A. 高度不符合 63.5mm ±1.3mm　　B. 高度不符合 63.5mm ±2.5mm

C. 两侧高度差大于 2mm　　D. 两侧高度差大于 1mm

30. 通常情况下，在沥青混合料设计中，矿质混合料合成级配曲线宜尽量接近设计级配中值，尤其应使下列哪些筛孔的通过量尽量接近设计级配范围的中值(　　)。

A. 0.075　　B. 1.18　　C. 2.36　　D. 4.7531

31. 沥青混合料的高温稳定性检验采用车辙试验，以下选项符合要求的是(　　)。

A. 试验轮碾压速度为 45 次/min　　B. 试验轮碾压速度为 42 次/min

C. 试验轮橡胶硬度 20℃时为 84　　D. 试验轮橡胶硬度 60℃时为 75

32. 根据试拌与试铺结果，沥青混合料空隙率低，稳定度满足要求，调整确定混合料生产配合比的措施有(　　)。

A. 添加粗集料

B. 适当增加细集料

C. 在保证沥青膜厚度和不影响耐久性的前提下，减少沥青用量

D. 增加沥青用量

33. 关于沥青喷洒法施工洒布沥青用量测定，以下描述正确的是(　　)。

A. 沥青洒布车应按正常施工速度和洒布方法喷洒沥青

B. 洒布车喷洒前后的质量应由地秤称重正确测定

C. 沥青洒布车喷洒的沥青用量由洒布车喷洒沥青的总质量与洒布总面积相除求得

D. 当两个搪瓷盘测定值的误差不超过平均值的 15% 时，取平均值作为最终结果

34. 表干法测定沥青混合料芯样密度试验前，应将试件(　　)。

A. 保存在阴凉处　　B. 放置在水平的平面上

C. 置于温度不宜高于 35℃的环境中　　D. 浸泡在 60℃的水中恒温

35. 关于沥青与粗集料的黏附性试验的说法的正确是(　　)。

A. 大于 13.2mm 的集料用水煮法

B. 大于 13.2mm 的集料用水浸法

C. 两种方法均是同样试样需要平行试验 5 个颗粒的集料

D. 需要由两名以上经验丰富的试验人员分别测定，取平均等级或平均值作为结果

36. 高速公路的沥青混合料配合比设计是按(　　)三阶段设计的。

A. 目标配合比　　B. 生产配合比

C. 施工准备　　D. 生产配合比验证

37. 影响沥青和矿料之间黏附性的因素包括(　　)。

A. 拌和机械的拌和效果　　B. 拌和时矿料的干燥程度

C. 矿料的酸碱性　　D. 矿料的表面的粗糙性

38. 可用(　　)指标表征沥青材料的使用安全性。

A. 闪点　　B. 软化点　　C. 脆点　　D. 燃点

39. 引起沥青混凝土面层车辙的原因中，与路面混合料自身无关的原因主要有(　　)。

A. 超载　　B. 雨水浸泡　　C. 持续高温　　D. 低车速

40. 沥青与集料黏附性满足(　　)可用于高等级沥青路面。

A. 2 级　　B. 3 级　　C. 4 级　　D. 5 级

41. 沥青的延度试验条件有(　　)。

A. 拉伸速度　　B. 试验温度　　C. 试件大小　　D. 拉断时间

42. 空隙率是由沥青混合料试件的(　　)计算得到的。

A. 实测密度　　B. 最大理论密度

C. 实验室密度　　D. 毛体积密度

43. 沥青混合料的路用性能包括(　　)。

A. 高温稳定性　　B. 低温抗裂性

C. 耐久性　　D. 施工和易性

44. 进行细集料砂当量试验时,(　　)试剂必不可少。

A. 无水氯化钙　　B. 盐酸　　C. 甲醛　　D. EDTA

45. 关于集料筛分曲线半对数坐标,以下表述正确的是(　　)。

A. 横坐标表示粒径,采用对数坐标　　B. 横坐标表示粒径,采用常数坐标

C. 纵坐标表示通过量,采用常数坐标　　D. 纵坐标表示粒径,采用常数坐标

46. 在下列沥青混合料试验中,用来检验混合料水稳定性的是(　　)。

A. 渗水试验　　B. 车辙试验

C. 浸水马歇尔试验　　D. 冻融劈裂试验

47. 沥青混合料的技术指标有(　　)。

A. 稳定度和流值　　B. 耐久性

C. 空隙率　　D. 饱和度

48. 采用马歇尔击实试验确定沥青混合料的密度时,(　　)会导致确定的密度偏大。

A. 加快击实频率　　B. 提高击实温度

C. 增加击实次数　　D. 降低击实温度

49. 以下测定值可以作为沥青混合料标准密度的有(　　)。

A. 拌和场取样实测马歇尔密度　　B. 真空法实测最大理论密度

C. 试验路实测密度　　D. 配合比设计马歇尔密度

50. 老化的沥青将使沥青混合料(　　)。

A. 动稳定度降低　　B. 黏附性降低

C. 水稳性变差　　D. 耐久性劣化

51. 造成沥青路面产生车辙的原因是(　　)。

A. 沥青标号偏低　　B. 沥青混合料空隙率不合适

C. 沥青混合料中矿料嵌挤力不够　　D. 矿料的棱角性不好

52. 当沥青混合料吸水率为 0.5% ~2% 时,其空隙率的计算取决于(　　)。

A. 表观密度　　B. 毛体积密度

C. 真密度　　D. 理论最大密度

53. 沥青的三大指标分别表示沥青的(　　)。

A. 黏滞性　　B. 热稳定性

C. 塑性变形能力　　D. 耐久性

54. 沥青混合料的最佳沥青用量的确定取决于(　　)。

A. 稳定度　　B. 空隙率

C. 密度　　D. 沥青饱和度

55. 在集料密度测定过程中,如果毛巾擦拭集料表面获得饱和面干状态不准确时,将会影响(　　)的检测结果。

A. 真密度　　B. 表观密度

C. 毛体积密度　　D. 表干密度

56. 采用密度瓶进行沥青密度测定时,要进行数次称重,其中一些称重前要有一定时间的恒温,以保证密度测定的准确程度,这样的称重包括(　　)。

A. 密度瓶的称重

B. 密度瓶中注满水的称重

C. 密度瓶中注入一定数量沥青时的称重

D. 在注入一定沥青的密度瓶中再注满水之后的称重

57. 砂的细度模数计算时,不影响计算结果的颗粒粒径有(　　)。

A. <0.075mm　　B. >4.75mm　　C. >2.36mm　　D. >0.075mm

58. 有助于沥青混合料高温抗车辙能力的因素包括(　　)。

A. 采用较低标号的沥青

B. 提高矿料级配中粗集料的数量

C. 适当增加沥青用量

D. 使用机制砂

59. 粗集料的强度常用(　　)指标表示。

A. 石料压碎值　　B. 坚固性

C. 软石含量　　D. 洛杉矶磨耗损失

四、综合题

1. 某类型沥青混合料配合比设计过程中,需进行马歇尔试件制件、试件密度测定、混合料理论最大相对密度、车辙试验等检测项目。请根据相关条件回答下列问题。

(1)已知马歇尔试件制作采取标准击实法,高度符合要求的试件有(　　)。

A. 66.2mm　　B. 64.9mm　　C. 64.8mm　　D. 63.8mm

(2)在制作过程中,试验人员往7500g矿料理加入了377g沥青,该试件的沥青含量是(　　)。

A. 5.0%　　B. 4.8%　　C. 4.9%　　D. 4.7%

(3)试件密度测定过程中,测得干燥试件的空气质量为1220.1g,试件的水中质量为719.6g,试件的表干质量为1221.3g,试件的高度为64.1mm。对于此沥青混合料试件,下述所用测定方法及相关表述正确的是(　　)。

A. 用体积法,测得毛体积相对密度

B. 用水中重法,测得毛体积相对密度

C. 用水中重法，测得表观相对密度，以表观相对密度代替毛体积相对密度

D. 用蜡封法，测得毛体积相对密度

(4) 有关真空法测定沥青混合料理论最大相对密度试验，以下叙述正确的是(　　)。

A. 负压达到后，开动振动装置持续 10min ± 2min

B. 测定前需将沥青混合料团块仔细分散，粗集料不破损，细集料团块分散到小于 6.4mm

C. 测定时，开动真空泵，使负压容器内负压在 2min 内达到 3.7kPa ± 0.3kPa

D. 真空法不适用吸水率大于 3% 的多孔性集料的沥青混合料

(5) 对于聚合物改性沥青混合料，车辙试件成型后，放置的时间以(　　)为宜，使聚合物改性沥青充分固化后方可进行车辙试验，室温放置时间不得长于(　　)。

A. 24h，2 周　　B. 24h，1 周　　C. 48h，1 周　　D. 48h，2 周

2. 某一试验室需要进行 AC-20C 沥青混合料(70 号 A 级道路石油沥青)目标配合比试验。已知沥青混合料最佳沥青用量为 4.5%，马歇尔试件毛体积相对密度为 2.412。请对下列各题进行判别：

(1) 目标配合比性能验证的一般试验参数有(　　)。

A. 动稳定度和渗水系数

B. 燃烧法或离心分离法检验沥青含量

C. 冻融劈裂残留强度比和浸水马歇尔稳定度

D. 析漏和飞散

(2) 若成型 5cm 车辙试件，一块车辙试件的混合料总质量约为(　　)。

A. 10820g　　B. 10854g　　C. 10980g　　D. 11180g

(3) 车辙试验的动稳定度结果为 500 次/min，以下分析正确的有(　　)。

A. 结果不满足规范的动稳定度指标要求

B. 设计的沥青混合料最佳沥青用量可能偏高

C. 设计沥青混合料级配需要调细一些

D. 沥青混合料所用沥青软化点肯定偏低

(4) 沥青混合料冻融试验中，以下分析正确的有(　　)。

A. 成型试件不少于 8 个，一般每个试件采用马歇尔双面击实 50 次

B. 劈裂强度试验温度为 25℃，加载速率为 10mm/min

C. 真空饱水时，在规定的真空度条件下将试件抽真空并保持 15min，随后打开阀门，恢复常压，试件在水中浸泡 30min

D. 冻融劈裂试验强度比为经冻融循环后有效试件劈裂抗拉强度代表值除以未冻融循环的有效试件劈裂抗拉强度代表值，以百分比表示

(5) 车辙试验时，三个平行试件的动稳定度测定值分别为 5790 次/min、6230 次/min 和 6710 次/min；标准差为 460 次/min。试验结果表述正确的是(　　)。

A. 试验误差过大，应追加试验

B. 动稳定度测定结果为 6243 次/min

C. 动稳定度测定结果为 >6000 次/min

D. 试验误差过大,应重新试验

3. 某一试验室需要进行 AC-20C 沥青混合料(70 号 A 级道路石油沥青)马歇尔试验。已知沥青混合料最佳沥青用量为 4.5%;粗集料、细集料和矿粉的比例分别为 65%、32% 和 3%,粗、细集料毛体积相对密度为 2.723、2.685,矿粉的表观相对密度为 2.710。最佳沥青用量对应的沥青混合料理论最大相对密度是 2.497,马歇尔试件毛体积相对密度为 2.386。请对下列各题进行判别:

(1)进行成型试验时,称量一个马歇尔试件的混合料总质量,其值约为(　　)。

A. 1200g　　B. 1268g　　C. 1248g　　D. 1228g

(2)计算得到的最佳沥青用量相应的空隙率为(　　)。

A. 4.2%　　B. 4.4%　　C. 4.0%　　D. 4.6%

(3)计算得到的合成矿料毛体积相对密度为(　　)。

A. 2.707　　B. 2.710　　C. 2.71　　D. 2.713

(4)计算得到的矿料间隙率为(　　)。

A. 15.9%　　B. 16.2%　　C. 15.7%　　D. 16.4%

(5)试验过程中发现第一个击实成型的马歇尔试件的高度为 65.7mm,以下操作正确的有(　　)。

A. 无须调整,继续进行马歇尔击实成型所有试件

B. 提高拌和温度 50 ~ 10℃,称量 1168g 混合料重新进行马歇尔击实成型所有试件

C. 第一个试件应废弃,并重新进行试验

D. 称量 1186g 混合料重新进行马歇尔击实试件,再次测量、判断试件高度是否满足要求

4. 关于热拌沥青混合料目标配合比设计,根据题意回答下列问题。

(1)以沥青用量为横坐标、各项测定指标为纵坐标,绘制各项指标与沥青用量的关系曲线,以确定符合规范技术标准的沥青用量范围。以下说法不正确的是(　　)。

A. 选择的沥青用量范围,若没有涵盖设计空隙率的全部范围,必须扩大沥青用量范围重新试验

B. 选择的沥青用量范围必须涵盖沥青饱和度的要求范围

C. 选择的沥青用量范围必须使密度曲线出现峰值

D. 选择的沥青用量范围必须使稳定度曲线出现峰值

(2)各项指标与沥青用量的关系曲线表征为(　　)。

A. 随着沥青用量的增加,稳定度随之增加,但到达一定程度后逐渐减小

B. 随着沥青用量的增加,密度随之减小

C. 随着沥青用量的增加,空隙率随之增加

D. 随着沥青用量的增加,流值逐渐增加

(3)确定沥青用量范围 OAC_{min} ~ OAC_{max} 时,应考虑以下指标中(　　)符合技术标准要求。

A. VMA　　B. VCA　　C. VFA　　D. MS、FL、VV

(4)通常可按(　　)计算确定沥青混合料的最佳沥青用量 OAC。

A. $(OAC_{min} + OAC_{max})/2$　　B. $(a_1 + a_2 + a_3 + a_4)/4$

C. $(a_1 + a_2 + a_3)/3$　　D. $(OAC_1 + OAC_2)/2$

(5)在确定OAC后,必须进行的目标配合比设计检验项目是(　　)。

A. 劈裂试验　　B. 冻融劈裂试验

C. 低温弯曲试验　　D. 车辙试验和浸水马歇尔试验

5. 下面所列的是几种沥青试验检测常用仪器设备图,分别用①、②、③、④代表。根据图片,回答有关沥青试验检测问题。

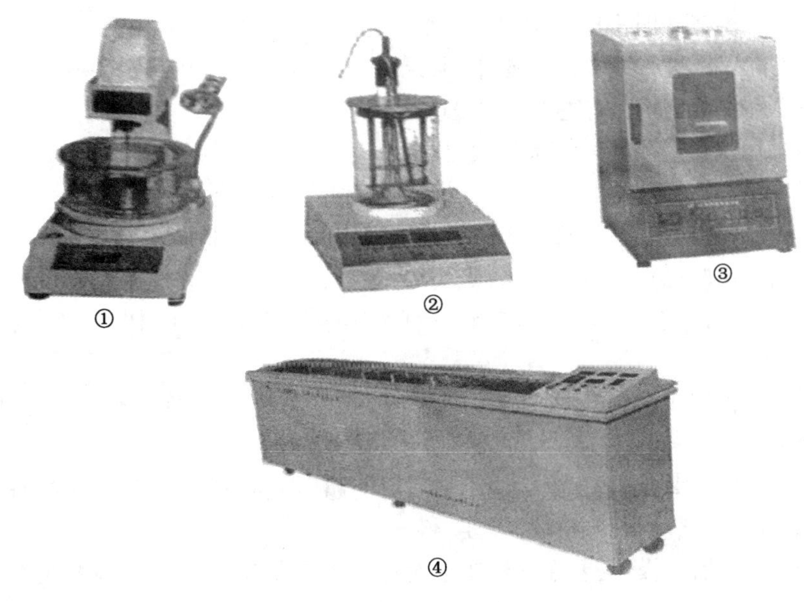

①　②　③　④

(1)正确表示上述仪器名称和测定指标的选项是(　　)。

A. ①是针入度仪,测定指标是沥青的黏度

B. ②是软化点仪,测定沥青升温达到规定软化程度时所对应的温度,是反映沥青热稳定性的指标

C. ③是薄膜烘箱,测定沥青的抗老化能力

D. ④是延度仪,测定沥青塑性变形量,可用于反映沥青低温性能

(2)沥青试验过程中需要对试验条件进行严格控制,否则将对试验结果带来较大的影响。下列试验操作中描述错误的是(　　)。

A. 采用仪器①操作的主要控制条件之一是对试验温度的控制,当温度偏高时,测得的结果将会偏高

B. 采用仪器②操作的主要控制条件之一是对升温速率的控制,当速率过快时,测得的结果将会偏高

C. 采用仪器③操作时最主要的控制条件是温度和时间,当温度偏高或时间偏长时,测得的结果将增大

D. 采用仪器④操作的主要控制条件之一是对检测时间的控制,当时间偏长的,测得的结果会增加

(3)下述针对这四项试验的描述,其中内容正确的是(　　)。

A. 采用各自仪器分别进行这四项试验时,每项试验所需的沥青样品数量无须精确称重

B. ①试验结果的单位用0.1mm表示,②试验结果的单位用℃表示,③试验结果的单位可用%表示,④试验结果单位用cm表示

C. 四项试验结果中,①、②、④的结果越大(高)表明沥青的质量越好,③的结果要根据不同指标类型,以不同的要求评价沥青质量的好坏

D. 四项试验操作时都应在指定的温度下完成

(4)采用不同仪器进行沥青试验操作,其结果或性能之间存在一定关联性。下述针对不同操作或指标关联性的说法,描述正确的是(　　)。

A. 当采用仪器①测得的结果越大时,沥青④指标有可能越大

B. 当采用仪器①测得的结果越高时,沥青②指标有可能相对较高

C. 仪器②测得的结果与仪器④测得的结果之间没有关联性

D. 仪器③试验操作获得的结果,需要根据仪器①或仪器②的应用来判断

(5)沥青试验操作过程中的一些细节将直接影响试验结果,其中(　　)的描述是不正确的。

A. 若采用仪器①操作,需要对沥青样品用热刮刀进行仔细整理,以便试验结果更加精确

B. 若采用仪器②操作,当测得的结果有可能超出一定程度时,应该更换杯中原有的升温介质,以适应试验条件的需要

C. 若采用仪器③操作,要在盛样皿上涂抹一些隔离剂,以免沥青与器皿之间粘连

D. 若采用仪器④操作,检测发现沥青样品相对密度小于1或大于1,则应在水中以添加食盐或酒精的方式调整水的密度,保证试验顺利进行,酒精密度最小

6. 对施工过程中的热拌沥青混合料进行质量检验,需进行标准马歇尔稳定度试验,试回答下列问题。

(1)热拌沥青混合料的取样地点有(　　)。

A. 施工现场摊铺后碾压前　　B. 施工现场卸料后摊铺前

C. 运料车　　D. 拌和厂

(2)沥青混合料的马歇尔试件制作方法是(　　)。

A. 击实法　　B. 轮碾法

C. 静压法　　D. 旋转压实法

(3)一组试件的数量不得少于(　　)。

A. 6个　　B. 5个　　C. 4个　　D. 3个

(4)标准马歇尔稳定度试验步骤包括(　　)。

A. 记录压力和变形

B. 启动加载设备,使试件承受荷载,加载速度为50mm/min

C. 将试件装在加载设备上

D. 将试件置于恒温60℃的水槽中保温30~40min

(5)试验结果整理的正确方法是(　　)。

A.一组试件以测定值的代表值作为试验结果

B.试件稳定度的高度修正

C.相应于荷载最大值时的变形即为试件的流值(FL),以 mm 计

D.试验最大荷载即为试件的稳定度(MS),以 kN 计

7.根据高速公路沥青混合料配合比设计的有关规定,试回答下列问题。

(1)沥青混合料配合比设计分为(　　)阶段。

A.生产配合比验证　　B.生产配合比设计

C.目标配合比设计　　D.施工配合比设计

(2)密级配沥青混凝土的剩余空隙率宜为(　　)。

A.3%～5%　　B.13%～17%

C.6%～12%　　D.>18%

(3)为了确定最佳沥青用量,应至少进行(　　)组不同油石比的混合料马歇尔试验。

A.6　　B.5　　C.4　　D.3

(4)最佳沥青用量根据马歇尔试验指标确定,其目标是(　　)。

A.流值和 VMA 满足要求　　B.空隙率和 VFA 接近中值

C.稳定度接近低值　　D.密度接近峰值

(5)确定沥青最佳用量后,还需进行沥青混合料的(　　)等路用性能检验。

A.渗水性　　B.低温抗裂性　　C.水稳定性　　D.高温稳定性

8.请回答下列沥青混合料配合比设计的有关问题。

(1)制备沥青混合料试件,下列正确的说法是(　　)。

A.用于高速公路、一级公路的密级配沥青混凝土试件,应双面各击实 75 次,且粗集料的公称最大粒径不得超过 26.5mm

B.普通沥青混合料应严格按照现行规范提供的拌和与压实温度制备试件

C.SMA 沥青玛蹄脂碎石混合料试件尺寸为 ϕ152.4mm×95.3mm,双面各击实 50 次

D.制备试件可采用击实法,也可以采用旋转压实法

(2)用于沥青混合料的矿料,其工程级配的选用要求有(　　)。

A.应根据公路等级、气候条件、交通条件等选择

B.密级配沥青混合料一般选择 F 型混合料

C.沥青稳定碎石(ATB)可选用中粒式与粗粒式级配类型

D.SMA 沥青玛蹄脂碎石混合料采用间断级配,现行规范建议选用 SMA-13 和 SMA-16

(3)确定一块标准马歇尔试件所需沥青混合料的数量,需要下列(　　)环节。

A.已知沥青混合料的密度,可按标准试件体积计算,再乘以系数 1.03 获得

B.一块标准马歇尔试件,大约需要 1200g 沥青混合料

C.调整后沥青混合料质量 $=\dfrac{\text{要求试件高度}\times\text{原用混合料质量}}{\text{所得试件高度}}$,按此公式调整试件的沥青混合料用量

D.计算试件毛体积密度为 $\rho_f=\dfrac{m_a}{m_f-m_w}$

(4)应绘制油石比(或沥青含量)与(　　)物理—力学指标的关系图。

A. 沥青混合料体积参数:毛体积密度、稳定度、空隙率、沥青饱和度、流值、矿料间隙率

B. 沥青混合料力学指标:稳定度、流值

C. 沥青混合料物理指标:毛体积密度、空隙率、沥青饱和度、矿料间隙率

D. 沥青混合料所有指标:毛体积密度、最大理论密度、空隙率、沥青饱和度、矿料间隙率、稳定度、流值

(5)确定沥青混合料的最佳油石比 OAC,下列(　　)步骤正确。

A. 通常 OAC 为 OAC_1与 OAC_2的平均值,并应检验 OAC 在曲线中所对应的 VV 值和 VMA 值是否能满足规范规定的最小 VMA 值的要求,且 OAC 宜位于 VMA 凹形曲线最小值的贫油一侧

B. $OAC_1=(a_1+a_2+a_3+a_4)/4$。其中,$a_1$、$a_2$、$a_3$、$a_4$分别为在关系曲线图中求取相应于密度最大值、稳定度最大值、空隙率中值、沥青饱和度范围中值的沥青用量

C. OAC_2为各项指标均符合技术标准(不含 VMA)的沥青用量范围 $OAC_{min}\sim OAC_{max}$的中值

D. 若在 $OAC_{min}\sim OAC_{max}$范围内,密度或稳定度未出现峰值时,可直接以目标空隙率所对应的沥青用量作为 OAC_1,但其必须介于 $OAC_{min}\sim OAC_{max}$内,否则应重新进行配合比设计

9. 某试验人员进行沥青混合料配合比设计时需测定标准试件的毛体积密度,试件约重 1200g,该试验员按如下步骤进行:

①选择适宜的浸水天平(或电子秤)。

②挂上网篮,浸入溢流水箱的水中,调节水位,将天平调平或复零,把试件置于网篮中(注意不要使水晃动),浸水 3~5min,称取水中质量(m_w)。天平读数很快达到稳定。

③从水中取出试件,用洁净柔软的拧干湿毛巾轻轻擦去试件的表面水,称取试件质量(m_f)。

④除去试件表面的浮粒,称取干燥试件在空气中的质量(m_0),根据选择的天平的感量读数。

⑤称取水中质量(m_w),然后用电风扇将试件吹干至恒重。

⑥结果计算。

⑦称取水中质量(m_w),用60℃ ±5℃的烘箱烘干至恒重。

试回答下列问题。

(1)该试验员所用测定毛体积密度的方法属于(　　)。

A. 表干法　　B. 水中重法　　C. 蜡封法　　D. 体积法

(2)下列称量天平中,称量满足要求的有(　　)。

A. 最大称量 1600g,感量 0.1g　　B. 最大称量 2000g,感量 0.1g

C. 最大称量 4000g,感量 0.5g　　D. 最大称量 8000g,感量 0.5g

(3)正确的试验步骤是(　　)。

A. ①④②③⑤⑥　　B. ①④③②⑦⑥

C. ①④②③⑥　　D. ①④③②⑥

(4)若常温水的密度取 $1g/cm^3$，$m_a=1203.5g$，$m_w=714.0g$，$m_f=1234.5g$，则试件的毛体积密度为(　　)g/cm^3。

A. 1.686　　B. 2.312　　C. 2.452　　D. 2.127

(5)若需对最后确定的配合比进行车辙动稳定度试验检验，采用轮碾压成型机碾压成型，试件尺寸可以是(　　)。

A. 长 300mm，宽 300mm，厚 50mm　　B. 长 300mm，宽 150mm，厚 50mm

C. 长 300mm，宽 300mm，厚 40mm　　D. 长 300mm，宽 150mm，厚 40mm

10. 甲、乙两种沥青混合料的试验结果见下表，试回答下列问题。

混合料类型	甲	乙
马歇尔试件空气中平均质量(g)	1100.0	1099.0
马歇尔试件水中平均质量(g)	618.0	610.0
马歇尔试件表干平均质量(g)	1102.1	1108.6
混合料最大理论密度(g/cm^3)	2.380	2.380
残留稳定度(%)	92	81
动稳定度(次/mm)	1800	3500

(1)两种沥青混合料的密度计算结果(　　)。

A. 甲 $2.282g/cm^3$　　B. 乙 $2.247g/cm^3$

C. 甲 $2.276\ g/cm^3$　　D. 乙 $2.204g/cm^3$

(2)两组混合料的空隙率是(　　)。

A. 甲 4.1%　　B. 甲 4.4%　　C. 乙 7.4%　　D. 乙 5.6%

(3)两组马歇尔试件测得的稳定度(kN)分别列于下表：

甲	8.20	8.50	9.60	14.70	—	$K=1.46$
乙	8.90	10.00	11.20	11.70	14.00	$K=1.67$

最终测得的稳定度是(　　)。

A. 甲 10.25，乙 11.16　　B. 甲 8.77，乙 10.45

C. 甲 10.25，乙 10.45　　D. 甲 8.77，乙 11.16

(4)根据性能试验数据评价两种类型混合料的性能特点(　　)。

A. 甲混合料高温稳定性和水稳性都比乙混合料好

B. 甲混合料高温稳定性不如乙混合料，但水稳性好于乙混合料

C. 甲混合料高温稳定性和水稳性都比乙混合料差

D. 甲混合料高温稳定性好于乙混合料，但水稳性不如乙混合料

(5)比较而言，预估两种混合料铺筑沥青路面可能出现的病害状况(　　)。

A. 甲混合料路面不易产生车辙，但易发生水损害

B. 甲混合料路面不易发生水损害，但易形成车辙

C. 乙混合料路面具有较好的高温抗车辙能力和较好的抗水损害能力

D. 乙混合料路面不易发生水损害，但高温稳定性好于甲混合料路面

11. 有甲、乙两位初学试验的人员利用已知性能检测实际结果的沥青样品，进行沥青相关

性能试验检测的实践练习。下表为两位试验者针对沥青样品的检测记录,以及沥青样品相应性能的实际值。

检测项目		甲试验员检测记录或结果	沥青样品实际值	乙试验员检测记录或结果	沥青样品实际值
针入度检测记录(0.1mm)		81、83、82	78	84、85、86	89
软化点(℃)		56.0,-	55	50.0,51.0	50
15℃延度(cm)		113,94,96	>100	98,96,94	95
薄膜烘箱	质量变化(%)	-0.45	-0.5	+0.18	+0.2

据表中信息资料,回答下列问题。

(1)你认为有关上述针入度试验描述正确选项是(　　)。

A. 从试验结果达到准确度的评价效果上讲,甲试验员的结果不如乙试验员

B. 甲、乙试验员与实际值相差的原因可能在于试验控制的温度偏高或试验用针的贯入时间偏短所致

C. 甲、乙两位试验员用来检测的沥青标号都属于90号

D. 从各自平行试验的精度上讲,甲、乙试验员的结果都能达到要求

(2)软化点试验结果说明了(　　)。

A. 甲试验员出现异常的原因可能在于试验操作时钢球偏置

B. 从两个试验员的检测结果以及沥青实际值上看,甲试验员检测的沥青热稳定性要好于乙试验员检测的沥青热稳定性

C. 两个试验员的检测结果与实际值的差别可能在于:甲试验员升温速率偏低,乙试验员升温速率偏高

D. 不考虑甲试验员操作过程中的非正常现象,甲、乙试验员测得的软化点与实际值的差值都符合要求

(3)通过两人延度试验结果,可以认为(　　)。

A. 甲、乙试验员检测结果都满足与实际值进行比较的要求

B. 甲、乙试验员检测结果经数据处理后,延度值都小于100cm

C. 甲的延度结果与实际值有较大差别,而乙的结果与样品实际值接近

D. 甲试验员检测的沥青,无论是实际值还是实测值都高于乙试验员所测的沥青延度

(4)薄膜烘箱试验结果表明(　　)。

A. 薄膜烘箱试验后的结果还可采用延度和软化点的变化评价沥青的抗老化能力

B. 从针入度变化程度上比较,乙沥青的抗老化能力优于甲沥青

C. 从质量变化上比较,乙沥青的抗老化能力不如甲沥青

D. 从质量变化结果上看,甲沥青加热质量变化符合正常规律,而乙沥青却不符合正常规律

(5)比较两位试验员的检测结果,你认为(　　)。

A. 乙试验员在老化试验中存在问题

B. 甲试验员分别在针入度和软化点试验上存在问题

C. 总体上乙试验员的试验检测能力好于甲试验员

D. 总体上甲试验员的试验检测能力好于乙试验员

12. 空隙率是沥青混合料的一项关键性指标,将三组沥青混合料针对空隙率计算的有关试验和检测数据列于下表。

检测项目		混合料1	混合料2	混合料3
理论最大密度	混合料质量(g)	1600	1580	1550
	混合料+负压容器+水的总质量(g)	3647	3625	3628
马歇尔试件制备	称取质量(g)	1200	1200	1200
	测量高度(mm)	61.2	65.3	63.7
标准高度(63.5mm)马歇尔试件在水中称重质量(g)		739	667	708
标准高度(63.5mm)马歇尔试件表干质量(g)		1260	1186	1209

根据表中提供的资料,回答下列问题(计算过程称重时保留整数,密度计算时保留小数点后三位,其他则保留到小数点后一位;设水的密度为 $1g/cm^3$)。

(1)当检测沥青混合料理论最大密度时,已知负压容器装满水的总质量是2700g,则三种混合料的理论最大密度由大到小的排序是(　　)。

A. 混合料3>混合料2>混合料1　　B. 混合料3>混合料1>混合料2

C. 混合料1>混合料3>混合料2　　D. 混合料1>混合料2>混合料3

(2)根据马歇尔试件制备数据,计算制备标准高度(63.5mm)马歇尔试件三组混合料各自所需沥青混合料数量(质量),由小到大的排列顺序是(　　)。

A. 混合料3<混合料2<混合料1　　B. 混合料3<混合料1<混合料2

C. 混合料1<混合料3<混合料2　　D. 混合料2<混合料3<混合料1

(3)根据提供的相关数据进行计算,得到三种混合料压实后各自的毛体积密度,由小到大的排列顺序是(　　)。

A. 混合料1<混合料3<混合料2　　B. 混合料3<混合料2<混合料1

C. 混合料3<混合料1<混合料2　　D. 混合料2<混合料3<混合料1

(4)当上述理论最大密度和标准马歇尔试件都是在最佳沥青掺量下的结果时,三种混合料空隙率由小到大的排序是(　　)。

A. 混合料3<混合料2<混合料1　　B. 混合料3<混合料1<混合料2

C. 混合料1<混合料3<混合料2　　D. 混合料2<混合料1<混合料3

(5)如针对重载交通,根据各自空隙率的大小,下列表述正确的是(　　)。

A. 混合料1的空隙率对沥青路面的水稳性有利

B. 混合料2的空隙率对高温稳定性有利而对水稳性不利

C. 混合料3的空隙率能够同时兼顾沥青高温和水稳性要求

D. 三种沥青混合料的空隙率都能满足高温抗车辙要求

13. 某试验室检测一种沥青的三大性能指标,结果见下表,就该种沥青的试验结果回答以下问题。

序　号	技　术　指　标		
	针入度(0.1mm)	延度(cm)	软化点(℃)
1	80	114	51.1
2	77	121	51.3
3	76	126	—
试验结果	78	>100	51.2

(1)试验结果处理,下列(　　)表述正确。

A. 针入度三次平行试验结果极差未超出4(0.1mm),结果计算与表示正确

B. 延度结果处理与表示均正确

C. 软化点试验结果处理不正确,应准确至0.5℃

D. 软化点应平行试验三次

(2)该沥青适用于(　　)气候分区。

A. 1-2　　B. 1-3　　C. 2-2　　D. 2-4

(3)有关沥青针入度指数PI与针入度—温度感应系数A,说法正确的是(　　)。

A. 该沥青$A=0.03888$,PI=0.19

B. 该沥青$A=0.03859$,PI=0.24

C. A值越高,表明沥青的高温稳定性越好,但沥青易老化

D. PI值越高,表明沥青的高温稳定性越好,但沥青易老化

(4)反映沥青感温性的指标有(　　)。

A. 软化点　　B. 针入度

C. 针入度—温度感应系数　　D. 针入度指数

(5)关于沥青的技术性能,以下(　　)说法正确。

A. 针入度表征沥青的条件黏度,有条件者应测定60℃动力黏度,采用绝对黏度指标真实反映沥青的黏度

B. 根据PI值,可以判定该沥青属于溶—凝胶型结构,筑路性能较好

C. 该沥青的PI在-1.5~+1.0范围内,为A级沥青

D. 采用诺模图法确定PI值,需测定3个或3个以上不同温度的针入度,而不需要沥青的软化点

14. 关于沥青老化试验,根据题意回答以下问题。

(1)根据《公路沥青路面施工技术规范》(JTG F40—2004),我国现行评定石油沥青老化性能的试验方法是(　　)。

A. 压力容器加速沥青老化试验　　B. 沥青旋转薄膜加热试验

C. 沥青薄膜加热试验　　D. 沥青蒸发损失试验

(2)估计沥青短期老化的试验方法是(　　)。

A. 压力容器加速沥青老化试验　　B. 沥青旋转薄膜加热试验

C. 沥青薄膜加热试验　　D. 沥青蒸发损失试验

(3)关于沥青蒸发损失、沥青薄膜加热,以下说法正确的是(　　)。

A. 沥青蒸发损失与沥青薄膜加热试验的试样质量都是50g ±0.5g

B. 沥青蒸发损失试验烘箱可用薄膜加热烘箱代替

C. 两种试验方法均可反映石油沥青受热时性质的变化

D. 两种试验烘箱内的转盘均在水平面上旋转，均在163℃连续保持5h，总时间均不得超过5.25h

(4)关于沥青蒸发损失、沥青薄膜加热和沥青旋转薄膜加热试验，以下说法正确的是(　　)。

A. 加热后试样都必须在加热后72h内完成性能试验

B. 沥青旋转薄膜加热试验时间比沥青薄膜加热时间短

C. 均在163℃ ±1℃连续加热

D. 盛样皿中的试样厚度：沥青薄膜加热试验 < 沥青旋转薄膜加热 < 沥青蒸发损失

(5)老化试验后，指标变化规律是(　　)。

A. 质量减小　　B. 延度减少

C. 软化点升高　　D. 60℃黏度

15. 针对高速公路和重载交通，进行两种沥青混合料相关路用性能试验检测，试验项目与检测结果列于下表。

序号	检测项目		检测结果	
			混合料A	混合料B
1	马歇尔试验	稳定度测定值(kN)及评定系数K	8.20;8.50;9.60;14.70 $K=1.46$	8.90;10.00;11.20 1.70;14.00 $K=1.64$
2	测定空隙率	理论最大密度(g/cm^3)	2.467	2.460
		马歇尔试件干质量(g)	1196	1226
		马歇尔试件表干称重质量(g)	1206	1246
		马歇尔试件在水中称重质量(g)	708	715
3	车辙试验	45min时的变形量(mm)	1.518	1.852
		60min总变形量(mm)	2.105	2.104
4	冻融劈裂试验	第一组(未冻融)劈裂抗拉强度(MPa)	0.412	0.460
		第二组(经冻融)劈裂抗拉强度(MPa)	0.362	0.365

注：车辙试验试验机类型系数和试件系数均取1，水的密度以$1g/cm^3$计。

根据表中提供的资料，回答下列问题。

(1)测得的沥青混合料稳定度最终结果是(　　)。

A. 混合料A：10.25kN，混合料B：11.16kN

B. 混合料A：8.77kN，混合料B：10.45kN

C. 混合料A：10.25kN，混合料B：10.45kN

D. 混合料A：8.77kN，混合料B：11.16kN

(2)根据计算得到的两个混合料各自空隙率，下列有关空隙率描述正确的是(　　)。

A. 当沥青混合料空隙率偏高时，可适当增加沥青用量使其空隙率有所降低

B. 当沥青混合料空隙率偏低时,可通过适当增加粗集料用量以及提高其棱角性而使混合料的空隙率得到改善

C. 混合料 B 的空隙率适合重载大交通量的交通需求

D. 混合料 A 的空隙率小于混合料 B 的空隙率,所以混合料 A 的高温稳定性更好

(3)根据车辙试验数据计算得到的动稳定度,说明(　　)。

A. 混合料 A 动稳定度偏低的原因之一是该混合料空隙率偏低

B. 混合料 A 的高温稳定性不如混合料 B,但两者都满足普通沥青混合料在夏炎热区的要求

C. 混合料 B 的变形主要在于前期压密作用,而混合料 A 的变形主要在于高温下的失稳作用

D. 混合料 B 的总变形量与混合料 A 的基本相同,但动稳定度却明显提高,原因可能是试验有误

(4)通过冻融劈裂试验(试验时所用的沥青混合料试件高度相同),可以认为(　　)。

A. 冻融劈裂试验是一项既可评价沥青混合料低温稳定性也可评价沥青混合料水稳定性的试验项目

B. 根据冻融试验结果认为混合料 A 的水稳性好于混合料 B 的水稳定性

C. 根据原始试验数据判断混合料 B 的水稳性好于混合料 A 的水稳定性

D. 两种沥青混合料水稳定性不同的原因之一在于混合料空隙率上的差异

(5)根据上述四项常规试验结果,可得出如下结论(　　)。

A. 混合料 A 不能完全满足路用性能需要

B. 混合料 B 在高温稳定性上好于混合料 A,水稳性上却差于混合料 A

C. 混合料 B 各项指标满足相关路用性能需要

D. 混合料 A 和混合料 B 都能满足相关路用性能需要

16. 某工地试验室对其道路工程选用的沥青进行性能检测,其实测结果和真实值列于下表。

指　　标		实测结果	真　实　值
针入度(0.1mm)		78	85
软化点(℃)		50	45
延度(cm)		三个平行结果分别是 90、105、103	>100
薄膜烘箱试验结果	质量变化(%)	-1.1	—
	针入度比(%)	85	—

结合表中数据,回答下列有关沥青性能方面的问题。

(1)根据针入度检测结果,描述正确的是(　　)。

A. 该沥青属于 90 号沥青

B. 实测结果与真实结果相差的原因在于检测时温度偏低或检测时间偏长

C. 如以实测结果确定的标号作为沥青选择的依据,配制沥青混合料有可能引起高温性能不良的问题

D. 按照实测结果所表示的沥青黏稠度要小于实际沥青的黏稠度

(2)根据软化点检测结果，下列描述正确的是(　　)。

A. 造成软化点结果与实际值存在偏差的原因在于试验过程中升温速率偏高

B. 软化点不仅表示沥青在加热时的稳定性，还与沥青的黏稠性有关

C. 如果软化点超出 100℃，则试验时杯中应采用甘油进行加热，同时起点温度从 32℃开始

D. 软化点高，将有利于沥青混合料的高温稳定性

(3)根据延度实测结果，延度结果应表示为(　　)

A. 99cm　　B. 104cm　　C. >100cm　　D. 均有可能

(4)针对薄膜烘箱试验，认为(　　)。

A. 薄膜烘箱试验既可评价沥青的高温稳定性，也可评价沥青的抗老化性

B. 根据试验得到的质量变化率，认为该沥青具有较好的抗老化性

C. 薄膜烘箱试验结果中质量变化可负可正

D. 针入度比结果意味着经过薄膜烘箱试验，沥青的针入度降低

(5)对上述四项指标，表述正确的是(　　)。

A. 在我国南方地区采用的沥青标号要比北方地区低一些

B. 软化点加热升温速率要控制在 5℃ ±0.5℃的范围内，如超出该范围，试验结果将会偏高

C. 沥青高低温性与延度值大小有关

D. 薄膜烘箱试验可用旋转薄膜烘箱试验代替

17. 请回答试验室测定沥青混合料马歇尔试件毛体积密度的相关问题。

(1)关于采用哪种方法测定沥青混合料的毛体积密度，说法正确的是(　　)。

A. 表干法与水中重法原理相同

B. 试验测得沥青混合料马歇尔试件的吸水率为 1.5%，应采用表干法

C. 采用表干法的适用条件为沥青混合料马歇尔试件的吸水率小于 0.5%

D. 当沥青混合料马歇尔试件的吸水率大于 2%时，应采用蜡封法或体积法

(2)沥青混合料毛体积密度的试验步骤如下，顺序正确的是(　　)。

①对从工程现场钻取的非干燥试件，可先称取水中质量和表干质量，然后用电风扇将试件吹干至恒重，再称取在空气中的质量。

②除去试件表面的浮粒，称取干燥试件在空气中的质量。

③选择适宜的浸水天平(或电子秤)，最大称量应满足试件质量的要求。

④将溢流水箱水温保持在 25℃ ±0.5℃，挂上网篮，浸入溢流水箱的水中，调节水位，将天平调平并复零，把试件置于网篮中(注意不要使水晃动)，浸水 3～5min，称取水中质量。

⑤结果计算。

⑥从水中取出试件，用洁净柔软的拧干湿毛巾轻轻擦去试件的表面水(不得吸走空隙内的水)，称取试件的表干质量。

A. ①②③④⑥⑤　　B. ③②④⑥①⑤

C. ③①②⑥④⑤　　D. ①③②⑥④⑤

(3)沥青混合料的毛体积密度试验,应注意(　　)。

A. 选择浸水天平或电子天平,当最大称量在3kg以下时,感量不大于0.1g;当最大称量在3kg以上时,感量不大于0.5g。因此,称量试件质量应根据天平的感量读数,准确至0.1g或0.5g

B. 对从路上钻取的非干燥试件,用电风扇将其吹干至恒重的时间一般不少于12h;当不需要进行其他试验时,也可用60℃ ±5℃的烘箱烘干至恒重

C. 称取试件的水中质量,若天平读数持续变化,不能很快达到稳定时,应延长试件吸水稳定的时间

D. 称取试件的表干质量,要求从试件拿出水面到用擦拭结束不宜超过5s,且应擦去称量过程中流出的水

(4)关于结果计算,下列(　　)选项正确。

A. 试件的毛体积密度$\rho_f = \frac{m_a}{m_f - m_w}\rho_w$,式中$\rho_w$为常温水的密度,取1g/cm³

B. 试件的毛体积相对密度与毛体积密度可以相互换算,$\rho_f = \gamma_f \cdot \rho_w$

C. 毛体积相对密度与毛体积密度的计算结果,均取三位小数

D. 试件的吸水率,按公式$S_a = \frac{m_f - m_a}{m_f - m_w} \times 100$计算,取一位小数,以百分率(%)计

(5)关于测定沥青混合料试件的毛体积密度,(　　)说法合理。

A. 表干法可测定密级配沥青混凝土(AC)、沥青玛蹄脂碎石混合料(SMA)、沥青稳定碎石(ATB)等吸水率不大的沥青混合料试件的毛体积密度

B. 沥青混合料的毛体积密度与油石比按抛物线的规律变化

C. 已知沥青混合料的毛体积密度、理论最大密度,可以计算其各项体积参数

D. 沥青混合料试件的空隙率,可按公式$VV = (1 - \gamma_f/\gamma_t) \times 100\%$计算,精确至0.1%

18. 根据所列资料,以选择题的形式(单选或多选)选出正确的选项。

(1)车辙试验结果与技术标准见下表,结果计算正确的是(　　)。

试件编号	时间t_1(min)	时间t_2(min)	t_1时的变形量d_1(mm)	t_2时的变形量d_2(mm)
1	45	60	5.27	6.04
2	45	60	5.14	5.92
3	45	60	5.63	6.37
动稳定度(1~2区)不小于			800次/mm	

A. 单个值为818次/mm、808次/mm、851次/mm;试验结果为818次/mm

B. 单个值为818次/mm、808次/mm、851次/mm;试验结果为826次/mm

C. 单个值为654次/mm、646次/mm、681次/mm;试验结果为660次/mm

D. 单个值为654次/mm、646次/mm、681次/mm;试验结果为681次/mm

(2)沥青混合料车辙试验的条件为(　　)。

A. 轮压0.7MPa,温度60℃　　B. 轮压1.0MPa,温度60℃

C. 轮压0.7MPa,温度50℃　　D. 轮压1.0MPa,温度30℃

(3)表征沥青混合料抗车辙能力的指标有(　　)。

A. 马歇尔稳定度　　B. 残留稳定度

C. 动稳定度　　D. 马歇尔模数

(4)该沥青混合料的抗车辙能力不显著,采取以下(　　)措施可加以提高。

A. 选择20℃常温条件试验　　B. 采用改性沥青

C. 添加抗车辙剂　　D. 设计间断级配

(5)若经马歇尔试验测得该沥青混合料的毛体积密度为2.355g/cm³,则制备一块车辙试件需要沥青混合料(　　)kg。

A. 10.60　　B. 10.92

C. 20.83　　D. 或A或B或C

习题参考答案及解析

一、单项选择题

1. D

【解析】 沥青混合料配合比设计的合成级配不得有太多的锯齿形交错,且在0.3~0.6mm范围内不出现"驼峰"。

2. D

【解析】 标准马歇尔试件高度为63.5mm ±1.3mm,计算式为1200÷65.5×63.5=1163(g)。

3. B

【解析】 沥青混合料配合比设计需根据当地的实践经验选择适宜的沥青用量,分别制作几组级配的马歇尔试件,测定试件的矿料间隙率,初选一组满足或接近设计要求的级配作为设计级配。

4. D

【解析】《公路工程沥青及沥青混合料试验规程》(JTG E20—2011)规定的试验方法是SBS改性沥青的存储稳定性离析试验在163℃ ±5℃的烘箱中放置48h ±1h,测试顶部和底部1/3的软化点,计算其软化点差值。

5. B

【解析】《公路工程沥青及沥青混合料试验规程》(JTG E20—2011)规定的试验方法是SBS改性沥青弹性恢复试验是25℃时,将沥青试样拉伸至10cm±0.25cm时停止,用剪刀将中间剪断,保持试样在恒定温度的水中1h,测试试样的残留长度。

6. D

【解析】《公路沥青路面施工技术规范》(JTG F40—2004)附录E中密度可按三种方法检测确定:①以试验室密度作为标准密度(马歇尔试件);②以每天实测的最大理论密度作为标准密度;③以试验路密度作为标准密度。

7. B

【解析】 标准试件尺寸为ϕ101.6mm×63.5mm、(63.5/65)×1215=1186.96(g)。

8. C

【解析】不宜小于集料公称最大粒径的2.5~3.0倍。

9. B

【解析】压实度按试验测定的压实沥青混合料试件实际密度和沥青混合料的标准密度之比来计算。

10. C

【解析】以其中最大值作为断面的最大车辙深度。

11. C

【解析】针片状颗粒是指用游标卡尺测定的粗集料颗粒的最大长度(或宽度)方向与最小厚度(或直径)方向的尺寸之比大于3倍的颗粒。

12. C

【解析】黏附等级共分为5级,其中5级黏附性最好,1级黏附性最差。

13. D

【解析】用压力过滤器过滤回收瓶中的沥青溶液,由滤纸的增重得出泄漏入滤液中矿粉。无压力过滤器时也可用燃烧法测定。

14. A

【解析】由于沥青本身呈酸性,所以集料的酸碱性对沥青混合料性能有显著的影响;集料呈碱性,则混合料水稳性能好,不易发生剥落。

15. D

【解析】体积法仅适用于不能用表干法、蜡封法测定的空隙率较大的沥青碎石混合料及大空隙透水性开级配沥青混合料(OGFC)等。

16. B

【解析】在沥青混合料中添加碱性填料可提高混合料抗剥落性能,即改善其水稳性能。

17. D

【解析】沥青混合料流值与动稳定度无明确关系。

18. B

【解析】空隙率是影响沥青混合料耐久性的重要因素,其大小取决于矿料级配、沥青用量、压实程度。

19. D

【解析】旋转薄膜加热适用于测定道路石油沥青、聚合物改性沥青旋转薄膜烘箱加热(简称RTFOT)后的质量变化,并根据需要测定旋转薄膜加热后,沥青残留物的针入度、黏度、延度及脆点等性质的变化,以评定沥青的短期老化性能。长期老化性能采用压力老化试验。

20. C

【解析】设定制冷温度,使其冷浴温度保持在-20℃±0.5℃。

21. C

【解析】当在沥青路面上测定时,用路表温度计测定试验时气温及路表温度,并通过气象台了解前5d的平均气温。

22. A

【解析】夏季温度较高,若沥青恒温时间较短,则沥青试样温度高于要求温度,沥青较软,测得的针入度偏高。

《公路工程沥青及沥青混合料试验规程》(JTG E20—2011)P23

23. B

【解析】沥青的标号是由针入度决定的,针入度越大,标号越高;标号越高,软化点越低标号越低,黏滞性越好。

24. C

【解析】车辙变形的指标为动稳定度,动稳定度的含义是指沥青混合料在高温条件下(试验温度一般是具有代表性的60℃),混合料每产生1mm变形时,所承受标准轴载的行走次数,所用的试件为车辙试件。

《公路工程沥青及沥青混合料试验规程》(JTG E20—2011)P224、267

25. C

【解析】对聚合物改性沥青,由于沥青结合料黏度较大,即使分散到6mm以下的颗粒,内部仍难免有较多的小气泡,对测定结果有影响,所以欧洲认为对聚合物改性沥青此方法是不合适的。我国的试验结果也证明了这一点,因此对于改性沥青混合料,不采用此方法测定理论最大相对密度。

《公路工程沥青及沥青混合料试验规程》(JTG E20—2011)P237

26. D

【解析】水泥稳定碎石为4.75mm。

27. C

【解析】同样的集料采用插捣法测得的密度不一定大于用振实法测得的密度。

《公路工程集料试验规程》(JTG E42—2005)P33

28. C

【解析】在已知配合比条件下,进行沥青混合料试件制备时用到的密度是毛体积密度。

29. D

【解析】击实温度低,空隙率高;添加顺序对沥青混合料的老化无影响,拌和温度对老化有影响;击实锤高度高于标准高度会造成集料破碎,低于标准高度不会造成集料破碎;$1215 \div 65.2 \times 63.5 = 1183$(g)。

《公路工程沥青及沥青混合料试验规程》(JTG E20—2011)P189

30. B

【解析】黏附性试验所用的试样均为形状接近立方体的规则集料。

《公路工程沥青及沥青混合料试验规程》(JTG E20—2011)P65

31. A

【解析】可以用排除法作答,沥青针入度大小与混合料的空隙率大小无关。混合料空隙率与粗细集料的含量、集料自身的物理性质有关,和沥青的用量有关,与沥青针入度无关。

32. C

【解析】根据《公路工程沥青及沥青混合料试验规程》(JTG E20—2011)规定,沥青混合料析漏试验时,取拌和好的混合料1kg,装入烧杯中,加盖后放入170℃±2℃烘箱中,当为改性沥青SMA时宜为185℃,保温60min±1min。

33. B

【解析】运料车上测试沥青混合料出厂温度时,温度计插入深度应不小于150mm。

34. A

【解析】用沥青混合料最大理论密度标准进行计算,压实度要求标准为92%。

35. C

【解析】将试件连同试模一起,置于试验温度为60℃±1℃的恒温室中,保温不少于5h,也不得超过12h。

36. C

【解析】矿料级配、沥青含量是关键项目,其合格率应不小于95%。

37. C

【解析】测试时,温度计插入深度不小于150mm,注视温度变化至不再继续上升为止,读记温度,精确至1℃。

38. D

【解析】利用拌和厂沥青混合料总生产量与实际铺筑的面积计算平均厚度进行总量检验。

39. C

【解析】当三、四级公路铺装沥青混凝土或水泥混凝土路面时,其路基压实度应采用二级公路的规定值。

40. B

【解析】集料公称最大粒径小于或等于26.5mm时,采用标准击实法,每组不小于4个;大于26.5mm时,采用大型击实法,每组不少于6个。

41. C

【解析】试验轮:橡胶制的实心轮胎,外径200mm,轮宽50mm,橡胶层厚15mm。

42. B

【解析】聚合物改性沥青混合料的施工温度通常宜较普通沥青混合料的施工温度提高10~20℃。

43. B

【解析】基层或砂石路面的厚度可用挖坑法测定,沥青面层及水泥混凝土面板的厚度应用钻孔法测定。

44. C

【解析】JTG D60规定,关闭细管下方的开关,向仪器的上方量筒中注入淡红色的水至满。迅速将开关全部打开,水开始从细管下部流出,待水面下降100mL时,立即开动秒表,每间隔60s,读记仪器管的刻度一次,至水面下降500mL时为止。

45. A

【解析】沥青稳定碎石基层材料标准密度的试验方法主要采用马歇尔击实法。

46. B

【解析】用消石灰代替石灰石矿粉,能有效提高沥青混合料的黏附性。

47. D

【解析】粒径大于13.2mm的采用水煮法,小于13.2mm的采用水浸法。试验结束后在水中观察矿料颗粒上沥青膜的剥落程度,并按表T 0616-1评定其黏附性等级,为定性描述方法。

48. A

【解析】标准马歇尔试验是在60℃水中保持30~45min,浸水马歇尔试验是在水中保持48h;浸水马歇尔与标准马歇尔稳定度的比值称为残留稳定度,用于评价沥青混合料的水稳定性,是耐久性的指标。

49. B

【解析】沥青混合料车辙试验得到的动稳定度适用于评价沥青混合料的高温抗车辙能力,供沥青混合料配合比设计时的高温稳定性检验使用,也可用于现场沥青混合料的高温稳定性检验。

50. D

【解析】气候分区按照高温分区指标,一级区划分为3个区;按照低温分区指标,二级区划分为4个区;按照雨量分区指标,三级区划分为4个区。

51. D

【解析】水中重法适用于测定吸水率小于0.5%的密实沥青混合料试件的表观相对密度或表观密度。

52. C

【解析】5级:沥青膜完全保存,剥离面积百分率接近于。4级:沥青膜少部为水所移动,厚度不均匀,剥离面积百分率小于10%。3级:沥青膜局部明显地为水所移动,基本保留在集料表面上,剥离面积百分率小于30%。2级:沥青膜大部为水所移动,局部保留在集料表面上,剥离面积百分率大于30%。1级:沥青膜完全为水所移动,集料基本裸露,沥青全浮于水面上。

53. B

【解析】标准击实法适用于标准马歇尔试验、间接抗拉试验(劈裂法)等使用的ϕ101.6mm×63.5mm圆柱体试件的成型。大型击实法适用于大型马歇尔试验使用的和ϕ152.4mm×95.3mm大型圆柱体试件的成型。

54. A

【解析】为了适应夏季沥青材料的膨胀和沥青路面抗车辙能力的原因,通常情况下沥青混合料的空隙率不宜小于3%。

55. B

【解析】沥青混凝土面层和沥青碎(砾)石面层实测项目要求规定,沥青混合料的生产,每日应做抽提试样、马歇尔稳定度试验。矿料级配、沥青含量属于关键项目,其合格率应不小于95%,马歇尔稳定度属于一般项目,其合格率应不小于80%。

56. A

【解析】细度模数相同但是级配不一定相同,级配相同则细度模数一定相同。

57. D

【解析】网篮法:适用于测定各种粗集料的表观相对密度、表干相对密度、毛体积相对密度、表观密度、表干密度、毛体积密度以及吸水率。广口瓶法:适用于测定各种粗集料的表观相对密度、表干相对密度、毛体积相对密度、表观密度、表干密度、毛体积密度以及吸水率。

58. B

【解析】针入度指数越大,表明沥青对温度的变化敏感性越大。

59. C

【解析】针入度是表征沥青条件黏度的一项指标。

60. D

【解析】适当降低沥青混合料中的沥青数量有助于提高沥青混合料的高温稳定性。

61. B

【解析】针入度指数越大,表明沥青对温度变化的敏感性越低。

62. C

【解析】沥青混合料冻融劈裂试验,试验结果是一种更加苛刻的评价沥青混合料水稳定性的指标。尽管操作过程中引入低温冰冻环节,但结果并不能用于针对低温性能的优劣评价。

63. B

【解析】沥青混合料用砂的筛分操作要采用水筛法,其目的是为了更好地测定砂中小于0.075mm的颗粒,以此确定用于沥青混合料时砂的粒径分布。

64. A

【解析】过筛不彻底导致各筛上存留量增大,导致累积筛余百分率增大,细度模数值偏大。

65. B

【解析】表干法适用于测定吸水率不大于2%的各种沥青混合料。

66. A

【解析】沥青混合料马歇尔试件在水中称重时,随着开口孔隙中不断被水填充,浮力减小,相应的称量器具自重读数变大。

67. D

【解析】沥青感温性高,则沥青的针入度随着温度变化的程度大,温度稳定性较差,温度升高黏度变化大,不适用于夏季温度较高的地区。

68. C

【解析】填料和沥青结合为沥青胶结料,在分布在沥青的集料之间,将集料胶结为整体并具有一定的强度。

69. B

【解析】沥青的标号根据25℃的针入度大小划分,25℃的针入度越大,沥青标号越高。

70. A

【解析】闭口孔隙与外界隔绝,不会进入水等物质引起破坏。

71. B

【解析】亚甲蓝试验用于确定细集料中是否存在膨胀性黏土矿物，以评定集料的洁净程度。

72. C

【解析】表干法适用于测定吸水率不大于2%的各种沥青混合料。

73. D

【解析】与沥青黏滞性相关的指标有：沥青动力黏度、沥青表观黏度、针入度、软化点。

74. C

【解析】密级配沥青混合料的配合比设计中增加设计空隙率是为了减少沥青用量，使混合料在较高温度条件下受力变形降低，提高高温稳定性。

75. B

【解析】测定各类乳化沥青的筛上剩余量，评定沥青乳化的质量，非经注明筛孔尺寸为1.18mm。

76. A

【解析】沥青旋转薄膜加热试验适用于测定道路石油沥青、聚合物改性沥青旋转薄膜烘箱加热（简称RTFOT）后的质量变化，并根据需要测定旋转薄膜加热后，沥青残留物的针入度、黏度、延度及脆点等性质的变化，以评定沥青的老化性能。

77. D

【解析】沥青的延性是指当其受到外力的拉伸作用，所能承受的塑形变形的总能力，表示沥青内部凝聚力。通常采用延度作为沥青的条件延性指标。

78. B

【解析】沥青混合料渗水试验适用于测定碾压成型的沥青混合料试件的渗水系数，以检验沥青混合料的设计配合比。ATB是密级配稳定碎石，ATPB是开级配沥青稳定碎石，OGFC是开级配排水式磨耗层，这三种混合料空隙都较大，不适合采用渗水试验。

79. B

【解析】软化点较高的沥青，说明该沥青在温度较高的条件下，软化变形的程度低，热稳定性较好。

80. B

【解析】恒温试件不足，会导致混合料不能达到要求的温度，从而影响混合料在试验中的变形，使动稳定度偏高。

81. C

【解析】空隙率＝(1－毛体积相对密度/理论最大密度)×100%。

82. A

【解析】沥青混合料的施工温度采用具有金属探测针的插入式数显温度计测量。

83. A

【解析】全部试验必须在加热后72h内完成。

84. C

【解析】表干法正确方法与步骤为②①④⑥③⑤。

85. A

【解析】SBS 改性沥青延度试验的控制温度为 5℃。

86. B

【解析】当超过重复性精密度要求，用回归法确定沥青含蜡量时，蜡质量与含蜡量关系直线的斜率（方向系数）应为正值。

87. B

【解析】试样准备方法：沥青加热脱水后灌制试模时，如温度下降可适当加热，但反复加热次数不得超过 2 次。

88. A

【解析】沥青中的胶质为酸性，沥青与碱性石料在接触面能发生化学固化反应，沥青与酸性石料只能靠物理黏结相结合，黏结力很低，所以沥青混合料中掺加适量消石灰粉可以提高沥青混合料的黏附性。

89. A

【解析】薄膜烘箱试验需要注入 4 个已称质量的盛样皿中 50g ± 0.5g 沥青样品。

90. B

【解析】空隙率小，一般细集料用量多，沥青用量多，沥青混合料中沥青胶浆多，沥青混凝土抗雨水及自然气候变化的耐久性能好，低温环境不易开裂；空隙率小，一般粗集料用量少，对于同一级配类型粗集料用量少，其动稳定度一般相对要差，抗车辙性能略差。

91. A

【解析】沥青混合料的耐久性采用孔隙率、饱和度和残留稳定度等指标来评价。

92. B

【解析】集料的强度低会使混合料的强度降低；砂用量过大、粉料含量过多都会使混合料的流变性增强，承载能力降低；沥青针入度偏大，沥青的受力变形就偏大，使混合料的承载能力降低。矿料间断级配或级配偏细会使混合料密实度增加，增大马歇尔稳定度。

93. B

【解析】表干法适用于测定吸水率不大于 2% 的各种沥青混合料试件，包括密级配沥青混凝土、沥青玛蹄脂碎石混合料（SMA）和沥青稳定碎石等沥青混合料试件的毛体积相对密度和毛体积密度。

94. D

【解析】碾压过程中的温度测试为：将温度计仔细插入路面混合料压实层一半深度，轻轻压紧温度计旁被松动的混合料；当温度上升停止后，立即拔出并再次插入旁边的混合料层中测量；当测杆插入路面较困难时，可用螺丝刀先插一孔后再插入温度计。注视温度变化至不再继续上升为止，读记温度，精确至 1℃。

95. C

【解析】车辙是指轮迹处大于 10mm 的纵向带状凹槽。

96. C

【解析】对冬季寒冷的地区或交通量小的公路、旅游公路宜选用稠度小、低温延度大的沥青，以保证混合料的低温抗裂性；对温度日温差、年温差大的地区宜注意选用针入度指数大的沥青。当高温要求与低温要求发生矛盾时应优先考虑满足高温性能的要求。

97. B

【解析】现行规范中薄膜烘箱试验测定薄膜加热后残留物的质量变化、针入度、延度性质的变化，以评定沥青的耐老化性能。

98. A

【解析】马歇尔试件：毛体积密度 = 干重/(表干质量 - 水中质量)，过度擦去开口空隙中的水就意味着减小表干质量，因此，毛体积密度偏大。

二、判断题

1. ×

【解析】对夏季温度高、高温持续时间长、重载交通多的路段，宜选用粗型密级配沥青混合料，并取较高的设计空隙率。对冬季温度低、低温时间长的地区，或者重载交通少的路段，宜选用细型密级配沥青混合料，并取较低的设计空隙率。

2. √

【解析】提高沥青混合料的高温稳定性的措施有：开级配或间断级配矿料，增加粗集料含量，提高内摩擦角 φ 值。

3. √

【解析】表干法适用于测定吸水率不大于 2% 的各种沥青混合料试件，包括密级配沥青混凝土、沥青玛蹄脂碎石混合料(SMA)和沥青稳定碎石等沥青混合料试件的毛体积相对密度和毛体积密度。

4. √

【解析】提高沥青活性可以提高沥青与集料的黏附性。

5. ×

【解析】渗水系数是在铺筑成型后未遭行车污染的情况下的要求值。

6. √

【解析】《公路沥青路面施工技术规范》(JTG F40—2004) P53 透层油和透层油的用量通过试洒确定。

7. ×

【解析】沥青含量和矿料级配是关键项目，合格率不小于 95%，稳定度是一般项目，合格率不小于 80%。

8. ×

【解析】当集料公称最大粒径大于 31.5mm 时，沥青混合料试件应采用大马歇尔试件，一组试件增加至 6 个。

9. √

【解析】沥青混合料的矿料级配可以是全部筛孔，但评定是否符合要求可只用 5 个控制性筛孔(0.075mm、2.36mm、4.75mm、公称最大粒径、一档较粗的控制性粒径等筛孔)。

10. √

【解析】如果温度稍有不足，可放在烘箱中稍事加热(时间不超过 30min)后成型，但不得将混合料放冷却后二次加热重塑制作试件。压实密度为马歇尔密度的100% ±1%。

11. √

【解析】改性沥青和SMA混合料的拌和时间应适当延长。

12. √

【解析】测试时，温度计插入深度不小于150mm，注视温度变化至不再继续上升为止，读记温度，精确至1℃。

13. ×

【解析】空隙率小，说明混合料细集料、沥青用量偏多，高温稳定性差，易产生车辙变形。

14. √

【解析】沥青混合料没有得到充分分散时，测得的沥青混合料理论最大密度将会偏小。

15. √

【解析】沥青饱和度是指压实沥青混合料试件中沥青实体体积占矿料集架实体以外的空间体积的百分率，又称为沥青填隙率。

16. ×

【解析】冻融劈裂试验仅能反映沥青混合料的水稳性好坏，不反映沥青混合料的低温性能的优劣。

17. √

【解析】砂的颗粒级配是指不同粒径的砂粒搭配比例。良好的级配指粗颗粒的空隙恰好由中颗粒填充，中颗粒的空隙恰好由细颗粒填充，如此逐级填充使砂形成最密致的堆积状态，空隙率达到最小值，堆积密度达最大值。

18. √

【解析】用水中重法测定沥青混合料试件表观相对密度仅限于施工质量检验，在配合比设计时不得采用。

19. ×

【解析】在水煮法测定集料的黏附性试验中，当沥青剥落面积小于10%时可将集料与沥青的黏附性等级评定为4级。

20. √

【解析】乳化沥青是将通常高温使用的道路沥青，经过机械搅拌和化学稳定的方法(乳化)，扩散到水中而液化成常温下黏度很低、流动性很好的一种道路建筑材料。可以常温使用，也可以和冷、潮湿的石料一起使用。

21. √

【解析】$\gamma_b = m_a/(m_f - m_w)$，称重试件过长时，集料干燥，$m_f$ 减小，γ_b 变大。

《公路工程集料试验规程》(JTG E42—2005) P21、22

22. √

【解析】粗集料中软弱颗粒含量越大，集料抵抗压力的能力越差，导致沥青混合料的强度降低。

23. √

【解析】与沥青本身的性能有关。

24. ×

【解析】针入度指数(PI)越大,沥青的感温性越小。

《公路工程沥青及沥青混合料试验规程》(JTG E20—2011)P23、26

25. ×

【解析】真空度没有达到要求时,会导致测得的体积偏大,密度偏小。

《公路工程沥青及沥青混合料试验规程》(JTG E20—2011)P235

26. ×

【解析】冻融劈裂试验适用于在规定条件下对沥青混合料进行冻融循环,测定混合料试件在受到水损害前后劈裂破坏的强度比,以评价沥青混合料的水稳定性。

《公路工程沥青及沥青混合料试验规程》(JTG E20—2011)P294

27. √

【解析】$VV=(1-\gamma_f/\gamma_t)\times 100$ 毛体积密度 γ_f 偏高时,VV 会减小。

《公路沥青路面施工技术规范》(JTG F40—2004)P80

28. ×

【解析】根据稳定度、密度和空隙率确定最佳沥青用量初始值(OAC_1),根据符合各项技术指标的沥青用量范围确定最佳用量初始值 OAC_2,根据 OAC_1 和 OAC_2 综合确定沥青最佳用量 OAC,根据道路等级、车辆渠化交通、气候等条件调整 OAC。

《公路沥青路面施工技术规范》(JTG F40—2004)P83

29. ×

【解析】3-4-2 对应为夏凉冬温湿润气候特征,对水稳定性的要求不高。

《公路沥青路面施工技术规范》(JTG F40—2004)P72

30. ×

【解析】表干法适用于测定吸水率不大于2% 的各种沥青混合料试件,水中重法适用于测定吸水率小于0.5% 的密实沥青混合料试件的表观相对密度或表观密度。

《公路工程沥青及沥青混合料试验规程》(JTG E20—2011)P214

31. ×

【解析】对夏季温度高,高温持续时间长,重载交通多的路段,宜先用粗型密级配沥青混合料(AC-C)型,并取较高的设计空隙率。对冬季温度低且持续时间长的地区,或者重载交通少的路段,宜选用细型密级配沥青混合料(AC-F 型)并取较低的设计空隙率。

《公路沥青路面施工技术规范》(JTG F40—2004)P80

32. √

【解析】沥青混合料中保留3% ~5% 的空隙率,是沥青混合料高温稳定性的要求。

33. ×

【解析】沥青饱和度是指压实沥青混合料试件中沥青实体体积占矿料骨架实体以外的空间体积的百分率,又称为沥青填隙率。

34. √

【解析】沥青用量增加，其空隙率变小，水稳定性提高。

35. √

【解析】本方法适用于热拌热铺沥青混合料路面施工时的沥青用量检测，以快速评定拌和场产品质量。

36. ×

【解析】水中重法用于测定几乎不吸水的密级配沥青混合料试件的表观相对密度或表观密度。

37. √

【解析】现场制造的改性沥青宜随配随用，需作短时间保存，或运送到附近的工地时，使用前必须搅拌均匀，在不发生离析的状态下使用。工厂制作的成品改性沥青到达施工现场后存储在改性沥青罐中，改性沥青罐中必须加设搅拌设备并进行搅拌，使用前改性沥青必须搅拌均匀。

38. √

【解析】粉胶比一般宜在0.6~1.6的范围内，对常用的公称最大粒径为13.2~19mm的密级配沥青混合料，粉胶比宜控制在0.8~1.2的范围内。

39. ×

【解析】沥青混合料可采用间歇式拌和机或连续式拌和机拌制。高速公路和一级公路宜采用间歇式拌和机拌和。连续式拌和机使用的集料必须稳定不变，一个工程从多处进料，料源或质量不稳定时，不得采用连续式拌和机。

40. ×

【解析】压实温度一次检测不得少于3个测点，取平均值作为测试温度。

41. ×

【解析】沥青混合料取样应是随机的，并具有充分的代表性。以检查拌和质量(如油石比、矿料级配)为目的时，应从拌和机一次放料的下方或提升斗中取样，不得多次取样混合后使用。以评定混合料质量为目的时，必须分几次取样，拌和均匀后作为代表性试样。

42. ×

【解析】水中重法适用于测定吸水率小于0.5%的密实沥青混合料试件的表观相对密度或表观密度。

43. √

【解析】温度较高时沥青路面更易发生变形，测得的弯沉值更大。

44. √

【解析】沥青混合料中保留3%~6%的空隙率，是沥青混合料高温稳定性的要求。

45. ×

【解析】随沥青用量的增加，沥青混合料的稳定度先增大后减小。

46. √

【解析】具有较好高低温性能的沥青混合料结构类型是骨架密实型。

47. ×

【解析】温度越高，强度越低，越容易产生变形，测得的路表回弹弯沉值越大。

48. √

【解析】对高速公路、一级公路,夏季温度高、高温持续时间长、重载交通多的路段,以及山区和丘陵区上坡路段、服务区、停车场等行车速度慢的路段,尤其是汽车荷载剪应力大的层次,宜采用稠度大、黏度大的沥青,也可提高高温气候分区的温度水平选用沥青等级;对冬季寒冷的地区或交通量小的公路、旅游公路宜选用稠度小、低温延度大的沥青;对温度日温差、年温差大的地区宜注意选用针入度指数大的沥青。

49. √

【解析】沥青混合料的矿粉必须采用石灰岩或岩浆岩中的强基性岩石等憎水性石料经磨细得到的矿粉,原石料中的泥土杂质应除净。矿粉应干燥、洁净,能自由地从矿粉仓流出,其质量应符合《公路沥青路面施工技术规范》(JTG F40—2004)表 4.10.1 的技术要求。

50. √

【解析】沥青路面的渗水性能通常用渗水系数表征。

51. √

【解析】检测方法:钻芯取样法、核子密度仪法、无核密度仪法。

52. √

【解析】以严的为准,保证质量。

53. ×

【解析】沥青混合料必须在规定试验条件下进行浸水马歇尔试验和冻融劈裂试验来检验混合料的水稳定性。

54. √

【解析】0.075mm、2.36mm、4.75mm、公称最大粒径及中间粒径 5 个筛孔是关键控制筛孔,对混合料性能影响大。

55. ×

【解析】压实度、厚度、矿料级配、沥青含量是沥青混凝土面层的关键实测项目。

56. √

【解析】渗水系数是在铺筑成型后未遭行车污染的情况下的要求值。

57. √

【解析】粒径大于 13.2mm 的采用水煮法,小于 13.2mm 的采用水浸法。试验结束后在水中观察矿料颗粒上沥青膜的剥落程度,并按表 T 0616-1 评定其黏附性等级,为定性描述方法。

58. ×

【解析】随沥青用量的增加,沥青混合料的稳定度先增大后减小。

59. √

【解析】间断级配比连续级配组成沥青混合料的沥青路面的密实性更高。

60. ×

【解析】163℃温度下的薄膜烘箱试验用于评价沥青的耐老化性能。

61. √

【解析】针入度、延度、软化点都需要在水中进行。

62. √

【解析】棱角越低或表面粗糙性越低，空隙越小，堆积密度越大。

63. √

【解析】63.5/61.5×1210=1249(g)

64. ×

【解析】马歇尔稳定度与流值是确定最佳沥青用量的因素，最终确定的最佳沥青用量对应下的马歇尔稳定并不一定是最大值，流值不一定是最小值。

65. ×

【解析】沥青黏附性的好坏首先与沥青自身特点密切相关，随着沥青稠度的增加和沥青中一些类似沥青酸的活性物质的增加，其黏性增加。同时集料的亲水性程度也直接决定着沥青和集料之间的优劣。

66. √

【解析】砂中粒径小于0.075mm的颗粒为泥土颗粒，不同规范中对含泥量都有明确要求。

67. √

【解析】沥青路面的级配如果良好，则对压实度有改善作用，可以间接影响路面的渗水性能。

68. ×

【解析】石油的主要成分是烃类，而加热时有些C数小于4等的就要升华，SO质量损失。而还有些不饱和烃在一定条件下要生成SO质量要增加，与沥青质量的好坏并无直接关系。

69. √

【解析】在压力作用下，针片状碎石比扁圆、方圆状碎石容易断裂。因此，随着碎石针片状含量的增加，混凝土抗压强度值降低。

70. ×

【解析】80℃以上水的状态不是很稳定，沸腾的小气泡以及整个体系的振动会导致软化点试样受到影响，甘油的沸点高很多，可以在80℃以上软化点的情况下使用。

71. ×

【解析】针入度试验、软化点试验和延度试验，对试样数量没有严格的规定。

72. √

【解析】同一式样每次平行试验不少于三个试件，如三个测定结果均大于100cm，则试验结果记作“>100cm”。

73. √

【解析】沥青路面的弯沉测试面层平均温度以20℃±2℃为准，其他温度测试时对于厚度大于5cm的沥青路面应予以温度修正。

74. ×

【解析】粗集料坚固性试验是测定石料坚固性能(也称安定性)的方法。

75. √

【解析】砂当量是测定天然砂、人工砂、石屑等各种细集料中所含的黏性土或杂质的含量，以评定集料的洁净程度。

76. √

【解析】良好的级配可以使集料空隙率小、比表面积小、和易性好、强度高。

77. √

【解析】重复性试验比再现性试验的误差小。

78. ×

【解析】沥青标号划分依据为沥青针入度。

79. √

【解析】骨架空隙型矿料沥青混凝土主要由矿料骨架承受外部荷载，温度升高对强度影响较小，高温稳定性较好。

80. ×

【解析】沥青必须留有一定空隙，以备夏季沥青材料的膨胀变形之用。

81. ×

【解析】沥青混合料冻融劈裂试验的试验结果是一种更加苛刻的评价沥青混合料水稳定性的指标。尽管操作过程中引入低温冰冻环节，但结果并不能用于针对低温性能的优劣评价。

82. √

【解析】环境温度较高，则沥青含量对混合料强度的影响较大，适当减小沥青用量，有利于混合料的高温稳定性。

83. √

【解析】升温速度超过规定的升温速度时，可能使沥青加热不充分，则测得的沥青软化点偏高。

84. ×

【解析】细集料密度试验（容量瓶法）使用纯净水进行试验。

85. ×

【解析】抗滑性能越好，越不易被磨光。

86. √

【解析】采用累计筛余量对混凝土用砂进行分区，其目的是为了描述砂的级配状况。

87. √

【解析】沥青的黏稠性越高，针入度越小，抗车辙能力相对就越好。

88. ×

【解析】十字对称测四次取平均值。

89. ×

【解析】密度试验的标准温度为25℃。

90. ×

【解析】高度不符合要求时，试件应作废。

91. √

【解析】测定针入度大于200的沥青试样时,至少用3支标准针,每次试验后将针留在试样中,直至3次平行试验完成后,才能将标准针取出。

92. ×

【解析】吸水率是指吸收水分的比率,含水率是指物质的含水百分比。

93. ×

【解析】沥青混合料配合比设计包括目标配合比设计、生产配合比设计和生产配合比验证三个阶段。

94. ×

【解析】沥青与粗集料的黏附性试验用于检验沥青与粗集料表面的黏附性及评定粗集料的抗水剥离能力。

95. √

【解析】通常,沥青的软化点越高,黏度也越高,针入度越小。

96. ×

【解析】温度越高,沥青混合料的流变性越大,承压能力降低,变形增大。

97. ×

【解析】最佳沥青用量的确定是以油石比或沥青用量为横坐标,以马歇尔试验的各项指标为纵坐标,将试验结果点入图中,连成圆滑的曲线。确定均符合《公路沥青路面施工技术规范》(JTG F40—2004)规定的沥青混合料技术标准的沥青用量范围 $OAC_{min} \sim OAC_{max}$,再确定 OAC_1、OAC_2、OAC。并不是各项指标都是最好状态对应的沥青用量。

98. √

【解析】轮碾速度偏高,试件受碾压的效果会降低,动稳定度偏高。

99. √

【解析】表观密度是指材料的质量与表观体积之比,表观体积是实体体积加闭口孔隙体积。当开口空隙中的水被擦干,测得的即为表观密度。

100. ×

【解析】高速公路沥青路面损坏一般有车辙、裂缝、沉陷、泛油及松散与坑槽等类型。

101. √

【解析】定位环或钢球位置偏心,将导致钢球下落迟滞,试验结果偏高。

102. ×

【解析】沥青的黏稠度和黏附性是两个不同的概念,没有必然的相关性。

103. √

【解析】改性沥青易出现离析现象,上下部分沥青所含改性剂数量不同,导致测试的软化点不同。

104. √

【解析】两者均为沥青老化试验,薄膜烘箱或旋转薄膜烘箱加热后的沥青各项指标与加热前的沥青相比,其差别越小,说明沥青的抗老化能力越高。

105. √

【解析】马歇尔试件水中称重时,随着开口空隙中气体的排出,试件体积变小,浮力减小,电子秤的数显值会不断增加。

106. ×

【解析】燃烧炉法测混合料中沥青含量需要通过程序修正计算,并不是损失量。

三、多项选择题

1. AB

【解析】VV:沥青混合料试件的空隙率;VFA:沥青混合料试件的有效沥青饱和度;MS:马歇尔稳定度;FL:马歇尔试验的流值。反映沥青混合料路面耐久性的是VV、VFA、MS。

2. BCD

【解析】《公路沥青路面施工技术规范》(JTG F40—2004)P87,在曲线图B.6.1上求取相应于密度最大值、稳定度最大值、目标空隙率(或中值)、沥青饱和度范围的中值的沥青用量a_1、a_2、a_3、a_4。$OAC_1 = (a_1 + a_2 + a_3 + a_4)/4$。

3. ACD

【解析】细集料的洁净程度,天然砂以小于0.075含量的百分数表示,石屑和机制砂以砂当量或亚甲蓝值表示。

4. BC

【解析】BC与高温稳定性有关,AD与水稳定性有关。

5. AD

【解析】试件均为$h101.6mm \times \phi63.5mm$的马歇尔试件,都采用击实成型,但击实次数不同,稳定度试验温度为60℃,冻融劈裂试验温度为25℃,加载速率均为50mm/min。

6. ADF

7. ABC

【解析】沥青的黏度高,则针入度低,黏滞性好,升高温度后针入度变化低。沥青与矿料的黏附性主要是由集料、沥青的性质共同决定。

8. CD

【解析】软化点试验和延度试验过程中都需要将试样模置于涂有粉隔离剂的试样底板上,将准备好的沥青试样徐徐注入试样环内。

9. BC

【解析】水稳性试验有①浸水马歇尔试验;②真空饱水马歇尔试验;③冻融劈裂循环试验;④浸水车辙试验。

10. BCD

【解析】沥青混合料最佳沥青用量的确定依据是马歇尔试验获得的毛体积密度、空隙率、矿料间隙率、沥青饱和度、马歇尔稳定度,流值等。

11. ABCD

【解析】JTG F40—2004 P31高速、一级公路沥青混合料的配合比应在调查以往同类材料的配合比设计经验和使用效果的基础上进行设计,按照目标配合比设计阶段、生产配合比设计阶段、生产配合比验证阶段、确定施工级配允许波动范围四个步骤依次进行。

12. BCD

【解析】集料颗粒间的摩阻力的大小取决于集料的表面特征、颗粒性状、级配。

13. BD

【解析】试样准备工作包括 80℃ 加热脱水和 0.6mm 滤筛过滤。

14. AB

【解析】A 级沥青:各个等级的公路,适用于任何场合和层次。B 级沥青:高速公路、一级公路沥青下面层及以下的层次,二级及二级以下公路的各个层次。

15. CD

【解析】取马歇尔稳定度和毛体积、密度最大值相对应的沥青用量 a_1 和 a_2、空隙率范围中值或目标空隙率对应的沥青用量 a_3,以及饱和度范围的中值 a_4(如果在所选择的沥青用量范围中,沥青饱和度未能满足要求,则可不考虑饱和度)。计算平均值作为最佳沥青用量 OAC_1 的初始值。

16. BD

【解析】考查材料的基本性质。沥青混合料的表观密度是指单位表观体积混合料的质量,表观体积包括沥青混合料的实体体积和内部闭口孔隙体积。

17. ABCD

【解析】沥青路面车辙产生的原因很多,归结起来可分为内因、外因及其他因素三大类。内因:车辙产生的内因主要是沥青混凝土的强度,而沥青混凝土的强度则取决于沥青混合料的黏结力和内摩擦角。混合料的黏结力与沥青用量有关,用量越大,矿料颗粒间游离的自由沥青越多,矿料周围的沥青膜越厚,混合料的黏结力越低。外因:交通条件对沥青路面的影响可归结为荷载、轮胎气压、行车速度、车流渠化等。

18. ACD

【解析】沥青标号越高,说明针入度越大,沥青越软,其高温稳定性差,低温抗裂性好,渗水性差,易产生车辙。

19. CD

【解析】钻芯法\核子密度湿度仪测定沥青面层压实度试验方法。

20. AB

【解析】坚固性试验是测定石料坚固性能(安定性)的方法,浸泡时间为 20h,浸泡时间越长,质量损失越大,结果以质量损失百分率表示。

《公路工程集料试验规程》(JTG E42—2005)P43、44

21. ABCD

【解析】集料中的针片状颗粒含量较多,则会降低集料本身的强度,导致混凝土强度降低,而且会影响新拌混凝土的和易性,增大比表面积,在碾压时易破碎。

22. BD

【解析】粒径类别不同,试样质量不同,所用钢球数和钢球质量不同。试验所用仪器为标准筛,以及一个 1.7mm 的方孔筛。

《公路工程集料试验规程》(JTG E42—2005)P50

23. ABCD

【解析】沥青黏滞性又称黏性,它是反映沥青材料在外力作用下,其材料内部阻碍其相对流动的一种能力,是沥青材料软硬、稀稠程度的反映。黏滞性好的沥青黏度大,与集料黏附性好。

24. ACD

【解析】 比重瓶法宜在试验温度25℃及15℃下测定沥青密度与相对密度。装入沥青及称完重后,都需待烧杯内的水温达到要求的温度后保温30min,然后将瓶塞塞上,使多余的试样由瓶塞的毛细孔中挤出。

《公路工程沥青及沥青混合料试验规程》(JTG E20—2011)P16 ~20

25. AC

【解析】 沥青混合料在高温燃烧过程中,一些集料也会被燃烧掉,因此需要将这部分损失量从总沥青混合料损失量中扣除,同时一些集料在高温下会破碎,从而导致燃烧前与燃烧后的筛分结果有差异。最新的AASHTO、ASTM均规定,沥青用量修正系数 C_f 大于1.0% 时,需要采用482℃进行重新标定,而以前的AASHTO、ASTM规定为0.5%。

《公路工程沥青及沥青混合料试验规程》(JTG E20—2011)P313、314

26. AB

【解析】 车辙试验压实度偏低,会导致车辙试验中试件更容易变形,使试验结果偏低。预热时间短,试件温度较低,试件不易产生变形,使结果偏高。经过一段时间的试验,试件变形已经趋于稳定,变形逐渐变慢。试验轮每分钟往返碾压速率高于42次,则得到的动稳定度会偏小。

27. ABC

【解析】 根据稳定度、密度和空隙率确定最佳沥青用量初始值(OAC_1),根据符合各项技术指标的沥青用量范围确定最佳用量初始值 OAC_2,根据 OAC_1 和 OAC_2 综合确定沥青最佳用量OAC,根据道路等级、车辆渠化交通、气候等条件调整OAC。通常OAC可取 OAC_1 和 OAC_2 的中值,考虑高温要求,OAC可降0.1% ~0.5%,强调低温要求时,OAC可升0.1% ~0.3%。并对应不同粒径的集料应进行高温、水稳、低温抗裂、渗水等性能检验。D增加了0.4%。

《公路沥青路面施工技术规范》(JTG F40—2004)P81、82。

28. ABD

【解析】 沥青中的蜡会降低黏附性;酸性石料与沥青的黏附性也不如碱性石料;空隙率越大,水稳定性越差。

29. AC

【解析】 如试件高度不符合63.5mm ±1.3mm或95.3mm ±2.5mm要求或两侧高度差大于2mm,此试件应作废。

30. ACD

【解析】 0.075mm、2.36mm、4.75mm作为关键筛孔,直接影响合成集料的品质,影响集料的粗细程度及总表面积。

31. BC

【解析】 橡胶硬度(国际标准硬度)20℃时为84 ±4,60℃时为78 ±2。试验轮行走距离为230mm ±10mm,往返碾压速度为42次/min ±1次/min(21次往返/min)。

32. AC

【解析】空隙率小，一般细集料用量多，粗集料用得少，做沥青混凝土配合比时，沥青用量多。

33. ABC

【解析】沥青洒布车应按正常施工速度和洒布方法喷洒沥青；洒布车喷洒前后的质量应由地秤称重正确测定；沥青洒布车喷洒的沥青用量由洒布车喷洒沥青的总质量及洒布总面积相除求得；当两个搪瓷盘测定值的误差不超过平均值的10%时，取平均值作为最终结果。

34. ABC

【解析】试验前试件宜在阴凉处保存（温度不宜高于35 ℃），且放置在水平的平面上，注意不要使试件产生变形。

35. AD

【解析】对于最大粒径大于13.2mm的集料应用水煮法，对最大粒径小于或等于13.2mm的集料应用水浸法进行试验。水煮法需要平行试验5个颗粒，水浸法不需要。两者都需要由两名以上经验丰富的试验人员分别测定，取平均等级或平均值作为结果。

36. ABD

【解析】高速公路的沥青混合料配合比设计是按目标配合比、生产配合比和生产配合比验证三阶段设计的。

37. ABCD

【解析】沥青混合料拌和时拌和效果好、集料干燥、碱性集料、表面粗糙，都会使沥青与矿料之间的黏附性增强。

38. AD

【解析】沥青闪点与燃点试验，《公路工程沥青及沥青混合料试验规程》（JTG E20—2011）推荐的方法适用于克利夫兰开口杯测定黏稠石油沥青、煤沥青及闪点在79°C以上的液体石油沥青材料的闪点与燃点，以评定施工安全性时使用。

39. ABCD

【解析】若石料与沥青的黏附性较差，则雨水浸泡会降低混合料的强度；若混合料的高温稳定性较差，则持续高温会引起混合料产生较大变形。雨水浸泡、持续高温、超载和低车速均是外部原因。

40. CD

【解析】粗集料与沥青的黏附性在高速、一级公路的表面层潮湿区要求为不小于5，湿润区半干区为不小于4。

41. AB

【解析】延度试验室是将沥青试样制成8字形标准试件，在规定的拉伸速度和温度条件下被拉断的过程。

42. BD

【解析】试件空隙率 $VV = (1 - R_f / R_T) \times 100$ R_f 测定的沥青混合料理论最大相对密度，R_T 为试件的毛体积密度。

43. ABCD

【解析】沥青混合料的路用性能包括高温稳定性、低温抗裂性、耐久性、施工和易性、抗滑性等。

44. AC

【解析】砂当量试验配制冲洗液,所需氯化钙2.79g、甘油12.12g、甲醛0.34g。

45. AC

【解析】级配曲线的横坐标(筛孔尺寸同时也表示矿料的粒径)采用对数坐标,而相应纵坐标的通过量仍采用常数坐标,以方便配置曲线图的绘制。

46. CD

【解析】沥青混合料必须在规定试验条件下进行浸水马歇尔试验和冻融劈裂试验来检验混合料的水稳定性。车辙试验检验的是热稳定性,渗水试验检验的是渗透性。

47. ACD

【解析】技术指标有稳定度、流值、空隙率、矿料间隙率、沥青饱和度等。

48. BC

【解析】马歇尔试验击实试件时,提高温度、增加次数,均会导致密度偏大。

49. ABC

【解析】《公路沥青路面施工技术规范》(JTG F40—2004)附录E(P96)中明确要求施工及验收过程中的压实度检验不得采用配合比设计时的标准密度,可按三种方法检测确定:①以试验室密度作为标准密度;②以每天实测的最大理论密度作为标准密度;③以试验路密度作为标准密度。目前常以试验室密度作为标准密度,即沥青拌和场每天取样实测马歇尔试件密度,取平均值作为该批混合料的标准密度。

50. BCD

【解析】老化的沥青逐渐使沥青混合料变硬发脆,最终导致沥青混合料的老化,产生裂缝或裂纹。

51. BCD

【解析】影响沥青混合料的因素众多,从组成材料的内因上看主要取决于矿料颗粒的嵌挤作用和沥青的黏滞性。

52. BD

【解析】表干法:测定吸水率不大于2%的沥青混合料试件的毛体积相对密度及毛体积密度,并用于计算沥青混合料试件的空隙率、饱和度和矿料间隙率等各项体积指标。$VV=(1-\gamma_b/\gamma_t)\times100$,其中$\gamma_b$为沥青混合料试件的毛体积相对密度;$\gamma_t$为沥青混合料试件的理论最大相对密度。

53. ABC

【解析】沥青常用的三大指标是针入度、软化点、延度。针入度表征沥青条件黏度的一项指标;软化点是表征沥青热稳定性的一项指标;延度是沥青塑性变形能力的指标。

54. ABCD

【解析】最佳沥青用量的确定以沥青用量为横坐标,以沥青混合料试件的密度、空隙率、沥青的饱和度、马歇尔稳定度和流值等指标为纵坐标将试验结果绘制成曲线图。

55. CD

【解析】根据集料的毛体积密度和表干密度计算公式可知,集料密度测试过程中,毛巾擦水不准确会影响毛体积密度和表干密度的大小,真密度和表观密度与开口孔隙无关,不受其影响。

56. BCD

【解析】凡涉及密度瓶在盛满物体时的称重,都要对密度瓶进行恒温操作,以达到更加精确地测定结果。

57. AD

【解析】细度模数由规定的数个筛上的累计筛余百分率,通过计算得到。

$$M=(A_{2.36}+A_{1.18}+A_{0.6}+A_{0.3}+A_{0.15}-5A_{4.75})/(100-A_{4.75})$$

其中,$A_{0.15}$、$A_{0.3}$……$A_{4.75}$分别为对应筛上的累计筛余百分率。

58. ABD

【解析】低标号沥青针入度较低,高温感温性较小;粗集料的增加能提高沥青混合料承受荷载的能力,可以减小变形;增加沥青用量会使沥青混合料在高温情况下变形增加;机制砂棱角较多,摩擦较大,可以提高沥青混合料的抗变形能力。

59. AD

【解析】压碎值是评价粗集料抵抗压碎的能力,间接评价其承载能力和强度;洛杉矶磨耗损失用来评价粗集料抵抗摩擦、撞击的综合力学性能。

四、综合题

1.(1)CD

【解析】标准马歇尔试件高度为63.5mm ±1.3mm,制作高度在此范围内即符合要求。

(2)B

【解析】沥青含量(油石比)是沥青与沥青混合料的质量比值,377÷(377+7500)=4.8%。

(3)ACD

【解析】体积法适用于测定吸水率不大于2% 的各种沥青混合料试件,包括密级配沥青混凝土、沥青玛蹄脂碎石混合料(SMA) 和沥青稳定碎石等沥青混合料试件的毛体积相对密度和毛体积密度。表干法适用于测定吸水率不大于2% 的各种沥青混合料试件,包括密级配沥青混凝土、沥青玛蹄脂碎石混合料(SMA) 和沥青稳定碎石等沥青混合料试件的毛体积相对密度和毛体积密度。水中重法适用于测定吸水率小于0.5% 的密实沥青混合料试件的表观相对密度或表观密度。蜡封法适用于测定吸水率大于2% 的沥青混凝土或沥青碎石混合料试件的毛体积相对密度或毛体积密度。

(4)BCD

【解析】开动振动装置和抽真空,持续15min±2min。《公路工程沥青及沥青混合料试验规程》(JTG E20—2011)推荐的理论最大密度方法适用于采用真空法测定沥青混合料理论最大相对密度,供沥青混合料配合比设计、路况调查或路面施工质量管理计算空隙率、压实度等使用。本方法不适用于吸水率大于3% 的多孔性集料的沥青混合料。

(5)C

【解析】试件成型后,连同试模一起在常温条件下放置的时间不得少于12h。对聚合物改性沥青混合料，放置的时间以48h为宜，使聚合物改性沥青充分固化后方可进行车辙试验，室温放置时间不得长于一周。

2.(1)AC

【解析】 验证的性能有动稳定度、水稳定性、渗水性、低温抗裂性能。

(2)D

【解析】 一块车辙试件的总质量 $=2.412\times(300\times300\times50\div1000)\times1.03=11179.62$ (g)。

(3)AB

【解析】 沥青混合料车辙试验动稳定度的技术要求应满足《公路沥青路面施工技术规范》(JTG F40—2004)的规定。沥青用量偏高、级配偏细都有可能导致动稳定度偏小。

(4)AC

【解析】 沥青混合料冻融劈裂试验，加载速率为50mm/min；强度代表值应改为强度平均值。

(5)C

【解析】 沥青混合料车辙试验规定，变异系数不得大于20%，否则应追加试验。计算该试验的变异系数，平均值 $MN=(5790+6230+6710)\div3=6243$，标准差 $SD=[(5790-6243)^2+(6230-6243)^2+(6710-6243)^2]\div3$，计算得 $SD=337.8$，$C.V=(SD/MN)\times100\%=5.41\%<20\%$，计算动稳定度大于6000次/mm，记作">6000次/mm"。

3.(1)A

【解析】 由于马歇尔试件的毛体积相对密度为2.386，则试件质量为 $2.386\times0.9771\times3.14\times(101.6/2)^2\times63.5\times0.001=1200$(g)。

(2)B

【解析】 空隙率 $=1-$ 毛体积相对密度/理论最大相对密度 $=1-2.386/2.497=4.4\%$。

(3)B

【解析】 矿料合成毛体积相对密度 $\gamma_{sb}=\dfrac{100}{\dfrac{\rho_1}{\gamma_1}+\dfrac{\rho_2}{\gamma_2}+\cdots+\dfrac{\rho_n}{\gamma_n}}=\dfrac{100}{\dfrac{65}{2.723}+\dfrac{32}{2.685}+\dfrac{3}{2.710}}=$ 2.710。

(4)A

【解析】 矿料间隙率计算。

(5)C

【解析】 马歇尔试件应符合63.5mm ±1.3mm(标准试件)或93.5mm ±2.5mm(大件)的要求，高度不符合要求时，试件应作废，并调整试件的混合料质量。调整后混合料质量 = 要求试件高度 × 原用混合料质量/所得试件的高度 $=63.5\times1200/65.7=1160$(g)。

4.(1)BCD

【解析】 以油石比或沥青用量为横坐标，以马歇尔试验的各项指标为纵坐标，将试验结果点入图中，连成圆滑的曲线。确定均符合本规范规定的沥青混合料技术标准的沥青用量范围 $OAC_{min}\sim OAC_{max}$。选择的沥青用量范围必须涵盖设计空隙率的全部范围，尽可能涵盖沥青饱和度的要求范围,并使密度及稳定度曲线出现峰值。如果没有涵盖设计空隙率的全部范围,试验必须扩大沥青用量范围重新进行。

《公路沥青路面施工技术规范》(JTG F40—2004)P81

(2)AD

【解析】 沥青用量增加,稳定度先增大后减小,毛体积密度先增大后减小,空隙率减小,流值增加。

《公路沥青路面施工技术规范》(JTG F40—2004)P86

(3)CD

【解析】 包括稳定度、流值、空隙率、有效沥青饱和度VFA,确定沥青用量范围 OAC_{min} ~ OAC_{max} 时不包括VMA。

《公路沥青路面施工技术规范》(JTG F40—2004)P81

(4)D

【解析】 通常OAC可取 OAC_1 和 OAC_2 的中值。

《公路沥青路面施工技术规范》(JTG F40—2004)P87

(5)BCD

【解析】 对应不同粒径的集料应进行高温(车辙)、水稳(浸水马歇尔、冻融劈裂)、低温抗裂(低温弯曲)、渗水(车辙板渗水试验)等性能检验。

《公路沥青路面施工技术规范》(JTG F40—2004)P85

5.(1)BCD

【解析】 针入度测定沥青的条件黏度。

《公路工程沥青及沥青混合料试验规程》(JTG E20—2011)P21、26、30、38

(2)CD

【解析】 温度较高,沥青较软,流动性较强,测得的针入度偏大。如果升温过快,导致温度计测试的水浴温度高,但是沥青试样的温度由于没有能够和水浴充分进行热交换而低于水浴温度,测量结果会表现为软化点温度偏高。当温度高或试件长,沥青老化更严重,则测得的结果不一定偏大,残留针入度和延度降低。延度的测试控制条件是试验温度为25℃、15℃、10℃或5℃,拉伸速度为5cm/min ±0.25cm/min 。

《公路工程沥青及沥青混合料试验规程》(JTG E20—2011)P21、26、30、38

(3)BCD

【解析】 薄膜烘箱试验试样质量为50g±0.5g。针入度越大,沥青黏滞性越小,软化点越高,温度稳定性越好,延度越大,沥青变形能力越好。薄膜烘箱试验有不同的结果计算公式,不同方法得到的结果不同。四个试验都对温度有明确规定。

(4)CD

【解析】 沥青针入度、延度和软化点之间没有明确关系,薄膜烘箱试验需要针入度、延度、软化点来判断。

(5)ACD

【解析】 针入度试样不需要刮刀处理。软化点高于80℃的沥青,应用甘油浴进行试验。薄膜加热试验不需要使用隔离剂。在试验中,当发现沥青细丝浮于水面(密度小于1)或沉入槽底(密度大于1)时,应在水中加入酒精或食盐,调整水的密度至与试样相近后,重新试验。

6.(1)ACD

【解析】在沥青混合料拌和场取样、在沥青混合料运料车上取样、在道路施工现场取样。在施工现场取样时,应在摊铺后未碾压前。

(2)A

【解析】按T 0702标准以击实法成型马歇尔试件,标准马歇尔试件尺寸应符合直径101.6mm±0.2mm、高63.5mm±1.3mm的要求。

(3)C

【解析】一组试件的数量不得少于4个,并符合T 0702的规定。

(4)ABCD

【解析】将恒温水槽调节至要求的试验温度,对黏稠石油沥青或烘箱养生过的乳化沥青混合料为60℃±1℃。《公路工程沥青及沥青混合料试验规程》(JTG E20—2011)3.2节(P226);将试件置于已达规定温度的恒温水槽中保温,保温时间对标准马歇尔试件需30~40min。将试件取出置于下压头上,盖上上压头,然后装在加载设备上。启动加载设备,使试件承受荷载,加载速度为50mm/min±5mm/min。当试验荷载达到最大值的瞬间,取下流值计,同时读取压力环中百分表读数及流值计的流值读数。

(5)D

【解析】最大荷载即为稳定度(MS),以kN计,精确至0.01 kN。

7.(1)ABC

【解析】沥青混合料配合比设计包括目标配合比设计、生产配合比设计和生产配合比验证三个阶段。第一阶段目标配比设计阶段的目的是确定已有矿料的配合比,并通过试验确定最佳沥青用量;第二阶段生产配比设计阶段的目的是确定各热料仓矿料进入拌和室的比例,并检验确定最佳沥青用量;第三阶段生产配比验证阶段的目的是为随后的正式生产提供经验和数据。

(2)A

【解析】密级配沥青混凝土的剩余空隙率宜为3%~5%。

(3)B

【解析】至少选择5组沥青用量。

(4)BD

【解析】最佳沥青用量根据马歇尔试验指标确定,其目标是空隙率和VFA接近中值、稳定度接近低值。

(5)ABCD

【解析】确定沥青最佳用量后,还需进行沥青混合料的渗水、低温抗裂性、水稳定性、高温稳定性等路用性能检验。

8.(1)AD

【解析】用于高速公路、一级公路的密级配沥青混凝土试件,应双面各击实75次,其他等级公路及行人道路双面各击实50次,粗集料的公称最大粒径不得超过26.5mm。普通沥青混合料施工温度宜通过在135℃及175℃条件下测定的黏度—温度曲线按《公路沥青路面施工技术规范》(JTG F40—2004)中表5.2.2-1确定。SMA沥青玛蹄脂碎石混合料试件尺寸为ϕ101.6mm×63.5mm,双面各击实50次。

(2)A

【解析】 沥青混合料的矿料级配应符合工程设计规定的级配范围,根据公路等级、气候条件、交通条件等选择。密级配宜根据条件选择粗型(C型)或细型(F型)混合料。密级配沥青稳定碎石ATB有ATB-25、ATB-30、ATB-40,属于粗粒式和特粗式。SMA-10、SMA-13、SMA-16、SMA-19均可根据条件采用。

(3)ABCD

【解析】 拌好的沥青混合料,均匀称取一个试件所需的用量(标准马歇尔试件约1200g)。当已知沥青混合料的密度时,可根据试件的标准尺寸计算并乘以1.03得到要求的混合料数量。毛体积密度$\rho_f = \frac{m_a}{m_f - m_w} \times \rho_w$。

(4)BC

【解析】 绘制油石比与毛体积密度、稳定度、流值、空隙率、矿料间隙率(VMA)、有效沥青饱和度(VFA)的关系曲线图。

(5)ABCD

【解析】 配合比设计如果没有涵盖设计空隙率的全部范围,试验必须扩大沥青用量范围重新进行。

9.(1)A

【解析】 根据《公路工程沥青及沥青混合料试验规程》(JTG E20—2011)中表干法的规定。

(2)ABC

【解析】 天平最大称量3kg以下,感量不大于0.1g。天平最大称量3kg以上,感量不大于0.5g。天平最大称量10kg以上,感量不大于5g。最大称量应不小于试件质量的1.25倍,不大于试件质量的5倍。

(3)C

【解析】 C选项为正确的表干法测试步骤。

(4)B

【解析】 毛体积密度$\rho_f = \frac{m_a}{m_f - m_w} \times \rho_w$。

(5)A

【解析】 车辙试件为碾压成型的长300mm、宽300mm、厚50~100mm的板块状试件。

10.(1)D

【解析】 毛体积密度$\rho_f = \frac{m_a}{m_f - m_w} \times \rho_w$。甲:[1100÷(1102.1−618)]×1=2.272;乙:[1099÷(1108.6−610)]×1=2.204。

(2)BC

【解析】 空隙率VV=$(1-\gamma_b/\gamma_t)\times100$。甲:(1−2.272/2.38)×100=4.4%;乙:(1−

2.204/2.38)×100=7.4%。

(3)D

【解析】当一组测定值中某个测定值与平均值之差大于标准差的 K 倍时,该测定值应予以舍弃,并以其余测定值的平均值作为试验结果。当试件数目 n 为3、4、5、6时,K 值分别为1.15、1.46、1.67、1.82。甲:平均值为10.25,标准差为2.62,14.70-10.25=4.45>2.62×1.46。舍弃14.7,平均值为8.77。乙:平均值为11.16,标准差为1.72,14-11.16=2.84<2.87(=1.72×1.67),符合要求。

(4)B

【解析】残留稳定度表征水稳定性,动稳定度表征高温稳定性。

(5)B

【解析】由于甲混合料高温稳定性不如乙混合料,水稳性好于乙混合料,所以甲混合料路面不易发生水损害,但易形成车辙。

11(1)D

【解析】A选项甲相对乙结果更接近实际值,因此乙不如甲。B选项针入度偏大的原因是贯入时间过长,不是偏短。C选项AH90号针入度要求80~100(0.1mm),甲不符合。当试验结果小于50(0.1mm)时,重复性试验的允许误差为2(0.1mm),再现性试验的允许误差为4(0.1mm)。当试验结果大于或等于50(0.1mm)时,重复性试验的允许误差为平均值的4%,再现性试验的允许误差为平均值的8%。

(2)ABD

【解析】软化点试验钢球偏置会导致结果不准或得不到结果;甲的软化点更高,所以热稳定性更好;升温速度快,沥青试件本身受热不充分,温度低于周围水的温度,测得温度偏高,所以甲升温速率偏高,乙升温速率偏低。当试样软化点小于80℃时,重复性试验的允许误差为1℃,再现性试验的允许误差为4℃。当试样软化点大于或等于80℃时,重复性试验的允许误差为2℃,再现性试验的允许误差为8℃,所以试验结果符合要求。

(3)AD

【解析】延度试验中同一样品每次平行试验不少于3个,如3个测定结果均大于100cm,试验结果记作">100cm";特殊需要也可分别记录实测值。3个测定结果中,当有一个以上的测定值小于100cm时,若最大值或最小值与平均值之差满足重复性试验要求,则取3个测定结果的平均值的整数作为延度试验结果;若平均值大于100cm,记作">100cm";若最大值或最小值与平均值之差不符合重复性试验要求,试验应重新进行。当试验结果小于100cm时,重复性试验的允许误差为平均值的20%,再现性试验的允许误差为平均值的30%。

(4)A

【解析】根据需要报告残留物的针入度及针入度比、软化点及软化点增值、黏度及黏度比、老化指数、延度、脆点等各项性质的变化。甲沥青质量减小0.45%,乙沥青质量增加0.18%,变化幅度甲比乙大,乙的抗老化能力更强。一般而言,薄膜烘箱试验沥青质量有可能增加,也有可能减小。

(5)C

【解析】因为石油的主要成分是烃类,而加热时有些成分升华,质量损失。而还有些不饱和烃在一定条件下要反应，使质量增加，不一定是试验存在问题。乙试验的数据与实际值更为接近，所以乙的检测能力更好。

12.(1)B

【解析】 理论最大密度 $\rho = m_a \times \rho_w/(m_a + m_b - m_c)$，其中 m_a 为干燥沥青混合料空气中质量；m_b 为装满25℃水的负压容器质量；m_c 为25℃时混合料+负压容器+水的总质量。

$\rho_1 = 1600 \times 1/(1600 + 2700 - 3647) = 2.450$

$\rho_2 = 1580 \times 1/(1580 + 2700 - 3625) = 2.412$

$\rho_3 = 1550 \times 1/(1550 + 2700 - 3628) = 2.492$

(2)D

【解析】 $M_1 = 1200 \times 63.5/61.2 = 1245.1$

$M_2 = 1200 \times 63.5/65.3 = 1166.9$

$M_3 = 1200 \times 63.5/63.7 = 1196.2$

(3)D

【解析】 $\rho_b = m_a \times \rho_w/(m_f - m_w)$，其中 m_f 为沥青混合料表干质量；m_a 为沥青混合料干燥试件质量；m_w 为沥青混合料试件在水中质量。

$\rho_1 = 1245.1 \times 1/(1260 - 739) = 2.390$

$\rho_2 = 1166.9 \times 1/(1186 - 667) = 2.248$

$\rho_3 = 1196.2 \times 1/(1209 - 708) = 2.388$

(4)C

【解析】 $VV = (1 - \gamma_b/\gamma_t) \times 100$，其中 γ_b 为沥青混合料试件的毛体积相对密度；γ_t 为沥青混合料试件的理论最大相对密度。

$VV_1 = (1 - 2.390/2.450) \times 100 = 2.4\%$

$VV_2 = (1 - 2.248/2.412) \times 100 = 6,8\%$

$VV_3 = (1 - 2.388/2.492) \times 100 = 4.2\%$

(5)AC

13.(1)BC

【解析】 针入度试验结果和计算，同一试样三次平行试验结果的最大值和最小值在允许偏差范围内时，计算三次试验结果的平均值，并取至整数作为针入度试验结果，单位0.1mm(针入度50~149，允许差值4(0.1mm))。

延度：同一试样每次平行试验不少于3个试件，如3个测定结果均大于100cm，试验结果记作">100cm"，特殊需求也可分别记录实测值。

软化点：同一试样平行试验两次，当两次测定值差值符合重复性精密要求时(软化点大于80时，重复性试验允许差为2℃)，取其平均值作为软化点结果，精确至0.5℃。

(2)BCD

【解析】 由表可知该沥青针入度在60~80之间，为70号沥青，选用气候分区有1-3、1-4、2-2、2-3、2-4。

(3)D

【解析】 针入度温度感应系数 A 越大，表示沥青对温度的敏感变化越敏感，性能越不好。针入度指数 PI 越大，沥青对温度的敏感性越低，高温稳定性越好，但沥青易老化。

(4)D

【解析】普遍采用针入度指数 PI、针入度黏度指数 PVN、黏温指数 VTS。

(5)B

【解析】PI < -2 为溶胶型结构，-2 < PI < +2 为溶凝胶型结构，PI > +2 为凝胶型。A 级沥青的 PI 范围为 -1.5 ~ +1.0，B 级沥青的 PI 范围为 -1.8 ~ +1.0。诺模图法是由软化点和针入度的连线同斜线交点定位 PI 值，需要测定软化点。

14. (1)BC

【解析】沥青老化试验方法有沥青薄膜加热试验和沥青旋转薄膜加热试验。

(2)BCD

【解析】短期老化是在混合料施工中由于受热使沥青轻质油分挥发和氧化造成的。试验方法应体现施工阶段的老化效果，主要采用的有三种方法：烘箱老化法、延时拌和法、微波加热法。根据规范沥青薄膜加热试验和沥青旋转薄膜加热试验模拟短期的老化行为。对比试验前后沥青的质量损失，残留物的针入度、黏度、延度及脆点等指标的变化，以评定沥青的耐老化性能。

(3)ABCD

【解析】沥青老化试验：沥青薄膜加热试验和沥青蒸发损失验，沥青旋转薄膜加热试验连续 75min。

(4)AB

【解析】沥青老化试验有沥青旋转薄膜加热试验和沥青薄膜加热试验，沥青旋转薄膜加热试验时间比沥青薄膜加热时间短；沥青薄膜加热试验在 163℃ ±1℃连续加热，沥青旋转薄膜加热试验在 163℃ ±0.5℃连续加热；盛样皿中的试样厚度：沥青薄膜加热试验 < 沥青蒸发损失 < 沥青旋转薄膜加热。

(5)BCD

【解析】沥青老化后软化点升高，针入度降低，延度减小，黏度增大。

15. (1)D

【解析】当一组测定值中某个数值与平均值之差大于标准差 K 倍时，测定值应舍弃，并以其余测定值的平均值作为结果。混合料 A 平均值 = 10.25kN，标准差 = 2.62kN，14.70 - 10.25 > 2.62 × 1.46，舍弃 14.70kN，混合料 A 平均值 = 8.77kN；混合料 B 平均值 = 11.16kN。

(2)B

【解析】空隙率较低，则高温稳定性相对较低；混合料 B 的空隙率计算得 6.2%，超过了重载交通的要求；沥青混合料空隙率偏高时，可适当增加沥青用量使其空隙率降低。

(3)ABC

【解析】空隙率低，则沥青含量较大，混合料更容易产生变形，动稳定度低，动稳定度 $DS_A = 1073$，$DS_B = 2500$，夏炎热区的动稳定度要求为不小于 1000，两种混合料都能达到要求；混合料 B 的空隙率较大，所以前期变形较大，混合料 A 的动稳定度较小，所以变形主要来自于高温变形。总变形量可能来自压实、温度变形等多个因素，不同因素会产生不同的影响，试验结果并没有差错。

(4)BD

【解析】冻融劈裂试验用于评价沥青混合料的水稳定性;$TSR_A = 0.362/0.412 \times 100 = 87.9$,$TSR_B = 0.365/0.460 \times 100 = 79.3$,混合料A的水稳定性好于混合料B的水稳定性;空隙率不同,则沥青混合料在浸水之后被水破坏的程度不同,造成水稳定性有所差异。

(5)A

【解析】混合料A的空隙率为2.7%,混合料B的空隙率为6.1%,两种混合料均不能满足要求。

16.(1)CD

【解析】70号沥青的针入度测定范围为60~80,90号沥青的针入度范围为80~100,该沥青为70号沥青。检测过程中若室温偏低,针入度偏小,检测时间长,则针入度值偏大。沥青标号越高,高温稳定性越差。针入度越小,稠度越高。

(2)ABD

【解析】试验过程中,升温速率偏高,沥青在相同时间内吸收热量少,不易软化,测得的软化点比实际值大;软化点是沥青吸收热量稳定性的指标,与针入度也能间接反映沥青的黏稠程度;在软化点大于80℃时,用甘油加热,加热温度从32℃开始;沥青软化点越大,沥青热稳定性越好,高温稳定性越好。

(3)A

【解析】3个测定结果中,有一个以上的测定值小于100cm,最大值或最小值与平均值之差满足重复性试验的精度要求(允许差为平均值的20%),取3个测定结果的平均值的整数作为试验结果。

(4)CD

【解析】薄膜烘箱试验用于评价沥青抗老化性,但不能表征沥青的高温稳定性;沥青经薄膜烘箱试验或旋转薄膜烘箱试验老化后,质量损失率不大于±0.8%,该沥青质量损失率检测结果为1.1%,其抗老化性较差;沥青老化后变硬,针入度变小。

(5)AD

【解析】沥青针入度越大,高温稳定性越差,低温抗裂性越好,因此在南方地区应选择标号较低的沥青,北方地区应选择标号较高的沥青;沥青软化点试验中,试验的升温速率为每分钟50℃±0.5℃;沥青延度只能表征沥青低温性能;由沥青薄膜加热试验和沥青旋转薄膜加热试验都可以评定沥青的耐老化性能。

17.(1)AB

【解析】《公路工程沥青及沥青混合料试验规程》(JTG E20—2011)表干法适用于测定吸水率不大于2%的各种沥青混合料。

当沥青混合料马歇尔试件的吸水率大于2%时,应采用蜡封法,体积法一般用于空隙率大于18%的混合料。

(2)B

【解析】沥青混合料毛体积密度测定的正确顺序为③②④⑥①⑤。

(3)AB

【解析】表干法测毛体积密度:称取试件的水中质量时,若天平读数持续变化,不能很快达到稳定时，说明试件吸水较严重，应改用蜡封法测定。称取试件的表干质量，用洁净柔软的拧干湿毛巾轻轻擦去试件表面水，不得吸走空隙内的水。

(4) ABCD

【解析】表干法测毛体积密度。

(5) ABD

【解析】表干法适用于测定吸水率不大于2% 的各种沥青混合料试件，包括密级配沥青混凝土、沥青玛蹄脂碎石混合料(SMA) 和沥青稳定碎石等沥青混合料试件的毛体积相对密度和毛体积密度。油石比增大，开始阶段空隙率减小，单位体积混合料质量增大，填满空隙后，沥青密度小于矿料，会使混合料单位体积的质量减小。由沥青混合料的毛体积相对密度、理论最大相对密度，可以计算其各项体积参数。沥青混合料试件的空隙率，可按公式 $VV=(1-\gamma_f/\gamma_t)\times100\%$ 计算，精确至0.1%。

18. (1) B

【解析】由动稳定度计算公式代入计算。

(2) A

【解析】车辙试验，试验基本要求是在规定温度条件下(通常是60℃)，用一块碾压成型的板块试件(通常尺寸为300×300×50mm)，以轮压0.7MPa实心橡胶轮胎在其上往复碾压行走，测定试件在变形稳定期时，每增加1mm变形需要碾压行走的次数，以此作为沥青混合料车辙试验结果，称为动稳定度，以次/mm表示。

(3) C

【解析】车辙试验，试验基本要求是在规定温度条件下(通常是60℃)，用一块碾压成型的板块试件(通常尺寸为300×300×50mm)，以轮压0.7MPa的实心橡胶轮胎在其上往复碾压行走，测定试件在变形稳定期时，每增加1mm变形需要碾压行走的次数，以此作为沥青混合料车辙试验结果，称为动稳定度，以次/mm表示。

(4) BCD

【解析】抗车辙能力不足，可以使用改性沥青、添加抗车辙剂、设计间断级配，更改试验条件只会对试验结果产生影响，并不会对混合料的抗车辙性能产生影响。

(5) D

【解析】车辙试件，板块状试件尺寸为长300mm×宽300mm×厚50～100mm(厚度根据需要确定)，则混合料的质量为10.60～21.20kg。

第八章　路基路面现场检测

【复习提示】

本部分内容的主要知识点包括:路基路面几何尺寸测试、压实度测试、平整度测试、强度和模量测试、承载能力测试、抗滑性能测试、渗水系数测试、错台和车辙测试、施工控制测试等。

本部分内容的复习重点包括:钻芯取样的方法;挖坑和钻芯法检测路面结构厚度的方法;横坡、纵坡测量方法;挖坑灌砂法测定压实度试验方法;环刀法测定压实度试验方法;钻芯法测定沥青面层压实度试验方法;土石路堤或填石路堤沉降法测定压实程度方法;3m 直尺和连续式平整度仪测定平整度的试验方法;承载板法测定回弹模量试验方法;贝克曼梁、自动弯沉仪、落锤弯沉仪测定弯沉的试验方法;回弹仪测定水泥混凝土路面强度试验方法关键步骤及数据修正;超声回弹法测定水泥混凝土抗弯强度试验方法;手工铺砂法测定构造深度的方法;数字式摆式仪测定摩擦系数方法;摆式仪测定摩擦系数的试验方法;沥青路面渗水系数测定方法关键步骤及数据处理;路面错台测试方法;车辙测试方法;路面损坏调查测试方法;芯样完整性试验;热拌沥青混合料施工温度测试方法;沥青喷洒法施工沥青用量测试方法;半刚性基层透层油渗透深度测试方法等。

本部分内容涉及的规范包括:

《公路路基路面现场测试规程》(JTG E60—2008),适用于公路路基路面的现场调查、工程质量检测以及技术状况检测等。

《公路路面技术状况自动化检测规程》(JTG/T E61—2014),适用于各等级公路沥青路面裂缝、平整度、车辙、构造深度等及水泥混凝土路面裂缝、平整度、构造深度等路面技术状况自动化检测。

一、单项选择题

1. 无核密度仪适用于现场测定(　　)。

A. 土方路基的密度　　B. 级配碎石底基层的密度

C. 沥青混合料路面的密度　　D. 水泥稳定碎石基层的密度

2. 测定路面基层和底基层的平整度通常采用(　　)。

A. 3 米直尺　　B. 连续式平整度仪

C. 颠簸累积仪　　D. 激光平整度仪

3. 测量高速公路沥青路面车辙的横断面尺的长度(　　)。

A. 应为 2m　　B. 应为 3m

C. 不小于一个车道宽度　　D. 不大于一个车道宽度

4. 短脉冲雷达测定路面厚度必须进行芯样标定,以获取路面材料的(　　)。

A. 密度　　B. 压实度

C. 孔隙率　　D. 介电常数

5. 现场测定水泥混凝土路面弯拉强度的方法是(　　)。

A. 钻芯劈裂法　　B. 标准小梁法　　C. 射钉法　　D. 红外线法

6. 最不利季节在一级公路半刚性基层上测试沥青路面弯沉，测试时采用 5.4m 的贝克曼梁，对弯沉测试结果应进行(　　)修正。

A. 温度　　B. 支点变形　　C. 季节影响　　D. 综合因素

7. 测试半刚性基层透层油渗透深度应将芯样顶面圆周分成(　　)，分别量测各分点透层油渗透的深度。

A. 3 等份　　B. 5 等份　　C. 6 等份　　D. 8 等份

8. 测定级配碎石基层压实度应优先采用(　　)。

A. 环刀法　　B. 灌砂法　　C. 钻芯取样法　　D. 核子密度仪法

9. 用 5.4m 长的贝克曼梁测定弯沉时，百分表的最大读数为 60，终读数为 40，则该测点的回弹弯沉为(　　)。

A. 20　　B. 100　　C. 50　　D. 40

10. 测定路面构造深度用的量砂粒径为(　　)。

A. 0.15 ~ 0.3mm　　B. 0.3 ~ 0.6mm

C. 0.6 ~ 1.18mm　　D. 1.18 ~ 2.36mm

11. 贝克曼梁测定路基路面弯沉值用的标准车参数要求不包括(　　)。

A. 后轴标准轴载　　B. 一侧双轮荷载

C. 轮胎充气压力　　D. 前后轴距

12. 连续平整度仪自动采集位移数据时，每一计算区间的长度为(　　)。

A. 20m　　B. 50m　　C. 100m　　D. 200m

13. 环刀法测定黏土的压实度时，不正确的做法是(　　)。

A. 环刀打入压实层中部

B. 修平环刀两端余土，称取质量

C. 自环刀中取具有代表性的试样，测定含水率

D. 进行两次平行测定，取干密度较小值计算压实度

14. 在贝克曼梁法测试路面回弹弯沉时，应将弯沉仪测头放在测点上即轮隙中心(　　)处。

A. 前方 1 ~ 2cm　　B. 前方 3 ~ 5cm

C. 后方 1 ~ 2cm　　D. 后方 3 ~ 5cm

15. 当采用贝克曼梁对沥青路面进行测定时，应采用温度计测定试验时的气温和路表温度，并通过气象台了解(　　)的平均气温。

A. 前 1d　　B. 前 1h　　C. 前 5d　　D. 前 5h

16. 有关沥青路面渗水系数试验过程的描述：①不适用于公称最大粒径大于 26.5mm 的下面层或基层混合料；②测试中当水面下降 100mL 时开始计时，每隔 60s 读记仪器管刻度一次；③水面下降 600mL 时停止试验；④水面下降速度很慢时，从水面下降至 100mL 开始，测得 3min 的渗水量即可停止；⑤同一个检测路段选择 5 个测点测定渗水系数，取其最大值作为检测结果，完全正确的一组为(　　)。

A. ①③④　　B. ①②④　　C. ①②④⑤　　D. ①②③④⑤

17. 采用 3m 直尺进行路基、路面工程质量检查验收评定时，应首尾相接连续测量(　　)。

A. 3 尺　　B. 5 尺　　C. 10 尺　　D. 15 尺

18. 下列关于土的 CBR 试验说法错误的是(　　)。

A. CBR 值越大，表示材料强度越大

B. 土石混合料的 CBR 值大于细粒土的 CBR 值

C. CBR 值是一定贯入量下的压力值

D. CBR 是评定路基土和路面材料的力学性能指标

19. 宜采用挖坑法测定路面厚度的是(　　)。

A. 沥青混凝土路面　　B. 砂石路面

C. 沥青贯入式路面　　D. 水泥混凝土路面

20. 关于路基压实度检测评定的叙述：①路基路面压实度以 1～3km 长的路段为检验评定单元；②控制平均压实度的置信下限，以保证总体水平；③规定单点极值是规定值减去 5 个百分点；④规定扣分界限，以区分质量优劣，叙述正确的有(　　)。

A. ①②③　　B. ①③④　　C. ②③④　　D. ①②③④

21. 手工铺砂法试验测点应选在车道的轮迹带上，距路面边缘不应小于(　　)。

A. 0.5m　　B. 0.8m　　C. 1.0m　　D. 1.2m

22. 按照《公路路基路面现场测试规程》(JTG E60—2008)，灌砂法中砂的粒径范围为(　　)。

A. 0～1.0mm　　B. 0.3～0.6mm

C. 0.075～1.0mm　　D. 0.6～1.0mm

23. 摆式仪测定沥青路面抗滑摆值的步骤为：①把摆式仪的指针调零；②标定摆式仪橡胶片在路面上的滑动长度；③将摆式仪在测定点上调整水平；④安置摆式仪，使摆式仪的摆动方向与汽车的行驶方向一致；⑤选点；⑥在测点上洒水，用橡胶刮板刮除表面杂物并测定路表温度；⑦测定抗滑摆值。其中正确的试验过程为(　　)。

A. ⑤④③①②⑥⑦　　B. ⑤④①③②⑥⑦

C. ⑤④②③①⑥⑦　　D. ⑤③①②④⑥⑦

24. 承载板测定土基回弹模量试验操作中，正确的做法是(　　)。

A. 测试汽车轮胎充气压力为 0.7MPa

B. 采用 30cm 直径刚性承载板

C. 逐级加载并测变形

D. 当变形超过 3mm 时，即可停止加载

25. 采用贝克曼梁对高速公路进行测试时，测试车单轮传压面当量圆直径是(　　)。

A. 20.0cm　　B. 21.3cm　　C. 25.3cm　　D. 30.0cm

26. 铺砂法测试时要求同一测定位置沿轮迹带选 3 个测点，该处的测定位置以(　　)表示。

A. 前进方向最前面的测点位置　　B. 中间测点的位置

C. 前进方向最后面的测点位置　　D. 前后测点之间的中点位置

27. 摆式仪试验使用的橡胶片的有效使用期从出厂期算为(　　)。

A.3 个月　　B.6 个月　　C.9 个月　　D.12 个月

28. 车载式颠簸累积仪测定路面平整度的描述正确的是(　　)。

A. BVI 值越小,表明路面平整度越差

B. 颠簸累积仪属于断面类平整度测试设备

C. 测试结果不受承载车行驶速度影响

D. VBI 换算为 IRI 后用于平整度评价

29. 路面渗水系数测试过程中,当水面下降速度较慢时,应(　　)。

A. 测定 3min 的渗水量即可停止

B. 必须等到渗水至 500mL 刻度线才可停止

C. 渗至不再出水时方可

D. 以上都不对

30. 用承载板测试土基回弹模量,在逐级加载卸载过程中应(　　)。

A. 加载后稳定 1min,卸载后稳定 1min

B. 加载后稳定 2min,卸载后稳定 1min

C. 加载后稳定 1min,卸载后稳定 2min

D. 加载卸载后均不需要稳定

31. 沥青面层及水泥混凝土路面板的厚度应用(　　)测定。

A. 挖坑法　　B. 钻孔法　　C. 短脉冲雷达　　D. 换刀法

32. 贝克曼梁测定路面弯沉时,测点应布置在(　　)位置。

A. 路面线中心　　B. 行车道中心线

C. 行车道标线　　D. 行车道轮迹带

33. 灌砂法试验标定量砂的单位质量时,应以(　　)为原则。

A. 不干扰量砂正常流动,不改变量砂堆积密度

B. 标定罐容积必须用标准砂确定

C. 储砂筒体积必须用水确定

D. 从储砂筒内流出的砂的体积与工地挖坑内的体积相等

34. 用连续式平整度仪测定平整度时,所选取的测定位置应距车道标线(　　)。

A. 20 ~ 30cm　　B. 30 ~ 50cm　　C. 50 ~ 80cm　　D. 80 ~ 100cm

35. 采用 3m 直尺,进行路面质量检查验收评定时,除特殊需要外,应以(　　)为标准位置。

A. 路面中线　　B. 行车道边缘

C. 行车道中线　　D. 行车道一侧车轮轮迹线

36. 下列因素中,不会影响弯沉测试值大小的因素是(　　)。

A. 测试车后轴重　　B. 公路等级　　C. 支点变形　　D. 气温

37. 路面渗水试验一个路段选择(　　)个测点测定渗水系数,取平均值作为测试结果。

A. 3　　B. 5　　C. 8　　D. 10

38. 用摆式仪测定沥青路面抗滑性能时,如果标定的橡胶片滑动长度小于 126mm,则测得的沥青路面的 BPN 值比实际值(　　)。

A. 小　B. 大　C. 一样　D. 不能确定

39. 弯沉是指荷载作用下的(　　)。

A. 垂直变形　B. 垂直应力　C. 水平变形　D. 水平应力

40. 关于灌砂法测定现场密度有以下说法:①灌砂法的原理是用均匀颗粒的砂置换试洞的体积;②量砂可以直接从试洞中回收利用;③当集料的最大粒径小于 13.2mm、测定层厚度不超过 150mm 时,宜采用直径为 100mm 的小筒测试;④由于量砂是标准砂,更换后不需重测松方密度;⑤灌砂法检测厚度必须为整个碾压层厚。其中正确的说法有(　　)。

A. ①③④　B. ①③④⑤　C. ①③⑤　D. ①②③④⑤

41. 沥青路面渗水系数计算,以水面从 100mL 下降到(　　)所需的时间为标准。

A. 0mL　B. 200mL　C. 500mL　D. 1000mL

42. 激光平整度测试车的测定指标是(　　)。

A. 均方差　B. 国际平整度指数　C. VBI　D. 最大间隙

43. 用连续式平整度仪法测定路面平整度,以(　　)表示一个计算区间的测试结果。

A. 最大间隙　B. 单向位移累计值

D. 标准差　D. 国际平整度指数

44. 用环刀法检测压实度时,如环刀打入深度较浅,则检测结果会(　　)。

A. 偏大　B. 没影响　C. 偏小　D. 不确定

45. 测定半刚性基层透层油的渗透深度时,不正确的做法是(　　)。

A. 在透层油基本渗透或喷洒 48h 后,钻取芯样

B. 将芯样顶面圆周随机分成约 8 等份,分别量测圆周上各等分点处透层油渗透的深度

C. 取所有芯样渗透深度的算术平均值作为测试路段渗透深度

D. 去掉 5 个最小值,计算其他三点渗透深度的算术平均值作为单个芯样的渗透深度

46. 摆式仪测定路面摩擦系数过程中,下面不正确的做法是(　　)。

A. 将仪器置于路面轮迹带测点上,并使摆的摆动方向与行车方向一致

B. 校准滑动长度,使符合 126mm 的规定

C. 用喷水壶浇洒测点,使路面处于温润状态

D. 每个测点测定三个值,每个测点由 5 个单点组成,以 5 次测定结果的平均值作为该测点的代表值

47. 灌砂法试验测得试坑材料湿密度为 2.30g/cm^3,含水率为 5.5%,该材料室内标准击实试验最大干密度为 2.25g/cm^3,则该测点的压实度为(　　)。

A. 92.4　B. 96.6%　C. 96.9%　D. 102.2%

48. 现场钻取路面结构的代表性试样时,芯样的直径不宜小于集料最大粒径的(　　)倍。

A. 2　B. 3　C. 4　D. 5

49. 用刚性承载板(直径 30cm)测定土基回弹模量时,各级压力值总和为 0.85MPa,对应的各级回弹变形值(已计入影响量)总和为 0.439cm,泊松比为 0.35,则回弹模量为(　　)MPa。

A. 30　B. 36　C. 40　D. 45

50. 贝克曼梁法测定弯沉,测试前应将试验车后轮轮隙对准(　　)位置。

A. 测点后 3 ~5cm　　B. 测点正上方
C. 测点前 3 ~5cm　　D. 测点前 5 ~7cm

51. 表征路面表面微观构造的指标是(　　)。
A. 横向力系数　　B. 构造深度　　C. 摆值　　D. 磨光值

52. 落锤式弯沉仪组成不包括(　　)。
A. 荷载发生装置　　B. 弯沉检测装置
C. 载重汽车　　D. 运算及控制装置

53. 采用贝克曼梁进行弯沉测试时,后轴单侧双轮荷载要求为(　　)。
A. 25kN　　B. 50kN　　C. 75kN　　D. 100kN

54. 可以采用灌砂法测定现场密度的材料是(　　)。
A. 沥青混凝土　　B. 级配碎石　　C. SMA　　D. 28d 水泥稳定碎石

55. 关于路面构造深度测试的说法有:①铺砂法仅用于水泥混凝土路面表面的构造深度测定;②铺砂法测定的构造深度可以用于评价路面表面的宏观粗糙度;③铺砂法测定的构造深度可以用于评价路面表面的排水性能;④铺砂法测定后的量砂回收后可以立即使用;⑤构造深度越大,路面抗滑性能越好。其中不正确的有(　　)。
A. ①②　　B. ②③　　C. ①④　　D. ③④

56. 关于摆式仪的说法有:①仅用于评定沥青路面的抗滑性能;②评定路面在潮湿状态下的抗滑能力;③橡胶片的有效使用期为 1 年;④新橡胶片应先在干燥路面上测试 10 次后再用于测试;⑤校核滑动长度时,应以橡胶片长边刚刚接触路面为准。其中正确的说法是(　　)。
A. ①②③④　　B. ①③④⑤　　C. ②③④⑤　　D. ①②③④⑤

57. 关于现场 CBR 试验的叙述有:①CBR 试验最初是由美国加利福尼亚州公路局提出的;②CBR 是用来评价路基土和路面材料的强度指标;③处于路基不同深度位置的土的 CBR 值的要求不同;④材料的 CBR 指标指的是某压实度下的 CBR 值;⑤CBR 试件一般要在水中浸泡 48h;⑥CBR 试件的贯入速率为 1 ~1.25mm/min。其中正确的叙述有(　　)。
A. ①②③④⑤　　B. ②③④⑤⑥　　C. ①②③④⑥　　D. ①②③④⑤⑥

58. 灌砂法测定某路段基层压实度时,若所挖试坑为上大下小,则压实度结果(　　)。
A. 偏大　　B. 偏小　　C. 准确,无影响　　D. 偏大偏小无法确定

59. 关于标定灌砂筒下部圆锥体内砂的质量的说法有:①轻轻将灌砂筒移至玻璃板,打开开关让砂流出;②收集并称取玻璃板上的砂或筒内剩余的砂的质量;③打开开关,让砂流出与试坑相当体积后关闭开关,称取筒内剩余砂的质量;④灌砂筒装砂至距离筒顶 15mm 左右,并称取筒内砂的质量,此高度和质量也作为以后标定的标准;⑤不再流出后关闭开关,取走灌砂筒。其中正确的标定过程为(　　)。
A. ④③⑤②①　　B. ①④③⑤②　　C. ④③①⑤②　　D. ④③⑤①②

60. 对于以下结构层和现场密度试验检测方法:①沥青面层;②刚成型的水泥稳定细粒土底基层;③沥青贯入式面层;④灌砂法;⑤环刀法;⑥钻芯法,对应关系全部正确的是(　　)。
A. ①→⑥,②→④,③→⑤　　B. ①→⑥,②→⑤,③→④
C. ①→⑤,②→⑥,③→④　　D. ①→④,②→⑤,③→⑥

61. 挖坑法测定结构层厚度的试验工作包括:①用钢尺平放横跨于坑的两边,用另一把钢

尺测量坑底距平放钢尺的深度;②用小锤等工具将所填材料击实;③选择试验地点,并清扫干净;④用凿子等适当的工具开挖结构层,直到结构层层底;⑤用适当的材料回填试坑;⑥将挖出材料置于搪瓷盘中。其中正确的操作步骤为(　　)。

A. ③①⑤⑥④②　　B. ①④③②⑥⑤

C. ①④⑥③②⑤　　D. ③④⑥①⑤②

62. 路面结构层厚度的检测方法有①挖坑法和②钻孔法两种,对于不同材料结构层:③沥青面层,④水泥混凝土路面板,⑤基层,⑥砂石路面;测试方法对应关系中正确的是(　　)。

A. ③—①,④—②,⑤—①,⑥—①　　B. ③—②,④—②,⑤—①,⑥—①

C. ③—②,④—②,⑤—①,⑥—②　　D. ③—①,④—②,⑤—②,⑥—②

二、判断题

1. 手工铺砂法测试路面构造深度时,量砂回收处理后可以重复利用。(　　)

2 连续式平整度仪测定平整度时,牵引车应沿行车道轮迹行驶。(　　)

3. 摆式仪测得的摆值应换算为标准温度15℃的摆值。(　　)

4. 半刚性基层和底基层的强度应采用现场随机选点钻取芯样进行测试。(　　)

5. 承载板测定土基回弹模量时,当回弹变形超过1cm时,即可停止加载。(　　)

6. 在盖层油喷洒4h后,可在测试段内随机钻孔取芯,测定半刚性基层的透层油渗透深度。(　　)

7. 采用核子密度仪检验压实度时应进行标定试验,确认其可靠性。(　　)

8. 当采用长度为3.6m的弯沉仪对半刚性基层沥青路面进行弯沉测试时,应进行支点变形修正。(　　)

9. 5.4m长弯沉仪前后臂分别为3.6m和1.8m。(　　)

10. 按照我国有关规定,必须进行土基现场CBR值测试,以检验路基施工质量。(　　)

11. 承载比是用于评定路基土和路面材料的强度指标。(　　)

12. 用3m直尺检测路基路面平整度进行质量检查验收时,应每200mm测1处,每处连续测量10尺。(　　)

13. 平整度是反映路面施工质量和行车的舒适性的重要指标。(　　)

14. 贝克曼梁、自动弯沉仪测定的是静态弯沉,而落锤式弯沉仪测定的是动态弯沉。(　　)

15. 用摆式仪测定路面的抗滑性能时,滑块的滑动长度越大,摆值就越小。(　　)

16. 核子密度仪适用于测量各种土或路面材料的压实密度和含水率。(　　)

17. 错台的测定位置,必须以行车道错台最大处纵断面为准。(　　)

18. 灌砂法试验时,试坑厚度应包括整个碾压层,不得欠挖或超挖。(　　)

19. 路面表层平整度利用自动或半自动平整度仪全线每车道连续测定,按每1000m输出结果计算合格率。(　　)

20. 用横断面尺测定沥青路面车辙时,应沿横断面尺每隔30cm测一点,用量尺测记横断面尺顶面与路面之间的距离。(　　)

21. 渗水试验既可在沥青路面上试验,也可以在水泥混凝土路面上试验。(　　)

22. 摆式摩擦仪橡胶片端部若在长度方向上磨耗了1.0mm，仍可继续使用。 ( )

23. 采用钻孔取芯法测量路面厚度时，钻头直径必须为100mm。 ( )

24. 采用承载板法测定的土基回弹模量可作为路面设计参数使用。 ( )

25. 自动弯沉仪的测试原理与贝克曼梁相同，但其测试结果不能直接用于路基路面强度评定。 ( )

26. 车载式激光构造深度仪适用于带有沟槽构造的水泥混凝土路面构造深度测定。 ( )

27. 贝克曼梁前臂（接触路面）与后臂（装百分表）长度比为1∶2。 ( )

28. 灌砂法测定时，每换一次量砂，都必须测定其松方密度。 ( )

29. 核子密度湿度仪测定压实度时允许对同一个测试位置进行重复测试。 ( )

30. 路面表层渗水系数宜在路面成型后立即测定。 ( )

31. 测定路面摩擦系数的横向力系数测试系统的测试轮偏置角应大于30°。 ( )

32. 当进行土基回弹模量测试时，可以不进行预压直接进行加载测试。 ( )

33. 路面横坡可以采用水准仪或几何数据测试系统进行检测。 ( )

34. 回弹弯沉值是指标准后轴双轮组轮隙中心处的最大回弹弯沉值。 ( )

35. 3m直尺属于断面类平整度测试设备。 ( )

36. 国际平整度指数IRI越大，表明路面平整度状况越好。 ( )

37. 环刀法测定压实度时，环刀取样位置应位于压实层的上部。 ( )

38. 承载板法测量土的回弹模量试验中，要求每个平行试验的结果与平均值相差不应超过2%。 ( )

39. 沥青路面的渗水性能是反映沥青混合料级配组成的一个间接指标。 ( )

40. 核子密度仪测定密度时，直接透射不需要打孔，较为方便。 ( )

41. 贝克曼梁测定路基路面回弹模量方法适用于土基或厚度不小于1m的粒料整层表面。 ( )

42. 沥青路面的弯沉测试面层平均温度以20℃ ±2℃为准，其他温度测试时，对于厚度大于5cm的沥青路面应予以温度修正。 ( )

43. 单轮式横向力系数测试系统测定的路面摩擦系数称为横向力系数SFC。 ( )

44. 水泥混凝土路面的错台可以采用连续平整度仪检测。 ( )

45. 摆式仪测定过程中发现橡胶片磨损过度，更换橡胶片后即可进行测试评价。 ( )

46. 采用核子密度仪测定沥青路面面层的压实度时，在表面用直接透射法测定。 ( )

47. 钻芯取样法测定路面厚度时，用钢尺量取试坑深度，作为路面检查层的厚度。 ( )

48. 用两台弯沉仪同时进行左右轮弯沉测定时，应按两个独立点考虑，不能采用左右两点的平均值。 ( )

49. 半刚性基层施工现场压实度的测定，应以当天通过现场取样并成型试件测得的最大干密度为准进行评定。 ( )

50. 环刀法测定的密度仅代表环刀深度范围内的平均密度，不能代表碾压层的平均密度。 ( )

51. 水泥混凝土路面错台的测定位置，通常以行车道错台最大处横断面为准。 ( )

52. 渗水系数是指在单位时间内渗入路面规定面积的水的体积，以 mL/s 计。（　　）

53. 激光构造深度仪的测值应通过对比试验建立相关关系式，转换为铺砂法构造深度值后，才能进行测试结果的评定。（　　）

54. 沥青路面的渗水性能通常用渗水系数表征。（　　）

55. 国际平整度指标 IRI 值越小，说明路面平整度越好。（　　）

56. 国内主要采用回弹弯沉值来表征路基路面的整体承载能力。（　　）

57. 路基土压实度是指填土压实后的干密度与标准密度之比。（　　）

58. 核子密湿度仪可用于测定沥青混合料面层的压实度。（　　）

59. 当路面平均温度大于 20.0℃时，弯沉的温度修正系数大于 1。（　　）

60. 承载比试验有室内和现场两种，室内 CBR 试验应结合击实试验进行，而现场 CBR 试验与击实试验无关。（　　）

三、多项选择题

1. 关于核子密度仪测定压实密度的正确说法有（　　）。
   A. 每 12 个月内要对核子密度仪进行一次标定
   B. 直接透射法对路基路面是完全无损的
   C. 每天使用前，应用标准计数块测定仪器的标准值
   D. 测试前应进行与传统密度方法的对比试验，标定密度相关关系

2. 摆式仪橡胶片应满足的要求包括（　　）。
   A. 尺寸　　B. 物理性质
   C. 磨耗量　　D. 有效使用期

3. 颠簸累积仪测定平整度的正确说法有（　　）。
   A. 能在正常行车条件下连续采集平整度数据
   B. 测试车轮胎气压应满足要求
   C. 测量装置必须安装牢固
   D. 可以直接测试输出颠簸累计值 VBI 和国际平整度指数 IRI，故不需要做对比试验

4. 承载板现场测定土基回弹模量试验方法的说法不正确的有（　　）。
   A. 采用前进卸荷法，测回弹变形值
   B. 一般要用两台贝克曼梁测回弹变形
   C. 应测定总影响量，并在计算回弹变形时考虑其影响
   D. 土基的回弹模量根据弹性层状体系理论计算

5. 关于土基现场 CBR 值测试的说法正确的有（　　）。
   A. 使贯入杆以 1mm/min 的速度压入土基
   B. CBR 值应以贯入量 5.0mm 时的测定值为准
   C. CBR 值为修正原点后的荷载压强—贯入量曲线上规定贯入量对应的荷载压强与标准压强的比值
   D. 一般情况下现场 CBR 值测试结果小于室内试验的 CBR 值

6. 测定沥青路面弯沉时，在（　　）的情况下，可不进行温度修正。

A. 沥青面层厚度小于或等于 50mm

B. 路表温度在 25℃ ±2℃范围内

C. 路表温度在 20℃ ±2℃范围内

D. 沥青面层厚度大于 50mm

7. 采用 5.4m 的贝克曼梁测试高等级公路半刚性基层沥青路面时,弯沉测试结果应考虑(　　)修正。

A. 温度　　B. 支点变形

C. 季节影响　　D. 综合因素

8. 用 3m 直尺测定路面平整度,其报告内容有(　　)。

A. 不合格尺数　　B. 合格率

C. 标准差　　D. 最大间隙平均值

9. 在用承载板法测定土基回弹模量的试验中下列说法正确的有(　　)。

A. 安置承载板前,应撒细砂平整土基表面

B. 采用逐级加载、卸载的方法,测出每级荷载下相应的土基回弹变形

C. 对 *P-L* 曲线修正原点后,以实测回弹变形代入公式计算回弹模量

D. 当两台弯沉仪百分表读数之差不超过平均值的 30% 时取平均值

10. 沥青路面渗水系数测试时,正确的做法是(　　)。

A. 向量筒中注水至 600mL 刻度

B. 每间隔 60s,读记仪器管的刻度一次

C. 水面下降速度较快时,至水面下降至 500mL 刻度时停止试验

D. 每个路段测定 5 个测点,计算平均值作为检测结果

11. 灌砂法现场测定路基或路面材料密度,当(　　)时宜采用小型灌砂筒。

A. 集料最大粒径小于 13.2mm　　B. 集料最大粒径小于 31.5mm

C. 测定层厚度不超过 100mm　　D. 测定层厚度不超过 150mm

12. 用横断面尺检测沥青路面车辙时正确的做法包括(　　)。

A. 所用横断面尺长度小于一个车道宽度

B. 在车道上每隔 50m 设一测定断面

C. 在行车道上随机选取测定断面

D. 测定断面间隔不大于 10m

13. 关于承载比(CBR)试验,下列说法正确的是(　　)。

A. 按最佳含水率制备试件,试件的干密度等于最大干密度

B. 灌入试验前将试样浸泡四昼夜,以模拟最不利的使用状态

C. 在加荷装置上安装好贯入杆后,先施加 45N 荷载使贯入杆断面与试样表面充分接触

D. 试验曲线为反弯曲线时,应进行零点修正

14. 沥青面层压实度的检测方法有(　　)。

A. 灌砂法　　B. 环刀法　　C. 钻芯取样法　　D. 核子密实仪法

15. 贝克曼梁法适用于测定(　　)的回弹模量。

A. 土基　　B. 水泥混凝土路面
C. 厚度不小于 1m 的半刚性整层　　D. 厚度不小于 1m 的粒料整层

16. 铺砂法可以用来评定(　　)。
A. 路面表面的宏观粗糙度　　B. 路面表面的排水性能
C. 路面表面的抗滑性能　　D. 路面表面的抗磨光性能

17. 对回弹弯沉测定值需要进行温度修正的情况有(　　)。
A. 沥青路面厚度为 4cm,弯沉测试温度为 22℃
B. 沥青路面厚度为 6cm. 弯沉测试温度为 20℃
C. 沥青路面厚度为 6cm,弯沉测试温度为 17℃
D. 沥青路面厚度为 7cm,弯沉测试温度为 25℃

18. 可以连续测试路面平整度的设备有(　　)。
A. 连续式平整度仪　　B. 车载式颠簸累积仪
C. 3m 直尺　　D. 激光平整度测试车

19. 关于半刚性基层透层油渗透深度现场测试的单个芯样测定,描述正确的有(　　)。
A. 在透层油基本渗透或喷洒 24h 后随机钻取芯样
B. 芯样高度不宜小于 50mm
C. 芯样顶面圆周随机分为 10 等份,分别量测等分点处的渗透深度
D. 去掉 3 个最小值,计算其他测点结果的算术平均值

20. 关于环刀法测定路基路面现场密度,以下说法正确的有(　　)。
A. 环刀应打到压实层底部
B. 环刀应打到压实层中部以下
C. 用取土器落锤将环刀打入压实层,至环盖顶面与定向筒上口齐平为止
D. 环刀法适用于细粒土及无机结合料稳定细粒土的密度测定

21. 下列有关路面抗滑性能的说法中,正确的是(　　)。
A. 摆值越大,抗滑性能越好
B. 构造深度越大,抗滑性能越好
C. 横向力系数越大,抗滑性能越好
D. 制动距离越长,抗滑性能越好

22. 土方路基压实度检测可采用(　　)。
A. 灌砂法　　B. 环刀法　　C. 钻芯法　　D. 无核密度仪法

23. 关于承载板法测定土基回弹模量试验,说法正确的有(　　)。
A. 采用刚性承载板
B. 测试汽车轮胎充气压力为 0.7MPa
C. 千斤顶加载采用逐级加载、卸载法,用压力表或测力环控制加载重
D. 当回弹变形超过 3mm 时,即可停止加载

24. 下列弯沉测定方法中,(　　)测出的弯沉是静态弯沉。
A. 贝克曼梁　　B. 自动弯沉仪
C. 激光弯沉仪　　D. 落锤式弯沉仪

25. 路面车辙测试的目的及使用范围是(　　)。

A. 评定路面使用状况　　B. 评定沥青路面施工质量

C. 评定砂石路面的施工质量　　D. 可在计算维修工作量时使用

26. 沥青面层施工质量控制中,可以采用(　　)测定密度,控制施工压实度。

A. 灌砂法　　B. 环刀法　　C. 核子密度仪法　　D. 钻芯法

27. 使用核子密度湿度仪测定压实度,一般为(　　)。

A. 直接透射法　　B. 散射法　　C. 反射法　　D. 镜像法

28. 路面平整度测试设备从测试原理可以分为(　　)。

A. 测试车类　　B. 反应类　　C. 平均坡度类　　D. 断面类

29. 关于平整度测试的说法中,不正确的有(　　)。

A. 连续式平整度仪属于反应类测试设备

B. 反应类平整度测试设备测定路面表面凹凸引起车辆振动的颠簸情况

C. 反应类平整度指标实际上是舒适性指标

D. VBI 与国际平整度指数没有良好的相关关系

30. 钻芯法适用于测定(　　)压实度。

A. 沥青混凝土面层

B. 龄期不超过 2d 的水泥稳定土

C. 龄期超过 28d 的水泥稳定碎石基层

D. 级配碎石基层

31. 可采用核子密度仪透射法测定压实度的是(　　)。

A. 水泥稳定土　　B. 综合稳定

C. 沥青混凝土面层　　D. 土方路基

32. 沥青混合料面层用贝克曼梁测定的回弹弯沉时,检测结果可能需要进行(　　)。

A. 支点修正　　B. 温度修正

C. 面层材料类型修正　　D. 基层类型修正

33. 关于摆式仪测试的说法中,正确的有(　　)。

A. 评定路面在干燥状态下的抗滑能力

B. 橡胶片的有效使用期为 1 年

C. 新橡胶片应先在干燥路面上测试 10 次后再用于测试

D. 校核滑动长度时,应以橡胶片长边刚刚接触路面为准

34. 关于弯沉的说法中,正确的有(　　)。

A. 弯沉是在荷载作用下结构层表面产生的一种垂直变形

B. 回弹弯沉可以用来表征路基路面的承载力

C. 半刚性基层沥青路面弯沉测定时应尽可能使用 5.4m 的贝克曼梁

D. 弯沉代表值不大于设计要求的弯沉值时,弯沉检测结果为合格

35. 有关沥青混凝土面层弯沉测试评定的说法中,正确的是(　　)。

A. 弯沉代表值应大于或等于设计弯沉

B. 当路面温度为 20℃ ±2℃或沥青面层厚度小于或等于 5cm 时,不必进行温度修正

C. 评定结果只有两种情况,即要么合格率 100%,要么合格率 0

D. 弯沉应在最不利季节测定,否则应进行季节修正

36. 对贝克曼梁检测弯沉用标准车的要求有(　　)。

A. 双后轴　　B. 后轴双侧 4 轮

C. 轮胎充气压力 0.5MPa　　D. 标准轴载 BZZ-100

37. 反映平整度的技术指标有(　　)。

A. 最大间隙　　B. 标准差

C. 国际平整度指数　　D. 横向力系数

38. 关于单轮式横向力系数 SFC 测试系统,说法正确的有(　　)。

A. 测试轮的偏置角为 20℃

B. 测试轮胎的气压与垂直荷载应符合 BZZ-100 的要求

C. 未在标准测试速度范围条件下测试的 SFC 值必须进行速度修正

D. SFC 值不存在温度修正问题

39. 影响手工铺砂法测定路面表面构造深度结果的因素有(　　)。

A. 摊平板的直径　　B. 装砂的密度

C. 量砂筒的容积　　D. 摊平砂的圆形直径

40. 沥青路面车辙测试设备及方法有(　　)。

A. 横断面尺法　　B. 横断面仪法

C. 激光车辙仪法　　D. 颠簸累积仪法

41. 路基路面压实度检测方法包括(　　)。

A. 钻芯法　　B. 无核密度仪法

C. 短脉冲雷达法　　D. 核子密度仪法

42. 高速、一级公路沥青路面厚度检验时,应检验的内容与采用的技术指标有(　　)。

A. 沥青路面总厚度　　B. 沥青路面上面层厚度

C. 单点合格值　　D. 代表值

43. 不宜采用钻芯法测定厚度的结构层有(　　)。

A. 沥青稳定碎石基层　　B. 天然砂砾垫层

C. 级配碎石基层　　D. 沥青混凝土面层

44. 为保证热拌沥青混合料的施工质量,应检测的施工温度有(　　)。

A. 沥青混合料的出厂温度　　B. 摊铺温度

C. 碾压开始时混合料的内部温度　　D. 碾压终了时混合料的内部温度

45. 沥青喷洒法施工沥青用量的测定方法适用于(　　)。

A. 沥青表面处治　　B. 沥青贯入式

C. 透层　　D. 黏层

46. 可直接用于高速公路沥青路面面层平整度验收的方法是(　　)。

A. 3m 直尺　　B. 连续式平整度仪　　C. 颠簸累积仪　　D. 水准仪

47. 影响路面抗滑性能的因素有(　　)。

A. 路面表面特性　　B. 路面温度条件　　C. 行车速度　　D. 路面潮湿程度

48. 石灰土基层的施工控制中,压实度可采用(　　)测定。

A. 灌砂法　　B. 环刀法　　C. 核子密度仪法　D. 钻芯法

49. 下列关于车载式颠簸累积仪叙述错误的是(　　)。

A. 车载式颠簸累积仪的测试速度范围为 30～100km/h

B. 车载式颠簸累积仪不适宜在有严重坑槽、车辙等病害的路面检测

C. 车载式颠簸累积仪的承载车辆更换任意一个减震器后,均应重新进行标定

D. 车载式颠簸累积仪测值与国际平整度指数进行标定时,相关系数 R 应不低于 0.98

四、综合题

1. 路基路面的弯沉值可以表征其整体承载能力,是我国路基路面施工质量评定验收和路面使用性能评价的重要检测项目。弯沉值检测的方法有:①贝克曼梁法;②自动弯沉仪法;③落锤式弯沉仪法。试就高速公路半刚性基层沥青路面的弯沉值检测回答以下问题。

(1)我国路基路面承载能力检测指标为(　　)。

A. 动态回弹弯沉值　　B. 静态回弹弯沉值

C. 静态总弯沉值　　D. 动态总弯沉值

(2)关于不同方法测得的弯沉值性质的说法,正确的有(　　)。

A. 贝克曼梁法测得的是静态回弹弯沉值

B. 落锤式弯沉仪法测得的是动态总弯沉值

C. 自动弯沉仪法测得的是动态回弹弯沉值

D. 上述三种方法测得的弯沉值性质均不相同

(3)应用贝克曼梁法测定弯沉值时,正确的做法有(　　)。

A. 路面平均温度超出 20℃ ±2℃范围时,弯沉值应进行温度修正

B. 采用 3.6m 的弯沉仪,可不进行支点变形修正

C. 通常两台弯沉仪测头分别置于左右侧轮隙中心后方 3～5cm 处,得两个测点弯沉值

D. 测试车采用 BZZ-100 的标准车,并检查后轴轮隙宽带是否满足要求

(4)应用 Lacroix 型自动弯沉仪值时,不正确的说法有(　　)。

A. 测试前需标定位移传感器,使承载车轮胎气压和轮载满足 BZZ-100 要求

B. 当路拱横坡不超过 4% 时,需对弯沉值进行横坡修正

C. 调试正常后,沿正常行车轨迹,同时进行左、右臂两点弯沉测试

D. 对弯沉值进行温度修正后可等同贝克曼梁测值

(5)应用落锤式弯沉仪法测定弯沉值时,正确的说法有(　　)。

A. 需与贝克曼梁法进行对比试验,将落锤式弯沉仪法测得的弯沉值换算为贝克曼梁法测得的弯沉值

B. 测定应布置在行车道轨迹处,每次操作得到一个测点弯沉值

C. 可获得测点弯沉值和弯沉盆数据

D. 落锤式弯沉仪法对路面加载方式与自动弯沉仪相同

2. 路面抗滑性能是衡量行车安全性的重要指标。结合有关规定,回答下列问题。

(1)我国沥青混凝土路面抗滑性能的检测指标有(　　)。

A. 构造深度　　B. 渗水系数　　C. 摩擦系数　　D. 最大间隙值

(2)手工铺砂法是测路面构造深度最常用的方法,不正确的操作有(　　)。

A. 量砂重复使用

B. 同一处平行测定3次,由3个试验员同时进行测定

C. 将砂倒在路面上,用推平板将砂摊成圆形

D. 直接用量砂筒量砂,装满并压实

(3)关于路面抗滑性能测试方法的说法,不正确的有(　　)。

A. 双轮式横向力系数测试系统所测得的横向力系数不同于SFC

B. 在沥青路面施工质量评定时,有横向力系数测定车测摩擦系数,就可以不用摆式仪测摆值了

C. 激光构造深度仪与铺砂法测试计算原理一致,所测结果不需换算

D. 动态旋转式摩擦系数测定仪可连续测试路面纵向摩擦系数

(4)用摆式仪测定路面摩擦系数时,其测试结果受人为因素影响较大,下列操作不当的有(　　)。

A. 测试时仪器调稳,而不需调平

B. 每次测试都校核摆的滑动长度,使其符合126mm±1mm的长度

C. 如果仪器没有被碰撞,性能稳定,不必每次测试都调零

D. 用水壶将水倒在测点上,使路面呈潮湿状态

(5)有关横向力系数测定车测SFC的说法,不正确的有(　　)。

A. 横向力系数SFC是与行车方向垂直的摩擦力系数

B. 按正常行车轨迹行驶,洒水测试

C. 测试轮应满足BZZ-100的要求

D. 横向力系数SFC测值受速度和温度影响需根据测试条件进行速度和温度修正

3. 拟采用贝克曼梁测定某公路路基顶面回弹弯沉值,试回答下列问题。

(1)弯沉测试采用的标准车应满足一定的要求,其中包括(　　)。

A. 轮胎充气压力0.7MPa　　B. 后轴标准轴载100kN

C. 后轴双侧4轮的载重车　　D. 双后轴载重车

(2)关于路面弯沉仪的说法,正确的有(　　)。

A. 可通过百分表量得弯沉值,其单位为0.01m

B. 每辆测试车一般配两台弯沉仪,可左右轮同时测定两个测点的弯沉值

C. 本次测试可采用长度为3.6m的弯沉仪

D. 贝克曼梁后臂与前臂长度比为2∶1

(3)检测前的准备工作包括(　　)。

A. 检查百分表的灵敏情况　　B. 测定检测车轮胎接地面积

C. 检测车装载并称量单侧轮重　　D. 测定贝克曼梁的重量

(4)本次进行弯沉值测试时,应进行的操作有(　　)。

A. 汽车驶离3m以外,百分表指针回转稳定后,读取终读数L

B. 汽车开始前进,百分表指针转动到最大值时,迅速读取初读数L_1

C. 弯沉仪测头应置于轮隙中心前方 3 ~5cm 处

D. 用路表温度计测定路表温度

(5)本次弯沉值测定结果整理包括(　　)。

A. 温度修正

B. 路表温度与测定前 5d 日平均气温的平均值之和

C. 支点变形修正

D. 弯沉测定值计算：$l=(L_1-L_2)\times 2$

4. 用 3m 直尺对施工中的路基路面进行平整度检查验收。试回答下列问题。

(1)3m 直尺不能用于测定(　　)的平整度。

A. 各级公路路基　　B. 各级公路基层

C. 高速公路水泥混凝土面层　　D. 高速公路沥青混凝土面层

(2)3m 直尺测定路基路面平整度的频率是(　　)。

A. 每 200m 测 4 处　　B. 每 200m² 测 2 处

C. 每 200m 测 2 处　　D. 每 200m² 测 4 处

(3)测定方法应该采用(　　)。

A. 每处连续测 20 尺　　B. 每处抽样测 10 尺

C. 每处连续测 10 尺　　D. 每处测 1 尺,即单杆测定

(4)正确的测试操作为(　　)。

A. 用水准仪量测最大间隙的高度　　B. 用塞尺量测最大间隙的高度

C. 目测确定最大间隙位置　　D. 将 3m 直尺按照路线纵向摆放

(5)测定结果包括(　　)。

A. 合格率　　B. 不合格尺数　　C. 代表值　　D. 平均值

5. 某新建高速公路交工验收,沥青混凝土路面采用横向力系数测试车检测,已知该路面的抗滑设计标准 SFC =49,测值为 45、55、53、42、49、50、61、56、50、52。针对本项目回答以下问题(已知保证率 95% 时,$t_a/\sqrt{10}=0.580$)。

(1)路段横向力系数代表值的计算结果为(　　)。

A. 51　　B. 48　　C. 50　　D. 47

(2)本路段交工验收的评价结果为(　　)。

A. 优　　B. 良　　C. 合格　　D. 不合格

(3)下列关于检测过程描述正确的有(　　)。

A. 检测前需要对路面进行清扫

B. 检查测试轮胎,调整气压至 0.3MPa

C. 检测时测试速度可以采用 60km/h

D. 检测过程中沿正常行车轮迹行驶

(4)关于横向力系数描述正确的有(　　)。

A. 与摆式仪测量的摆值一样,用于评价路面抗滑性能

B. 交工验收时,检测了摩擦系数就不用检测构造深度了

C. 交工验收时,以测试车速 50km/h 的检测结果作为评定数据

D. 横向力系数测试车的检测速度越快，检测结果越大

(5)下面关于检测结果受温度影响的说法中正确的是(　　)。

A. 不需要进行温度修正

B. 测试温度越高，测得的横向力系数越大

C. 测试温度越低，测得的横向力系数越大

D. 测试温度超过20℃±5℃，测得的横向力系数就需要进行温度修正

6. 某二级公路对路堤填方(>1.5m)采用灌砂法进行压实度检测，形成如下检测计算表。

试坑编号	1	2	3	4	5	6
盛满标准砂时，灌砂筒+砂的总质量(g)	9362	9321	(　　)	9365	9298	9322
灌砂筒下部锥形体内量砂的总质量(g)	794	794	794	794	794	794
灌砂筒+剩余砂的总质量(g)	5241	5016	5229	5231	5199	5179
灌满试坑所用标准砂的质量(g)	3227	3511	3264	3340	3305	3349
标准砂密度(g/cm^3)	1.44	1.44	1.44	1.44	1.44	1.44
试坑体积(cm^3)	(　　)	2438	2267	2319	2295	2326
湿土的质量(g)	4729	4962	4476	4565	4558	4887
土的湿密度(g/cm^3)	2.11	2.04	1.97	1.97	(　)	2.10
土的含水率(%)	13.9	14.2	11.9	11.1	11.3	15.9
土的干密度(g/cm^3)	1.85	1.79	1.76	1.77	1.79	1.81
压实度(%)	95.4	92.3	90.7	91.2	92.3	93.3

试根据此表，回答下述问题。

(1)3号试坑在装满标准砂时，所测得的灌砂筒+砂的总质量是(　　)g。

A. 9215　　B. 8493　　C. 9287　　D. 9366

(2)1号试坑的试坑体积为(　　)cm^3。

A. 2317　　B. 2241　　C. 2342　　D. 2285

(3)5号试坑土体的湿密度为(　　)g/cm^3。

A. 1.88　　B. 1.82　　C. 1.93　　D. 1.99

(4)计算6个压实度测定值的标准差是(　　)。

A. 1.68　　B. 1.53　　C. 1.77　　D. 1.95

(5)下列说法正确的是(　　)。

A. 该压实度检测方法表明此检测施工段落表面不平整

B. 压实度标准为92%

C. 若该路段很短，则该段压实度评定为不合格

D. 计算代表值时，保证率应按90%考虑

习题参考答案及解析

一、单项选择题

1. C

【解析】无核密度仪适用于现场快速测定沥青路面各层沥青混合料密度。

2. B

【解析】3m 直尺测定平整度试验方法适用于测定压实成型的路面各层表面平整度，以评定路面的施工质量，也可用于路基表面成型后的施工平整度检测。路面基层和底基层的平整度通常采用连续式平整度仪。

3. C

【解析】沥青路面车辙测试方法中，横断面尺长度不小于一个车道宽度。

4. D

【解析】短脉冲雷达测定路面厚度必须进行芯样标定，以获取路面材料的介电常数。

5. A

【解析】现场测定水泥混凝土路面弯拉强度的方法是钻芯劈裂法。

6. A

【解析】沥青路面的弯沉检测以沥青面层温度 20℃时为准，当路面平均温度在 20℃±2℃以内可以不修正，在其他温度测试时，对沥青层厚度大于 5cm 的沥青路面，弯沉值应予以温度修正。

7. D

【解析】测试半刚性基层透层油渗透深度应将芯样顶面圆周随机分成约 8 等份，分别量测各分点透层油渗透的渗透深度(mm)，估读至 0.5mm。

8. B

【解析】灌砂法适用于在现场测定基层(或底基层)、砂石路面及路基土的各种材料压实层的密度和压实度检测。

9. D

【解析】$l_t=(L_1-L_2)\times 2$，L_1 为最大读数；L_2 为最小读数。

10. A

【解析】量砂需要足够数量的干燥洁净的均质砂，粒径为 0.15～0.3mm。

11. D

【解析】标准车是双轴，后轴双侧轮的载重车。其标准荷载、轮胎尺寸、轮胎间隙及轮胎气压等主要参数应符合相关规定。

12. C

【解析】测定间距为 10cm，每一计算区间长度为 100m 并输出一次结果。

13. D

【解析】试验需进行两次平行测定，其平行差值不得大于 0.03g/cm³。求其算术平均值。

14. B

【解析】弯沉仪测头置于测点上(轮隙中心前方3~5cm处)。

15. C

【解析】通过气象台了解前5d的平均气温(日最高气温与最低气温的平均值)。

16. B

【解析】③水面下降500mL时停止试验。⑤同一个检测路段选择5个测点测定渗水系数,取其平均值作为检测结果。

17. C

【解析】《公路工程质量检验评定标准　第一册　土建工程》(JTG F80/1—2004)和《公路路基路面现场测试规程》(JTG E60—2008)规定,每200m测两处,每处连续测量10尺;《公路工程质量检验评定标准　第一册　土建工程》(JTG F80/1—2017)规定,每200m测两处,每处连续测5尺。

18. C

【解析】土基的现场CBR值是指在公路上土基现场条件下按规定方法进行贯入试验,得到荷载压强—贯入量曲线,读取规定贯入量的荷载压强与标准压强的比值,以百分数表示。

19. B

【解析】基层或砂石路面的厚度可用挖坑法测定,沥青面层及水泥混凝土路面板的厚度应用钻孔法测定。

20. A

【解析】《公路工程质量检验评定标准　第一册　土建工程》(JTG F80/1—2017)按合格率计算,不采用评分方法。

21. C

【解析】测点应选在车道的轮迹带上,距路面边缘不应小于1m。

22. B

【解析】量砂粒径为0.3~0.6mm,清洁干燥。

23. A

【解析】《公路路基路面现场测试规程》(JTG E60—2004)规定的方法与步骤。

24. B

【解析】C项采用逐级加载卸载法;D项变形超过1mm时,即可停止加载。

25. B

【解析】当量圆半径为10.65cm。

26. B

【解析】同一处平行测定不小于3次,该处的测点位置以中间测点的位置表示。

27. D

【解析】橡胶片的有效使用期从出厂期算为12个月。

28. D

【解析】A选项BVI值越大,表明路面平整度越差。B选项颠簸累计仪不属于断面类平整度测试设备。C 选项测试速度为 30～80km/h。

29. A

【解析】当水面下降速度较慢时测定 3min 的渗水量即可停止。

30. A

【解析】逐级加载、卸载过程中应加载后稳定 1min，卸载后稳定 1min。

31. B

【解析】基层或砂石路面的厚度可用挖坑法测定，沥青面层及水泥混凝土路面板的厚度应用钻孔法测定。

32. D

【解析】贝克曼梁测定路面弯沉时，测点应布置在行车道轮迹带上，并用白油漆或粉笔画上标记。

33. D

【解析】从储砂筒内流出的砂的体积与工地挖坑内的体积相等。

34. D

【解析】测定位置应距车道标线 80～100cm。

35. D

【解析】通常以行车道一侧车轮轮迹线作为连续测定的标准位置。

36. B

【解析】公路等级不会影响弯沉测试值的大小。

37. B

【解析】路面渗水试验一个路段选择 5 个测点测定渗水系数，取平均值作为测试结果。

38. A

【解析】标定长度为 126cm，若滑动长度小于 126cm 会导致摩阻力下降，抗滑值偏低。

39. A

【解析】弯沉是指在规定的荷载作用下，路基或路面表面产生的总垂直变形值（总弯沉）或垂直回弹变形值（回弹弯沉），以 0.01mm 为单位表示。

40. C

【解析】②量砂如果重复使用，一定要注意晾干，处理一致。④每换一次量砂，都必须测定松方密度。

41. C

【解析】每隔 60s 读记录仪器管的刻度一次，至水面下降至 500mL 为止。

42. B

【解析】激光平整度仪为应用激光测距及加速惯性测试修正技术测量路面纵断面高程计算路面国际平整度指数 IRI 的设备。

43. D

【解析】以一定长度区间的标准差反映路面平整度。

44. A

【解析】碾压层上部所受压力大,压得更密实。

45. C

【解析】去掉3个最小值,计算其他5点渗透深度的算术平均值。

46. D

【解析】每个测点由3个单点组成。

47. C

【解析】$\rho_{d}=\frac{\rho_{w}}{1+0.01w}=\frac{2.3}{1+0.055}=2.18$,压实度 $=\frac{2.18}{2.28}=0.969$。

48. B

【解析】现场钻取路面结构的代表性试样时,芯样的直径不宜小于集料最大粒径的3倍。

49. C

【解析】根据《公路路基路面现场测试规程》(JTG E60—2008)规定的回弹模量公式计算得回弹模量为40。

50. A

【解析】试验车后轮轮隙对准测点后3~5cm处。

51. D

【解析】沥青路面抗滑力主要取决于路面表层的宏观构造和微观构造,宏观构造主要指标为构造深度和摩擦系数,微观构造主要是集料磨光值。

52. C

【解析】包含荷载发生装置、弯沉检测装置、运算及控制装置、牵引装置。

53. B

【解析】一侧双轮荷载50kN±0.5kN。

54. B

【解析】适用于在现场测定基层(底基层)、砂石路面及路基土的各种材料压实层的密度和压实度检测。

55. C

【解析】铺砂法适用于沥青路面及水泥混凝土路面表面的构造深度测定。量砂只能在路面上使用一次,不宜重复使用。

56. C

【解析】本方法适用于以摆式仪测定沥青路面、标线或其他材料试件的抗滑值。

57. C

【解析】现场CBR试验试件不需要泡水。

58. A

【解析】在挖坑时试坑周壁应竖直,避免出现上大下小或上小下大的情形,这样会使检测密度偏大或偏小。

59. C

【解析】《公路路基路面现场测试规程》(JTG E60—2008)规定的方法。

60. B

【解析】灌砂法适用于在现场测定基层(底基层)、砂石路面及路基土的各种材料压实层的密度和压实度,所以③→④。钻芯法适用于水泥混凝土面层、沥青混合料面层或水泥、石灰、粉煤灰等无机结合料稳定基层,所以①→⑥。环刀法适用于测定细粒土及无机结合料稳定细粒土的密度,②→⑤。

61. D

【解析】《公路路基路面现场测试规程》(JTG E60—2008)规定的方法。

62. B

【解析】基层或砂石路面的厚度可用挖坑法测定,沥青面层及水泥混凝土路面板的厚度应用钻孔法测定。

二、判断题

1. ×

【解析】量砂只能在路面上使用一次,不宜重复使用。

2. ×

【解析】牵引汽车沿道路纵向行驶,横向位置保持稳定。

3. ×

【解析】摆式仪标准温度为20℃。

4. √

【解析】半刚性基层和底基层的强度一般采用施工过程取样静压成型的试件做无侧限抗压强度。

5. √

【解析】当回弹变形超过1mm时,即可停止加载。

6. ×

【解析】在透层油基本渗透或喷洒48h后,在测试段内随机选取芯样位置,钻取芯样。

7. √

【解析】采用核子密度仪检验压实度时应进行标定试验,确认其可靠性。

8. √

【解析】采用长度为3.6m的弯沉仪进行弯沉测试时需进行支点变形修正。采用长度为5.4m的弯沉仪进行弯沉测试时,可不进行支点变形修正。

9. √

【解析】贝克曼梁的前臂(接触路面)与后臂(装百分表)长度比为2:1。

10. ×

【解析】目前,按照我国有关规定,CBR值仅作为路基填料选择、粒料类基层和底基层材料设计指标,而不作为施工质量检验指标,因此,一般情况下,没有必要进行现场测试。

11. √

【解析】承载比是用于评定路基土和路面材料的强度指标。

12. ×

【解析】应每200mm测两处，每处连续测量10尺。

13. √

【解析】平整度是评价路基路面施工质量和路面使用性能的重要指标。

14. √

【解析】贝克曼梁、自动弯沉仪测定的是静态弯沉，而落锤式弯沉仪测定的是动态弯沉。

15. ×

【解析】滑块的滑动长度越大，摆值就越大。

16. √

【解析】核子密度仪适用于测量各种土或路面材料的压实密度和含水率。

17. ×

【解析】非经注明，错台的测定位置，以行车道错台最大处纵断面为准，根据需要也可以其他代表性纵断面为测定位置。

18. √

【解析】挖坑深度应等于测试层厚度，即应达到该测试层底层。

19. ×

【解析】每100m输出结果并计算。

20. ×

【解析】沿横断面尺每隔20cm一点。

21. ×

【解析】只适用于沥青路面。

22. √

【解析】长度方向上磨耗超过1.6mm或边缘在宽度方向上磨耗超过3.2mm或有油污时，即应更换新橡胶片。

23. ×

【解析】钻头的标准直径为100mm，如芯样仅供测量厚度，不作其他试验时，对沥青面层与水泥混凝土板也可用直径50mm的钻头。对基层材料有可能损坏试件时，也可用直径150mm的钻头，钻孔深度必须达到层厚。

24. √

【解析】承载板测定土基回弹模量试验方法(T 0943—95)。

25. √

【解析】自动弯沉仪的测试原理与贝克曼梁的工作方式基本类似。自动弯沉仪测定的总弯沉换算为回弹弯沉后，用于我国路面承载能力评定或路面结构设计。

26. ×

【解析】不适用于带有沟槽构造的水泥混凝土路面构造深度测定。

27. ×

【解析】贝克曼梁前臂(接触路面)与后臂(装百分表)长度比为2:1。

28. √

【解析】每换一次量砂,都必须测定其松方密度,量砂筒下部圆锥体内砂的数量也应该每次重新标定。

29. √

【解析】本方法属于非破坏性检测,允许对同一个测试位置进行重复测试。

30. √

【解析】在沥青路面成型后应立即测定路面表层渗水系数。

31. ×

【解析】单轮横向力系数测试系统的偏置角为19.5°~21°。

32. ×

【解析】需要进行预压。

33. √

【解析】根据《公路路基路面现场测试规程》(JTG E60—2008),路面横坡可以采用水准仪或几何数据测试系统进行检测。

34. √

【解析】回弹弯沉值是指标准后轴双轮组轮隙中心处的最大回弹弯沉值。

35. √

【解析】断面类通过测量路表凹凸情况来反映平整度,如3m直尺、连续式平整度仪以及激光平整度仪。

36. ×

【解析】对于IRI与路面服务性能之间的关系,一般认为当IRI为零时该断面很平整,对于IRI的上限并没有任何规定。

37. ×

【解析】环刀取样位置应位于压实层的中部。

38. ×

【解析】当两台弯沉仪百分表读数之差不超过平均值的30%时,取平均值。如超过30%,则应重测。

39. √

【解析】渗水性能与沥青混合料级配组成关系密切,可以间接反映混料级配情况。

40. ×

【解析】直接透射法需要打孔。

41. √

【解析】贝克曼梁测定路基路面回弹模量方法适用于土基或厚度不小于1m的粒料整层表面。

42. √

【解析】沥青路面的弯沉测试面层平均温度以20℃±2℃为准,其他温度测试时,对于厚度大于5cm的沥青路面应予以温度修正。

43. √

【解析】单轮式横向力系数测试系统测定的路面摩擦系数称为横向力系数SFC。

44. ×

【解析】连续平整度仪适用于测定路表面的平整度,但不适用于在已有较多坑槽、破损严重的路面上测定。

45. ×

【解析】新橡胶片应先在干燥路面上测试10次后再用于测试。

46. ×

【解析】直接透射法需要打孔。

47. ×

【解析】用钢板尺或卡尺沿芯样圆周对称的十字方向四处量取表面至上下层界面的高度,取其平均值,即为该层的厚度,精确至1mm。

48. √

【解析】用两台弯沉仪同时进行左右轮弯沉测定时,应按两个独立点考虑,不能采用左右两点的平均值。

49. √

【解析】必须保证标准最大干密度的试验材料与现场压实层填料是同种材料,计算得到的压实度才有意义。

50. √

【解析】环刀法测定的密度仅代表环刀深度范围内的平均密度,不能代表碾压层的平均密度。

51. ×

【解析】非经注明,错台的测定位置,以行车车道错台最大处纵断面为准,根据需要也可以其他代表性纵断面为测定位置。

52. ×

【解析】渗水系数是指在规定的初始水头压力下,单位时间内渗入路面规定面积的水的体积,以mL/min计。

53. √

【解析】激光构造深度仪的测值应通过对比试验建立相关关系式,转换为铺砂法构造深度值后,才能进行测试结果的评定。

54. √

【解析】在沥青路面成型后应立即测定路面表层的渗水系数。

55. √

【解析】国际平整度指数IRI是以四分之一车在速度为80km/h时的累积竖向位移值,单位为m/km。IRI其实是一个无量纲的指数,因为它来自于四分之一车模拟统计值,但习惯上用m/km表示。累积竖向位移值越小,路面平整度越好。

56. √

【解析】我国采用回弹弯沉来表征路基路面的承载能力。

57. ×

【解析】路基土压实度指压实后的干密度与标准最大干密度之比,以百分率表示。

58. √

【解析】在表面用散射法可以测定沥青混合料面层的压实度。

59. ×

【解析】路面平均温度大于20.0℃时，弯沉的温度修正系数小于1。

60. √

【解析】现场CBR试验与现场压实质量有关。

三、多项选择题

1. ACD

【解析】用于测定土基或基层材料的压实密度及含水率时，打洞后用直接透射法所测定层的厚度不宜大于30cm。

2. ABCD

【解析】应满足尺寸6.35mm×25.4mm×76.2mm。橡胶质量以及磨耗量不能超标，橡胶片有效使用期从出厂日期起算为12个月。

3. ABC

【解析】D选项需进行对比试验。

4. AD

【解析】A选项应该为逐级加载卸载的方式；D选项根据弹性半空间体理论计算。

5. AC

【解析】B选项CBR值一般应以贯入量2.5mm时的测定值为准；D选项一般情况下现场CBR值测试结果大于室内试验的CBR值。

6. AC

【解析】测定沥青路面弯沉时，路表温度在20℃±2℃范围内可不修正，在其他温度测试时，对沥青层厚度大于5cm的沥青路面，弯沉值应予以温度修正。

7. AC

【解析】采用长度为3.6m的弯沉仪进行弯沉测试时需进行支点变形修正。采用长度为5.4m的弯沉仪进行弯沉测试时，可不进行支点变形修正。测定沥青路面弯沉时，路表温度在20℃±2℃范围内可不修正，在其他温度测试时，对沥青层厚度大于5cm的沥青路面，弯沉值应予以温度修正，应在不利季节测。

8. ABD

【解析】不需要计算标准差。

9. ABCD

【解析】《公路路基路面现场测试规程》(JTG E60—2008)规定。

10. BCD

【解析】《公路路基路面现场测试规程》(JTG E60—2008)规定。

11. AD

【解析】当集料的最大粒径小于13.2mm、测定层的厚度不超过150mm时，宜采用ϕ100mm的小型灌砂筒测试。

12. BCD

【解析】长度不小于一个车道宽度。

13. BCD

【解析】A 选项有三种不同击数的 CBR 试件,只有 98 击等于最大干密度。

14. CD

【解析】灌砂法适用于基层、砂石路面、路基土。环刀法适用于细粒土、无机结合料稳定细粒土。

15. AD

【解析】贝克曼梁法适用于在土基或者厚度不小于 1m 的粒料整层表面测试。

16. AC

【解析】铺砂法可以用来评定路面表面的宏观粗糙度及抗滑性能,构造深度大时,路面排水性能也好些。

17. CD

【解析】测定沥青路面弯沉时,路表温度在 20℃ ±2℃ 范围内可不修正,在其他温度测试时,对沥青层厚度大于 5cm 的沥青路面,弯沉值应予以温度修正。

18. ABD

【解析】可以连续测试路面平整度的设备有连续式平整度仪、车载式颠簸累积仪、激光平整度测试车。

19. BD

【解析】A 选项为 48h,C 选项为 8 等份。

20. CD

【解析】环刀法测定路基路面现场密度时,用取土器落锤将环刀打入压实层,至环盖顶面与定向筒上口齐平为止;环刀法适用于细粒土及无机结合料稳定细粒土的密度测定。

21. ABC

【解析】制动距离越长,抗滑性能越差。

22. AB

【解析】无核密度仪法适用于快速测定沥青路面各层沥青混合料的密度。钻芯法适用于检测从压实的沥青路面上钻取的沥青混合料芯样试件的密度。

23. AC

【解析】D 项变形超过 1mm 时,即可停止加载。B 选项高速公路、一级公路、二级公路轮胎充气压力为 0.7MPa ±0.05MPa,其他等级公路也可采用 0.5MPa ±0.05MPa。

24. AB

【解析】落锤式弯沉仪测得结果为动态总弯沉及弯沉盆数据。

25. AD

【解析】沥青路面车辙测试,供评定路面使用状况及计算维修工作量时使用。

26. CD

【解析】灌砂法适用于砂石路面;环刀法适用于细粒土及无机结合料稳定细粒土的密度。

27. AB

【解析】核子密度湿度仪,以散射法或直接透射法测定路基或路面材料的密度和含水率,并计算压实度。

28. BD

【解析】可分为断面类和反应类两大类。

29. AD

【解析】连续式平整度仪属于断面类测试设备。VBI 与国际平整度指数有良好的相关关系。

30. AC

【解析】基层或砂石路面的厚度可用挖坑法测定,沥青面层及水泥混凝土路面板的厚度应用钻孔法测定。

31. ABD

【解析】测定沥青混合料面层的压实度或硬化混凝土等难以打孔材料的密度时,宜使用散射法;用于测定土基、基层材料或非硬化水泥混凝土等可以打孔材料的密度及含水率时,应使用直接透射法。

32. AB

【解析】测定沥青路面弯沉时,路表温度在20℃ ±2℃范围内可不修正,在其他温度测试时,对沥青层厚度大于5cm 的沥青路面,弯沉值应予以温度修正。

33. BCD

【解析】用以评定路面或路面材料试件在潮湿状态下的抗滑能力。

34. BCD

【解析】制动距离越长,抗滑性能越差。

35. BCD

【解析】弯沉是指在规定的荷载作用下,路基或路面表面产生的总垂直变形值(总弯沉)或垂直回弹变形值(回弹弯沉),以 0.01mm 为单位表示。弯沉代表值应小于或等于设计弯沉。

36. BD

【解析】后轴双侧 4 轮;轮胎充气压力为 0.7MPa。

37. ABC

【解析】横向力系数反映抗滑性能。

38. AC

【解析】检测测试轮气压,应达到 0.35kPa ±0.02kPa 的要求,测试系统的标准现场测试地面温度范围为 20℃ ±5℃,其他地面温度条件下测试的 SFC 值必须转换为标准温度下的等效 SFC 值。

39. ABCD

【解析】手工铺砂法测定路面构造深度的原理:将已知体积的细砂铺在所需要测试的路表的测点上,量取摊平覆盖砂的圆形直径,计算嵌入凹凸不平的表面空隙中的砂的体积与所覆盖面积的比值,从而求得构造深度。

40. ABC

【解析】颠簸累积仪法是测试平整度一种方法，不用于测试车辙。

41. ABD

【解析】短脉冲雷达法测定路面厚度。

42. ABCD

【解析】《公路沥青路面施工技术规范》(JTG F40—2004)P65规定了路面施工过程中应对每一层次、总厚度、上面层厚度进行检测。每一层次随时检测，厚度在50mm以下的允许偏差应为设计值的5%，厚度在50mm以上的允许偏差应为设计值的8%。一个台班区的平均值，厚度在50mm以下允许偏差为3mm，厚度在50mm以上允许偏差为5mm。总厚度允许偏差为设计值的5%，上面层的允许偏差为设计值10%。

43. BC

【解析】钻芯法适用于水泥混凝土面层、沥青混合料面层或水泥、石灰、粉煤灰等无机结合料稳定基层。

44. ABCD

【解析】《公路沥青路面施工技术规范》(JTG F40—2004)P24规定，施工过程中应对沥青加热温度、矿料加热温度、混合料出料温度、储存温度、运输到现场的温度、摊铺温度、开始碾压温度、碾压终了温度、开放交通温度进行检测。

45. ABCD

【解析】适用于检测沥青表面处治、沥青贯入式、透层、黏层等采用喷洒法沥青材料喷洒数量，供施工质量检验和控制使用。

46. BC

【解析】高速公路沥青路面平整度测试不用3m直尺法。水准仪用来测试高程。

47. ABCD

【解析】影响路面抗滑性能的因素有：路面表面特性、干湿状态、温度、行车车速、轮胎特性等。

48. ABC

【解析】钻芯法适用于水泥混凝土面层、沥青混合料面层或水泥、石灰、粉煤灰等无机结合料稳定基层。

49. AD

【解析】车载式颠簸累积仪的测试速度范围为30~80km/h；车载式颠簸累积仪测值与国际平整度指数进行标定时，相关系数R应不低于0.99。

四、综合题

1. (1) BCD

【解析】贝克曼梁法测定静态回弹弯沉值；自动弯沉仪测定静态总弯沉；落锤式弯沉仪测试动态总弯沉。

(2) ABD

【解析】自动弯沉仪测定静态总弯沉。

(3)D

【解析】A选项沥青层厚度小于5cm时可以不修正。B选项采用3.6m的弯沉仪,需进行支点变形修正。C选项应在轮迹中心前方。

(4)BD

【解析】B选项当路拱横坡超过4%时,需对弯沉值进行横坡修正。

D选项需按相关关系方程换算成回弹弯沉。

(5)ABC

【解析】落锤式弯沉仪法对路面加载方式与自动弯沉仪不同。

2.(1)AC

【解析】根据《公路工程质量检验评定标准　第一册　土建工程》(JTG F80/1—2017),抗滑性能指标为构造深度和摩擦系数。

(2)ABD

【解析】A选项量砂不能重复使用;B选项同一处平行测定3次,由同一个试验员进行测定;D选项用小铲装砂,沿筒壁向圆筒中注满砂,手提圆筒上方,在硬质路表面上轻轻地叩打3次,使砂密实,补足砂面用钢尺一次刮平。

(3)CD

【解析】铺砂法所测结果不需换算,激光构造深度仪测试结果需通过相关关系式换算,且要求相关系数R不小于0.97。动态旋转式摩擦系数测定仪不能连续测试。

(4)ACD

【解析】A选项必须调平;C选项每次测试都需要调零;D选项用喷水壶浇洒测点,使路面处于潮湿状态。

(5)AC

【解析】A选项SFC是侧向摩擦阻力与垂直荷载的比值;C选项测试轮不用满足BZZ-100的要求。

3.(1)ABC

【解析】D选项双轴,后轴双侧4轮。

(2)BC

【解析】A选项单位为0.01mm;D选项前臂:后臂=2:1。

(3)AB

(4)ABC

【解析】测试的某公路路基顶面回弹弯沉值,测试结果不做温度修正,可以不测路表温度。

(5)D

【解析】温度修正在沥青面层厚度大于5cm时应进行修正。而路表温度与测定前5d日平均气温的平均值之和作为温度修正的依据。题目中未说弯沉仪长度是否为3.6m,只有3.6m弯沉仪测试结果才进行支点变形修正。题意不明,C选项无法确定。

4.(1)D

【解析】《公路工程质量检验评定标准　第一册　土建工程》(JTG F80/1—2017)规定不能测高速公路沥青混凝土面层。

(2)C

【解析】每200m测两处。

(3)C

【解析】《公路路基路面现场测试规程》(JTG E60—2008)规定，每处连续测10尺。

(4)BCD

【解析】目测确定最大间隙位置，用塞尺量测最大间隙的高度。路基路面进行平整度检查验收按路线纵向摆。

(5)AD

【解析】需要计算合格百分率，并计算10个最大间隙的平均值。

5. (1)B

【解析】横向力系数代表值：$SFC_r = \overline{SFC} - \frac{t_a}{\sqrt{n}}S = 48$。

(2)D

【解析】代表值48 <49(设计要求值)；不合格。

(3)CD

【解析】检查测试轮胎，调整气压至0.35MPa。

(4)AC

【解析】《公路工程质量检验评定标准　第一册　土建工程》(JTG F80/1—2017)将抗滑性能分为摩擦系数、构造深度两个指标，分别要进行检测；横向力系数测试车的检测速度越快，检测结果越小，需要进行速度修正。

(5)CD

【解析】测试温度越低，测得的横向力系数越大；测试系统的标准现场测试地面温度为20℃ ±5℃，其他地面温度条件下测得的横向力系数就需要进行温度修正。

6. (1)C

【解析】794 + 5229 + 3264 = 9287。

(2)B

【解析】$V = \frac{m}{p} = \frac{3227}{1.44} = 2240.97$。

(3)D

【解析】$p = \frac{m}{V} = \frac{4558}{2295} = 1.986$。

(4)A

【解析】$\sigma = \sqrt{\frac{1}{N}\sum_{i=1}^{N}(x_i - \mu)^2}$

(5)D

【解析】路面的平整应检测其平整度。压实度标准为：二级公路路堤填方路床为95%，上路堤为94%，下路堤为92%。路堤施工段落短时，分层压实度应点点符合要求，且样本数不少于6个。

考前模拟题

一、**单项选择题**(共30题,每题1分,共30分)

1.毛细管动力黏度试验的试验温度为(　　)。

A.25℃　　B.60℃　　C.135℃　　D.175℃

2.灌砂法测定土的密度时需要进行(　　)项标定。

A.1　　B.2　　C.3　　D.4

3.液塑限联合测定法中应将试样过(　　)筛。

A.0.5mm　　B.0.25mm　　C.2mm　　D.5mm

4.粗集料中针片状颗粒含量的大小将会影响到(　　)。

A.混凝土的耐久性　　B.集料与水泥的黏结效果

C.混凝土的力学性能　　D.集料的级配

5.无机结合料标准养护温度是(　　)。

A.20℃ ±1℃　　B.20℃ ±2℃　　C.25℃ ±1℃　　D.25℃ ±2℃

6.粗集料的堆积密度是指集料按照一定方式装填于容器中,单位堆积体积里所具有的质量。其中堆积体积包括(　　)。

A.材料实体、开口及闭口空隙、颗粒间空隙

B.材料实体、开口空隙、颗粒间空隙

C.颗粒间空隙、开口及闭口空隙

D.材料实体、开口及闭口空隙

7.下列基层与底基层材料中,没有根据力学行为进行分类的是(　　)。

A.柔性基层　　B.半刚性基层

C.刚性基层　　D.有机结合料稳定类基层

8.集料压碎值用于衡量石料在逐渐增加的荷载下抵抗压碎的能力,是衡量石料(　　)的指标。

A.物理性质　　B.化学性质

C.力学性质　　D.物理性质和化学性质

9.级配碎石或砾石用作底基层时,公称最大粒径应不大于(　　)。

A.26.5mm　　B.31.5mm　　C.37.5mm　　D.42.5mm

10.洛杉矶磨耗试验用于测定规定条件下(　　)抵抗摩擦、撞击的综合力学能力。

A.粗集料　　B.细集料　　C.石屑　　D.天然砂

11.无机结合料稳定材料振动压实试验方法适用于(　　)的稳定性材料。

A.粗集料含量较多　　B.粗集料含量较少

C.细集料含量较多　　D.细集料含量较少

12. 采用 EDTA 滴定法测定水泥和石灰稳定材料中水泥或石灰的剂量时,溶液颜色变化为(　　)。

A. 玫瑰红色—紫色—蓝色　　B. 玫瑰红色—蓝色—紫色

C. 紫色—蓝色—玫瑰红色　　D. 蓝色—紫色—玫瑰红色

13. 水泥熟料矿物中,保证早期强度的是(　　)。

A. C_3S　　B. C_2S　　C. C_3A　　D. CaO

14. 硅酸盐水泥适用于(　　)的混凝土工程。

A. 快硬高强　　B. 大体积

C. 与海水接触　　D. 受热的

15. 水泥混凝土路面应检测强度,此强度是指(　　)。

A. 抗压强度　　B. 抗拉强度

C. 抗弯拉强度　　D. 抗剪强度

16. 试饼法检验水泥的安定性时,试饼成型后(　　)放入煮沸箱中沸煮。

A. 立即　　B. 养护箱中养护 12h 后

C. 养护箱中养护 24h　　D. 养护箱中养护 3d

17. 若水泥:砂:石:水 = 1:2:3:0.5,混凝土实测密度为 $2400kg/m^3$,则水泥用量为(　　)kg。

A. 369　　B. 340

C. 380　　D. 已知条件不够

18. 水泥混凝土抗压强度合格评定时,当试件数量(　　)组时,应采用数理统计法进行。

A. 10 组　　B. >10 组　　C. ≥10 组　　D. ≤10 组

19. 进行工地混凝土拌和物的工作性试验或水泥混凝土强度试验时,为使取样有代表性,均须从(　　)以上的不同部位抽取大致相等份量的代表性样品。

A. 一处　　B. 两处　　C. 三处　　D. 四处

20. 沸煮法主要是检验水泥中是否含有过量的(　　)。

A. NaO_2　　B. 游离 CaO

C. 游离 MgO　　D. SO_3

21. 评价聚合物改性沥青的长期耐老化性能,现行标准规定以采用(　　)试验为准。

A. 旋转薄膜加热　　B. 薄膜加热

C. 沥青蒸发质量损失　　D. 压力老化

22. 制作沥青混合料标准马歇尔试件,第一次采用的沥青混合料质量为 1215g,做得试件的高度为 65.0mm,调整后混合料的质量应该为(　　)。

A. 1150g　　B. 1187g　　C. 1215g　　D. 1244g

23. 规范规定木质素纤维的吸油率不小于自身质量的(　　)倍。

A. 1　　B. 102　　C. 5　　D. 8

24. 进行粗集料坚固性试验时,将所称取的不同粒级的试样分别装入三脚网并浸入盛有硫酸钠溶液的容器中,溶液体积应不小于试验总体积的(　　)倍。

A. 1　　B. 2　　C. 5　　D. 10

25. 当筛分试验各级过筛不彻底时,计算出的砂的细度模数将会(　　)。

A. 偏小

B. 偏大

C. 因各级均不彻底,最终不影响细度模数的大小

D. 变化无法确定

26. 下列针对粉煤灰烧失量测定操作的说法正确的是(　　)。

A. 烧失量主要来自于粉煤灰中硫化物

B. 温度控制是烧失量检测的核心控制因素

C. 粉煤灰细度越高,烧失量越大

D. 试验时要严格控制高温灼烧时间

27. 评价沥青混合料耐久性的指标是(　　)。

A. 饱和度　　B. 动稳定度　　C. 马氏模数　　D. 稳定度

28. 以下因素:①粗集料强度低;②砂子用量过大;③粉料含量过多;④沥青针入度偏大;⑤矿料级配采用了间断级配;⑥级配偏细,其中导致沥青混合料配合比设计的马歇尔稳定度偏低的原因有(　　)项。

A. 3　　B. 4　　C. 5　　D. 6

29. 路面基层施工中,采用 EDTA 滴定法进行石灰或水泥剂量的测定时,首先要制作标准曲线。在整个施工过程中,可能要二次制作标准曲线,需重新制作标准曲线的原因是(　　)。

A. 原材料发生变动

B. EDTA 溶液用完后需重新配制

C. 待测无机结合料取样方式改变

D. 施工环境发生改变

30. 关于热拌热铺沥青混合料的施工温度测试方法,说法不正确的是(　　)。

A. 采用金属杆插入式温度计

B. 出厂温度或运输至现场温度在运料货车上测试

C. 混合料摊铺温度直在摊铺机的一侧拨料器前方的混合料堆上测试

D. 在沥青混合料碾压过程中测定压实温度,测试时温度计插入深度不小于 150mm

二、**判断题**(共 30 题,每题 1 分,共 30 分)

1. 土的固结是指饱和土体在外荷载作用下,土体孔隙中水分逐渐排出,土体体积减小,密度增长的过程。(　　)

2. 公路技术状况评定中,除高速公路、一级公路外,其他等级公路不需要单独测量路面车辙计算 RDI。(　　)

3. 洛杉矶磨耗试验是一项针对粗集料抗磨光能力的试验项目。(　　)

4. 不均匀系数 C_u 反映土粒分布范围。(　　)

5. 土工试验中重型击实功是轻型击实功的 3 倍。(　　)

6. 液塑限联合测定法中液限对应的锥入深度为 20mm。(　　)

7. 劈裂强度试验作为应力检验时,石灰稳定类材料试件养护时间为 6 个月。(　　)

8. 无机结合料稳定基层材料应具有良好的水稳定性与抗冻性。（　　）

9. 某二级公路路面水泥稳定砂砾基层施工中，为了加快工程进度，采用 42.5(R)级普通硅酸盐早强水泥，缩短了混合料硬化成型时间。（　　）

10. 水泥稳定类进行混合料设计时需确定各种混合料的最佳含水率和最大干密度，至少应做 5 个不同水泥剂量混合料的击实试验。（　　）

11. 细集料筛分试验有水洗法和干筛法，对沥青混合料用细集料必须采用干筛法。（　　）

12. 新拌水泥混凝土的坍落度随砂率的增大而减小。（　　）

13. 同一材料在进行强度试验时，加荷速度快者较加荷速度慢者的试验结果值偏小。（　　）

14. 拌水泥混凝土工作性的评价方法为坍落度法。（　　）

15. 增加砂率会使水泥混凝土的坍落度减小。（　　）

16. 标准稠度用水量试验的目的是为凝结时间和安定性试验制浆确定拌和用水量。（　　）

17. 沥青混合料标准试件制作，当集料公称最大粒径大于 31.5mm 时，也可利用标准马歇尔试件击实成型法但一组试件的数量应增加至 6 个。（　　）

18. 沥青混合料生产质量的总量检验时，可只用 5 个控制性筛孔的符合情况来评定矿料级配。（　　）

19. 在盖层油喷洒 4h 后，可在测试段内随机钻孔取芯，测定半刚性基层的透层油渗透深度。（　　）

20. 沥青混合料车辙试验不得采用二次加热的混合料试验，必须检验其密度是否符合试验规程的要求。（　　）

21. 采用核子密度仪检验压实度时应进行标定试验，确认其可靠性。（　　）

22. 当采用长度为 3.6m 的弯沉仪对半刚性基层沥青路面进行弯沉测试时，应进行支点变形修正。（　　）

23. 实测项目的规定极值是指任一单个检测值都不能突破的极限值，不符合要求时该实测项目为不合格。（　　）

24. 集料中针片状颗粒对沥青黏附性会造成不利影响。（　　）

25. 半刚性基层施工现场压实度的测定，应以当天通过现场取样并成型试件测得的最大干密度为准进行评定。（　　）

26. 基层材料力学强度越高，越利于其抗开裂或抗冲刷性能。（　　）

27. 水泥混凝土路面错台的测定位置，通常以行车道错台最大处横断面为准。（　　）

28. 激光构造深度仪的测值应通过对比试验建立相关关系式，转换为铺砂法构造深度值后，才能进行测试结果的评定。（　　）

29. 渗水系数是指在单位时间内渗入路面规定面积的水的体积，以 mL/s 计。（　　）

30. 环刀法测定的密度仅代表环刀深度范围内的平均密度，不能代表碾压层的平均密度。（　　）

三、多项选择题(共20题,每题2分,共40分)

1. 沥青混凝土路面竣工验收前,应对(   )项目进行复测。
   A. 压实度　　B. 弯沉　　C. 平整度　　D. 横向力系数
2. 公路路面技术状况评价的指标有(   )。
   A. 路面损害　　B. 路面抗滑性能
   C. 路面渗水性能　　D. 路面疲劳性能
3. 土的含水率试验方法包括(   )。
   A. 烘干法　　B. 酒精燃烧法　　C. 比重法　　D. 碳化钙气压法
4. 以下(   )试验方法中试样需要闷料。
   A. 含水率　　B. 界限含水率　　C. 颗粒分析　　D. 击实
5. 土的颗粒分析试验方法包括(   )。
   A. 筛分法　　B. 干筛法　　C. 密度计法　　D. 移液管法
6. 有关高等级公路上面层用粗集料性能的描述,不正确的是(   )。
   A. 易于磨损的集料,容易形成光滑的表面
   B. 磨光值越大,路面的抗滑性能越好
   C. 磨光值越小,路面的抗滑性能越好
   D. 磨耗值越大,磨光值越大
7. 有关无机结合料稳定材料顶面法测定室内抗压回弹模量的说法,正确的有(   )。
   A. 试件是高径比1∶1的圆柱体
   B. 试验前对端面处理过的试件浸水1昼夜
   C. 荷载应逐级加载、卸载
   D. 试件按照最佳含水率和最大干密度成型
8. 下面对粗集料压碎值试验的描述正确的是(   )。
   A. 选用石料若过于潮湿则需加热烘干,烘箱温度不得超过100℃,烘干时间不超过2h
   B. 将试样分两次(每次数量大体相同)均匀装入试模中
   C. 用2.36mm标准筛筛分经压碎的全部试样,可分几次筛分,均需筛到在1min内无明显的筛出物为止
   D. 石料压碎值为试验后通过2.36mm筛孔的集料质量与试验前试样质量的比值
9. 大体积混凝土工程优先选用的水泥有(   )。
   A. 硅酸盐水泥　　B. 复合硅酸盐水泥
   C. 矿渣硅酸盐水泥　　D. 粉煤灰硅酸盐水泥
10. 影响水泥体积安定性的因素主要有(   )。
    A. 熟料中氧化镁含量　　B. 熟料中硅酸三钙含量
    C. 水泥的细度　　D. 水泥中三氧化硫含量
11. 新拌混凝土的工作性主要包括(   )。
    A. 流动性　　B. 可塑性　　C. 稳定性　　D. 和易性
12. 水泥的碱含量测试方法有(   )。

A. 火焰光度法　　B. 自动电位滴定法
C. 离子色谱法　　D. 原子吸收分光光度法

13. 水泥的氯离子含量测试方法有(　　)。
A. 硫氰酸铵容量法　　B. 自动电位滴定法
C. 离子色谱法　　D. 原子吸收分光光度法

14. 测定沥青路面弯沉时,在(　　)情况下,可不进行温度修正。
A. 沥青面层厚度小于或等于 50mm
B. 路表温度在 25℃ ±2℃范围内
C. 路表温度在 20℃ ±2℃范围内
D. 沥青面层厚度大于 50mm

15. 用 3m 直尺测定路面平整度,其报告内容有(　　)。
A. 不合格尺数　　B. 合格率
C. 标准差　　D. 最大间隙平均值

16. 能反映沥青混合料水稳定性的试验有(　　)。
A. 低温弯曲试验　　B. 浸水马歇尔试验
C. 冻融劈裂试验　　D. 渗水试验

17. 进行沥青试验前,试样准备工作包括(　　)。
A. 落实生产沥青的油源　　B. 除去沥青中所含水分
C. 确认沥青所属等级　　D. 筛除沥青中的异物

18. 下列关于勃氏法测量水泥比表面积的说法不正确的有(　　)。
A. 试样需要烘干并冷却　　B. 试验需要过 1.0mm 筛
C. 试验室相对湿度≥50%　　D. 平行试验结果相差不大于 2%

19. 下列针对混凝土成型正确的操作方式有(　　)。
A. 坍落度 10mm,采用人工插捣方式成型
B. 坍落度 23mm,采用捣棒插入式成型
C. 坍落度 70mm,采用振动台成型
D. 坍落度 100mm,采用人工插捣方式成型

20. 高速公路、一级公路沥青混合料的配合比应在调查以往同类材料的配合比设计经验和使用效果的基础上进行设计,其步骤包括(　　)。
A. 目标配合比设计阶段　　B. 生产配合比设计阶段
C. 生产配合比验证阶段　　D. 确定施工级配允许波动范围

四、综合题(共 5 道大题,每小题 2 分,共 50 分)

下列各题均有 1 个或 1 个以上备选答案符合题意,出现漏选或错误选项均不得分,完全正确得满分。

1. 对某高速公路稳定碎石基层材料强度进行施工过程中的质量抽检,并进行评定。已知该水泥稳定碎石基层材料的 7d 无侧限抗压强度设计要求为 4.0MPa,按照要求每 2000m^3 制备一组 6 个试件。试回答下列问题。

(1)混合料取样正确的做法是(　　)。

A. 在拌和站取样,分别来源于3~4台不同的运料车

B. 在运料车取样,分别来源于3~4台不同的运料车

C. 在摊铺机后取样,分别来源于3~4台不同的运料车

D. 混合后进行四分法取样

(2)试件制备和养护的正确做法是(　　)。

A. 采用击实法成型

B. 采用振动压实法成型

C. 在标准养生环境中养护6d、浸水1d

D. 按工地预定达到的压实度,采用静力压实法成型

(3)试验步骤中最重要的环节是(　　)。

A. 称试件质量 m(g)

B. 测量试件高度 h(cm)

C. 测定试件含水率 w(%)

D. 安置试件,以1mm/min的速率加载,记录试件破坏时的最大压力 P(N)

(4)如果试件的直径为 D(mm),那么试件的无侧限抗压强度 R_c 为(　　)MPa。

A. $P/(\pi D^2/4)$　　B. $P/(m_b D)$　　C. $P/(hD)$　　D. $P/(whD)$

(5)经过整理后的试件平均强度为4.3MPa,试验结果的偏差系数为0.06,$Z_a=1.645$,那么该评定段内水泥稳定碎石基层材料强度评定为(　　)。

A. 不合格　　B. 合格　　C. 良好　　D. 优秀

2. 某水泥混凝土用砂样筛分数据如下表所示。

筛孔尺寸(mm)	4.75	2.36	1.18	0.6	0.3	0.15	0.075
筛余量(g)	10	150	75	110	130	20	5

关于细集料筛分试验方法、筛分结果计算、细度模数计算、砂粗细程度的判定,请回答下列问题。

(1)细集料筛分试验需要注意的有(　　)。

A. 对水泥混凝土用砂可采用干筛法,如果需要也可采用水筛法筛分

B. 不能以水泥混凝土用砂的筛分方式代替沥青混合料的筛分

C. 砂的粗细程度改变,对水泥混凝土的影响程度远不如对沥青混合料的影响程度大

D. 干筛法中所有各筛上存留量加上底盘上保留质量之和与筛分试验用量相比,其差不得超过总质量的1%

(2)有关细集料筛分试验结果计算,描述正确的有(　　)。

A. 分计筛余百分率是指某孔径筛上的筛余量占试样总质量的百分率

B. 通过百分率是指通过指某一筛孔的试样质量占总质量的百分率,在数值上等于100减去该孔径筛的累计筛余百分率

C. 细度模数由规定的数个筛上的累计筛余百分率计算得到,细度模数越大,表示砂的颗粒越粗

D. 进行两次平行试验,以试验结果的算术平均值作为测定值,如两次试验所得的细度模数之差大于0.2,应重新进行试验

(3)该砂0.6mm 筛的累计筛余百分率为(　　)。

A. 22%　　B. 31%　　C. 47%　　D. 69%

(4)该砂的细度模数为(　　)。

A. 2.9　　B. 3.0　　C. 3.2　　D. 3.4

(5)根据细度模数判断该砂为(　　)。

A. 粗砂　　B. 中砂　　C. 细砂　　D. 特细砂

3. 拌和20L 水泥混凝土,分别称取水泥、水、砂、石的用量是 7.8kg、3.9kg、11.76kg、23.52kg,用于混凝土工作性检验。坍落度试验结果要求提高其坍落度,因此需增加 3% 的水泥浆。在完成工作性验证后采用改变水胶比 W/B(即水灰比 W/C)±0.05 的方式进行强度验证,按30L 进行拌和。验证后发现原有水胶比满足强度要求。在施工现场进行施工拌和时,测得当时的砂、石含水率分别是 5% 和 2%。

根据上述条件回答下列问题。

(1)该水泥混凝土的初步配合比可表示为(　　)。

A. 水泥:水:砂:石 =7.8kg:3.9kg:11.76kg:23.52kg

B. 水泥:水:砂:石 =390:195:588:1176(kg/m^3)

C. 水泥:水:砂:石 =390(1 +3%):195x(1 +3%):588:1176(kg/m^3)

D. 水泥:砂:石 =1:1.51:3.02,W/C =0.50

(2)工作性检验时需增加一定数量的水泥浆,表明原配合比混凝土的(　　)。

A. 坍落度不符合设计要求范围

B. 混凝土流动性偏低,但黏聚性和保水性满足要求

C. 混凝土工作性不能完全满足要求

D. 混凝土流动性、黏聚性和保水性均不满足要求

(3)当按照 ±0.05 改变混凝土基准水胶比进行强度检测时,拌和混凝土过程中(　　)。

A. 需要调整水泥和水的用量

B. 仅需要调整水泥用量

C. 仅需要调整水的用量

D. 构成混凝土的材料用量都需调整

(4)进行强度验证时,配合比调整方法操作正确的是(　　)。

A. 当水胶比增加 0.05,混凝土的配合比为
水泥:水:砂:石 =365:201:588:1176(kg/m^3)

B. 当水胶比增加 0.05,拌和 30L 混凝土,各组成材料的用量是
水泥:水:砂:石 =12.05:6.63:17.64:35.28(kg)

C. 当水胶比减少 0.05,混凝土的配合比为
水泥:水:砂:石 =402:109:588:1176(kg/m^3)

D. 当水胶比减少 0.05,拌和 30L 混凝土,各组成材料的用量是
水泥:水:砂:石 =13.39:6.03:17.64:35.28(kg)

(5)针对现场砂石含水率的状况,施工拌和操作方法表述正确的是(　　)。

A. 砂石含水率是指砂石中水分含量占天然砂石材料质量的百分率

B. 根据实测砂石含水率,工地混凝土的配合比是

水泥∶水∶砂∶石 = 365∶148∶617∶1200(kg/m^3)

C. 根据工地混凝土配合比,混凝土的水胶比是0.41

D. 根据工地混凝土配合比,混凝土的砂率是33%

4. 某类型沥青混合料配合比设计过程中,需进行马歇尔试件制件、试件密度测定、混合料理论最大相对密度、车辙试验等检测项目。请根据相关条件回答下列问题。

(1)已知马歇尔试件制作采取标准击实法,高度符合要求的试件有(　　)。

A. 66.2mm　　B. 64.9mm　　C. 64.8mm　　D. 63.8mm

(2)在制作过程中,试验人员往7500g矿料里加入了377g沥青,则该试件的沥青含量是(　　)。

A. 5.0%　　B. 4.8%　　C. 4.9%　　D. 4.7%

(3)试件密度测定过程中,测得干燥试件的空气质量为1220.1g,试件的水中质量为719.6g,试件的表干质量为1221.3g,试件的高度为64.1mm。对于此沥青混合料试件,下述所用测定方法及相关表述正确的是(　　)。

A. 用体积法,测得毛体积相对密度

B. 用水中重法,测得毛体积相对密度

C. 用水中重法,测得表观相对密度,以表观相对密度代替毛体积相对密度

D. 用蜡封法,测得毛体积相对密度

(4)有关真空法测定沥青混合料理论最大相对密度试验,以下叙述正确的是(　　)。

A. 负压达到后,开动振动装置持续10min ± 2min

B. 测定前需将沥青混合料团块仔细分散,粗集料不破损,细集料团块分散到小于6.4mm

C. 测定时,开动真空泵,使负压容器内负压在2min内达到3.7kPa ± 0.3kPa

D. 真空法不适用于吸水率大于3%的多孔性集料的沥青混合料

(5)有关沥青混合料的生产配合设计,下列说法正确的有(　　)。

A. 取热料仓的集料进行筛分试验,获得各热料的级配

B. 用图解法确定各热料的比例,合成级配尽量靠近目标级配

C. 设计5个不同油石比,分别制作马歇尔试件,测试其物理力学指标

D. 生产配合比的最佳油石比必须与目标配合比一致

5. 已知某高速公路评定段的沥青路面设计要求的弯沉值为35(0.01mm),沥青面层与要求保证率有关的系数 $Z_a = 1.645$,评定段(1km)沥青面层弯沉检测整理结果如下:回弹弯沉平均值 $\bar{l} = 26$(0.01mm),标准差 $S = 4.2$(0.01mm)。根据以上资料,试对该评定段沥青面层弯沉值评定,回答下列问题。

(1)按每一双车道评定路段检查80~100个点,四车道公路每评定段弯沉测点有(　　)个。

A. 480~600　　B. 240~300　　C. 160~200　　D. 80~100

(2)可以采用(　　)检测沥青面层弯沉值。

A. 路面雷达　　B. 落锤式弯沉仪　　C. 自动弯沉仪　　D. 贝克曼梁

(3)如果采用全部测点弯沉值计算的代表弯沉值不符合要求,可以(　　)。

A. 用重新计算的代表弯沉值评定　　B. 重新计算平均值和标准差

C. 舍弃超出 $\bar{l}\pm(2\sim3)S$ 的弯沉特异值　　D. 直接评定为不合格

(4)该路段弯沉代表值为(　　)(0.01mm)。

A. 33　　B. 30　　C. 26　　D. 19

(25)该路段评定结论为(　　)。

A. 弯沉代表值小于设计要求的弯沉值,所以合格

B. 弯沉代表值小于设计要求的弯沉值,所以不合格

C. 弯沉代表值大于设计要求的弯沉值,所以合格

D. 弯沉代表值大于设计要求的弯沉值,所以不合格

参考答案

一、单项选择题(共30题,每题1分,共30分)

1. B　2. C　3. A　4. C　5. B　6. A　7. D　8. C　9. C　10. A
11. A　12. A　13. A　14. A　15. C　16. C　17. A　18. C　19. C　20. B
21. D　22. B　23. C　24. C　25. B　26. B　27. A　28. C　29. A　30. D

二、判断题(共30题,每题1分,共30分)

1. √　2. √　3. ×　4. √　5. ×　6. ×　7. ×　8. ×　9. ×　10. √
11. ×　12. ×　13. ×　14. ×　15. ×　16. √　17. ×　18. √　19. ×　20. √
21. √　22. √　23. √　24. ×　25. √　26. ×　27. ×　28. √　29. ×　30. ×

三、多项选择题(共20题,每题2分,共40分)

1. BCD　2. AB　3. ABC　4. BD　5. ACD
6. CD　7. ABC　8. CD　9. BCD　10. AD
11. ABCD　12. AD　13. ABC　14. AC　15. ABD
16. BC　17. BD　18. BC　19. BCD　20. ABC

四、综合题(共5道大题,每小题2分,共50分)

1. (1)CD　(2)CD　(3)ABCD　(4)A　(5)B
2. (1)BD　(2)ABD　(3)D　(4)D　(5)A
3. (1)BD　(2)ABC　(3)B　(4)AD　(5)D
4. (1)CD　(2)B　(3)C　(4)BCD　(5)AB
5. (1)C　(2)BCD　(3)D　(4)A　(5)A